走向规范的刑法学

陈兴良 著

法律出版社
LAW PRESS · CHINA

出版说明

1999年我在法律出版社出版了第一部自选集《走向哲学的刑法学》,[①] 迄今将近10年过去了,为反映这10年来我的学术研究进展,我编辑了第二部自选集,这就是本书——《走向规范的刑法学》。

从《走向哲学的刑法学》到《走向规范的刑法学》,这两个书名恰如其分地反映出这10年来我的学术转向。《走向哲学的刑法学》是从1990年开始到1998年为止,我在刑法哲学研究上学术努力的一个总结。这个时期的学术成果主要体现为刑法哲学三部曲:《刑法哲学》(中国政法大学出版社1992年版)、《刑法的人性基础》(中国方正出版社1996年版)和《刑法的价值构造》(中国人民大学出版社1998年版)。在这三部著作的创作过程中,我陆续发表了一些论文,这些论文是著作的精髓之所在。将这些论文结集出版,可以明显地看出我在这一时期对刑法哲学的学术兴趣。此后,以1997年刑法修订为契机,我开始从刑法哲学回归规范刑法学,同样出版了三部具有代表性的著作:《刑法适用总论》(法律出版社1999年版)、《本体刑法学》(商务印书馆2001年版)和《规范刑法学》(中国政法大学出版社2003年版),以及我和周光权合著的《刑法学的现代展开》(中国政法大学出版社2006年版),此外还有我主编的《刑法学》(复旦大学出版社2003年版)和《刑法学关键问题》(高等教育出版社2007年版)等。这对我来说,是一次重大的学术调整。

其实,在1990年以前,我一直在高铭暄、王作富教授的指导下,按照我国的苏俄刑法传统,从事注释刑法的研究,《正当防卫论》(中国人民大学出版社1989年版)和《共同犯罪论》(中国社会科学出版社1992年版)就是那个时期的代表作。《正当防卫论》一书是在我的硕士论文基础上增补而成的,

---

① 陈兴良:《走向哲学的刑法学》,法律出版社1999年第1版;2008年第2版。

创作于1984年,1985年从4万字增写至20万字,迟至1987年才得到正式出版。《共同犯罪论》一书是在我的博士论文基础上增补而成的,创作于1987年,1988年3月博士论文通过后,于1988年从28万字增写到46万字,迟至1992年才得到正式出版。此外,我还参与了高铭暄教授主编的《刑法学原理》(中国人民大学出版社1993年版)和王作富教授主编的《中国刑法适用》(中国人民公安大学出版社1987年版)以及高铭暄、王作富教授共同主编的《新中国刑法的理论与实践》(河北人民出版社1988年版)等书的创作。这个时期,我国刑法学正处于恢复期,尽管围绕着我国1997年刑法和司法解释展开了以服务于司法实践为主旨的刑法学研究,但受到苏俄刑法学传统制约,当时的刑法学研究尚处在一个较低的学术水平上。正是出于对当时注释刑法学研究现状的不满,才有我从注释刑法学到刑法哲学的研究进路上的转变。这也就是在《刑法哲学》一书的前言中提出的一个命题:

> 从体系到内容突破既存的刑法理论,完成从注释刑法学到理论刑法学的转变,这就是我们的结论。

在这一命题中,我把当时的刑法研究称为注释刑法学,表达了对以刑法哲学为主要理论形态的理论刑法学的向往,并构造了刑法哲学的理论体系。这个体系包含了刑法学的形而下与形而上两个方面的内容,是一个过渡性的作品。从《刑法的人性基础》开始,到《刑法的价值构造》才开始真正的刑法学的形而上研究。而《刑法哲学》一书的刑法学的形而下的内容,又被1999年出版的《刑法适用总论》一书所吸收。由此可见,《刑法哲学》一书是一部大杂烩式著作,包含了各个层次的内容。当然,它也是一个承前启后的学术标志,至少对我来说是如此。

我对规范刑法学研究的重新起步是以1997年刑法修订为起点的,《刑法疏议》(中国人民公安大学出版社1997年版)一书可以说是一个标志。从刑法哲学的研究,忽而回到对刑法的注释,这本身就是一种学术关注点的转移。在《刑法疏议》一书的前言中我对这种学术兴趣转移作了一段解释:

> 本书是我独自撰著的第一部严格意义上注释法学的著作。此前,我的学术兴趣主要在于刑法哲学,志在对刑法进行超越法律文本、超越法律语境的纯理论探讨,先后出版了《刑法哲学》、《刑法的人性基础》、《刑法的价值构造》等著作。当然,我从来不认为法学是纯法理的、无视法条的存在。我总认为,法理虽然是抽象的与较为恒久的,但它又必须有所附、有所载荷,而这一使命非法条莫属。

> 因此,对法条的研究是法学研究中不可忽视也不可轻视的一种研究方法,只不过它的研究旨趣迥异于法哲学的研究而已。中国是一个具有悠久的注释法学传统的国度,以《唐律疏议》为代表的、以法条注疏为形式的法学研究成果是中华法律文化传统的主要表现形式。现在,我国不仅哲学研究基础薄弱,纯正的注释法学的研究同样后劲不足。《刑法疏议》一书力图继承中国法律文化传统,以条文注释及详解的方法对刑法进行逐编逐章逐节逐条逐款逐项逐句逐词的注释,揭示条文主旨,阐述条文原意,探寻立法背景,详说立法得失。

上述论断,确实是我在写作《刑法疏议》一书时的心境的真实写照。未曾想,这一学术兴趣的转移,开启了我另一段学术生涯。此后的《本体刑法学》与《规范刑法学》的写作,都是循着这一思路而展开的规范刑法研究。在这一研究过程中,《本体刑法学》一书具有独特的意义。在方法论上,该书开辟了刑法法理学的研究领域——一种不依附于法条的刑法法理研究。在犯罪论体系上,该书构架了罪体—罪责的独到体系,在我《规范刑法学》一书中进一步地发展为罪体—罪责—罪量这样一个三位一体的犯罪论体系。尤其是,《本体刑法学》一书以一种体系性叙述的方式,对刑法知识进行了教科书式的整理。从《刑法哲学》到《本体刑法学》,对于我来说,是一个重大的学术转折。曲新久教授在评论我的这一学术转折时,采用了"回归"一词,我以为是妥切的:

> 《本体刑法学》可以说是理论超越之后的一种朴素的回归——返璞归真,是刑法理论的一次软着陆,从批判教科书体系出发最终又回到教科书体系,不是刑法理论向教科书的简单回归,而是通过教科书体系实现刑法知识的新积累与新提升,历史可能真的是在否定之否定中发展。①

正是在否定之否定的历史循环发展过程中,我回归了规范刑法学。当然,这里的规范刑法学已经不是20世纪80年代苏俄刑法学的简单重复,而是努力重构大陆法系的刑法学术话语的一种自觉行动。正是在这一回归过程中,我收获了双重的学术成果,除规范刑法学的研究成果以外,我对刑法

---

① 参见曲新久:"刑法哲学的学术意义——评陈兴良教授从《刑法哲学》到《本体刑法学》",载《政法论坛》2002年第5期,第153~154页。

知识及方法论的考察，形成了《刑法知识论》（中国人民大学出版社 2007 年版）一书。尽管《本体刑法学》一书我想"为读者提供理论刑法学的独具个性但又融入学术公共话语的体系化知识全景"。[①] 但这种文本式的知识叙述只是一种学术个案，对于刑法学的方法论转型来说，作用是极为有限的。因此作为知识转型的一种努力，我从 2000 年开始致力于方法论的探讨，尤其是对我国刑法学的苏俄化特征的描述以及去苏俄化的倡导，引入大陆法系犯罪论体系的不遗余力地疾呼。尽管传统的学术力量具有巨大的历史惯性，要改变起来十分困难，但毕竟要有人站出来说"不"，否则历史将永远重复、停顿而没有发展。

《走向规范的刑法学》这一书名中的"规范"一词，具有双重含义，一是在规范刑法学意义上使用的"规范"一词，以此与《走向哲学的刑法学》书名中的刑法哲学相对应，表明本书是我在规范刑法学这一学术领域中的成果汇集。二是在学术规范意义上使用的"规范"一词，以此反映我对刑法知识规范化的渴望。我国传统的刑法学知识存在过多的政治化、意识形态化的遮蔽，因而容易混同于政治话语。我在《刑法哲学》一书的后记中指出的专业槽的命题，实际上是对规范的刑法知识的另一种表述。其实，建立刑法专业槽，意味着对刑法的学术性的追求，这种刑法学术性的表现就在于学术话语的建立。在《刑法理论的三个推进》一文中，我曾经指出：

> 以往的刑法理论中，政治意识形态垄断了话语权，这种刑法理论是一种政治话语的重复。而刑法理论的发展，就是要终结政治话语在刑法理论中的垄断地位，形成刑法理论自身的话语，这种话语是自主的、自足的、自立的，因而具有科学性。这种刑法理论话语的改变，不仅是学术关注点的转移，而且是理论叙述语言的创新，理论叙述方法的创新。[②]

这段话是我在写作《本体刑法学》一书过程中生发的感想、感触与感悟，也是我对刑法知识的规范化的认识。规范化的刑法知识之生成，存在"破"与"立"两个方面。正如曲新久教授深刻地指出的那样，哲学思维方式恰恰是"破旧"之利器：

---

① 参见蔡道通："理论与学术的双重提升——评陈兴良教授《本体刑法学》"，载《法制与社会发展》2002 年第 1 期，第 158 页。

② 参见陈兴良："刑法理论的三个推进"，载《人民法院报》2001 年 2 月 4 日。

> 陈兴良教授运用哲学方法打破意识形态的话语垄断与霸权——现在和今后的很长一段时间内，哲学，尤其是哲学方法依然是打破意识形态话语的有力武器——为恢复知识的客观性与中立性，作出了突出贡献，《刑法哲学》的最大学术价值和意义就在于此。[1]

因此，刑法哲学研究在更大程度上具有学术革命的功用，但知识建设还是有待于规范刑法学的方法。在知识建设中，我们要充分认识到刑法知识的超文化性、跨国界性的特征，引入与借鉴大陆法系的刑法知识，作为我国规范刑法知识的基本平台。在此基础上，再学习英美俄以及其他国家的刑法知识，并加以本土化的改造，这才是我国刑法学的出路。离开了整个人类的刑法知识文化的历史传承，以为能够独创一套知识体系，这是完全虚幻的，最终不可能实现。因此，刑法知识的规范化应怀着开放心态结合本土国情而达成。

是为出版说明。

陈兴良

谨识于北京海淀锦秋知春寓所

2007年11月5日

---

① 参见曲新久："刑法哲学的学术意义——评陈兴良教授从《刑法哲学》到《本体刑法学》"，载《政治论坛》2002年第5期，第152页。

目　录

第一编　刑法基本研究

第二编　犯罪本体研究

第三编　刑罚本体研究

Part 1

第一编

刑法基本研究

刑法教义学方法论

罪刑法定原则下的刑法适用，在很大程度上依赖于对法律的正确解释以及在此基础之上的逻辑推理。因此，只有娴熟地掌握法律解释技术和法律推理技术才能适应罪刑法定语境下的刑法适用的实际需求。为满足这一需求，在刑法理论上应当加强法教义学方法的研究。我国目前刑法的学术水平之所以低，主要是由于法教义学方法研究之阙如。本文拟从法学方法论的视角出发，对刑法教义学的一般原理加以探讨与检视。

一、法学方法论探寻

正确的法律理念，
是否已为人所知，
这实在大可质疑：
以我全部的意念看，
似乎事实一直不然。
这就是说：
两可之事，
难以为科学之事。

这是德国作家弗里德里希·冯·洛高（Friedrich Vor Logau，1604～1655）的诗句，德国著名法学家拉德布鲁赫在《法学导论》一书中引用了这些诗句。诗句反映了洛高从法律理念的主观性出发从而否认法律的科学性的思想，由此也必然引导出法学的虚无性的结论。这种虚无性，在以下这句格言中得以充分彰显：“立法者三句修改的话，全部藏书就会变成废纸。”显然，拉德布鲁赫是不同意这种观点的，但拉德布鲁赫还是承认对法律科学性的这种怀疑，毕竟还没有沉寂，对法学方法的研究也愈来愈多。请注意拉德布鲁赫的以下这段话："就像因自我观察而受折磨的人多数是病人一样，有理由去为本身的方法论费心忙碌的科学，也常常成为病态的科学，健康的人和健康的科学并不如此操心去知晓自身。"①从这段话中我们可以引申出以下三层含义：(1)一门学科的科学性问题，主要取决于方法论，因而对该学科的科学性拷问就成为对方法论的探究。(2)病态的科学与健康的科学的区分(这里的科学均应指学科，而病态与健康是一种拟人化的比喻)，实则指幼稚与成熟的区分。按照拉德布鲁赫的观点，越是幼稚的学科，越为该学科的方法论所困扰。(3)显然，在拉德布鲁赫看来，法学就是这样一门幼稚的学科，因而法学方法论仍然是一个未解的问题。从拉德布鲁赫的以上论述，我们引申出了法学方法论问题，并且已经获得了方法论之于法学学科的重要性的警示。

那么，什么是法学方法论，或者说法学有自己独特的方法论吗？对这个问题的回答取决于对法学的理解。如果是广义的法学，则法史学、法社会学和法哲学均包括在内。显然，法史学是把法作为一种历史现象加以研究的，其所采用的是史学方法论；法社会学是把法作为一种社会现象加以研究的，其所采用的是社会学方法论；法哲学则是对法的形而上的研究，其所采用的是哲学方法论。如果再扩大一些，法经济学采用经济学方法论，法人类学采用人类学方法论，如此等等。在这个意义上说，法学是没有自己的方法论的，法只不过是一种研究客体，只要是以法为研究客体的学问均属法学。但当我们把法学界定为一门规范学科，即以法规范为研究客体，则法学自有其独特的方法论。因此，只有在狭义上的法学，即规范法学的意义上，我们才有可能确立法学方法论。

方法论始终是一个与各学科的生存相关联的问题，因而存在各学科的方法论研究，例如经济学方法论、②伦理学方法论③以及社会学方法论④等。尤其值得一提的是迪尔凯姆的《社会学研究方法论》一书，可以说是社会学的奠基之作。正是从方法论上，迪尔凯姆确立社会学的独立学科地位。法学方法论也是一个研究的热点问题，存在大量研究法学方法论的著作。

---

①　[德]拉德布鲁赫：《法学导论》，米健、朱林译，中国大百科全书出版社1997年版，第169页。

②　[爱尔兰]托马斯·A.博伊兰、帕斯卡尔·F.奥戈尔曼：《经济学方法论新论》，夏业良主译，经济科学出版社2002年版。

③　王海明：《伦理学方法》，商务印书馆2004年版。

④　[法]迪尔凯姆：《社会学研究方法论》，胡伟译，华夏出版社1988年版。该书商务印书馆1995年版书名译为：《社会学方法的准则》，狄玉明译。

那么,本文所讨论的法学方法论是指法学研究中采用的方法论还是以法律方法作为研究客体的一种理论呢?我认为,这个问题是首先应当予以澄清的。为阐明这个问题,下面,我仅以具有代表性的三本以法学方法论为书名的著作为例,考察目前在法学界对于法学方法论的理解:

1. 德国学者卡尔·拉伦茨的《法学方法论》。[①] 拉伦茨将法学界定为:以某个特定的、在历史中逐渐形成的法秩序为基础及界限,借以探求法律问题之答案的学问。因此,法学是以法规范为中心而展开的,法学方法论是与法适用相联系的,尤其是法以语言为其载体,因而法学方法论探讨的是理解法之意义关联的特殊方式,一般的诠释学即为法学方法论的基础。[②] 由此可见,拉伦茨十分强调诠释学,并在此基础上形成一种法教义学方法论。

2. 台湾学者杨仁寿的《法学方法论》。[③] 杨仁寿认为法学之任务在于研究司法活动。法律之解释及适用,虽均属司法活动,唯二者并不相同。前者端在发现或形成一般法律规范,以为裁判之大前提;而后者则以所发现或形成之一般法律规范为大前提,以事实认定为小前提,运用演绎的逻辑方式,导出结论,亦即一般所谓裁判。[④] 因此,在杨仁寿看来,法学方法论主要研究解释方法和裁判方法。解释方法论研究的意义在于保证对法规范的正确理解,而裁判方法论研究的意义就在于保证裁判结论的正当性。

3. 我国学者胡玉鸿的《法学方法论导论》。[⑤] 胡玉鸿将法学理解为一种人学,认为法学是以人为本的学问,它关注的是人类的实际法律生活以及人在社会生活中所面临的法律问题。由此出发,胡玉鸿认为法学方法论分为三个层次:一是法学研究的总体方法,即哲学研究方法;二是法学研究的一般方法,主要是就法学方法论与政治学方法论、经济学方法论相通的部分进行分析,以借鉴其他学科研究方法的长处;三是法学研究的特殊方法。[⑥] 在这个意义上,胡玉鸿实际上是将法学方法论视为一种法学理论形态。

通过对上述三本法学方法论著作内容的一个简单对比,我们发现了对于法学方法论在理解上的巨大差异。拉伦茨和杨仁寿基本上是将法学方法理解为法规范及其适用的方法,包括法律解释方法、法律适用方法等,对这

① [德]卡尔·拉伦茨:《法学方法论》,陈爱娥译,商务印书馆2003年版。

② [德]卡尔·拉伦茨:《法学方法论》,陈爱娥译,商务印书馆2003年版,第121页。

③ 杨仁寿:《法学方法论》,中国政法大学出版社1999年版。

④ 杨仁寿:《法学方法论》,中国政法大学出版社1999年版,第17页。

⑤ 胡玉鸿:《法学方法论导论》,山东人民出版社2002年版。

⑥ 胡玉鸿:《法学方法论导论》,山东人民出版社2002年版,第133~134页。

些方法的研究谓之法学方法论。而胡玉鸿则把法学方法论理解为法学研究或者法学理论的方法，并且其所理解的法也并非法规范，而是所谓法律现象。由此可见，此法学方法论非彼方法论也。那么，为什么会出现这种在法学方法论理解上的巨大差异呢？我认为，主要还是在于用语上的混乱。我国学者郑永流对此进行了详尽的考察，认为应当区分法学方法与法律方法。法学方法，即法学研究方法，这种法学方法关注的核心是“何谓正确之法”这一法哲学的第一个基本命题，有关法学方法的学说便是法学方法论。而法律方法是应用法律的方法，其中狭义上的法律方法的内容为法律解释，广义上的法律方法则包括法律推理方法等。① 根据这样一种界定，本文讨论的应当是法律方法而非法学方法，这种法律方法正是法教义学方法。法律方法本身是十分丰富的，它是一个开放性的概念，并且存在于司法过程中。我国学者陈金钊认为，法律方法包括以下各种方法：法律发现、法律推理、法律解释、漏洞补充、法律论证、价值衡量。② 我个人赞同将法学方法与法律方法加以区分，对于部门法来说，需要深入研究的是法律方法。本文也是在法律方法的意义上使用“法学方法论”一词的。论及法学方法论，似乎首先要对“方法”加以界定。“方法”其实是一种思维方式，法律方法也就是法律思维方式。在某种意义上说，法律方法问题也就是一个法哲学问题。正是在这个意义上，论及法律方法，我们不能不满怀崇敬地提及德国著名学者考夫曼的名著《法律哲学》，该书提供给我们一种对法律方法的哲学“共思”，对于整个法律适用都具有方法论的指导意义。当然，由于各个部门法的性质有所不同，在通行的法律方法的采用上也会有所不同。例如，在罪刑法定原则制约下的刑法，像法律漏洞补充这样的法律方法一般是不能采用的。即使是广泛适用的法律解释方法，也要求严格解释，禁止类推解释等，对此必须予以充分关注。

二、法教义学及其方法论

法教义学或称为法律教义学（Rechtsdogmatik），这是一个在我国法学界并不多见的术语，常见于大陆法系的法学著作之中。拉伦茨把法学直接等同于法教义学，当然是在狭义上的法学即法规范学的意义上作如是界定。

① 郑永流：“法学方法抑或法律方法?”，载郑永流主编：《法哲学与法社会学论丛》（六），中国政法大学出版社 2003 年版，第 24 页以下。

② 陈金钊：“法律方法引论”，载陈金钊、谢晖主编：《法律方法》（第 2 卷），山东人民出版社 2003 年版，第 152 页以下。

尽管拉伦茨本人未对法教义学明确地下定义，但他还是引用有关学者的观点对"教义学"这个用词加以解释。例如拉伦茨引用迈尔—科丁的以下论述：法教义学可以用来描述一种——以形成某些内容确定的概念、对原则作进一步的填补以及指明个别或多数规范与这些基本概念及原则的关系为其主要任务的——活动。透过这种活动发现的语句，其之所以为教条，因为它们也有法律所拥有的——在特定实证法之教义学范围内——不可质疑的权威性。"教义学"一语意味着：认识程序必须受到——于此范围内不可再质疑的——法律规定的拘束。① 由此可见，法教义学是以实证法，即实在法规范为研究客体，以通过法律语句阐述法律意蕴为使命的一种法律技术方法。德国学者考夫曼明确地将法教义学与法哲学加以区分，指出：法哲学并非法学，更非法律教义学。据康德，教义学是"对自身能力未先予批判的纯粹理性的独断过程"，教义学者从某些未加检验就被当做真实的、先予的前提出发，法律教义学者不问法究竟是什么，法律认识在何种情况下、在何种范围中、以何种方式存在。这不意指法律教义学必然诱使无批判，但即便它是在批判，如对法律规范进行批判性审视，也总是在系统内部论证，并不触及现存的体制。在法律教义学的定式里，这种态度完全正确。只是当它把法哲学和法律理论的非教义学（超教义学）思维方式，当做不必要、纯理论，甚至非科学的东西加以拒绝时，危险便显示出来。② 根据这一界定，法教义学与法哲学首先是在研究客体上存在区分的，法教义学研究的是表现为部门法的实在法规范，而法哲学则是法本身，即法的本体论与认识论，当然也包括方法论。而且，法教义学所持的是一种价值中立的立场，它以假定法规范是正确的为前提。法哲学则总是一种价值批判，它是超越实在法的，由此而决定了法教义学与法哲学在方法论上的区别。当然，对于法教义学是否必须坚守价值中立这一点，在法学当中也并非没有争议。例如，拉伦茨就认为法教义学包含着评价性问题，因而提出这样的设问：评价性问题的解答真的可以转换成一种不掺杂价值的概念，而且因此变得可以操作吗？还可以将（今日的）法教义学理解为一种价值中立的概念工具吗？或者应当认为：教义学即或不是全部，至少在很大范围上从事价值导向的思考？③ 显然，拉伦茨的

① ［德］卡尔·拉伦茨：《法学方法论》，陈爱娥译，商务印书馆2003年版，第107～108页。

② ［德］阿图尔·考夫曼、温弗里德·哈斯默尔主编：《当代法哲学和法律理论导论》，郑永流译，法律出版社2002年版，第4页。

③ ［德］卡尔·拉伦茨：《法学方法论》，陈爱娥译，商务印书馆2003年版，第104页。

答案是在法教义学中包含价值导向。但即使这样，也没有从根本上否认法教义学价值中立的性质。这里的价值中立是指法教义学不能臧否法规范，对于法规范来说，法教义学是永远不能持批判态度的。但这并不排斥在对法规范进行诠释，尤其是采用目的解释时，解释者的价值导向在其中会起到一定的作用。对此，应予正确的认识。

如果我们在与法哲学相区分的意义上界定法教义学，则法教义学是法学中最基本的内容。德国学者罗伯特·阿列克西认为：法教义学是一个多维度的学科。法教义学包括以下三种活动：(1)对现行有效法律的描述；(2)对这种法律之概念的体系的研究；(3)提出解决疑难的法律案件的建议。与之相适应，法教义学就可以分为以下三个维度：(1)描述——经验的维度；(2)逻辑——分析的维度；(3)规范——实践的维度。[①] 在这三个维度中，也许逻辑——分析的维度是最重要的，因为法教义学的主要使命就在于为法的适用提供某种法律规则，因此需要对法律概念的分析，而且也包括对各种不同规范和原则之逻辑关系的考察。德国学者在分析法教义学的功能时指出：当人们将这种法官依据法律作出判决的模式，限制在判断法律文本与法律文本直接能达到的语义学内容的关系时，明显不能坚守这一模式。由于法律必须是一般地表达出来，因而连法律也不能自己解决待决的个案。尽管如此，如果应遵守法官受法律规则的约束，那必须为法官提供法律以外的其他具体的法律规则。法律教义学的任务是准备这种法律规则。[②] 实际上，法教义学不仅提供法律规则，而且关注法律规则在司法活动的实际运用，从而为司法裁判的正当性提供某种逻辑上的保障。

如上所述，法教义学是为法适用提供某种法律规则，因而它是以法适用为中心而展开的。在论及法适用的时候，不能不论及大陆法系通行的司法三段论。建立在形式逻辑之上的司法三段论被认为是欧陆法官寻求正当裁判的经典推理工具。为清扫法官的恣意裁判，同时亦为了使得法律推理具科学客观性之品格，法官在判案时被要求排除其个人情感与意志因素，通过一种不具个人色彩的、必然的推理方式来达到唯一正确的判决。形式逻辑

---

① [德]罗伯特·阿列克西：《法律论证理论》，舒同滢译，中国法制出版社 2002 年版，第 311 页。

② [德]乌尔弗里德·诺伊曼："法律教义学在德国法文化中的意义"，郑永流译，载郑永流主编：《法哲学与法社会学论丛》(五)，中国政法大学出版社 2002 年版，第 15 页。

的三段论满足了这一要求。[①] 在刑法领域，贝卡里亚基于罪刑法定原则下对法官的定罪权加以严格限制的刑法理念，在刑事司法中引入了司法三段论。贝卡里亚指出："法官对任何案件都应进行三段论式的逻辑推理。大前提是一般法律，小前提是行为是否符合法律，结论是自由或者刑罚"。[②] 尽管贝卡里亚的司法三段论是就刑事司法而言的，但它也可以引申为一般司法的规则。可以说，任何司法活动都是这样一种三段论的逻辑演绎过程，即大前提，小前提，结论。拉伦茨将这种司法三段论的逻辑语式称为确定法效果的三段论。其中，一个完整的法条构成大前提，将某具体案件事实视为一个事例，而将之归属法条构成要件之下的过程，则是小前提。结论则意指：对此案件事实应赋予该法条所规定的法效果。用公式来表示，就是：

T→R（对 T 的每个事例均赋予法效果 R）

S = T（S 为 T 的一个事例）

S→R（对 S 应赋予法效果 R）[③]

因此，在司法活动的三个环节，法官具有不同的使命，其所采用的方法也是有所不同的。在第一个环节，确定大前提，法官的使命是找法，这是通过解释方法来完成的。在第二个环节，确定小前提，法官的使命是事实识别，这是通过确认方法和推定方法完成的。在第三个环节，推导出结论，这是通过逻辑演绎方法来完成的。当然，司法三段论的三个阶段并非同等重要，而是有轻重主次之分的。正如台湾学者指出：就方法论的观点而言，适用法律的重点，落于法律认识活动之上，更有一项实践上的问题，即如何将一件生活中的犯罪事实透过一种法律规则的评价标准，加予推断，使其产生一定的法律效果，始能符合法治国家的原则？换句话说，审判者如何确认具有定型性的生活行为事实，而对此寻找出具体妥当的标准法则，公平公正地去确定其应该产生的法律效果？这些课题，也就是法律逻辑在审判实务应用上的问题。[④] 由此可见，司法三段论不仅是一个逻辑意义上的形式问题，实际上也是一个法治意义上的实质问题。下面，按照司法三段论，分别对法教义学中采用的三种方法加以论述。

---

① 朱庆育："私法推理的典型思维：从司法三段论到意思表示解释论"，载郑永流主编：《法哲学与法社会学论丛》（五），中国政法大学出版社 2002 年版，第 84 页。

② ［意］贝卡里亚：《论犯罪与刑罚》，黄风译，中国法制出版社 2002 年版，第 13 页。

③ ［德］卡尔·拉伦茨：《法学方法论》，商务印书馆 2003 年版，第 150 页。

④ 苏俊雄：《刑法推理方法及案例研究》，台北台湾大学 1999 年版，第 11～12 页。

(一)解释方法

司法是以法为前提的,因而在任何一个司法活动中,确定法的存在总是不可或缺的大前提。因此,找法是必不可少的司法环节。找法,也被称为法律发现。以往我们往往存在一种对法律适用的错误理解,以为法律是现成地放在那儿等着我们去适用的,其实不然。法律是需要我们去寻找的,这种寻找法律的过程,就是一个法律解释过程——任何法律都需要解释,否则就无法适用。德国学者考夫曼曾经指出:法律使用的清楚概念的情形,而且真正的清楚,不需要解释,也根本不能解释的只有数字概念(18 岁)。所有其他概念都是有扩张可能的,而且也常常需要解释。[①] 实际上,数字概念本身在某些情况下也是需要解释的,例如 18 岁,到底是周岁还是虚岁? 由于中国民间关于年龄计算有不同的习惯,因而需要作出解释。及至 1997 年刑法,明确地将年龄标明是周岁,才解决了这个问题。由此可见,法律解释之于司法的意义,有时比我们想象的还要重要得多。

法律解释本身当然存在一个方法论问题:就是主观解释论还是客观解释论,这在很大程度上决定着解释的结果。当然,主观解释论与客观解释论是各有其理的。正如拉伦茨评价的那样,主观解释论的真理在于:法律与自然法则不同,它是由人类为人类所创造的,它表现立法者创造可能的——符合社会需要的——秩序的意志。法律背后隐含了参与立法之人的规定意向,其价值、追求以及其对于事物的考量。客观解释论的真理在于:法律一旦开始适用,就会发展出固有的实效性,其将逾越立法者当初的说明。法律介入——立法当时不能全部预见的——多样而且不断变更的生活关系中,并因此远离原创者原本的想法。就此而论,法律与其他精神创作并无不同。[②] 显然,主观解释论与客观解释论关注的重点是有所不同的,前者关注的是法的实证性,而后者关注的是法的正当性。无疑,法的实证性与法的正当性都是法所应有的品性,因而两者难以舍弃。在这种情况下,在法解释问题上的折衷说也就有其存在的合理性。正如考夫曼所指出的那样:没有主观与客观解释之间选择的问题,就如同没有法律正当性与实证性之间的选择一样,只有二者才能共同建立法律。如果人们注意倾听这两个解释理论的最近代表者的论证,就可以发现,事实上没有人再主张纯粹的客观理论或

---

① [德]考夫曼:《法律哲学》,刘幸义等译,法律出版社 2004 年版,第 94 ~ 95 页。

② [德]卡尔·拉伦茨:《法学方法论》,商务印书馆 2003 年版,第 198 页。

纯粹的主观理论。[1] 关键的问题是如何协调两者的关系。我认为,法律解释应当以罪刑法定原则为限度,也就是在罪刑法定范围之内领会立法意蕴。实际上,法律是立法者的一种陈述,但这种陈述一旦成为法律就相对独立于立法者。理解主体,也就是司法者对其的意义领受在一定程度上取决于主体所感受到的客观需要。司法者总是根据自己的需要来领会法律,并且通过法律解释,使立法者的法、自在的法成为司法者的法、自为的法。在这一转化过程中,存在一个主体与客体的互动问题,而不是主体与客体的单向关系。

法律解释的客体当然是法律,而法律是以语言为载体的,因而法律解释主要采用语言分析方法,也就是所谓语法解释或者文义解释。但法律不仅是一种语言现象,法律还是一种逻辑现象,法条总是在一定的逻辑相关性中存在并生效的。因此,需要对法律进行逻辑解释,也就是论理解释。同时,法律还是一个历史的存在物,在法律解释中需要处理历史与现实的关系,从法律沿革中探寻法律意义,这就是对法律的历史解释或者沿革解释。最后,在进一步强调解释者的能动性与主体性的情况下,还存在着对法律的体系解释。

(二)确认方法和推定方法

司法三段论的第二个环节是确定小前提,也就是案件事实。案件事实是客观的,这种客观性是指其存在不以人的主观认识为转移,而不是指案件事实的内容只能是客观事实,同样也存在着主观事实。同时,案件事实虽然是客观存在的,但这并不意味着案件事实是自为的存在,实际上案件事实需要去查明,最终形成作为陈述的案件事实。德国学者拉伦茨在相关阐述中指出:在判决的事实部分出现之案件事实,是作为陈述的案件事实。基于此项目的,事件必须被陈述出来,并予以整理。在无限多姿多彩,始终变动不居的事件之流中,为了形成作为陈述的案件事实,总是要先作选择,选择之时,判断者已经考量到个别事实在法律上的重要性。因此,作为陈述的案件事实并非自始既存地显现给判断者,毋宁必须一方面考量已知的事实,另一方面考虑个别事实在法律上的重要性,以此二者为基础,才能形成案件事实。[2] 因此,这里存在一个由自在的案件事实转化为自为的案件事实,也就

---

① [德]考夫曼:《法律哲学》,刘幸义等译,法律出版社2004年版,第139页。

② [德]卡尔·拉伦茨:《法学方法论》,陈爱娥译,商务印书馆2003年版,第160页。

是从客观事实转化为法律事实的问题。这种转化过程,实际上是一个认识过程。在对这一案件事实的司法认识过程中,涉及两种认识方法:

1. 确认方法

确认是指在现有证据下对某一事实的认定。因此,确认方法在案件事实的认定中是广泛采用的一种方法。在某种意义上来说,确认是在一定证据基础之上,根据经验法则对某一案件事实的肯定性判断。

2. 推定方法

如果说确认作为一种对案件事实存在与否的判断更具有直接性,那么,推定对于案件事实的认定则具有一定的间接性。推定是指根据已经确认的事实,按照一定的经验法则和逻辑规则,推断另一事实的存在。确认是需要证据证明的,而推定则不需要证据证明,因而是对案件事实的一种特殊的证明方法。

(三)演绎方法

从法律规定这一大前提出发,经过案件事实这个小前提,最终得出结论,这个过程就是法律规定与案件事实的耦合过程。在这一耦合过程中,存在一个从法之一般到案件之个别的逻辑演绎过程。这个过程,被称为Subsumition。Subsumition 这个概念,我国学者通常译为包摄、涵摄等。例如,拉伦茨指出:逻辑学将涵摄推论理解为:“将外延较窄的概念划归外延较宽的概念之下,易言之,将前者涵摄于后者之下”的一种推演。拉伦茨指出了作为法律适用基础的涵摄推论的特殊性,它并不是将外延较窄的概念涵摄于较宽的概念之下,毋宁是将事实涵摄于法律描述的构成要件之下,至少看来如此。[①] 通过这种涵摄推理,就使法律之一般规定适用于个别案件。

刑法学作为一个部门法学,既具有其理论的品格又具有其技术的特征。因此,刑法学可以分为不同的理论层次,既包括形而上的刑法哲学研究,又包括形而下的规范刑法学研究。在规范刑法学研究中,刑法教义学方法论之倡导十分必要。以往我们往往把规范刑法学等同于注释刑法学。实际上,规范刑法学在某种意义上更应当是刑法教义学。对此,德国学者指出:刑法学的核心内容是刑法教义学(Strafrechtsdogmatik),其基础和界限源自于刑法法规,致力于研究法规范的概念内容和结构,将法律素材编排成一个体系,并试图寻找概念构成和系统学的新的方法。作为法律和司法实践的桥

---

① [德]卡尔·拉伦茨:《法学方法论》,陈爱娥译,商务印书馆2003年版,第152页。

梁的刑法教义学,在对司法实践进行批判性检验、比较和总结的基础上,对现行法律进行解释,以利于法院适当地、逐渐翻新地适用刑法,从而达到在很大程度上实现法安全和法公正。① 因此,我主张在方法论的意义上使用刑法教义学这一概念。刑法学如欲成为一门科学,必须推进刑法教义学方法论的研究。刑法教义学方法论具有一般法学方法论的共性,由于受刑法学科的性质所决定,又具有其特殊性。在刑法教义学方法论的研究中,我认为更应当强调的是特殊性。

三、刑法解释方法论

刑法解释具有不同于其他法律解释的特殊性,这就是刑法因为关系到对公民的生杀予夺,应当严格解释之。法国刑法典甚至明文规定"刑法应当严格解释之",并将其视为是罪刑法定原则的应有之义。当然,这里的刑法应当严格解释,是指对被告人不利的解释应当严格限制,对被告人有利的解释则不受此限。那么如何理解这里的不利于被告人的解释呢?对此,法国学者指出:刑法严格解释规则并不强制刑事法官仅限于对立法者有规定的各种可能的情形适用刑法,只要所发生的情形属于法定形式范围之内,法官均可将立法者有规定的情形扩张至法律并无规定的情形。例如,1810 年《刑法典》在规定对盗窃罪进行惩处时,并未就在电表上作假进行偷电的行为作出规定,也未对直接与电力公司的输电网进行搭接连线偷电的行为作出规定,但是,判例并没有因此而对采取这些方法窃电的人不适用《刑法典》第 179 条的规定,并且法院认为"电是一种可以占有的动产物品"。② 当然,在理解上述论述时,对"法官均可将立法者有规定的情形扩张至法律并无规定的情形"这句话可能引起误解,即如何理解这里的"有规定"与"无规定"?我认为,法律之有规定与无规定不能作机械地理解。法律规定可以分为显形规定与隐形规定。在法律规定是显形规定的情况下,只要通过法律文字即可理解法律规定的内容。在法律规定是隐形规定的情况下,需要通过法律解释以明确其内容。刑法没有规定偷电是犯罪,从这个意义上说偷电似乎法律没有规定,但这只是没有显形规定。将电解释为财物,从而可将偷电行

---

① [德]汉斯·海因里希·耶赛克、托马斯·魏根特:《德国刑法教科书(总论)》,徐久生译,中国法制出版社 2001 年版,第 53 页。

② [法]卡斯东·斯特法尼等:《法国刑法总论精义》,罗结珍译,中国政法大学出版社 1998 年版,第 143 页。

为涵括在盗窃之中以盗窃罪论处。由此可见,偷电是法律有规定的,这是一种隐形规定,这种法律规定是通过刑法解释而得以彰显的。从表面上看,好像是通过刑法解释使法律没有规定变成法律有规定。但实际上,在解释之前,某一含义在逻辑上已经或者可能被某一概念所涵括,只是受到某种遮蔽而已。通过刑法解释,对此种含义加以明确,因此,刑法解释并不能把法律文本所没有的东西加之于它,而只能彰显法律文本所隐含的东西。同样是对窃电的理解,德国刑法却经历了一个复杂的过程。德国帝国法院对于窃取电能是否构成盗窃罪,表示否定的看法,理由是电能并非德国刑法第242条盗窃罪构成要件中的"物"(Sache),此举引起相当的争议,并导致1900年4月9日颁布"窃取电能处罚法",在1953年则纳入德国刑法典,另外规定于第248条。对于这个过程,Baumann表示,对于德国刑法第242条中"物"的概念,不可以做一个宽到可以包含电能的解释。换言之,他认为以大众对于德文语词"Sache"日常使用来说,如果要说"Sache"包括电,会是一个相当罕见的用法。因此,他说:尽管从现今自然科学的认识来说,电可以被视为物,但是帝国法院的这个判决仍可说是法政策的重大成就。因为,如果当初帝国法院将电视为一种物质标的,那么现在物的概念将会模糊到漫无边际的地步。[①] 由此可见,对于相同的法律问题,各国刑法可能采取不同的处理方法。这里当然有各国语言上的差异和民众认同的程度以及刑事政策因素的考量。

刑法严格解释原则表明,刑法是不能作类推解释的,这里涉及类推解释的问题,需要深入研究。类推是以法律存在漏洞为前提的,因而被认为是一种填补法律漏洞的方法。类推存在两种情形:一是类推适用,二是类推解释。类推适用往往是以类推解释为前提的,通过类推解释,获得法律适用三段论的大前提,使案件得以处理。因此,在一般情形下,类推适用与类推解释是毋庸区分的。但在我国1979年刑法规定类推制度而最高人民法院又有司法解释权的情况下,类推适用与类推解释还是有所不同的:类推适用是指个案的法律适用问题,即在法无明文规定的情况下,对某一行为援引刑法分则最相类似的条文定罪处刑。而类推解释是指最高人民法院采用类推方法对某一法律进行解释,由于这种解释是有权解释,从而获得了某种"法"的效力。这种类推司法解释颁行以后,各级司法机关对于此类案件不再需要类推适用,而可以直接定罪处刑。由此可见,类推司法解释所具有的这种普遍

① 徐育安:《刑法上类推禁止之生与死》,台北1998年版,第122页。

法律拘束力,甚于个案的类推适用。当然,我国1997年刑法废除了类推制度。在这种情况下,类推解释同样应当被禁止,因为它与罪刑法定原则是相违背的。应当说,类推解释在民法当中是允许的,因为在民法中类推适用是填补法律漏洞的一种正当方法。类推适用是指:将法律针对某构成要件(A)或多数彼此相类似的构成要件而赋予之规则,转用于法律所未规定而与前述构成要件相类似的构成要件(B)。适用的基础在于:二构成要件——在与评价有关的重要观点上——彼此相类似,因此,二者应作相同的评价。[①] 在民法中,通过类推适用可以填补法律漏洞。那么,在刑法中是否允许类推适用呢?一般认为,罪刑法定原则本身包含着对实体法规范的确定性要求,其目的在于限制司法解释,确保犯罪(或加重处罚)规范的适用,不超出法律明文规定的范围。根据这一原则,犯罪规范或总的来说不利于罪犯的规范不得类推。无论是根据相似条文进行的"法规(legis)类推",还是根据法律的一般原则进行的"法(juris)类推",均在禁止之列。[②] 但是,对于在司法实践中,如何把握禁止类推原则并非毫无争议。尤其是关于扩张解释与类推解释,本身就是难以区分的。因而就出现了在扩张解释的名义下实行类推解释的问题。例如:德国曾经发生过一起抢劫案:X携带盐酸泼洒于一名女会计的脸上,进而抢走她的钱包。在联邦法院的判决中,涉及的问题在于:X是否违犯了加重强盗罪。根据行为当时有效的刑法第250条规定,加重强盗罪的构成在于:"当行为人……携带武器实施强盗行为,而以武力或以武力胁迫,防止或压制他人反抗时"。因此必须判断的是:在该案中使用的盐酸是否为一种武器。联邦法院确认了这点。因为这个判决相当有争议,并且多数人认为应该可以否定,所以立法者相应地修改了刑法第250条,现在的规定是:"携带武器或其他器械或方法实施强盗行为,而……"[③]这里关于盐酸是否属于武器的争议,就是扩张解释与类推解释之争议。肯定论者认为将盐酸解释为武器是一种扩张解释,盐酸虽然不是常识意义上的武器,但在特定情况下它也可以作为武器来使用,因为它像其他武器一样能够伤害他人。而且,武器既可以包含物理武器,也可以包含化学武器,盐酸可以说是一种化学武器。否定论者则认为将泼洒盐酸抢劫认定为使用武器抢劫是一种类

---

① [德]卡尔·拉伦茨:《法学方法论》,陈爱娥译,商务印书馆2003年版,第258页。

② [意]杜里奥·帕多瓦尼:《意大利刑法学原理》(注评版),陈忠林译评,中国人民大学出版社2004年版,第30页。

③ [德]考夫曼:《法律哲学》,刘幸义等译,法律出版社2004年版,第107页。这里的强盗即为抢劫,本文两词交替使用。

推解释,盐酸本身并不是一般意义上的武器,当它用于伤害人时与武器具有某种类似性,因而将刑法关于使用武器抢劫的规定适用于泼洒盐酸抢劫的案件。考夫曼显然是赞同否定论者的类推解释说的,他指出:联邦法院究竟是如何将盐酸与武器等同处置的呢?照字面及可能的字义是不行的。体系的因素也得不出这种结论,因为法律秩序中(武器法)没有任何一处将化学药品视同武器。主观(历史)解释同样也得不出历史的立法者有这样一种想法。联邦法院得出它的结论只是根据一个极端客观目的论的、扩张的解释,它已经深入到类推里去了。但考夫曼并没有以该解释是类推解释而否认,而是进一步地引申出在刑法中是否应当禁止类推这样一个问题。考夫曼指出:因此,应被提出的问题在于:这里涉及的究竟是被允许的或禁止的类推?在刑法学界内的通说观点是:这是一种禁止类推的案型。因此,反面推论的结果应是:不构成加重强盗罪。联邦法院所提出的,是一种未被反思的权力宣示,而且必须多加一句:这里没有主观与客观解释之间选择的问题。[①] 应当指出,对于盐酸案,考夫曼最初认为联邦最高法院的解释是一种根据类型的思维所做的被容许的类推解释,其思路是:类型的思维是要从实际存有的事物中,比较事物本质上的类似性,而这个事物的本质,会因时间而改变,而武器的本质正是要取决于此时此地用以杀人或伤人者。从武器是一个功能性概念出发,可以得出化学物质是一种武器的结论。但 Fitkentscher 严厉地质疑考夫曼在《类推与事物本质——兼论类型理论》一书中对盐酸案的解释。在 1982 年该书发行第 2 版时,对于第 1 版的内容虽未更动,但是增加了一篇后记以作为对其他学者批评的回应,其中同意 Fitkentscher 对他的批评,坦承自己对于盐酸案的见解不当。在此后的著作中,考夫曼也再次明言联邦最高法院对盐酸案的判决是应禁止的类推适用。[②] 尽管考夫曼对盐酸案的见解发生了一百八十度的转变,但他对于类推的观点并无变化。考夫曼认为,刑法中存在类推适用,且是正当的,它与罪刑法定原则并不相悖。在考夫曼看来,所谓"无法律则无犯罪"(nulum crimen sine lege)原则在真实中的意义,不可能是一种严格的类推禁止,因为这样必须要有一个先决要件,那就是犯罪在立法的构成要件中,透过单义的概念,总结的被定义,但这是不可能的。罪刑法定原则,是指将可处罚的行为的类型,在一个形式的刑法

---

① [德]考夫曼:《法律哲学》,刘幸义等译,法律出版社 2004 年版,第 138 页。

② [德]考夫曼:《类推与事物本质——兼论类型理论》,吴从周译,台北学林文化事业有限公司 1999 年版,第 161 页。

典中加以确定,也就是说必须或多或少被完整地描述。因此,刑法类推适用的界限在于立法的构成要件所奠基的不法类型中。[①] 对于考夫曼提出的观点,我们不能简单地予以否定,而是应当从科学的角度加以分析。

类推的性质如何界定,这是一个关系到正确理解类推功能的重要问题。考夫曼提出一个观点,认为类推不是逻辑的推论,而是一种比较。考夫曼将类推和演绎、归纳及设证等推论方法作了比较,认为演绎是从规则推论到案件,归纳是从案件出发找到规则,设证是从结论出发的推论。而类推(比较)不是逻辑上的推论,而是一种带有相当复杂结论的比较。在类推时,拟加以认识的事物,并不是在它之中或者接近它(在其本质中)加以认识的,而是在与另一比它为众所周知的事物的关联(关系)中,加以认识的。因此,在此仅有陈述逻辑是不够的,还需要谓词逻辑及关系逻辑。在类推时,是从一些特征中的一致性,推论到一些未知的其他特征的一致性。[②] 我认为,类推到底是否如同演绎一样是一种推论,关键在于如何理解类推的概念。在逻辑学上,存在一种类比推理,简称为类比,也可以理解为比较,是指两个并不等同却仅仅在某个方面看来对象之间有一致之处的比较,如果从这种比较做出推理,这样的推理就叫做类比推理。[③] 因此,类比本身包含两个环节:第一个环节是比较,也就是类比。这种比较是建立在类似性之上的,即在两个事物之间进行相同性的比较,当两个事物具有某些大于不同点的相同点的情况下,我们就可以对这两个事物作出类似性的判断。第二个环节是推导,即基于类似性进行逻辑上的推理,这种推理在逻辑学上是一种特殊的归纳推理。如果从两个对象(现象、范围)的某些类似性和一个对象的一个已知特性推出另一个对象也具有这种类似性,那么这就是类比推理的逻辑定义。通过类比推理,我们对某种未知事物的认识具有一定的或然性。那么,类推能否等同于类比呢?我认为,类推与类比还是有所不同的。类比推理更是一种认识的形式,通过类比可以获得对某些事物的未知特征或者性质的认识。在英美判例法制度下,由于按照遵循先例原则判案,因此就存在一个本案与先例案件之间类似性的比较问题,以决定是否可以援引先例作为判案根据。美国学者孙斯坦在论述法律推理时有一章专门讨论类推推理。但从其内容来看,似乎应当译为类比推理。孙斯坦指出:法院被类推推理所吸引,其原

---

① [德]考夫曼:《法律哲学》,刘幸义等译,法律出版社2004年版,第193页。

② [德]考夫曼:《法律哲学》,刘幸义等译,法律出版社2004年版,第118页。

③ 王亚同:《类比推理》,河北大学出版社1999年版,第1页。

因在很大程度上是由于类推允许人们达成未完全理论化的协议。如果要说一个案例与另一个案例相似,那么我们就需要某个理由或原则来说明。但在通常情况下,我们至少可以提供一个在低层次目标上发挥作用的理由或原则。① 显然,判例法是以类比推理为逻辑基础的,但绝不能认为类比推理等同于类推推理,因而认为判例法都是建立在类推基础之上的。孙斯坦在论述法律中的类推思维时指出:某些人认为,类推推理实际上是演绎推理的一种形式,但这种观点是错误的。确切地说,如果没有识别出一个可以适用的观点,即原则、标准或规则,以说明源案例和目标案例中的结果,那么人们将无法进行类推推理。② 实际上,孙斯坦否认的是演绎推理中的类比推理而不是类推推理,在大陆法系成文法的语境中,类推推理就是一种演绎推理。考夫曼指出,在类推中包括演绎、归纳等逻辑推理形式,但其又否认类推本身是一种推论,这里存在自相矛盾之处。我认为,在大陆法系成文法的法律适用的三段论逻辑推理中,大前提是关键,而大前提的获得又是找法的结果。找法,或者像考夫曼所说的那样,是一个法律发现过程。考夫曼认为:其科学性不在于把这个过程化约成为包摄的逻辑推论,相反的,它的科学性只在于:澄清这个过程的复杂性,而且合理地反思所有在该过程中不是以形式逻辑得出的一切事物。法学方法必须认真地了解到:法学方法的核心不在于一个逻辑推论,而是在于一个比较——很可能是在一个案例中,这种比较没有规范、没有规则、没有比较点是不可能的。现实、实际中绝大多数都不是精确地、形式逻辑地、合理地发生着,这点便提供了法学方法的本质不在于逻辑推论的支持论据。③ 在此,考夫曼阐述了在法律发现过程中类比推理方法运用的可能性,也就是说,在确定某一概念的蕴含时,法官往往采用类比推理方法。例如,在盐酸是否属于武器的解释过程中,就会把盐酸和武器进行类比,确定两者之间的相似性,以决定能否把盐酸解释在武器之中。对此,刑法学者也是予以认同的。例如,德国学者指出:原则上在刑法中也有其合法地位的类比推理(Analogieschluss, argumentum a simile)说明,适用于特定案件类型的法规范,可适用于其他案件,如果后者与上述特定案件类型在重要关系上是相一致的。④ 这种类比推理中的类似性与类推推理中的

---

① [美]凯斯·R.孙斯坦:《法律推理与政治冲突》,法律出版社2004年版,第73页。

② [美]凯斯·R.孙斯坦:《法律推理与政治冲突》,法律出版社2004年版,第77～78页。

③ [德]考夫曼:《法律哲学》,刘幸义等译,法律出版社2004年版,第132页。

④ [德]汉斯·海因里希·耶赛克、托马斯·魏根特:《德国刑法教科书(总论)》,徐久生译,中国法制出版社2001年版,第186～187页。

类似性之间存在什么关系呢？我认为，在类比推理的情况下，这种类似性是一种强类似，即相同大于相异，因而可以根据事物之本质将其归入某一概念或者类型之中。而在类推推理的情况下，这种类似性是一种弱类似，即相异大于相同，因而不能按照一般的法律解释方法将其涵括在某一概念或者类型之中，也就是属于法无明文规定的情形。在这种情况下，非要适用这一法律，就需要类推推理。类推推理以类推解释为前提，将大前提法律规定的涵括面加以扩大，然后由此出发进行司法三段论的演绎推理，最后得出结论。因此，类推推理与类比推理是有所不同的。在罪刑法定原则下，包含在可能文义范围之内的类比推理是允许的，超出可能文义范围的类推推理则是被禁止的，这是一条不可逾越的原则界限。当然如何区分两者是一个复杂而困难的问题，它关涉对可能文义的界定。例如，南京曾经发生过李宁组织男性从事同性性交易案件，①该案被告人李宁的行为能否定罪，关键就在于如何解释卖淫？也就是说，卖淫是否包括同性之间的性交易。被告辩护人指出：刑法及相关司法解释对同性之间的性交易是否构成卖淫未作明文规定，依照罪刑法定原则，李宁的行为不构成犯罪。有关媒体上的舆论也有观点认为：对组织男青年向同性卖淫的行为“比照组织卖淫罪定罪量刑”是一种类推定罪，法院的判决在司法中再次开启了类推定罪的先例，是有悖于罪刑法定原则的。② 我认为，卖淫一词的核心意义是指性交易。这里的性交易，既包括异性之间的性交易，也包括同性之间的性交易。在裁判理由中，法官认为：刑法所规定的卖淫的本质特征在于，其是以营利为目的，向不特定的人出卖肉体的行为。至于行为人的性别是男是女，以及其对象是异性还是同性，均不是判断、决定行为人的行为是否构成卖淫所要考察的因素。之所以这样理解，是因为无论是女性卖淫还是男性卖淫，无论是向异性卖淫还是向同性卖淫，均违反了基本伦理道德规范，毒害了社会风气，败坏了社会良好风尚。从此角度看，将同性卖淫归入卖淫范畴，以组织卖淫罪追究组织同性卖淫的行为人的刑事责任，并不违背而且完全符合刑法有关卖淫嫖娼犯罪规定的立法精神。③ 这一理由虽然重在从立法精神上理解，而未能从卖淫一词本身能否容纳同性性交易的角度加以阐述，但其结论显然是能够成立

---

① 参见最高人民法院刑一庭、刑二庭编：《刑事审判参考》（2004 年第 3 集），法律出版社 2004 年版，第 137 ~ 142 页。

② 王北京：“‘类推定罪’借同性卖淫案‘复活？’”，载《南方周末》2004 年 2 月 26 日第 6 版。

③ 参见最高人民法院刑一庭、刑二庭编：《刑事审判参考》（2004 年第 3 集），法律出版社 2004 年版，第 141 页。

的,且不属于类推解释。在这一结论获得的论证过程中,涉及类比推理。异性之间性交易属于卖淫无疑,同性之间性交易,就性交易本身与异性之间性交易无异,相异之处只在于同性与异性之别,但这一区别并不影响卖淫的根本性质。因此,通过类比推理,可以将同性性交易行为涵括在卖淫概念之中。

罪刑法定原则与类推的排斥性,这应是不争的事实,考夫曼对这一铁则提出质疑,认为罪刑法定原则并不绝对地禁止类推,这是要冒极大学术风险的。这里存在一个如何界定罪刑法定原则下刑法解释的限度问题。以往通行的观点是可能文义说,例如拉伦茨就是可能文义说的有力倡导者。按照拉伦茨的观点,可能文义应当理解为:依一般语言用法,或立法者标准的语言用法(这可能只在特殊情况下才存在),这个用语还能够指称的意义。① 这种可能文义说,主要是借助于语言的张力对其内容加以界定。因此,如果超出可能文义的解释就是类推解释。但考夫曼则不同意可能文义说,认为可能文义只是一种表面的解释,不足以承担探求法律意义的使命。而法律意义是指超乎于文字形式的法律"精神"(Geist)。为此,考夫曼提出了不法类型说。考夫曼指出:立法者的任务是去描述各种类型。此时,抽象概念在法律的建构上具有极大的重要性,因为它能给予这项建构所需的外形,并担保其法律安定性。然而详尽地去描述一个类型是不可能的,这种描述只能不断去接近类型,但无法掌握其最终的精细性。因为类型永远比抽象地被定义的概念在内容上来的较为丰富,较为有思想,较为直观。② 因此,在考夫曼看来,对于司法者来说,其主要的工作,便是回溯到抽象概念背后那些立法者所欲规范之类型,根据类型解释,藉而判断法律是否适用于具体案例事实,不拘泥于抽象概念之表面字句。③ 我认为,类型思维引入刑法学用于描述犯罪构成要件的观念是正确的,对此将在后文专门论述。在犯罪构成要件意义上,犯罪是一种不法的行为类型。例如杀人,其本质特征是非法剥夺他人生命,凡是符合这一本质特征的,就是杀人。但在对刑法具体概念的理解上,例如何谓武器,何谓物等,将武器和物也理解为一种类型,不受其可能文义的限制加以理解,可能是有所不妥的。这里,是否应当区分行为类型与

---

① [德]卡尔·拉伦茨:《法学方法论》,陈爱娥译,商务印书馆2003年版,第202页。

② [德]考夫曼:《类推与事物本质——兼论类型理论》,吴从周译,台北学林文化事业有限公司1999年版,第117页。

③ 徐育安:《刑法上类推禁止之生与死》,台北1998年版,第91页。

事物类型？行为类型受其事物本质的支配，而事物类型则受其语言外延的限制。考夫曼提出一切类型，甚至一切概念都是类推的，其实是对类推的一种误用。考夫曼强调类推中的比较方法的使用，这是无可指责的，但不能说采用比较方法理解一个概念就一定是类推。是否类推，关键还是要看能否被可能文义所容纳。在这个意义上，我还是赞同可能文义说。如果允许超出可能文义范围，根据事物本质进行实质判断，将使罪刑法定原则的形式理性丧失殆尽。也许，从文化国意义上看，考夫曼允许类推的实质理性是有其存在合理性的。身在法治国的我，对于考夫曼的实质理性持一种同情的理解，但仍然坚持我之形式理性的司法理念。至于说类推制度能否以新的面貌再现中国刑法，[①]我以为现在还言之过早。

在各种解释方法之间，是否存在严格的位阶关系（Rangverhaltnis），也是一个值得研究的问题。如前所述，法律解释方法通常有四种：语义解释、逻辑解释、历史解释和体系解释。那么，这四种解释方法是可以随意选用呢还是存在一种内在的顺序关系？对于这个问题，我国台湾学者王泽鉴主张采取一种折衷的立场，即不认为各种解释方法具有一种固定不变的位阶关系，但亦不认为解释者可任意选择一种解释方法以支持其论点。法律解释是一个以法律意旨为主导的思维过程；每一种解释方法各具功能，但亦受有限制，并非绝对；每一种解释方法的分量，虽有不同，但须相互补足，共同协力，始能获致合埋结果而在个案中妥当调和当事人利益，贯彻正义的理念。[②]我国大陆学者梁慧星则较王泽鉴的立场稍稍偏向于对各种解释方法之间大致规律的认同，指出：虽然不能说各种解释方法之间存在着固定不变的位阶关系，但也不应认为各种解释方法杂然无序，可由解释者随意选择使用。[③]我个人较为赞同梁慧星教授的观点，应当承认各种解释方法之间存在一定的位阶关系，但这种位阶关系不是固定不变的，尤其不能将位阶关系直接等同于顺序关系。如果这种解释方法的位阶关系得不到遵守，可能会影响解释结论的合理性。例如，历史解释，也就是沿革解释在一定条件下优于语义解释。因此，在解释刑法时，立法沿革，也就是刑法的历史因素是不能不考虑的，它形成对语义解释的某种限制。例如，王益民等遗弃案，一审法院查明：1996 年至 1999 年 8 月间，被告人刘晋新、田玉莲、沙依丹·胡加基、于永枝，

---

① 朱峰："不同法治背景下的类推制度"，载《环球法律评论》2004 年春季号，第 100 页以下。

② 王泽鉴：《法律思维与民法实例》，中国政法大学出版社 2001 年版，第 240～241 页。

③ 梁慧星：《民法解释学》，中国政法大学出版社 1995 年版，第 244 页。

在乌鲁木齐市精神病福利院院长王益民的指派下,安排该院工作人员将精神病福利院的28名“三无”(无家可归、无依无靠、无生活来源)公费病人遗弃在甘肃省及新疆昌吉附近。法院认为:被告人王益民、刘晋新、田玉莲、沙依丹·胡加基、于永枝身为福利院的工作人员,对依赖于福利院生存、求助的“无家可归、无依无靠、无生活来源”的公费病人,负有特定扶养义务,应当依据其各自的职责,积极履行监管、扶养义务,而不应将被扶养的28名病人遗弃,拒绝监管和扶养。被告人王益民、刘晋新、田玉莲、沙依丹·胡加基、于永枝的行为均已触犯我国刑法中关于对年老、年幼、患病或者其他没有独立生活能力的人,负有扶养义务而拒绝扶养,情节恶劣的处五年以下有期徒刑的规定,构成了遗弃罪,应予惩处。因此,对王益民等被告人分别判处刑罚。二审维持了一审判决,理由与一审相同。[①] 本案被告人王益民等人的行为无疑是一种遗弃行为,类似遗弃行为还发生在医院,例如医院将身份不明、无支付医药费能力的病人予以遗弃,甚至致人死亡的案件也时有发生。那么,此类案件能否以遗弃罪定罪呢?关键在于:如何理解我国刑法第261条规定的扶养义务。在该案的解说中,作者指出:从我国刑法第261条规定的精神看,该条中所指的扶养义务是广义的,不仅包括亲属间的法定义务,也包括职业道德、职责所要求必须履行的扶养义务。因为刑法在这里只是明确了对于年老、年幼、患病或者没有其他独立生活能力的人有扶养义务而拒绝扶养,情节恶劣的,即构成遗弃罪,而并没有明确必须是有法律上扶养义务的人实施遗弃行为才构成本罪。因此,从刑法第261条的立法精神来看,依特定的职业道德和职责应当对特定的对象履行救助职责而拒不履行的行为人,也可以构成遗弃罪的特殊主体。[②] 这一解释当然是基于对扶养的语义解释,但扶养是婚姻家庭法中的一个专门术语,能否将之作泛化解释本身就是大可质疑的。在婚姻家庭法中,从广义上来说,扶养是赡养、扶养、抚养的统称,指一定范围亲属间相互供养和扶助的法定权利和义务。狭义地讲,扶养是指同辈亲属相互之间经济上供养和生活上扶助的法定权利和义务。[③] 由此可见,扶养关系只有在亲属之间存在。没有亲属关系,像在本案中所谓职业道德、职责所要求必须履行的扶养义务,实际上是指救助义务。

---

① 参见国家法官学院、中国人民大学法学院编:《中国审判案例要览》(2003年刑事审判案例卷),人民法院出版社、中国人民大学出版社2004年版,第218~222页。

② 参见国家法官学院、中国人民大学法学院编:《中国审判案例要览》(2003年刑事审判案例卷),人民法院出版社、中国人民大学出版社2004年版,第223页。

③ 杨大文主编:《婚姻家庭法学》,复旦大学出版社2002年版,第170~171页。

也就是说，我国刑法中的遗弃罪属于妨害婚姻家庭的犯罪。关于这一点，根据1979年刑法在理解上并无异议，但在1997年刑法修订中，取消了妨害婚姻家庭罪，而将其并入侵犯公民人身权利、民主权利罪。这种犯罪归类上的改变，是否构成扶养的涵义的实质改变呢？对此，我国学者张明楷是持肯定态度的，认为新刑法将旧刑法中的妨害婚姻家庭罪全部转移至侵犯公民人身权利、民主权利罪，将遗弃罪的法益解释为生命、身体的安全，并不存在太大的障碍。如果这一观点得以成立，那么，对遗弃罪的构成要件就必须重新解释。这种重新解释包括对遗弃罪的主体要件与对象的解释，即遗弃罪的主体与对象不需要是同一家庭成员。扶养义务不能仅根据婚姻法确定，而应根据不作为义务来源的理论与实践（如法律规定的义务、职务或业务要求履行的义务、法律行为导致的义务、先前行为导致的义务等）确定。基于同样的理由，遗弃罪的对象也不限于家庭成员。① 这种解释即使符合扶养的文字内容，它与沿革解释也是相矛盾的。因为沿革解释是将扶养限于亲属之间的，基于沿革解释优于语义解释的规则，应适用沿革解释。而且，对1997年刑法修订中将妨害婚姻家庭罪移至侵犯公民人身权利、民主权利罪的理由来看，是纯技术上的原因。在刑法修订过程中，对妨害婚姻家庭的犯罪究竟是继续单设一章规定还是归并到侵犯公民人身权利、民主权利罪一章中，争议较大，主要存在以下两种观点：第一种观点认为，家庭是社会的细胞，婚姻家庭是否正常和稳定，直接影响到社会的安定。同时，在刑法中设立的妨害婚姻家庭的犯罪与侵犯公民人身权利、民主权利罪相比，有它的特殊性和单独设章规定的必要。此外，从1979年制定的刑法生效以来，这一章罪的规定是基本上适当的，故无须将其归并到其他章节中去。第二种观点认为，从实质上讲，妨害婚姻家庭的行为也是一种侵犯公民人身权利、民主权利的行为，二者之间应当是包容的关系。同时，在1979年刑法所规定的八章罪中，唯有妨害婚姻家庭罪只有六个条文，显得十分单薄，与其他章的犯罪相比极不协调。因此，主张将1979年刑法中单设一章的妨害婚姻家庭罪归并到刑法第四章即侵犯公民人身权利、民主权利罪中。立法部门采纳了第二种意见，将修订前刑法原第七章的内容归并到第四章中。② 由此可见，妨害婚姻家庭罪归并到侵犯公民人身权利、民主权利罪，这只是一种立法技术上的考

---

① 张明楷：《刑法学》（第二版），法律出版社2003年版，第731～732页。相同的观点，还可参见周光权：《刑法各论讲义》，清华大学出版社2003年版，第81页。

② 周道鸾等主编：《刑法的修改与适用》，人民法院出版社1997年版，第522页。

虑,并不涉及对罪名的内容的改变。就遗弃罪而言,应尊重其历史沿革,仍然限于具有抚养义务的亲属之间的遗弃。尤其应当指出的是我国刑法中的遗弃罪与日本刑法中的遗弃罪是有所不同的。日本刑法中遗弃的犯罪,是指将需要扶助的人置于不受保护的状态,由此使其生命、身体遭受危险的犯罪。具体包括遗弃罪、保护责任者遗弃罪、不保护罪和遗弃致死罪。① 因此,日本刑法中的遗弃的犯罪是广义的,不限于当然包含亲属间的遗弃,而我国刑法中的遗弃罪则是狭义上的,只包括亲属间的遗弃。我国刑法中若需要对负有某种特定救助义务而不履行这种义务的遗弃行为加以惩治,应另设罪名。

在刑法规定中,必然存在某种漏洞,在民法中是承认法律补充权的,因而可以通过法律解释或者其他方法填补法律漏洞。但在刑法中一般是不允许的,对于那些应该规定为犯罪但由于疏忽或者其他原因刑法没有加以规定的,就应当视为法无明文规定不为罪,不允许以法律漏洞为由加以填补。但这并不意味着在刑法中不能进行有利于被告人的漏洞补充。例如,刑法分则第六章第三节规定了妨害国(边)境管理罪,主要涉及偷越国(边)境罪(第322条)、组织他人偷越国(边)境罪(第318条)、运送他人偷越国(边)境罪(第321条)。对这些犯罪的认定都存在一个前提问题:如何理解这里的偷越?在刑法理论上一般认为,偷越包括两种情形:一是没有出入境证件而出入境,二是使用伪造、变造的出入境证件而出入境。但刑法第319条在关于骗取出境证件罪的规定中,将用于组织他人偷越国(边)境作为该罪的主观目的。由此推论,使用骗取的出境证件也是偷越国(边)境。但骗取的出境证件,无论是护照还是签证形式上都是合法的,将这种持有形式上合法的出境证件的行为规定为偷越国(边)境,显然不符合偷越的意思。在这种情况下,就需要将这里的为组织他人偷越国(边)境使用为目的,理解为以非法移民为目的。上述刑法规定是一种漏洞,这种漏洞可以通过目的性限缩的方法加以补充。目的性限缩,系指对法律文义所涵盖的某一类型,由于立法者之疏忽,未将之排除在外,为贯彻规范意旨,乃将该一类型排除在该法律适用范围外之漏洞补充方法。目的性限缩的基本法理,系非相类似之事件,应作不同之处理,将不符规范目的之部分排除在外,俾仅剩的法律意义更为精纯。② 这种目的性限缩之法律漏洞补充,是有利于被告人的,因而并

---

① [日]大塚仁:《刑法概论》(各论),冯军译,中国人民大学出版社2003年版,第69页以下。

② 杨仁寿:《法学方法论》,中国政法大学出版社1999年版,第152页。

不违反罪刑法定原则。

四、犯罪构成方法论问题

在刑法中，犯罪认定过程是案件事实与刑法规定的耦合过程。这也是一个司法推理过程，但它不同于一般的司法推理之处在于：犯罪认定是以犯罪构成要件为中心展开的。犯罪构成的构造与运用本身都存在一些方法论问题需要研究。

这里首先涉及的一个问题是犯罪构成要件的性质问题。犯罪构成要件是以刑法分则规定为根据形成的一些理论模型，而刑法分则的规定到底是一种概念呢还是一种类型？这里要从法律演进的历史说起，并且涉及中西法律文化上的重大区别。

中国古代的法学称为律学，中国古代的律学发端于秦、汉时期，到魏晋南北朝达到了相当发达的境界。晋代著名律学家张斐的《律注表》，是中国古代法律学的经典作品。该表对古代刑法中的20个重要名词作了精确的诠释，这20个名词是：故、失、谩、诈、不敬、斗、戏、贼、过失、不道、恶逆、戕、造意、谋、率、强、略、群、盗、赃。例如，张斐释盗曰："取非其有谓之盗"，这就十分确切地将盗的侵犯他人财产所有权的性质予以揭示，为窃盗与强盗的罪名设置提供了法理基础。我国学者对张斐律学的方法论作了分析，指出：在张斐的《律注表》中，由于使用了逻辑思维的抽象方法，因此，在解释法律名词时，明显地比汉代采用经学的方法要进步。同时，当时玄学家的辨名析理的学风也影响了律学研究，通过对法律名词的内涵与外延的逻辑界定，对法律名词的普遍属性和特殊个性的抽象分析，使魏晋律学进一步朝着逻辑化、抽象化、精密化、系统化的方向发展。① 及至《唐律疏议》，中国古代律学发展到炉火纯青的程度。《唐律疏议》在内容上由律文、注文以及疏文三部分构成，注文是对律文的说明解释，疏文又是对律文和注文的说明解释。这里尤其需要探讨的是疏这种解释形式。《唐律疏议》中的疏为何义？《名例律》的注疏曰：昔者，圣人制作谓之经，传师所说则为之传，此则立明、子夏于《春秋》、《礼经》作传是也。近代以来，兼经注而明之则谓之为义疏。疏之为字，本以疏阔、疏远立名。又《个雅》云："疏者，识也。"案疏训识，则书疏记识之道存焉。由此可见，疏的本义虽是指疏远，其引申义为识、为注，其义明之

---

① 何勤华：《中国法学史》（第一卷），法律出版社2000年版，第286页。

也。《唐律疏议》中的疏,又由“议”及“问答”两部分组成。其中,“议”是解释议论部分,“问答”是假设案例的提出与解答。《唐律疏议》广泛采用了训诂学的方法对律文和名词进行解释,正如我国学者所说,疏文探求制度的由来,并对事物作考证,以示制度的庄严正统,达到《进律疏表》所讲的“网罗训诰,研核丘坟”以为“信百代之准绳”。[①] 中国古代以语言诠释为主要内容的律文,到清代又得到进一步发展。例如清代王明德在《读律佩觿》[②]一书中,对解律之法作了体系性的归纳,提出读律八法:一曰扼要,二曰提纲,三曰寻源,四曰互参,五曰知别,六曰衡心,七曰集义,八曰无我。王明德还论述了“律母”与“律眼”。王明德云:律有以、准、皆、名、其、及、即、若八字,各为分注,冠于律首,标曰八字之义,相传谓之律母。相对于律母的是律眼,律眼是指例、杂、但、并、依、从、从重论、累减、听减、得减、罪同、同罪、并赃论、折半科罪、坐赃数罪、坐赃论、六赃图、收赎等。这里的律母与律眼都是律文中的关键词。中国古代律学的精妙在于对律文的文字解释与义理阐述,透过文字的隔膜而尽得立法之精义。尽管中国古代律学达到了相当高的理论水平,但我们不能不看到,它只囿于对律文的语言解释,把法律规定当做一般的概念加以注疏,而没有建立起法律的一般模型,缺乏形式理性的法逻辑思维。对此,马克斯·韦伯指出:中国古代不仅形式的法学未能发展,而且它从未试图建立一套系统的、实在的、彻底理性化的法律。总的看来,司法保持着神权政治的福利司法所特有的那种性质。就这样,不仅哲学的和神学的(Theologisch)逻辑学(Logik),而且法学的逻辑学,都无法发展起来。[③]换言之,中国古代法律学缺乏形式的法逻辑(Rechtslogik),而这种法逻辑,恰恰是西方法学的基础。

西方法学的古典形式是罗马法,而罗马法是借助于古希腊的逻辑学方法发展起来的,由此形成一套法律概念体系,对后世产生了深远的影响。法律存在一个从具体到抽象,也就是从个别到一般的演变过程,这在中外法律史上皆是如此。但中国古代法律史上的从具体到抽象更多的是表现为语言上的抽象化,使之能够涵括更多的内容。而西方法律史上的从具体到抽象则更多的是类型化,建立起某种法律模型,从而能够容纳更多的事实内容。因此,中国古代法律的抽象化是一种语言的抽象化,而西方法律的抽象化是

① 钱大群:《唐律研究》,法律出版社 2000 年版,第 50 页。

② (清)王明德:《读律佩觿》,何勤华等点校,法律出版社 2001 年版。

③ [德]马克斯·韦伯:《儒教与道教》,洪天雷译,江苏人民出版社 1993 年版,第 175 页。

一种逻辑的抽象化。这种逻辑上的抽象化就表现为一种形式主义的特征。例如英国学者论述了罗马法的形式主义,指出:原始制度注重对形式的使用,法律后果并不是产生于单纯的协议或者简单的意思表示。如果要创设或者转让某一权利,必须实施某种特定的行为,或者使用特定的话语。① 在此基础上古罗马法发展出一种法律程式,这种法律程式中需要具备某种要件才能发生法律后果,由此形成所谓要式行为,例如要式买卖(mancipatio)等。因此,罗马法更强调行为要素。例如,关于盗窃的规定,《唐律·贼盗律》规定:"诸盗,公取、窃取皆为盗。"疏文曰:公取,谓行盗之人,公然而取;窃取,谓方便私窃其财,皆名为盗。因此,唐律中盗的概念,指以公开或秘密的方式非法取得他人财物的行为。然后,《唐律》再将盗进一步区分为:(1)强盗,即以威若力而取其财,先强后盗,先盗后强等。(2)窃盗,即窃盗人财,谓潜形隐面而取。② 我们再来比较一下罗马法中关于盗窃的规定。在罗马法中,盗窃(furto)是以获利为目的,欺诈地窃取他人的可动物,或者经被窃人同意而持有物品的人非法使用或非法侵吞该物。在优士丁尼法中,人们将盗窃区分为窃取(furtum rei)、窃用(furtum usus)、侵吞(furtum possessionis)。因此,盗窃具有以下要件:第一,取得(contrectatio),这个概念包括窃取他人物品,非法使用(furtum usus)和非法侵吞(furtum possessionis)。第二,欺诈性意图(contrectatio fraudulosa, animus 或 affectio furandi)。第三,从被窃取物中获利的意图(animus lucrifacierdi)。第四,可动产。③ 通过对比,我们发现《唐律》对盗窃的规定更是一种描述性的,例如使用潜形隐面这样一种形象的语言对行为特征加以描述。而罗马法对盗窃的规定更是一种分析性的,可以分解出各种构成要素,以便加以把握。

犯罪构成要件理论就是建立在这种分析基础之上的关于犯罪的一种类型化的理论体系。构成要件的概念与民法上的法律行为的概念具有构造上的相似性。民法上的法律行为是民事主体发生一定法律效果的行为。在罗马法上,本无抽象的法律行为概念,只有各种具体的名称,如买卖行为、使用借贷行为、赠与行为、遗嘱行为等。19 世纪初德国法学家、历史法学派的创始人胡果(Gructav Hugo,1764~1844)在研究罗马法时,概括了各种法律方

---

① [英]巴里·尼古拉斯:《罗马法概论》,黄风译,法律出版社 2000 年版,第 60 页。

② 钱大群:《唐律研究》,法律出版社 2000 年版,第 319~320 页。

③ [意]彼德罗·彭梵得:《罗马法教科书》,黄风译,中国政法大学出版社 1992 年版,第 402 页。

面的行为的共同点，首创了法律行为这个词。[①] 法律行为这个抽象概念的形成，对于民法调整方式来说，是一个重大突破。法律行为的成立必须具备一定的条件，因而需要讨论法律行为的成立要件。法律行为的成立要件是指，依照法律规定成立法律行为所必不可少的事实要素。我国学者指出：当行为人的某一表示行为符合特定法律行为的成立要件时，其行为构成特定的法律行为；当行为人的具体表示行为不符合任何法律行为的成立要件时，观念上应视为法律行为不存在。此类法律规则的作用在于将社会生活中民事主体有意从事法律行为的活动与无意从事法律行为的活动区别开，使得一切法律行为均取得法律规定的典型特征。基于这一观念，民法理论中有学者主张将法律行为的成立要件称为法律行为的构成要素或构成要件。[②] 这样，就从法律行为概念中推导出构成要件的概念，这里的构成要件，就是指Tatbestand。Tatbestand起初是指一种事实性存在，此后才被确认为法律上的一种模型并与事实相脱离。日本学者小野清一郎曾经对构成要件的概念作了分析，指出：在一般法学上，由于一定的法律效果发生，而将法律上所必要的事实条件的总体，称为"法律上的构成要件"。在刑法学上，犯罪的构成要件，其理论性只是它其中的一种情况——因为在历史上，刑法中最早出现的构成要件概念是采用一般法学的思维方式得出的。但是必须注意的是，按照一般法学的用法，构成要件一词仅仅意味着是法律上的、抽象的、观念性的概念。与此相反，在心理学等方面，在使用Tatbestand一词时，基本上指的是事实性的东西。[③] 因此，在犯罪构成建构而成的方法论中，涉及从事实到概念再到类型，最后到模型的这样一个演变过程。

犯罪本身是对社会生活中的具有法益侵害行为的一种概括，由此形成概念，这种概念表现为罪名概念。概念是以语言为载体的，因而为确定某一犯罪的内容需要对语言进行解释。罪名概念与犯罪事实之间的关系，实际上是一种名实关系。胡适在论述中国古代的法治逻辑时，揭示了这种法治逻辑的基础是循名责实。不仅法家如此，儒家也是如此。孔子的正名学说：名不正，则事不成，刑罚不中，而民无所措手足。由此可以勾画出儒家名实

---

① 周枏：《罗马法原论》（下册），商务印书馆1994年版，第582页。

② 董安生：《民事法律行为——合同、遗嘱和婚姻行为的一般规律》，中国人民大学出版社1994年版，第188～189页。

③ ［日］小野清一郎：《犯罪构成要件理论》，王泰译，中国人民公安大学出版社2004年版，第5页。

关系学说的清楚线索。[①] 在这种情况下刑法理论还是描述性与解释性的，而没有达到一种理论上的建构。

从罪名概念到犯罪类型，这是一个重大的跨越。德国学者考夫曼对类型与概念进行了比较，指出：类型是建立在一般及特别之间的中间高度，类型一方面相对具体，一种事物中的普遍性；一方面与抽象一般的概念相异，一般概念，透过一个有限数量独立的特征被加以定义（被限制），并因此——依 Kant 的意思，与直观相对，类型在它与真实接近的以及可直观性、有对象性来看，是相对的不可以被定义，而只能被描述。它虽然有一个确定的核心，但却没有确定的界限，以至于对于一个类型存在的特征轮廓或多或少有所缺少。而这却不会造成对于一事实类型化的困难。概念（在这里一直被理解为抽象一般的概念），作为一种种类概念或分类概念是封闭的，而类型则是开放的。概念是一种犀利的"不是什么，就是什么"。概念做区隔，概念性思考是一种区隔性的思考。而类型（次序概念、功能概念和意义概念）相反，让自己在"或多或少"多样的真实中存在。[②] 考夫曼对类型与概念的对比考察，对于我们正确地认识两者关系是具有重要意义的。当然，类型与概念也不是互不相干，事实上概念也正是某种类型的载体，因而存在所谓类型概念化或者概念类型化的问题。对于类型与概念的这种关系，考夫曼曾经引述 Kant 的名言加以说明：概念没有类型是空的，类型没有概念是盲目的。[③] 依我个人之见，概念是对事物本质特征的概括，因其抽象性而都具有某种类型性特征，但概念的主要作用在于区隔，即区分不同事物，其概括功能反而未受到应有重视。而类型的主要功能在于概括，形成一种直观的、整体的认识。在这个意义上，类型毋宁说是一种思维方式，即所谓类型化思考，正如德国学者指出的：当抽象——一般规定及其逻辑体系不足以掌握某生活现象或意义脉络的多样表现形态时，大家首先会想到的补助思考形式是类型。[④] 类型化思考，是人文社会科学中广泛使用的一种思考方法，例如，马克斯·韦伯将类型化思考方法引入社会学，形成了理想类型的分析框架。韦伯在讨论社会学方法论基础时，从定律概念出发引申出类型的概念，人们习惯于作出各种各样的社会学概括，例如像格雷欣定律这样的定律。事实上，

---

① 胡适：《先秦名学史》，学林出版社 1983 年版，第 146 页以下。

② [德]考夫曼：《法律哲学》，刘幸义等译，法律出版社 2004 年版，第 190～191 页。

③ [德]考夫曼：《法律哲学》，刘幸义等译，法律出版社 2004 年版，第 192 页。

④ [德]卡尔·拉伦茨：《法学方法论》，陈爱娥译，商务印书馆 2003 年版，第 337 页。

这些定律是由观察所证实的类型或然性，其意思是指，在某些给定条件下，将会出现社会行动的可期望道路，这一道路根据活动者的类型动机和类型主观意向是可以理解的。这些概括既是可理解的，也是高度确定的，只要根据纯理性的目的追求这种在类型意义上的行动观察道路是可以理解的，或这种理论类型的方法论便利的理由可以有启发的运用，情况便是如此。① 马克斯·韦伯所谓的类型，是一种经验性类型，一种纯粹理想类型。韦伯认为：所建立的理想类型越是严格和精确，从而在某种意义上它越是抽象和非现实，那么，它就越能较好地在阐述术语、分类和假设方面发挥其功能。② 类型性思考同样适用于法学，但法学中的类型不同于社会学中的类型，它是一种规范的类型。对此，考夫曼指出：放在法律层次上看，就可以证明出类型——在这里指的是规范的类型，不是以平均或者经常的类型，也不是以Max Weber的理想类型的意义来看，而是以在法律理念及生命事实的中间来看，而围绕着所有的法律思想：是规范的正义与实质的正义的中间。③ 考夫曼还明确指出：事实上，刑法的构成要件都是不法类型，即类型化之非价的生活事实。④ 只有使用类型的方法，才能形成犯罪构成要件的概念。换言之，犯罪构成要件概念本身具有某种类型性特征。因此，犯罪构成要件的形成与类型化的刑法思维的成型，是一个相关的过程。正如我国学者所指出：从贝林到小野清一郎，构成要件理论从萌芽发展到了极致。伴随构成要件理论的成熟，构成要件类型化的思维亦逐步成型。无论是行为类型、违法类型抑或责任类型，无论是犯罪的外部轮廓或价值类型，无疑都是一种类型化思维的过程和结果。在这个意义上，甚至可以将刑法学称为类型刑法学。⑤ 由此可见，类型化思考是犯罪构成要件建构的重要方法论。

基于类型化思考方法，刑法中对犯罪的规定不再是一些单纯的概念，例如杀人、放火、强奸、抢劫，都是一种犯罪类型，这是刑法理论的一次方法论革命。在这种情况下，我们不再把刑法对犯罪的规定看做是一种对事实的简单描述，而是认定犯罪的一种法律模型，由此引申出模型的概念。模型，

---

① ［德］马克斯·韦伯：《社会科学方法论》，杨富斌译，华夏出版社1999年版，第52页。

② ［德］马克斯·韦伯：《社会科学方法论》，杨富斌译，华夏出版社1999年版，第55页。

③ ［德］考夫曼：《法律哲学》，刘幸义等译，法律出版社2004年版，第191页。

④ ［德］考夫曼：《类推与事物本质——兼论类型理论》，吴从周译，台北学林文化事业有限公司1999年版，第109页。

⑤ 张文、杜宇："刑法视域中'类型化'方法的初步考察"，载《中外法学》2002年第4期，第423～424页。

也可以说是模式或者范式。Paradigm 源自希腊文，含有共同显示的意思，由此引申出模式、模型、范例等意思。在《刑法哲学》一书中，我曾经从定罪的模式意义上论述犯罪构成，并对大陆法系的递进式的犯罪构成结构与我国及苏联的耦合式的犯罪构成结构进行了对比，指出了两种模式的逻辑差别。[①] 在《本体刑法学》一书中我将作为一种法律标准的犯罪构成与事实构成作了区分，在"将社会生活中出现的事实加以类型化的观念形象，并进而将其抽象为法律上的概念"（小野清一郎语）之意义上理解犯罪构成，[②]就是把犯罪构成看做是一种法律模型。因此，犯罪构成之作为一种法律模型，恰恰是类型化思考的结果。对此，我国学者也作了精辟的论述：就刑法条文对犯罪所谓的明文规定而言，其实只是建构一种与生活中具体行为相比较的模型。由于刑法条文在字面上、技术上对犯罪特征表述的局限性，模型往往都显得粗糙和过于简单，造成条文在运用中缺乏可操作性和难得要领，于是注释刑法学在刑法罪状的基础上建立起犯罪构成及其要件的学说体系，以便为司法提供可供操作的具体分析思想及方法。刑法理论家们凭着自己的专业知识、生活经验以及约定俗成的定型化的犯罪既往处理模式，从理论上对刑法条文的字义进行深入浅出、字斟句酌的分析，原则释之具体、模糊阐之清晰、疏漏补之完整，并将这种对刑法关于犯罪规定的概念体系冠名为犯罪构成，将聚合犯罪构成的诸要素称为要件（必要条件）。[③] 这种对犯罪构成由来的描述，尤其是从模型的意义上界定犯罪构成，我认为是十分科学的，也可以使我们头脑中的犯罪构成要件立体化。

犯罪构成作为一种模型，是由各种构成要件（要素）组建而成的，那么，这些构成要件之间存在一种什么样的逻辑关系呢？我认为，这是一个值得研究的问题。这里涉及犯罪构成要件之间的位阶问题。所谓位阶，实际上是指各个构成要件在体系中的确定位置，或者说是在认定犯罪过程中的先后顺序。关于这个问题，大陆法系的递进式的犯罪构成结构，构成要件该当性、违法性和责任这三个犯罪成立条件之间的位阶关系是十分明确的。对此，日本学者大塚仁曾经进行过探讨。大塚仁指出：那么，应该在怎样的序列中对待那些犯罪的构成要素呢？在形式逻辑上，按照犯罪本身的发展经过，构筑认识它的体系或者考虑刑事裁判中犯罪事实的认定过程建立与其

---

① 参见拙著：《刑法哲学》（修订 3 版），中国政法大学出版社 2003 年版，第 597 页以下。

② 参见拙著：《本体刑法学》，商务印书馆 2001 年版，第 194 ~ 195 页。

③ 冯亚东、胡东飞："犯罪构成模型论"，载《法学研究》2004 年第 1 期，第 75 页。

相适应的理论体系,都并非不可能。从前一种看法出发建立体系,当然应该从犯罪的主观面出发,逐渐及于客观面。但是,犯罪概念体系的目的在于把握科刑的前提,因此根据后一种看法是适合的。从这种观点来看,在研讨各种犯罪要素时,在思考及判断的经济上,应该从一般的犯罪要素开始,其后研讨具体的、特殊的犯罪要素。而且,对定型的、形式的判断能够认识的东西,要先于非定型的、实质的判断予以处理,才是所希望的。通过以上考察,大塚仁赞同构成要件该当性、违法性及责任这三个要素的体系,认为它以抽象的、一般的而且定型的构成要件该当性的判断为前提,肯定了构成要件该当性的行为,再进行具体的、个别的而且非定型的违法性及责任的判断。那么,相对于构成要件该当性,对违法性和责任要素是应该都并列地对置理解,还是应该重叠地、发展地考虑呢?违法性的判断是从法规范的立场客观地、外部地论事,而责任的判断则是主观地、内部地研讨能否进行与行为人人格相结合的非难,着眼于这一点时,应该给予两者先后的顺序。① 在此,大塚仁教授确立了先客观后主观、先定型后非定型这样一个决定犯罪构成要件之间的位阶关系的原则。可以说,大陆法系递进式的犯罪构成理论解决得最好且最合乎逻辑的就是犯罪构成要件之间的位阶关系。

在我国和苏联的耦合式的犯罪构成理论中,犯罪客体、犯罪客观方面、犯罪主体、犯罪主观方面这四个要件虽然具有对应性,但其位阶关系并没有得到圆满的解决。例如,苏联学者在论述犯罪构成时指出:犯罪构成不仅是犯罪要件的总和,而且是犯罪要件的严密系统。犯罪构成反映犯罪特有的构成犯罪要素的内部联系。刑法科学的最大成就就是揭示了各种犯罪的统一的共同结构,并在这一基础上由犯罪的客体、犯罪的主体、犯罪的客观方面和犯罪的主观方面四类基本要件组成每一个犯罪构成。犯罪构成是这样一些必要的和充分的要件的系统,而且它们足以认定某人是否犯有相应罪行。这些要件之所以是必要的是从如下的意义上说的,即在犯罪构成的全部要件中,缺少任何一个要件,行为人就不能被指控为犯罪,因此,他就不负刑事责任。这些要件之所以是充分的,就在于对有关行为人指控其犯罪,没有必要查明、补充任何材料。② 这段话论及犯罪构成的结构,但就是没有阐述各个犯罪构成要件之间的位阶关系。也许在其犯罪构成体系中,这种位

① [日]大塚仁:《刑法概说(总论)》(第三版),冯军译,中国人民大学出版社 2003 年版,第108~109 页。

② [苏]B. H. 库德里亚夫采夫:《定罪通论》,李益前译,中国展望出版社 1989 年版,第 71 页。

阶关系本身就是不存在的。我国学者曾经在犯罪构成研究中引入系统方法,提出了犯罪构成系统论这样一种颇有创见的理论。应该说,犯罪构成要件之间的位阶关系是犯罪构成系统论的题中应有之义,但该理论恰恰没有涉及这个问题。根据论者的观点,犯罪构成体系是一个动态系统结构,犯罪主体和犯罪客体就是构成这个系统结构的两极,缺少其中任何一极都不可能构成犯罪的系统结构,不可能产生犯罪活动及其社会危害性。[①] 在这种情况下,犯罪构成系统论成了一种使人无从把握的东西,犯罪构成要件之间的关系反而更加模糊。在我国刑法学界,曾有过四要件之排列顺序的讨论。通说是根据犯罪认定过程将犯罪构成要件按照犯罪客体要件—犯罪客观要件—犯罪主体要件—犯罪主观要件的顺序排列。[②] 个别学者则是根据犯罪发生过程将犯罪构成要件按照犯罪主体要件—犯罪主观要件—犯罪客观要件—犯罪客体要件的顺序排列。[③] 但这种讨论意义极其有限。正如我国学者指出的:在我国犯罪构成理论体系中,各要件之间互为前提、互相作用,任何一个方面的要件,如若离开其他三个方面的要件或其中之一,都将难以想象,要件的齐合充分体现出要件的同时性和横向联系性;撇开论述上的逻辑顺序不谈,四个要件哪个也不能独立在先、独立在后。[④] 根据这种观点,四个构成要件的排列不是逻辑顺序问题而只是一种理论叙述的顺序问题。在这个意义上说,我国现行的犯罪构成要件之间根本就不存在位阶关系。

我认为,犯罪构成体系,无论是三要件论还是四要件论,各要件之间的位阶关系都是首先需要明确的。这种位阶关系表明:顺序在先的构成要件独立于顺序在后的构成要件,顺序在后的构成要件则以顺序在先的构成要件为前提,这种顺序关系不能颠倒。由于在我国刑法的犯罪构成理论中,四个构成要件之间的位阶关系没有得以确认,因而在认定犯罪过程中,往往出现某种逻辑上的混乱。例如,先客观后主观,这是构成要件之间的一种基本位阶关系。根据这一顺序,行为是否构成犯罪,首先要进行客观的判断,包括构成要件行为、构成要件结果以及因果关系的判断。只有在客观作出了肯定判断的基础上,再进行主观的判断,包括有无罪过等。但在某些案件中,法官在本来应该根据客观上不具有构成要件该当的行为而不认为是犯

① 何秉松:《犯罪构成系统论》,中国法制出版社1995年版,第112页。

② 高铭暄、马克昌主编:《刑法学》,中国法制出版社1999年版,第105~106页。

③ 赵秉志:"论犯罪构成要件的逻辑顺序",载《政法论坛》2003年第6期,第16~24页。

④ 肖中华:《犯罪构成及其关系论》,中国人民大学出版社2000年版,第213页。

罪,但却以主观上不具有罪过或者某种特定目的为由不认为是犯罪,结论虽然是相同的,逻辑论证则有所不同。这种不受位阶关系限制的跳跃式思维方式十分容易出错,这是应当防止的。

我在《本体刑法学》(商务印书馆 2001 年版)中提出了罪体与罪责之分的犯罪构成体系,这里的罪体是指犯罪的客观要件,罪责是指犯罪的主观要件。此后,在《规范刑法学》(中国政法大学出版社 2003 年版)中,又根据我国刑法中犯罪存在数量因素这样一个特征,在罪体与罪责以外,又提出了罪量要件,由此形成三位一体的犯罪构成体系。在此,涉及罪体与罪责之间的关系,我曾经指出,这是一种对合关系。那么,这种对合关系是否存在位阶呢?我的回答是肯定的。在认定犯罪中,罪体是首先需要确认的,包括行为、结果及其因果关系这样一些罪体要素是前置于罪责而存在的。只有在罪体的基础上,才有罪责可言。这里还需要研究一个问题,就是我之所谓罪体是否能够独立于罪责而成立?我这里的罪体是行为事实与规范评价的统一,不同于大陆法系递进式犯罪构成体系中的构成要件该当性,它没有包括构成要件的故意与过失,但包括了违法性的评价。当然,在行为事实与规范评价之间,又是行为事实先于规范评价。根据这样一种分析,罪体是可以独立于罪责而存在的。罪责中的责任能力是一个独立的判断要素。至于罪过,是心理事实与规范评价的统一。同样,在心理事实与规范评价之间,也是心理事实先于规范评价。某些犯罪,只要具备了罪体与罪责即构成犯罪。还有些犯罪则不然,在具备了罪体与罪责的基础上,还需要考察罪量因素。如果虽然具备罪体与罪责,法律所要求的罪量要件不具备仍然不构成犯罪。基于以上分析,我认为罪体—罪责—罪量这三个构成要件之间存在明确的位阶关系,这就为定罪提供了正确的逻辑路径。

五、案件事实认定方法论

案件事实并非是一种“裸”的事实,而是一种构成要件该当的事实,它是经由规范的“格式化”而形成的一种法律事实。因此,在司法三段论的推理当中,小前提——案件事实的认定本身并非完全独立于大前提——法律规范的确定,而是在事实与规范之间互相检视的一种复杂认识过程。因此,在实际司法活动中,不能将大前提——法律规范的确认与小前提——案件事实的认定截然分开。对此,拉伦茨曾经深刻地揭示了案件事实形成与法律判断在时间上的同一性。拉伦茨指出:在无限多姿多彩,始终变动不居的事件之流中,为了形成作为陈述的案件事实,总是要先作选择,选择之时,判断者已经考量到个别事实在法律上的重要性。因此,作为陈述的案件事实并非自始既存地显现给判断者,毋宁必须一方面考量已知的事实,另一方面考虑个别事实在法律上的重要性,以此二者为基础,才能形成案件事实。法律家的工作通常不是始于就既存的案件事实作法律上的判断,毋宁在形成——必须由他作出法律判断的——案件事实时,就已经开始了。[①] 在这个意义上说,案件事实的形成过程本身就是一个法律判断过程。例如,构成要件该当性的判断,当然是一种法律判断,但这一法律判断的实体内容就是构成要件事实的形成过程,两者具有不可分割的同一性。

当然,我们强调案件事实的形成与法律判断在过程上的同一性,并非要将案件事实与法律规范加以混淆。因此,正确地区分事实问题与法律问题具有重要意义。尤其是在三审终审的情况下,事实审与法律审相分离,基层法院以解决事实问题为主,二审法院以解决法律问题为主,终审法院不解决事实问题只解决法律问题。在这种情况下,事实问题与法律问题就应当在刑事诉讼的不同审级得以解决。应该说,事实问题与法律问题是存在区别的。事实问题是一个存在论的问题,即有还是没有的问题;而法律问题是一个价值论的问题,即是或者不是的问题。

事实问题与法律问题的区分,首先是一个在刑法理论上需要解决的问题。在刑法理论上,事实问题与法律问题的区分主要表现在犯罪构成要件的设置上。一个人有罪还是无罪的问题,需要同时解决事实问题与法律问题。犯罪构成要件作为定罪的根据,同样也包含了事实与法律两个层面的内容。在大陆法系递进式的犯罪构成体系中,构成要件该当性是一个事实问题,构成要件包括行为、客体和结果等行为事实以及故意和过失等心理事实。只有在充足构成要件的基础上才能进入违法性的判断。当然,构成要件也并非完全是事实内容。贝林认为构成要件是客观记叙性的事实,而不包含规范的、主观的要素。而麦耶尔则认为构成要件中包含规范的、主观的要件,但没有予以正面肯定。到了迈兹格那里,由于认为构成要件是不法类型,所以从正面肯定了构成要件中的主观要素及规范要素。[②] 尽管在构成要件该当性中包含规范要素,但这种规范要素本身还是作为一种规范事实存

---

① [德]卡尔·拉伦茨:《法学方法论》,陈爱娥译,商务印书馆 2003 年版,第 160 页。

② [日]小野清一郎:《犯罪构成要件理论》,王泰译,中国人民公安大学出版社 2004 年版,第 49 ~ 55 页。

在的。例如“他人的财物”(德国《刑法》第242条、第303条),这里的财物当然是物理性存在,而“他人的”就是法律上的所有关系,这是一种规范要素。但这种规范要素存在本身又是一个事实问题,即财物的所有权归属问题。在认定盗窃罪时,财物是否属于“他人的”这是一个事实性的前提。在这个意义上说,它与作为法律问题的违法性评价还是有所不同的。在构成要件该当的基础上,才能进一步进行违法性判断。一般来说,构成要件该当的行为是一种不法类型,因此构成要件该当行为一般可以推定为违法,除非存在违法性阻却事由。在违法性基础上进一步作有责性的判断,有责性是一个主观归责问题,在主张规范责任论的情况下,它同样也是一种法律判断。由此可见,大陆法系的递进式的犯罪构成体系中,事实问题与法律问题有机地统一在一个犯罪构成中,互相协调,对正确认定犯罪具有重要意义。而在我国及苏联的耦合式的犯罪构成体系中,事实问题与法律问题没有加以明确区分。我在《刑法哲学》一书中曾经指出:行为事实是一种纯客观的存在,它只有经过一定的价值评判,才能转化为具有犯罪意义的行为、客体、结果及其因果关系。在我国刑法理论中,行为事实与价值评判这两个层次的问题未加区别,混为一谈,因此,造成了许多理论上的混乱。[①] 例如,因果关系问题。我国以往关于因果关系的讨论纠缠于因果关系的必然性与偶然性,这都是在事实层面上对因果关系的讨论,没有充分关注法律层面的因果关系。实际上,因果关系不仅是一个事实问题,也是一个法律问题。因此,将因果关系区分为事实因果关系与法律因果关系的思路是可取的。[②] 尤其是客观归咎论的提出,使因果关系真正成为一个法律上的客观归属问题。当然,在大陆法系递进式的犯罪构成体系中,客观归属的体系性地位仍然是一个没有得到很好解决的问题。在我罪体—罪责—罪量的犯罪构成体系中,罪体是行为事实与规范评价的统一,罪责是心理事实与规范评价的统一,唯此才能体系性地把握事实问题与法律问题。

事实问题与法律问题的区分不仅对于刑法理论具有重要意义,而且对司法活动中正确地认定犯罪同样具有重要意义。在具体犯罪的认定过程中,应当分别解决事实问题与法律问题。尤其是需要正确地确定事实问题与法律问题之间的位阶关系,即在入罪时,评价以事实的存在为前提,既不能以事实代替评价,也不能以评价代替事实。出罪则不受此限。事实的确

---

① 参见拙著:《刑法哲学》(修订3版),中国政法大学出版社2003年版,第87页。

② 参见拙著:《本体刑法学》,商务印书馆2003年版,第283页以下。

定是法律评价的前提,因为法律评价是对事实的评价,没有事实当然也就无所谓法律评价。因此,对于认定犯罪来说,事实的确定无疑是最重要的。但在司法活动中,事实问题与法律问题的区分又是极其困难的。某些事实本身就包含着规范评价要素。更为重要的是,在具体犯罪的认定过程中,事实问题与法律问题的解决孰先孰后?是否有一个可遵循之规则的存在?我想,大体上是有的,但也不能绝对化。一般来说,就入罪而言,须先认定案件事实,再作法律判断。如果没有案件事实,可以中断法律判断。但在出罪的情况下,案件事实难以认定,但法律判断容易作出的,也可以通过否定的法律判断得出出罪结论。例如张耀喜辩护人妨害作证案,[①]一审法院认定被告人张耀喜担任陈林鸣辩护人时,为减轻陈的罪责,采用诱导设问的方式,引诱证人李某作伪证,其行为妨害了刑事诉讼的正常进行,构成辩护人妨害作证罪。二审法院则认为,原判认定的事实证据不足,故而判处上诉人张耀喜无罪。从本案的情况来看,涉及关于本案是否构成犯罪的两个基本问题:一是事实认定问题:控方认为存在引诱他人作伪证的事实,而辩方则认为不存在这一事实。一审法院认定存在这一事实,由此形成事实之争。二是法律适用问题:控方认为诱导性设问形成虚假证言,就是引诱证人作证。辩方则认为,只有以金钱、物质或其他利益引诱证人作伪证才构成本罪。一审法院采纳控方意见,并且明确指出:物质、金钱或其他利益引诱不是刑法所规定的本罪的必要要件,由此形成法律之争。在本案中,二审法院仅就事实争议作出判断,法律争议则完全没有涉及。当然,这一判决的逻辑不能说错误,但它回避了对法律争议的解决,丧失了成为一个理解第306条引诱证人作证规定的判例的机会,令人扼腕叹息。像这样的案例,如果事实争议难以解决,径直以否定的法律判断也同样可以作出无罪判决。也就是说,即使认定在事实上进行了诱导性询问,但这种诱导性询问并非刑法第306条所规定的引诱证人作伪证,因而判决无罪。由此可见,这里存在一个选择问题,该案选择了以法律判断代替事实判断。在司法实践中,还存在法律判断转化为事实判断的问题。例如,在一个被指控为职务侵占的案件中,涉及对国有资产的界定。国有资产的界定在该案中直接涉及罪与非罪,但该法律问题的解决又有一定难度。而在本案中,存在一个情节,就是国有公司曾经将该企业零转让给被告人,而被指控为职务侵占是在零转让以后。在这种情况下,法院没有纠缠在企业财产性质是否属于国有资产这一法律问题上,而是以

---

① 本案例载最高人民法院刑一庭、刑二庭编:《刑事审判参考》2001年第1辑。

被告人没有职务侵占的主观故意为由判决无罪。也就是说，即使企业财产性质属于国有资产，但在零转让给被告人以后，被告人主观上认为这不是国有资产，因而不可能具有职务侵占的主观故意。因为职务侵占的主观故意是以明知是企业（包括国有企业）财物为前提的。

案件事实还有客观事实与主观事实之分。客观事实是事实，且具有客观性，这当然没有问题。主观事实也是事实，同样具有客观性，对此却容易发生误解。在一个具体犯罪中，客观事实与主观事实是互相依存不可分割的，只是为了理论研究的需要才分而考察之。但在犯罪认定过程中，客观事实与主观事实的判断顺序又是不能颠倒的，应当严格地坚持先客观事实后主观事实的认定原则。否则，就会造成逻辑上的混乱。例如，吴晓丽贷款诈骗案，①一审法院认为：被告人吴晓丽明知其厂房已用于银行贷款的抵押而将该厂房卖掉，其行为已构成贷款诈骗罪。而二审法院则认为：上诉人吴晓丽在贷款当时没有采取欺诈手段，只是在还贷的过程中将抵押物卖掉，如果该抵押是合法有效的，银行可随时采取法律手段将抵押物收回，不会造成贷款不能收回的后果；且吴晓丽在转让抵押物后，确也采取了诉讼的手段欲将抵押物收回，因认定抵押合同无效才致使本案发生，故对吴晓丽不构成贷款诈骗罪的上诉理由予以支持，原审认定被告人吴晓丽犯贷款诈骗罪不能成立。那么，被告人吴晓丽不构成贷款诈骗罪的裁判理由到底是什么呢？对此，法院的裁判理由指出：从本案的事实来看，被告人吴晓丽是否构成贷款诈骗罪，一是要分析吴晓丽是否实施了刑法第 193 条列举的四种具体行为或者是吴晓丽所实施的行为能否归属于以其他方法诈骗贷款；二是要认定吴晓丽在主观上是否具备非法占有贷款的目的。具体来说，吴晓丽在多次贷款中，并没有采取刑法第 193 条列举的四种具体行为方式来取得贷款。另一方面，吴晓丽在贷款的过程中以及在得到贷款之后，并不具备非法占有贷款的目的。上述裁判理由在客观方面只论述了吴晓丽未实施刑法第 193 条列举的四种贷款诈骗行为，而没有讨论其行为是否属于刑法第 193 条规定的其他方法，而一审法院恰恰认定吴晓丽使用其他方法进行贷款诈骗。我认为，刑法第 193 条规定的其他方法不包括合法贷款后采用欺诈手段拒不还贷的行为。因此，吴晓丽之不构成贷款诈骗罪并不在于主观上没有非法占有的目的而在于客观上没有实施贷款诈骗行为。客观上有没有实施刑法第 193 条规定的以其他方法诈骗贷款，这是一个客观事实问题，

① 本案例载最高人民法院刑一庭、刑二庭编：《刑事审判参考》2001 年第 4 辑。

当然这一事实问题的解决与如何理解以其他方法诈骗贷款这一法律问题是有关的。二审法院对本案被告人吴晓丽作出无罪的结论是正确的,但给出的裁判理由却是有问题的,未经客观事实认定而跳跃式地进入主观事实的判断。

六、刑法论证方法论

法学方法论是以保证司法裁判的正当性为终极目标的,而法律论证对于保证司法裁判的正当性具有重要意义。目前,在法学理论上,对于法律论证的涵义如何确定仍然存在争议。一般将法律论证限于对法律规范的论证,认为其主要任务就是论证作为法律推理大前提的合法性和合理性,法律论证是法律推理能否得出正确判断和结论的保障。法律论证一方面能使论证者清晰法律背后的原则、政策、原理,另一方面可以解决现行法中模糊和空缺的部分。另外,法律论证也是法律人阐明自己所认定的法律的理由,从而不仅说服自己也说服当事人。法律论证不是要简单地宣布法律结果,而是要说出判决的理由和根据。① 但法律推理前提的合理性之证成与判决结果的正当性之证成虽然联系紧密又是不能等同的;换言之,法律论证是仅指对法律推理之大前提的合理性论证呢还是也包括对判决结果之正当性的论证?判决结果的正当性当然是依赖于法律的逻辑推理来实现的,但逻辑推理解决不了一切问题。因此,我主张对法律论证作广义上的理解,即不仅是对法律问题的论证,而且包括对事实问题的论证,尤其是在司法实践活动中,判决结果并非直接从大前提与小前提中推导出来的,而是包括着大量具体而微小的论证活动。对某一具体事实问题或者法律问题,应当在听取控辩双方充分发表意见的基础上作出判断,而且这种判断结果应当经过论证,使之成为控辩双方论辩中引申出来的必然结论。因此,法律论证的问题,归根到底还是一个说理的问题。无论是控辩双方还是裁判者,都应当持之有据,言之有理。但在司法实践中,如何正确地进行论证,确实是一个重大问题。下面,以三个案例论证中存在的问题进行说明。

(一)于润龙非法经营案

被告人于润龙因非法经营黄金而涉嫌非法经营罪被起诉。公诉机关指

---

① 陈金钊:“法律方法引论”,载陈金钊、谢晖主编:《法律方法》(第2卷),山东人民出版社2003年版,第175页。

控：被告人于润龙在无黄金收购许可证的情况下，收购黄金并进行倒卖，违反国家规定，未经许可经营限制买卖的物品，其行为触犯了刑法第225条第1项之规定，已构成非法经营罪。辩护人认为，起诉书所指控的被告人于润龙的犯罪行为，因国家黄金管理体制的重大改革和国家关于黄金行政法规的重大变化，依法不构成犯罪。2003年国务院发布《关于取消第二批行政审批项目和改变一批行政审批项目管理方式的决定》（以下简称《决定》），该《决定》第3项取消了根据《中华人民共和国金银管理条例》（以下简称《金银管理条例》）设立的黄金收购许可规定。这使得被告人于润龙的行为不具备构成非法经营罪所要求的“违反国家规定”的必备条件，故于润龙的行为依法不构成犯罪。法院判决认定，被告人于润龙在无黄金经营许可证的情况下大肆收购、贩卖黄金的行为，严重地扰乱黄金市场秩序，情节严重，已构成非法经营罪。虽然2003年年初国务院下发了国发[2003]5号文件取消黄金收购许可证审批制度，但对于国内黄金市场的发展运行，还有行政法规、政策及相关部门的规章加以规范，不许任其无序经营。《金银管理条例》被废止前，该条例的其他内容仍然有效，于润龙的行为在目前的情况下也属违法行为，故公诉机关指控的事实清楚，证据充分，罪名成立。在我看来，法院的上述判决结论之得出，缺乏必要的法律论证。本案争议的焦点是在黄金收购许可取消以后，黄金是否还属于刑法第225条第1项所规定的限制买卖的物品。这里的限制买卖的物品，是指国家根据经济发展和维护国家、社会和人民利益的需要，在一定时期实行限制性经营的物品。① 法院判决没有直接讨论在黄金收购许可取消以后，黄金是否还属于限制买卖的物品。该判决引用2003年9月19日中国人民银行办公厅给公安部办公厅的《关于认定非法经营黄金行为有关问题的复函》第1条：“中国人民银行发布的《关于调整携带黄金有关规定的通知》（银发[2002]320号）不适用于个人。”以此说明取消的是对单位收购黄金许可，《金银管理条例》对个人的禁止性规定仍然有效，由此推论个人收购黄金是非法经营行为。的确，《金银管理条例》第8条规定：“金银的收购，统一由中国人民银行办理。除经中国人民银行许可、委托的以外，任何单位和个人不得收购金银。”在《金银管理条例》中只对单位收购黄金有许可规定，国务院《决定》取消黄金收购许可，当然是指对单位收购黄金许可的取消。在《金银管理条例》中根本就没有个人收购黄金许可的规定，当然也就无所谓许可的取消问题。那么，能否就此得出结论：《决

① 胡康生、李福成主编：《中华人民共和国刑法释义》，法律出版社1997年版，第317页。

定》颁布以后,对个人收购黄金仍然是禁止的呢?从文字上来看,似乎取消黄金收购许可并没有直接否定"个人不得收购金银"的规定,因而这一禁止性规定仍然有效。但是,黄金收购许可的取消的实质含义是指国家对黄金的经营不再实行许可制度。在这个意义上说,黄金不再是限制经营的物品。这一判断不仅适用于单位,同样应适用于个人。由此可见,本案中被告人于润龙的行为是否构成非法经营罪,就取决于对黄金是否属于限制性经营的物品之法律性质的判断,这一判断结论需要经过缜密的论证。应该说,这一判断并非一个太大的难题,但法院的判断结论显然是经不起推敲的。

(二)方顺龙等六人侵犯商业秘密案

被告人方顺龙等六人涉嫌侵犯刑事附带民事诉讼原告人某五金首饰厂的商业秘密。该案涉及三个争议问题:(1)本案所涉及的被害人的技术信息是否属于商业秘密;(2)六名被告人是否实施了如公诉机关所指控的侵犯被害人商业秘密的行为;(3)六名被告人的行为是否给被害人造成重大损失。对此,法院判决都作了归纳与论证,这是值得肯定的,但这种论证的逻辑推理却难以成立。法院判决认为:公诉机关向法院出示了某市中衡信资产评估有限公司出具的评估报告,该报告的评估结果认为六名被告人的行为给五金首饰厂造成经济损失人民币1160万元。该评估报告认为五金首饰厂经济损失难以计算,因此用上海流行饰品厂和上海宏艺五金饰品有限公司的获利来替代。对此,法院认为:五金首饰厂属来料加工企业,这种企业性质决定五金首饰厂只能以收取加工费的方式获得盈利,其所受的经济损失也只能是加工费的损失,而上述两厂的利润是经营利润,二者性质不同,不能相互替代;而且作为来料加工企业,五金首饰厂的进口原料和出口制成品均属海关监管货物,其数量、价格均有据可查,其加工费如有损失也就容易计算,不存在损失难以计算的问题,因此以上述两厂的获利来替代五金首饰厂的损失明显不合理。中衡信资产评估有限公司的评估报告作为证据不具有合法性和客观性,而且在关联性上有严重缺陷,其评估结论合议庭不予采信。上述论证涉及侵犯商业秘密罪的损失计算问题,在司法实践中,一般主要是根据侵犯商业秘密行为给权利人造成的经济损失数额来判定。最高人民法院在长沙昌达实业公司侵犯商业秘密案中,对于侵犯商业秘密案的经济损失数额确立了以下规则:经济损失数额一般为被害人的实际损失,如商业秘密的研制开发成本,侵犯商业秘密行为致使被侵害人遭受技术及信息转让方面的损失,商业秘密的利用周期、市场容量和供求状况,被害人竞争地位、能力的减弱或丧失,商业信誉的下降,市场份额的减少,出现亏损甚至破产等。被害人的实际损失难以计算的,可以参照行为人在侵权期间因侵犯商业秘密所获得的实际非法利润来认定。[①] 在本案中,评估报告认为五金首饰厂的损失难以计算,因而以侵权的非法利润作为损失数额。而法院判决认为,五金首饰厂的损失并非难以计算,其来料加工的加工费是可以计算的,因而不能以侵权的非法利润作为损失数额。但这一逻辑是如何推论的呢?来料加工的加工费本身也并不是侵犯商业秘密本身的经济损失,因为侵权产品是在境内销售,五金首饰厂的产品是为境外加工并在境外销售。在这个意义上,侵权行为并不影响五金首饰厂的加工费收入。但并不能以此认为五金首饰厂就没有经济损失,五金首饰厂的商业秘密被他人无偿披露并使用,使其通过许可第三方使用而获得相应利益的权利受到损害。只是由于五金首饰厂目前没有将此商业秘密许可他人使用,其所受损失的具体数额无法计算。在这种情况下,可以直接以侵权的非法利润作为经济损失数额。因此,法院判决在本案经济损失并非难以计算因此不能以侵权的非法利润作为损失数额这一推理的逻辑是正确的,问题在于将来料加工的加工费作为经济损失,而加工费是可以计算的,因此不能以侵权的非法利润作为损失数额这一推理上存在判断失当。

(三)吴清湘合同诈骗案

被告人吴清湘合同诈骗案,公诉机关指控被告人吴清湘在忠智有限公司尚未依法成立和未取得土地使用权的情况下,违规取得了智成大厦项目的《建设用地规划许可证》等审批手续,并于1994年3月28日隐瞒了违规取得智成大厦项目和该项目所属土地已被抵押借款的事实,与大亨地业发展有限公司法定代表人周一龙签订名为联营实为转让合同,将智成大厦项目连同忠智公司以980万元人民币的价格转让给周一龙,实际获款640万元。后因吴清湘未归还以项目用地抵押的200万元债务,该土地被法院查封并拍卖,周一龙因此遭受巨大损失。法院认为:被告人吴清湘在转让忠智公司和智成大厦项目及附属土地时,隐瞒了忠智公司已以该项目土地作抵押借款200万元的事实。在收取转让金后,又未在约定的还款期限内还款,在还款期限届满后也仅归还73万元,将其余127万元借款占为己有并将该债务转嫁给受让人大亨公司周一龙。被告人吴清湘在签订、履行合同过程中,隐瞒

---

① 参见最高人民法院刑一庭、刑二庭:《刑事审判案例》,法律出版社2002年版,第299页。

并转嫁债务,在人民法院执行抵押项目附属土地时,继续隐瞒事实,导致项目土地被拍卖,最终将债务完全转嫁给他人,其主观上具有非法占有的故意,客观上将127万元尚未归还的债款占为己有且至今未还,其行为符合合同诈骗的特征,已构成合同诈骗罪,且数额特别巨大,应依法惩处。在本案中,公诉机关认定被告人通过项目转让合同骗取的数额是实际获得的转让费640万元,但法院认定的诈骗数额是未归还的借款127万元。从基本相同的案件事实中,推导出两个不同的诈骗数额。公诉机关认为诈骗的是项目转让款,这与签订虚假的项目转让合同这一诈骗手段是相对应的,因而诈骗数额应为项目转让款。而法院虽然认为签订的项目转让合同是虚假的,即隐瞒了以项目土地作抵押借款200万元的事实,但认定的诈骗数额却是借款未还部分,即127万元。这显然存在一个逻辑错误,本案被害人是大亨公司周一龙,其通过转让合同获得的项目实际上就是项目所属土地,而土地被拍卖归还了吴清湘的债务,周一龙损失的是640万元。而吴清湘未归还的借款127万元实际上与大亨公司周一龙并无关系。因此,法院在本案诈骗数额的认定上转换了内容,其结论缺乏正当根据。

从以上三个案例可以看出,判决结论的正当性要以法律论证为保证。在我国司法实践中,司法人员大多缺乏这种法律论证的训练,因而事实认定与法律判断往往仅仅依赖直觉或依靠简单的逻辑知识,而这些都还难以保证判决结论的正当性。为此,我认为应当大力展开法律论证理论的研究,并将其适用于司法裁判。

(本文原载《法学研究》2005年第2期,原文刊载时略有删节)

法的解释与解释的法

法是需要解释的,法在解释中存在并在解释中发展。当然,也不排除这种可能性:法在解释中迷失,乃至在解释中湮灭。这里涉及一个法解释学的立场问题,本文拟对此略作探讨。

一、法解释的历史命运

解释学一词最早出现在古希腊文中,它的拉丁文拼法是 hermeneuein,它的词根是 Hermes。Hermes 是在希腊神话中专司向人传递诸神信息的信使。他不仅向人们宣布神的信息,而且还担任了一个解释者的角色,对神谕加一番注解和阐发,使诸神的旨意变得可知而有意义。因此,"解释学"一词最初主要是指在阿波罗神庙中对神谕的解说。由此又衍生出两个基本的意思:一为使隐藏的东西显现出来;二为使不清楚的东西变得清楚。① 在法学领域,解释也具有古老的传统。在远古时代,法律被认为是神旨,往往是在宗教的氛围与意蕴中,通过巫师、祭司传达给社会,因而他们垄断了法解释权,从而在一定程度上获得了对社会的统治权。例如,在古罗马社会早期拉丁时期,就有两个最重要的罗马僧侣团体——祭司团体和占卜官团体,都拥有法解释权。

祭司的名称揭示了它的起源。瓦罗内(Varrone)提到一个简单的词源学解释 pontem facers,他把祭司同桥联系起来。桥在罗马早期的民事和司法制度中具有显著的意义(比如说,它对有关选举的民众会议就意义重大)。在早期阶段,祭司很可能是所有神圣事务的专家,他们的任务是向集体、首脑或个人提供关于完成宗教义务的方式的意见,维护神的和平(paxdeorum)。这使他们自古(abantiquo)就拥有很高权威和威望。由于各种秩序的混合,

① 张汝伦:《意义的探究——当代西方释义学》,辽宁人民出版社 1987 年版,第 3 ~4 页。

由于在原始阶段影响着整个法律组织的宗教观念，祭司不仅控制着私人的公共信仰并通过这种信仰控制着公共生活，而且在另一方面，比如我们将看到的，他们也掌握着法律知识，尤其掌管着在私人关系，即在较小群体社会、在家父们的相互关系中形成的法则。因而，在上述法的发展中，在将法转变为由执法官控制的“诉讼”(actiones)的过程中，在法对生活及其发展的适应中，他们成为活的联系因素。祭司在形式上并不创造规范，因为他不具有制定规范的权力，但是，他是传统的解释者，他揭示规范，他把规范纳入适当的结构，将规范适用于具体的情况，即进行解释(interpretation)工作。占卜官(auguri)的起源也很古老，他们在当时的国家也举足轻重。他们的权限主要在于占卜。如果考察一下占卜对罗马人的重要性(没有任何重大的政治行动会忽略它)，可以注意到：执政官虽然自己亲自占卜，但在遇到解释方面的疑难问题时(由于罗马占卜理论的精细，这类问题是经常出现的)，仍需借助作为占卜管家的占卜官作出解释，那么人们就会重视占卜官的地位以及他借以对公共生活施加影响的方式。[①]

不仅在古罗马法的起源中，祭司、占卜官的解释曾经起到过桥——由神(包括神旨)通过人——的作用，而且，在中国古代法的起源中，也存在这么一种法律解释(在一定意义上也是法律创制)的职业阶层，这就是占卜之官。《礼记·表记》载：“殷人尊神，率民以事神，先鬼而后礼。”这反映出商人对鬼神迷信之深。把鬼神看得高于一切、重于一切，这是商人意识最大的特点，这种意识广泛而深刻地影响到商代社会的各个方面。[②] 商人凡事无不通过占卜向鬼神请示，占卜官就成为神鬼与社会之间的媒介。作为神的旨意的法律，也是通过占卜官的解释传布于社会的，甚至定罪量刑都要诉诸鬼神。在神明裁判的古老司法模式中，占卜官实际上充当了法官的角色。

由此可见，法起源的初期，法并非“立法”的产物，而是社会进化过程中自发产生的，并夹杂着宗教神明的观念。在这一阶段，法主要通过解释而得以呈现。这些法律话语的最初垄断者——巫师、祭司、占卜官，在一定意义上就是最初的立法者。

历史是以人事超越神事而发展的。随着神事与人事的分离，法也由神事演变为人事，立法成为统治者的权力。在这种情况下，法律解释权也为官方所垄断——因为解释在一定程度上决定着法律的命运，统治者深知其中

---

① [意]朱塞佩·格罗索：《罗马法史》，中国政法大学出版社 1994 年版，第 39～41 页。

② 武树臣：《中国传统法律文化》，北京大学出版社 1994 年版，第 160 页。

奥秘。在古罗马，随着城邦的发展、市民力量的形成，出现了法的世俗化过程：由神法(fas)向人法(ins)转化。这一观念体现在伊西多罗(Isidoro)的以下定义之中："fas 是神的法律，ins 是人的法律。"(fes iex divina，ius humana est)在这种情况下，祭司们传统对法律解释(interpretation)的垄断随着历史的不断进步而逐渐分崩离析。《十二铜表法》已开始避免这种解释上的垄断，因此它确定并且公布了有关规则。但各种规则仍然不能满足社会的实际需要，因而解释仍然存在，只不过已经不是祭司的独占权，而是由执政官进行解释，解释成为司法权的应有之义。古罗马的法律解释，是以法律拟制为基础的。"拟制"(fictio)在古罗马法中，是一个辩诉的名词，表示原告一方的虚伪证言是不允许被告反驳的。英国法学家梅因将"法律拟制"这一用语引申为掩盖，或目的在掩盖一条法律规定已经发生变化这一事实的任何假定，其时法律的文字并没有被改变，但对其运用则已经发生了变化。梅因明确指出，罗马的"法律解答"(Responsa Prudentiun)都是以拟制为基础的。这些"解答"的形式，在罗马法律学的各个时期中有极大的不同，但自始至终它们都是由对权威文件的注解组成的，而最初，它们只是解释《十二铜表法》的各种意见的专门性的汇编。在这些解答中所有的法律用语都从这样一个假设出发，即古代"法典"的原意应被保留不变。这就是明确的规定。冠以重要法学专家(jurison-sults)名字的"法律解答汇编"(Book of Responses)，至少具有与我们报告案件同样的权威，并且不断地变更、扩大，限制或在实际上废弃《十二铜表法》的规定。在新法律学逐步形成的过程中，它的作者们自认为非常尊重着"法典"的原来文字，他们只是在解释它、阐明它，引申其全部含义。但结果，通过把原文凑合在一起，通过把法律加以调整使其适用于已确实发生的事实状态，以及通过推测其可能适用于或许要发生的其他事实状态，通过介绍他们从其他文件注释中看到的解释原则，他们引申出来大量的多种多样的法律准则，为《十二铜表法》的编纂者所梦想不到的，并且在实际上很难或不能在其中找到的。① 由于法学家的法律解释实际上是在修正、变更法典的内容，并且具有一种不小于立法机关制定的法规所有的拘束力，因而这种法律解释具有立法的性质，法律解答被认为是一种法律，是罗马法的主要渊源之一。例如，古罗马进入帝国时期后，奥古斯都指定一些法学家从事法律解答，明确规定他们解答的意见具有法律效力，最高裁判官和所有承审法官的审判活动都必须受法律解答的约束。从此，法学家的解答

① [英]梅因：《古代法》，商务印书馆 1984 年版，第 20 页。

(Resporsa prudentum)便成为罗马法的渊源之一。[①]

中国古代法律解释的世俗化与官方化的历史进程,起始于春秋时期,是以铸刑书等成文法公布为前提的,商鞅“改法为律”和“以吏为师”是传统注释律学的发端。法学家之学号称刑名之学,刑者法也,名者逻辑也。刑名之所以并列,是因为刑,也就是法律专业中,包含着逻辑问题,这种逻辑被胡适称为法治逻辑。[②] 对法律进行逻辑推演,也就是法律解释的过程。在一定意义上可以说,中国古代名学是在法律解释中产生的,是法律解释喂养哺育了名学,因而刑名并称。从秦代的“法律答问”到西汉的“引经解律”,再到东汉与魏晋的“章句注释”,中国古代法律解释伴随着法律发展一路并进,及至唐代达到登峰造极的地步。唐高宗于永徽初,命长孙无忌、李勣、王志宁等人以武德、贞观两律为基础,编制永徽律12篇、502条,于永徽二年(651年)颁行全国。为了阐明永徽律的立法原则的精神实质,并对律文进行统一的解释,又命长孙无忌、李勣等人对永徽律逐条逐句作出注释,称为“疏议”,经皇帝批准,于永徽四年(653年)颁行,附于律文之下,与律文具有同等效力。律与疏统称为《永徽律疏》,元以后称为《唐律疏议》。[③] 据《旧唐书·刑法志》:高宗三年,诏曰:“律学未有定疏,每年所举明法,遂无凭准。宜广召解律人条义疏奏闻,自使中书、门下监定”。于是太尉赵国公无忌、司空英国公勣、尚书左仆射兼太子少师监修国史燕国公志宁、银青光禄大夫刑部尚书唐临、太中大夫守大理卿段宝玄、朝议大夫守尚书右丞刘燕客,朝议大夫守御史中丞贾敏竹等,参撰《律疏》,成三十卷,四年十月奏之,颁手天下。自始断狱者皆引疏分析之。[④] 由此可见,唐律之疏议实际上具有实施细则的性质,它与律文合为一体,具有相同的法律效力。

由以上历史叙述可以看出,法律与解释是不可截然分开的,法律发展史实际上就是法律解释发展史,反之亦然。在一定意义上我们可以说,法律是在解释中发展的,也只有在解释中才能获得真正的理解与适用。曾经辉煌过,曾经失落过,但法解释与法同在,这就是法解释的历史命运。

---

① 谢邦宇主编:《罗马法》,北京大学出版社1990年版,第30页。

② 胡适:《先秦名学史》,学林出版社1983年版,第141页。另注:刑名之名,是指与罪名相应的刑名,即刑罚的名称,还是指刑之学(刑法学)与名之学(逻辑学),尚可辩驳。但有一点是可以肯定的,刑法与逻辑关系甚为密切。

③ 乔伟:《唐律研究》,山东人民出版社1995年版,第32页。

④ 参见《历代刑法志》,群众出版社1988年版,第291页。

二、法解释的本体论考察

在解释学的发展史上，解释首先是作为一种方法而存在的，但最初只是一种具体的方法或者技巧，还不具有方法论的意义。作为方法论的解释学，是由被称为解释学之父的狄尔泰(Wilhem Christian Ludilwig Dilthey，1833～1911)创立的。自1883年以后，狄尔泰认识到：认识人文世界不是一个理解人的经验的行为，而是一个解释的行为，一个释义的行为。要解释的不仅是人所创造的表达他经验的各种东西，而且具体的历史世界和作为整体的实在也是一个有待解释的文本。这样，他就大大地扩大了解释学的应用范围，使解释学成了人文科学普遍的方法论。在人文科学中，生命和经验本身都超出了解释研究的范围，但生命和经验的表达形式、建筑、法律体系、文献、乐曲，乃至人的行为，历史事件等却不是如此，它们可以看做是有待解释的文本。① 如果说，狄尔泰极大地丰富了解释的蕴含，将解释学改造成为一般方法论，那么，伽达默尔(Hangs-Geog-Garner)则完成了解释学的本体论转折，创立了哲学解释学。哲学解释学的根本特征在于将解释学从方法论中解放出来，使之成为说明一切理解现象的基本条件的活动。哲学解释学超越主体与客体的二元对立，认为历史是主客体的交融和统一，它既不是主观的，也不是客观的，而是一种涵括一切的过程和关系。通过对哲学解释学的理解，我们获得了一种解释学的立场，这一立场通常由以下重要范畴构成：

1. 解释循环。循环的本体论表明了某种关于我们"在世"的基本东西——我们在本质上是由阐释理解所构成并从事于这种活动的存在。只有通过理解的循环，即一种预先设定使我们能够进行理解的前结构的循环，"事情本身"的意义才能被把握。②

2. 视界融合。在伽达默尔这里，视界主要指人的前判断，即对意义和真理的预期，每一种视界都对应一种前判断体系，不同视界对应不同的前判断体系。从一开始，理解者的视界进入了他要理解的那个视界，随理解的进展不断地扩大、拓宽和丰富自己。我们在同过去相接触，试图理解传统时，总是同时也在检验我们的成见，我们的视界是同过去的视界相接触而不断形成的，这个过程也就是我们的视界与传统的视界不断融合的过程，伽达默尔

---

① 张汝伦：《意义的探究——当代西方释义学》，辽宁人民出版社1987年版，第44页。

② [美]理查德丁·伯恩斯坦：《超越客观主义与相对主义》，光明日报出版社1992年版，第172页。

称之为“视界融合”。[1]

对法的理解可以引入解释学的立场，法是一种社会现象，这是毫无疑问的。哲学解释学可以帮助我们获得对法的全新的理解，由此丰富法的概念与蕴含，并为作为方法论的法律解释提供理论根据。在从解释学立场理解法的时候，我们首先遭遇到的是法的文本主义的“前见”。法的文本主义，又可以称为法的教条主义，是以理性主义为思想基础的，它的历史背景是启蒙运动。随着启蒙运动的勃兴，自然法观念应运而生。自然法观念虽然获得了以人类理性为根本内容的对实在法的批判标准，但它自身又以追求一种以普适主义与客观主义为特征的法律制度作为统治理想的目标模式。

普适主义以平等观念为前提，这是一种法律上的平等。法律面前人人平等的观念，来自古希腊传统。在古希腊城邦，那些组成城邦的公民，不论他们的出身、地位和职务有多么不同，从某种意义上讲都是“同类人”。这种相同性是城邦统一的基础，因为对希腊人来讲，只有“同类人”才能被“友爱”联系在一起，结合成一个共同体。这样，在城邦的范围内，人与人的关系便表现为一种相互可逆的形式，取代了服从和统治的等级关系。所有参与国家事务的人都被定义为“同类人”，后来又以更抽象的方式被定义为“平等人”。尽管在社会实际生活中，公民之间有很多相互对立的地方，但在政治上，他们都认为自己是可以互换的个体，处在一个以平衡为法则，以平等为规范的体制中。这样的人类社会图景在公元前 6 世纪的一个术语中得到严谨的表述：“法律面前人人平等”(isonomia)，即所有公民都有参与执政的同等权力。[2] 在中世纪，封建等级观念强化了社会不平等，饱受等级压迫的人们呼唤平等。因此，平等作为一个口号，成为启蒙思想中仅有的几个标志性话语之一。法律上的平等以公民权为前提，并承认每个人的意志自由，由此获得了一种法律上全新的人格。

客观主义则是对中世纪专制法律的擅断性的一种反动。它要求法律的确定性，并且把这种确定性强调到了无以复加的程度。美国学者提出：“不确定”是 18 世纪刑法最典型的特征。[3] 这种不确定性，又可以称为擅断性、不可预见性主观性、任意性，与野蛮性、残酷性成为同义词。为此，确定性就

---

① [德]伽达默尔：《真理与方法》，上海译文出版社 1987 年版，第 271 页。

② [法]让－皮埃尔·韦尔南：《希腊思想的起源》，三联书店 1996 年版，第 47～48 页。

③ [美]理查德·霍金斯等：《美国监狱制度——刑罚与正义》，中国人民公安大学出版社 1991 年版，第 29 页。

成为美好的追求。在意大利著名刑法学家贝卡里亚看来,这种确定性甚至应当用几何学的精确度来衡量,因为这种精确度足以制胜迷人的诡秘、诱人的雄辩和怯懦的怀疑。为使这种确定性取得一种稳定的载体,成文法典脱颖而出,几乎成为法治的代名词。贝卡里亚指出:人类传统的可靠性和确定性,随着逐渐远离其起源而削弱。如果不建立一座社会公约的坚固石碑,法律怎么能抵抗得住时间、欲望的必然侵袭呢?① 因此,古典自然法学派形成了一个法典情结。正如美国学者庞德指出:自然法学派的立法理论认为,只要通过理性的努力,法学家们便能塑造出一部作为最高立法智慧而由法官机械地运用的完美无缺的法典。② 客观主义经过法律实证主义的改造,形成一个法律规范的宏大逻辑体系,这就是德沃金所命名的法律帝国。在这座作为客体外在于我们而耸立的法律帝国面前,我们唯一能做的就是服从。

在这种法律教条主义观念指导下,法只能表现为法典、法律甚至法条的法。因而法的视域是相当狭窄的。同时,对法的研究也只能是以这种法条为对象的研究,表现为一种概念法学与注释法学。换言之,注释法学成为法学唯一存在或者说合理存在的形式。在这种情况下,法学研究的思路大大地被遮蔽。然而,人们总是不满足于此,于是社会法学、行为法学应运而生。

社会法学,也可以称为法社会学,是以社会为视角建构法的概念,消解条文化的法概念。法社会学派的创始人庞德对什么是法律这个问题回答道:我们可以设想一种制度,它是依照一批在司法和行政过程中适用的权威性法令来实施的、高度专门形式的社会控制。③ 在此,法被看做是一项旨在实现社会控制的工程。行为法学则将研究对象由传统的法规范转换为法行为。这里的法行为仅局限于人们能够观察、测定和分析的行为,专指法律实施主体和法律实施主体的行为本身。④ 如果说,法社会学将法界定为"社会中的法",即所谓"活法",那么,行为法学就是将法界定为"行动中的法"。毫无疑问,法社会学与行为法学都突破了传统概念法学的樊篱,拓展了法的视域。

法解释学给传统的概念法学带来新的冲击,它所动摇的是法的客观主义这一理论支柱。概念法学,从解释学角度来看,也可以说是一种文本主义

① [意]贝卡里亚:《论犯罪与刑罚》,中国大百科全书出版社 1993 年版,第 7、15 页。
② [美]庞德:《法律史解释》,华夏出版社 1989 年版,第 13 页。
③ [美]庞德:《通过法律社会控制法律的任务》,商务印书馆 1984 年版,第 22 页。
④ 谢邦宇:《行为法学》,法律出版社 1993 年版,第 16 页。

法学,它将法理解为以一定的文本——法条体现出来的法,它是外在于每一个人的。但是,解释学所教导我们的是识破教条主义的断言,即认为在继续着的、自然的传统和对它的反思运用之间存在着对立和分离。因为隐藏在这种断言背后的是一种教条的客观主义,它歪曲了解释学对这个概念本身的反思。这种客观主义,甚至连历史学那样的所谓的理解科学,也不是像对于解释学情境和历史学在理解者自己意识中的持续作用来看待理解者,而是用一种暗示着理解者自己的理解,而并不进入理解事件的方式看待理解者。[1] 因此,基于法解释学的理论,法不仅仅是一种以条文表现出来的法——这个意义上的法是外在于理解者,甚至是与我们不相干的。法解释学意义上的法,是理解者内化了的法。换言之,法是被解释而理解,被理解而适用,被适用而存在的。正因为法具有这种被解释性,法的普适主义的美梦就被打破了,法律移植也只能是表面意义上的。

对于具有不同社会、文化背景的理解者,法是具有不同意蕴的。换言之,法具有个别性,这种个别性不仅是人的个别性,而且是地域的个别性以及时间的个别性。法以地方性知识为背景,正如美国学者克利福德·吉尔兹指出:法学和民族志,一如航行术、园艺、政治和诗歌,都是有地方性意义的技艺,因为它们的运作凭靠的乃是地方性知识(local knowledge)。[2] 法解释学对法的这样一种个别性的理解,足以使我们对建立在普适主义观念基础上的法治理解产生疑问。基于法解释学的立场,法也不仅仅是一种客观存在,而是在理解中而存在的,因而被打上了理解者的主观烙印。在这种情况下,法就不再简单地是立法的产物,在某种意义上可以说理解者——法官、检察官、律师,乃至于一般公众都参与法的创造与发展。那么,法还有客观性吗?在法学中,客观性也许是一个不言自明的命题。它使我们想到法的超脱性、确定性、不以人的意志为转移性,因而具有与人治相对立的含义,也必然就是法治题中应有之义。然而,我们还是可以追问客观性何以可能?其实,客观性本身就不那么客观,因为存在着对客观性的各种见解。例如,美国学者波斯纳认为法的客观性至少具有以下三种含义:(1)本体论上的客观性,这种客观性是指对外部实体的符合;(2)科学意义上的客观性,即可复现性(replicable);(3)科学意义上的客观性,这种客观性是指合乎情理,也就是不任性、不个人化和非(狭义上的)政治化,就是既非完全不确定,但也不

---

① [德]伽达默尔:《哲学解释学》,上海译文出版社1994年版,第29页。

② 梁治平编:《法律的文化解释》,三联书店1994年版,第73页。

是本体论意义上或科学意义上的确定。[①] 在此，我们不是要否定法的客观性，而只是认为这种客观性是相对的并且是多元的。我们要的是一种自为的客观性而不是一种自在的客观性，这种客观性是经过理解过滤的，因而是可以被认识的。在法理学面前存在的法，应当是多元的。[②] 而法解释学的立场给我们增加了更多关于法的知识：法不再是简单的文本，我们每个人都有自己的法，我们每个人都在参与创制法。只有在这种个别性基础上形成的普适性，在这种主观性基础上形成的客观性——建立在理解之上的共识，才是真正的法治的基础。这就是法解释学的结论，由此引入法哲学的视域。

三、法解释的方法论考察

如果说作为本体论的法解释学是以消解法条为己任的，那么，作为方法论的法解释学也可以说是法律解释方法，是以实现法条的功用为使命的。前者是法之形而上，在本体论的视域中理解法——一种解释的法；后者是法之形而下，在方法论的角度上审视法——一种法的解释。法的解释，确切地说，也就是法条的解释。法律解释作为一种实践活动，它受一定法意识的支配。正是在这个意义上，对法的理解制约着对法的解释。

在古典时代，确定性成为法的至高无上的追求。在刑法领域中，就是以罪刑法定主义为特征，罪刑的法定性完全可以转换为罪刑的确定性。确定的法带来安全与自由，从而使个体权利得以保障。古典自然法学派的代表人物洛克指出：处在政府之下的人们的自由，应有长期有效的规则作为生活的准绳，这种规则为社会一切成员所共同遵守，并由社会所建立的立法机关制定。这是在规则未加以规定的一切事情上，能按照我自己的意志去做的自由，而不受另一个反复无常的、事前不知道的和武断的意志的支配，如同自然和自由是除了自然法以外不受其他约束那样。[③] 因此，自由是以法的确定性为前提的。为保证法的确定性，甚至剥夺了法官对法律的解释权。贝卡里亚提出：刑事法官根本没有解释刑事法律的权力，因为他们不是立法者。贝卡里亚历数法律解释带来的致命而深远的结果，认为严格遵守刑法文字所遇到的麻烦，不能与解释法律所造成的混乱相提并论。这种暂时的

---

① ［美］波斯纳：《法理学》，中国政法大学出版社1994年版，第9页。

② 陈兴良、周光权："法律多元：理念、价值及其当代意义——尤其从刑事角度的思考"，载《现代法学》1996年第6期，第31页。

③ ［英］洛克：《政府论》（下篇），商务印书馆1964年版，第16页。

麻烦促使立法者对引起疑惑的词句作必要的修改,并且阻止人们进行致命的自由解释,而这正是擅断和徇私的源泉。当一部法典业已厘定,就应逐字遵守,法官唯一的使命就是断定公民的行为是否符合成文法律。当既应指导无知公民又应指导明智公民的权利规范已不再是争议的对象,而成为一种既定事物的时候,臣民们就不再受那种小型的多数人专制的摆布。多数人专制比一人专制更有害,因为,前者只能由后者来纠正,并且一人专制的残暴程度并非与他的实力成正比,而是同他遇到的阻力成正比。① 因此,在贝卡里亚设计的司法模式中,法官的任务只是进行三段论式的逻辑推理。显然,这样一种否认法律解释的观点,是以一种绝对的概念法学的法观念为前提的,这就是对全知全能的理性立法者以及对无所不包、网罗万象的法典的假定。

上述无所不能的法观念很快在现实面前碰得头破血流,于是法律解释被允许,只是被小心翼翼地限制在严格范围之内。通常的解释方法是文理解释,包括文字解释、语法解释、逻辑解释,这也被称为是一种平意(plain-meaning)解释。② 这种解释方法的特点可以归纳为:(1)原则上以通常平易的意义进行解释;(2)法律专业术语应当按法律专门意义进行解释;(3)同一法律或不同的法律使用同一概念时,原则上应当作同一解释;(4)文义应当注意全文的意义联系进行解释;(5)法律词义原则上应从广义解释,例外用狭义解释。③ 作为这种法律解释方法的理论基础是主观解释理论,这种理论认为:法律解释目标在于探讨立法者于制定法律当时事实上的意思,解释结论正确与否的标准就在于是否准确地表达了立法者当时的意思。法律的字面含义是重要的,因为要根据字面含义来推测立法者的意思,并且在一般情况下都应该推定字面含义正是立法者意图的表达。但字面含义并没有决定性的意义,如果有证据表明文字的通常含义同立法者在立法时意图表达的含义不一致时,就应该采用其次要的但与立法意图相一致的含义,哪怕这样解释显得牵强附会;但由于是必须的,因而是合理的、正确的。由于这种解释理论以立法者当时的意思为认识目标,企图探讨立法者当时的主观心理状况,所以这种理论又被称为立法者意思说。④ 显然,这种主观解释理论是

---

① [意]贝卡里亚:《论犯罪与刑罚》,中国大百科全书出版社 1993 年版,第 13 页。

② [美]波斯纳:《法理学问题》,中国政法大学出版社 1994 年版,第 331 页。

③ 孙笑侠:《法的现象与观念》,群众出版社 1995 年版,第 237~238 页。

④ 陈兴良主编:《刑事司法研究——情节·判例·解释·裁量》,中国方正出版社 1996 年版,第 237、333 页。

以探寻立法原意为己任的,它包含这样一种对法的理解:法作为一个文本是独立于解释者的,解释者在客观的法面前应当战战兢兢,摒弃一切偏见,努力地去揣摩立法者的意图。这种法律解释,保持了法律尊严,使解释不至于破坏法的构造。但是,这种理论面临着双重的困惑:如果法是完美的,解释就是多余的。如果法律是有缺陷的,通过法律解释所还原的立法原意仍然具有这种不圆满性。更何况,在很多情况下,立法原意的复原超出了人的实际认识能力与知识水平。由此可见,这种理论的主要误区就在于对于人(包括立法者与司法者)的理性能力作了过高的期待;没有看到法典的局限性,而法典的不完善性正好反映了人的认识能力的不完整性和局限性。①

由于主观解释理论不能供给法解释正确的理论,随之而起的是客观解释理论。这种理论认为:法律一经制定,即与立法者相分离而成为一种客观的存在,具有了一种独立的意义。这种独立的意义是通过将具有一定意义的文字,运用一定人群在长期历史发展中形成和发展起来的语法规则加以排列组合而形成的。立法者于立法时主观上希望赋予法律的意义、观念及期待,并不具有拘束力;具有法律上拘束力的,是作为独立存在的法律内部的合理意义。故此,法律解释的目标不在于探求历史上立法者事实上的意思,而在于探究和阐明内在于法律的意义和目的。这种探究、阐明法律内部合理意义和目的的活动并不是一劳永逸的,随着社会的变迁,法律内部的合理意义和目的也会发生变化。法律解释的任务就是在法律条文语义上可能具有的若干种解释中,选择最高目的之解释。② 客观解释理论宣称解释者独立于解释文本,它所要探寻的不是立法者的意图,而是法在当下现实生活中的合理含义。这就给解释者带来了极大的解释上的回旋余地,因而导致一种所谓法律的自由解释。自由解释认为法官对法律的理解是一种"想象的重构",由此可以冲破个体之间的障碍。美国学者波斯纳曾经引述亚里士多德的下述论断说明这种法律重构的意蕴:"所有的法律都是普遍的,但对有些事物来说是不可能提出正确的普遍断言的。在那些有必要从普遍意义上来谈论,但无法正确地这样做的事件中,法律关注常见案件,尽管法律并非不了解错误的可能性。然而这仍然是正确的,因为这错误不在于法律也不在于立法者,而是在于事物的本性中……[因此]当立法者由于过于简单化

---

① 陈金钊:《法制及其意义》,西北大学出版社 1994 年版,第 73 页。

② 陈兴良主编:《刑事司法研究——情节·判例·解释·裁量》,中国方正出版社 1996 年版,第 327、333 页。

而犯错误并使我们失望时,纠正这种错误——说出如果立法者在场他自己可能说的,如果知道的话会制定为他的法律的话——就正确。”由此引申,法律漏洞的填补、法律冲突的解决,都属于法律解释,因而法律解释实际上是在行使立法职能。如果这种法律解释是由法官作出的,这就出现法官造法的现象。这样,我们就回到一个古老而令人迷惑的问题上来,这就是立法与司法的划分,再明确地说,就是三权分立。显然,过于自由的法律解释,尤其是脱离法律原意的重构,实际上已经不是法律解释而是法律创制。从实用主义的角度来说,法律的自由解释也许是正确的,但它的前提是法治已经十分完善并且人权获得安全保障,法官都能公正执法。如果没有这些前提,那我们宁愿忍受法律的严格解释所带来的麻烦,因为这至少可以牺牲个别公正获得一般公正,在法律客观性与确定性的庇护下免受主观的任意性与擅断性的侵扰。

四、法解释在中国的命运

那么,当前中国需要什么样的法及其解释呢?对这个问题的回答涉及对当下中国社会结构及其走向的客观评价,非本人力所能及。在法制史上,存在这样一个参照系:警察国、法治国、文化国。一般认为,前启蒙时代是警察国,以专制与人治为特征;启蒙时代是法治国,以民主与法制为特征;后启蒙时代是文化国,以科学与实证为特征。这三个阶段,用现代化的理论审视,也可以用前现代、现代与后现代相对照。那么,中国处在上述什么阶段,又需要一种什么样的法理论呢?在我看来,对于中国而言,面临着以下两种法观念的碰撞:一是天真未泯的法治理想国。这种观念以完备的法制,完美的政制为追求。法治理想国的法观念,是理性主义、科学主义的具有客观性与确定性的法,要求的是对法的严格解释。二是后现代的文化实证国。这种观念实现了对法治理想国的解构,并以儒家法文化为回应,追求两者的契合。在以上的两种观念中,法治理想国以19世纪启蒙时代的自然法思想为理论支撑,引入自由、民主、平等、法治这些基本的价值理性并以完备的法律体系作为工具理性。应该说,法治理想国的法观念对于中国当前具有一定的现实意义。因为中国是一个经历了几千年人治统治的封建国家。法治,这里主要是建立在民主基础上的法治观念,对于中国来说具有振聋发聩的作用,它能够在一定程度上消解人治文化。但是,法治理想国毕竟是西方历史的产物,而且是两个多世纪以前的思想。对于处在21世纪之初的中国,不仅需要利用中国文化的本土资源加以化解与消解，而且还要借鉴近代西方法治文化国的精神以缩短时间上的差距。否则，我们只是简单地引入法治理想，追求完备的法律体系，而没有考虑到相应的社会历史环境，法治理想很有可能落空。文化实证国是现代西方文化的产物，是建立在解构以后的法治理想国的基础之上的，包括对法治理想的审视与反思，对我们颇具有启迪。但它对我们中国来说过于超前，没有经过法治理想国而匆忙迎来文化实证国也许是一场灾难。至于以文化实证国观念论证中国传统儒家文化的真理性，则成为抵制法治理想的文化堡垒。我们面临的是一个两难选择：法治理想国有助于实现个人价值，而文化实证国有助于实现社会价值。在鱼与熊掌两者不可兼得的情况下，我们只能偏向于法治理想国。

我基本上赞同在法制现代化这样一个分析框架下来考虑这个问题，正如我国学者指出：在中国社会法制现代化的过程中，人治、强制、专制、特权、义务、一元、依附、集权、法律、社会、封闭等价值取向逐渐势微，而法治、自由、民主、平等、权利、多元、独立、分权、自解、个体、开放等价值取向越来越居于主导地位。换言之，前一类方式变项构成了传统型法制的基本特征，而后一类方式变项则构成了现代型法制的基本品格。上述前一类变项向后一类变项的转变，乃是从传统性行动向合理性行动的历史转化，这一转化伴随着传统的人治型统治体系向现代的法治型统治体系的更替。① 只是在法制现代化的过程中，我们要注意克服法治理想国的僵硬性、机械性与形而上学的思想倾向。至于中国的法律解释，既不是无所适从的严格解释，也不是无所顾忌的自由解释，而应以探寻立法意蕴为己任。这里的立法意蕴是客观的，是流动与开放的，是一种"活着的意义"(living meaning)，以区别于主观的，基本上是确定的，一种"已死去的意义"(dead meaning)的立法原意。② 由此通过解释法律而超越法律文本，使法在理解中获得新生。

在法学研究上，同样也面临着一个现代化的问题。中国虽然号称有注释传统，但实际上并没有科学意义上的注释法学。为此，需要对注释法学进行改造。我国学者曾经倡导法学研究中的语义分析方法，对于注释法学的现代化就具有十分重要的意义。③ 语义分析方法是英国著名法学家哈特提出的。他认为：几乎每一个法律、法学的词语都没有确定的、一成不变的意

① 公丕祥主编：《中国法制现代化的进程》，中国人民公安大学出版社 1991 年版，第 78 页。

② 陈兴良：《刑法的人性基础》，中国方正出版社 1996 年版，第 537 页。

③ 张文显、于莹："法学研究中的语义分析方法"，载《法学》1999 年第 10 期，第 4 页。

义，而是依其被使用的语境，才能确定它们的意义。因此，语义分析，亦称语言分析，是通过分析语言的要素、结构、语源、语境而澄清语义混乱，求得真知的一种实证研究方法。显然，这种语义分析方法应当在法学研究中作为一种实证法的分析研究工具受到应有的重视。同时，我们又不能将作为法学研究对象的法仅限于实在法，而应当研究与实然法（实在法）相对应的应然法（自然法：法的价值探求）；研究与条文法（死法）相对应的社会中的法（活法）；研究与规范法相对应的行动中的法（法行为：行为法学）以及其他法哲学。法哲学是对法的哲理蕴含的揭示，是法理的更高层次，可以说，没有法哲学的深入研究，也就没有科学意义上的法学理论。

（本文原载《法律科学》1997年第4期）

犯罪构成的体系性思考

犯罪构成是指犯罪成立的条件，因而又称为犯罪构成要件。尽管各国刑法对于犯罪的规定有所不同，但犯罪成立必须具备的要件是相通的，这些要件对于区分罪与非罪的界限具有重要意义。

一、犯罪构成的理论

犯罪构成是犯罪论的基石。由于各国刑法理论的历史嬗进与逻辑结构上的差别，形成了各具特色的犯罪构成的理论体系。

（一）犯罪构成的概念

论及犯罪构成，首先需要对犯罪构成的概念作出说明。因为犯罪构成虽然是刑法理论中的一个通用概念，但在理解与使用上又显得十分混乱。

犯罪构成概念中，构成是关键词，这里的构成通常又称为构成要件。构成要件一词，虽然来自刑法学，但已经成为法学理论中的通用概念。[①] 在大陆法系刑法理论中，犯罪构成与构成要件虽然经常混用，但并非如同我们通常所理解的那样，是指犯罪成立的条件。其所谓构成要件（Tatbestand）是指某种行为具备犯罪构成事实，仅是犯罪构成要件之一——构成要件的该当性。[②] 具备这一要件并不意味着构成犯罪，因而与我们所说的犯罪构成有

---

① 日本学者指出：构成要件不仅是一个刑法学概念，而且超出了刑法学的领域，成为一般法学的概念，在哲学、心理学等文献中偶尔可看到这个词。在一般法学上，则把为使一定的法律效果发生而将法律上所必要的事实条件的总体称为“法律上的构成要件”。参见［日］小野清一郎：《犯罪构成要件理论》，王泰译，中国人民公安大学出版社 1991 年版，第 6 页。

② 构成要件的该当性也被译为符合性，指应受处罚的行为与法律规范中对某个具体犯罪所描述的全部特征完全吻合。参见李海东：《刑法原理入门（犯罪论基础）》，法律出版社 1998 年版，第 41 页。

别。这种区别,是整体与部分的关系,或者说是种属关系,两者不可混用。① 大陆法系刑法理论中相当于犯罪成立要件的犯罪构成,一般称为犯罪要件,更为经常使用的是犯罪论体系。犯罪论体系是指犯罪成立要件整体,包括构成要件该当性、违法性和有责性。在英美法系刑法理论中,不存在构成要件这一概念。② 我国学者通常将英文中的 the material elements of a crime,或 the premises of a crime, constitution of a crime 或 ingredients of a crime 译为犯罪构成要件,这不能不说是一种意译。可以说,犯罪构成在英美刑法中不是一个严格的专业术语。

我们现在所理解的犯罪构成,即犯罪成立条件意义上的犯罪构成,来自苏联刑法理论,苏联刑法学家 A. H. 特拉伊宁根据主观与客观相统一的观点,将犯罪构成整合为犯罪的主观要件与客观要件的统一,作为刑事责任的唯一根据。③ 这样,从大陆法系刑法理论中以构成要件为核心的犯罪构成论到苏联及我国刑法理论中的犯罪构成论,就发生了一个从形式意义上的犯罪构成到实质意义上的犯罪构成的转变,④犯罪构成成为定罪根据。这种转变,是犯罪构成概念的嬗变,同时也是刑法理论的演进。如果对于大陆法系刑法理论中的犯罪构成概念与苏联及我国刑法理论中的犯罪构成概念之间的这种内涵与外延上的差别不加注意,就会出现理论上的混乱。十分显然,我们是在犯罪成立条件的意义上采用犯罪构成这一概念的,尽管在论及大陆法系刑法理论时,也可能是指构成要件该当性意义上的犯罪构成。总之,我们可以将犯罪构成定义为:刑法规定的、为构成犯罪所必须的客观要件

---

① 台湾学者韩忠谟指出:所谓犯罪成立要件者,乃刑法学就犯罪之结构,依分析所得之诸种构成要素是也,与法国、日本两国学者一般用“构成要件”Tatbestand 一词未可混同。参见韩忠谟:《刑法原理》,台湾大学 1981 年修订第 14 版,第 81 页。

② 日本学者指出,Corpus delicti 这一具有诉讼法性质的概念传到英美法中后,直到现在,在有关口供、辅助证据方面,仍然使用这一概念。参见[日]小野清一郎:《犯罪构成要件理论》,王泰译,中国人民公安大学出版社 1991 年版,第 2 页。但我国学者认为,英美刑法中犯罪构成的表述大体上来自拉丁文 Corpus delicti,可见与大陆法系构成的同源关系。参见刘生荣:《犯罪构成原理》,法律出版社 1997 年版,第 11 页。

③ 特拉伊宁指出:“犯罪构成乃是苏维埃法律中认为决定具体的、危害社会主义国家的作为(或不作为)犯罪的一种客观要件和主观要件(要素)的总和。”参见[苏]A. H. 特拉伊宁:《犯罪构成的一般学说》,中国人民大学出版社 1958 年版,第 48 ~ 49 页。

④ 我国学者认为,大陆法系刑法理论中,构成要件该当性本身无非是“中性”的被评价对象,决定了犯罪构成学说的形式主义色彩。苏联刑法理论明确揭示了犯罪构成的社会政治内容,无论在内容上还是在性质上,都使犯罪构成理论发生了一次根本性的变革,使形式主义的概念转化为实质意义的概念。参见姜伟:“犯罪构成比较研究”,载《法学研究》1989 年第 3 期。

(罪体)与主观要件(罪责)的有机统一。

(二)犯罪构成的沿革

在理清犯罪构成概念的基础上,我们还需要进一步描述犯罪构成的学说史。犯罪构成的概念,最早可以追溯到13世纪。当时的历史文献中出现过Constare de delicto(犯罪的确证)的概念,它是中世纪意大利纠问式诉讼程序中使用的一个概念。在这种纠问式诉讼程序中,法院首先必须调查是否有犯罪存在(一般审问,或称一般纠问)。在得到存在犯罪的确证后,才能对特定的嫌疑人进行审问(特定审问,或称特别纠问)。后来从Constar de delicto一词又引申出Corpus delicti,即"犯罪事实",这是1581年意大利刑法学家法利斯首先采用的,用以指示已被证明的犯罪事实。这个概念后来传到德国,适用于整个普通法时代,其意义是用于证明客观犯罪事实的存在。如果没有Corpus delicti,就不能进行特别审问。因此,作为诉讼法上的概念,Corpus delicti所表示的是与特定的行为人有联系的外部的客观实在(罪体),如果不能根据严格的证据法则对这种客观的犯罪事实的存在进行确证,就不能继续进行特别审问,包括拷问在内。Corpus delicti这一概念所包含的基本意义,为此后犯罪构成理论的产生奠定了基础。

1796年,法国刑法学家克拉因首先把Corpus delicti译成德语Tatbestand,即犯罪构成,但当时仍然只有诉讼法的意义。直到19世纪初,德国著名刑法学家费尔巴哈才明确地把犯罪构成引入刑法,使之成为一个实体法概念。[①] 费尔巴哈从罪刑法定主义出发,要求在确认任何行为为犯罪并对之课以任何刑罚时,都必须根据法律的规定来确定。从这一原则出发,费尔巴哈把刑法原则上关于犯罪成立的条件称为犯罪构成,指出:犯罪构成乃是违法的(从法律上看)行为中所包含的各个行为的或事实的诸要件的总和。费尔巴哈强调:只有存在客观构成要件的场合,才可以被惩罚。[②] 因此,费尔巴哈从法律规定出发,强调犯罪的违法性,并将这种违法性与构成要件

---

① 日本学者指出:费尔巴哈从一般预防、客观主义的立场出发,主张犯罪结果也属于构成要件。我们读起斯求贝尔的书来,觉得诉讼法的味道十分浓厚,所以,直到费尔巴哈时,构成要件才明确地被当做实体刑法上的概念来使用。参见[日]小野清一郎:《犯罪构成要件理论》,王泰译,中国人民公安大学出版社1987年版,第370页。

② 这一思想在费尔巴哈主持制定的1813年《巴伐利亚刑法典》中得以体现,该刑法典第27条规定:"当违法行为包括依法属于某罪概念的全部要件时,就认为他是犯罪。"参见樊凤林主编:《犯罪构成论》,法律出版社1987年版,第370页。

统一起来，形成了犯罪构成的客观结构论，①对犯罪构成理论的形成与发展产生了深远的影响。费尔巴哈的同代人斯求贝尔在 1805 年出版的《论犯罪构成》一书中提出并论述了犯罪构成问题。根据斯求贝尔的观点，犯罪构成就是那些应当判处法律所规定的刑罚的一切情况的总和。这个概念是从刑罚出发，把构成要件作为判处刑罚的条件来确定的。它反映出当时刑罚理论的特点，因为这个时代的刑法理论，一般都是从论述刑罚的本质及其正当性出发的。在整个 19 世纪，犯罪构成理论主要集中在研究犯罪构成要件的概念、一般构成要件与特别构成要件的区别、主观的构成要件与客观的构成要件的区别等问题上，这个时期的犯罪构成理论还没有形成一个系统完整的理论体系。

现代大陆法系犯罪构成理论是 20 世纪初期开始建立的。一般认为，大陆法系刑法理论中的犯罪构成理论在 20 世纪的发展，经历了从古典派的犯罪构成论到新古典派的犯罪构成论，再到目的主义的犯罪构成论的历史演进过程。古典派的犯罪构成论以德国著名刑法学家贝林（Emst Beling）为代表，贝林是根据犯罪构成理论建立犯罪论体系的第一人，其理论基础是宾丁（Karl Binding）的规范论。宾丁认为规范是法规的前提，应与法规之本身相区别；以刑法而论，犯罪是对于法规上所示构成要件予以充足之行为，并非法规之违反在法规之后隐藏着一定的规范，才是犯罪人所违反的对象。例如，刑法规定“杀人者处死刑”，是法规；而该项法规包含着“勿杀”的涵义，是规范，两者应予区别。贝林根据宾丁的这一观念，认为通常所谓犯罪乃违法（即违反规范）的行为，其意义尚不明确。事实上，这种违反规范的行为还必须符合刑法的内容规定，才能构成犯罪。关于这种刑法的内容规定，贝林以 Tatbestand 一语称之，就文义而言，为“行为情况”之义，用以表示刑法分则上所规定的抽象的犯罪行为事实，亦即所谓犯罪类型。贝林指出：犯罪不只是违法有责之行为，而且是相当于刑法规定的犯罪类型，亦即构成要件之行为。因此，任何行为成立犯罪应以构成要件该当性为其第一属性，此外并须

---

① 苏联学者认为费尔巴哈的理论是犯罪构成的客观结构论。参见［苏］A. H. 特拉伊宁：《犯罪构成的一般学说》，中国人民大学出版社 1958 年版，第 15 页。我国学者认为，这种概括是不确切的，起码是不全面的。费氏并不绝对排斥主观因素，只是主张属于犯罪构成的那些因素取决于法律的明文规定。由此，费氏的犯罪构成学说与其说是客观结构论，毋宁说是法定结构论。参见姜伟：“犯罪构成比较研究”，载《法学研究》1989 年第 3 期。

具备违法性及有责性。[①] 贝林关于犯罪构成要件的理论前后存在一个变化的过程,在早期,贝林认为构成要件系客观的概念,构成要件的要素只限于记述性要素和客观性要素。所谓记述性要素是在确定其存否时只需要认识判断而无须特别的价值判断的要素;而所谓客观性要素是不涉及行为人的内心的、在外表上能够认识其存在的要素。因为贝林是脱离违法性和责任来理解构成要件的概念,所以认为成为构成要件内容的要素,不是像违法性的要素那样包含着评价的规范性要素,也不是像责任的要素那样包含着主观的要素。贝林的这种构成要件概念,是以罪刑法定主义为背景,期求犯罪类型的明确化。[②] 贝林主张的这种构成要件的概念,具有下列特征:(1)构成要件乃刑法所预定的犯罪行为的客观轮廓,与主观要素无关,在价值上是中性无色的;(2)构成要件与违法性亦无直接关系,构成要件该当的行为与违法行为之间的关系,恰如一部分相交的两个圆周;(3)构成要件该当性与有责性之概念相异。例如,有杀人行为的,其行为虽与杀人罪之构成要件该当,然其是否有责尚不能因此确定。如果是出于正当防卫杀人,仍属无责。贝林较为系统地论述了构成要件,并把它与犯罪类型相等同,这一思想有其深刻之处,即将各种各样、形形色色的犯罪行为抽象为一定的行为类型,并在法理上予以阐述。这对于刑法理论来说是一大深化。当然,贝林将构成要件与犯罪类型混为一谈的观点是不妥的,受到不少刑法学家的批评。因为犯罪类型应该是对犯罪的分类,而犯罪是主观要件与客观要件的统一,因此犯罪类型的概念不止于客观上的行为状况,而且应该包括主观上的违法要素。对于这一点,贝林本人也意识到了,因而发生了大塚仁所说的对于构成要件在理解上从犯罪类型到指导形象的转变。贝林在晚年对其学说进行了修正,将犯罪类型与构成要件加以区别。例如,刑法上的盗窃罪是一种犯罪类型,含有主观的及客观的诸种要素。而此要素必经“窃取他人之物”之指导形象,加以整理总合,而后始有盗窃之犯罪类型可言。按照贝林的理

---

① 日本学者有论及贝林时指出:贝林在其1896年出版的《犯罪的理论》(Die Lehre Vom Verbrechen)一书中开始展开其构成要件理论,其后他在1930年所著的“构成要件的理论”(Die Lehre Vom Tatbestand)的论文中,虽然同样使用了“构成要件”一词,但所指的内容完全不同于前,即从前在指相当于构成要件的东西时,使用了“犯罪类型”(Deliktsiypus)的观念,认为构成要件是给刑法各本条中犯罪类型的统一性提供基础的观念上的指导形象(Leitbild);其后提出的新的构成要件的内容则是指客观性要素和论述性要素。参见[日]大塚仁:《犯罪论的基本问题》,冯军译,中国政法大学出版社1993年版,第51页。

② [日]大塚仁:《犯罪论的基本问题》,冯军译,中国政法大学出版社1993年版,第51页。

解,构成要件乃在逻辑上前置于各种犯罪类型之指导形象。

站在古典派立场上对贝林的观点进行修正的是德国著名刑法学家麦耶尔(Max Ernst Mayer)。麦耶尔在1915年出版的刑法教科书中虽然沿袭了贝林的犯罪论体系,但对贝林的构成要件概念作了修正,主要体现在阐述了构成要件与违法性的关系。麦耶尔认为:在构成要件中存在规范性因素,例如,盗窃罪中“他人之物”的“他人”,伪证罪中证言的“不真实性”等,均与价值中立的构成要件要素有别,属于评价因素。在这种情况下,麦耶尔把构成要件要素分为两种:一是通常的构成要件要素(即纯客观的要素);二是含有评价因素的不纯正构成要件要素。麦耶尔虽然把评价性的规范要素称为“违法性的纯正要素”,但基于刑法条文已将它们作为“行为情况”考虑在内,所以只能在构成要件概念领域才能把它们表达出来,因而又将之与违法性区别开来。在这个意义上说,麦耶尔虽然发现了构成要件中的规范性要素,但仍然没有将构成要件与违法性的关系从理论上理顺,反而发生了混杂。当然,麦耶尔对于构成要件中规范性因素的见解,形成了对贝林关于构成学说系中性无色的理论的冲击,为此后新古典派的犯罪构成论的阐述奠定了基础。

新古典派是建立在对古典派的构成要件理论批判的基础上的。其中代表人物是德国著名刑法学家迈兹格(Edmund Mezger)。迈兹格在1926年发表的《刑法构成要件的意义》一文中首次将“不法”引入构成要件概念。迈兹格不同意贝林关于构成要件系中性无色之说,认为构成要件是可罚的违法行为而由刑法加以类型化的记述,凡行为与构成要件相符合的,除因例外的情形有阻碍违法原因者外,即系具有违法性。因为刑事立法对于构成要件该当之行为规定刑罚效果,就是为了明确宣示该行为之违法。因此,构成要件的作用在于:(1)表明一定的法律禁止对象,从而建立客观生活秩序。(2)表明评价规范,作为法律准绳。迈兹格反对贝林所主张的构成要件中性无色的见解,将客观的构成要件与违法性相结合,形成客观的违法性论,成为其学说的一大特色。迈兹格认为:在客观方面,犯罪乃“构成要件的违法”,亦即“构成要件的违法行为”,而不是“该当于构成要件”并且“违法”的行为。因此,迈兹格不同意贝林将构成要件该当性视为犯罪成立之第一属性的观点,认为构成要件该当性并非独立的犯罪成立要件,而只是限制修饰各种成立要件的概念,如构成要件该当的行为、构成要件该当的违法以及构成要件该当的责任。而行为、违法、责任三者构成其犯罪论的核心。

除主张客观的违法性论以外,还倡导主观的违法要素之说,这说明迈兹格的客观主义立场并不彻底,这也是迈氏构成要件学说区别于贝林的一个重要标志。迈氏认为:可罚的违法虽系客观之状态而由刑法上之构成要件加以明白宣示,然而人类之外部行为无一不起源于内在的精神活动。法律固然不能单纯支配人的内心而成为心情的规则,但当规范外部行为的时候,对于内在的心理状态,自然不能不予以关注。因此,在法律上确定何者为违法,有时如不兼从行为以及行为之内在根源——主观的因素加以判断,当无从明其真谛。这种主观因素为刑法上违法评价所不可或缺者即称为"主观的违法要素",①因此,迈兹格的构成要件中已经(虽然例外地)包含了主观违法要素。

如上所述,迈兹格从贝林纯客观的构成要件论,转向主观违法要素的构成要件论。但迈兹格仍将主观违法要素限于目的犯等个别情况,而对于一般犯罪之违法,仍然认为可以离开主观的犯罪心理而单就客观行为方面予以评价。许多德国刑法学者不满足于迈兹格的保守态度,而主张扩大主观的违法要素的概念,认为一切犯罪之构成要件中均有其主观的因素,在这种情况下,目的主义的犯罪构成论应运而生。目的主义的犯罪构成论以德国著名的刑法学家威尔泽尔(H. Welzel)为首创者。威尔泽尔在否定因果行为论的基础上,提出目的行为论。根据威尔泽尔的见解,作为犯罪论基石的刑法上的行为,是人的有预定目的,并根据预定目的选择手段加以实现的举止,而不是像因果行为论所认为的那样,仅是纯粹的因果历程。由此,威尔泽尔提出构成要件的主观性要素的观点,并把故意与过失作为构成要件的要素。在此基础上,目的主义的犯罪构成论的另一代表人物墨拉哈(Maurauh)亦力主此说。墨拉哈认为刑事立法设立犯罪构成要件,并非仅机械禁止法益之侵害而已,而且还注意侵害行为的种类、方式及其附随环境事实等,并将其列入构成要件之中,由此形成各种构成要件的类型并予以不同的刑法评价,以区别刑罚轻重。现代刑法在评价犯罪的时候,不仅注意结果无价值,而且注意行为无价值。墨拉哈特别强调行为之无价值,将其与结果无价值相对比,意在排斥以往狭隘的法益侵害因果论,认为目的行为才能洞察反社会的意识与违背法律秩序的真相。构成要件既是刑法上类型化的行为,其违法性并不仅因其侵害法益,而且与违背法律秩序的意识密切相关。

---

① 日本学者指出:迈兹格更积极地认为规范性要素、主观性要素是构成要件的要素。主观性构成要素通常是被构成要件类型化了的称为主观性违法要素的东西,例如,目的犯中的目的、倾向犯中行为人的主观性倾向、表现犯中引导表现的行为人的内心状态主观性要素;规范性构成要件要素是窃盗罪(德意志刑法第242条)中"他人的"财物那种伴随着法律评价的要素、猥亵罪(德意志刑法第1767条等)中"猥亵"行为那种伴随着文化性评价的要素等。参见[日]大塚仁:《犯罪论的基本问题》,冯军译,中国政法大学出版社1993年版,第52页。

这种违背法律的意识包括犯罪目的、故意、倾向等因素。从而，墨拉哈将构成要件的内容区分为两方面：一为行为之要素，包括目的意思及意思活动。二为结果之要素，因为犯罪当然亦涉及对法益的侵害，所以构成要件中又常包含刑法上认为重要之某种侵害法益结果。申言之，墨拉哈创立了目的行为论，而与以往的因果行为论相区别，发展了构成要件的学说。

通过以上刑法学家的努力，大陆法系的构成要件从诉讼法引入实体刑法，从客观结构发展到主观结构，形成一种综合的构成要件论，成为犯罪论体系的理论框架。

苏联刑法学家在批判地借鉴大陆法系刑法理论中的构成要件论的基础上，创立了独具特色的犯罪构成理论。在苏联犯罪构成理论形成过程中，著名刑法学家 A. H. 特拉伊宁起了重要作用。特拉伊宁揭示了刑事古典学派的犯罪构成的客观结构和刑事实证学派的犯罪构成的主观结构之间的对立性。刑事古典学派认为，罪责的存在是刑事责任的必要前提。但是，刑事古典学派在这一点上，不是把主观要素而是把客观要素摆在前面，也就是说，不是把行为者的特征而是把行为的特征摆在前面。古典学派的犯罪构成要件论，就是在这样客观的基础上形成的。早期刑事古典学派的代表费尔巴哈认为：从法律观点来说，犯罪构成要件就是包括违法行为在内的各种事实，或者是个别行为一些标志的总和。也就是说，费尔巴哈只将行为性质的标志作为构成要件。但是，费尔巴哈并不忽视责任的主观意义，即罪责存在的意义，而是把它置于构成要件范围之外。因此，符合犯罪构成要件的，首先是刑事责任，其次才是行为者承担刑事责任。刑事人类学派与刑事社会学派相互之间存在着相当大的差异，尽管如此，在反对刑事古典学派客观结构论这个重大问题上，还是有共同观点的。在批判资产阶级主观与客观相割裂的犯罪构成要件论的基础上，特拉伊宁指出：苏维埃刑法理论，从马克思列宁主义关于犯罪的阶级性这一根本原理出发，主张把犯罪构成要件的客观因素和主观因素辩证地统一起来。而近代资产阶级的犯罪构成要件论，却总是纠缠在究竟犯罪构成要件的两种结构——客观结构与主观结构——当中何者占据优势地位的问题上，这就是两者的不同点。由此可见，在苏维埃刑法体系中，刑事责任不是与主观要素和客观要素处于对立和分裂的地位，而是以其所具有的客观性质作为一切标志的。也就是说，必须根据犯罪主体与犯罪的所有情况，辩证地研究犯罪行为。① 这种主客观相结合

① ［日］上野达彦："批判资产阶级犯罪构成要件论——从批判资产阶级犯罪构成要件论向苏维埃犯罪构成要件论的转变过程"，载《国外法学》1979 年第 6 期。

的犯罪构成就成为刑事责任的唯一根据。特拉伊宁于1946年出版了《犯罪构成的一般学说》一书,这是苏联关于犯罪构成理论的第一部专著,它全面、系统地论述了犯罪构成的概念、意义和犯罪构成理论的内容体系结构,研究了与犯罪构成有关的各种问题。

这种犯罪构成理论的特点是,赋予犯罪构成以社会政治的实质内容,在社会危害的基础上建构犯罪构成,使犯罪构成成为社会危害性的构成。尤其是将大陆法系刑法理论中作为犯罪成立条件之一的构成条件论改造成犯罪条件之全部的犯罪构成论,①形成了完整的犯罪构成理论。

(三)犯罪构成的性质

犯罪构成作为刑法理论的基石范畴,需要从理论上进一步对其性质加以界定。对此,存在以下几个值得研究的问题:

1. 犯罪构成是法律规定还是理论命题

犯罪构成是一个理论色彩十分浓厚的概念,在刑法条文中一般难寻其踪迹。这样,就提出了一个问题:犯罪构成究竟是一种法律规定还是一个理论命题?换言之,犯罪构成是否具有法定性?对这个问题,在我国刑法理论上存在争论。② 即使是从刑法理论的构造上来说,也有进一步研究之必要。

在大陆法系刑法理论中犯罪构成的起源看,构成要件是在罪刑法定主义的基础上建立的一个观念,具有无可辩驳的法定性。从犯罪构成理论的演变来看,犯罪构成之所谓构成要件最初是对刑法分则规定的具体犯罪的各种行为特征加以概括的结果,是一种特殊的构成条件。只是随着刑法总

---

① 我国学者将大陆法系刑法理论中的犯罪构成称为异体论构成,这种犯罪构成仅记述行为的事实特征,是犯罪论体系的出发点,是犯罪成立条件之一,即使行为人的行为符合某罪的构成条件,也未必成立犯罪。我国学者还将苏联及我国刑法理论中的犯罪构成称为一体论构成,这种犯罪构成是负刑事责任的根据,犯罪构成本身就是犯罪成立的条件,二者同一化,只要行为人的行为具备某罪的犯罪构成,就意味着成立犯罪。参见姜伟:"犯罪构成比较研究",载《法学研究》1989年第3期。

② 我国刑法学界主要存在以下几种观点:(1)法定说,认为犯罪构成是刑法所规定的、决定某一具体行为的社会危害性及其程度而为该行为构成犯罪所必需的一切客观和主观要件的总和,根据这一观点,犯罪构成是一法律概念,是犯罪的规格,它是由法律加以明文规定的。(2)理论说,认为犯罪构成是根据刑法规定并结合司法实践,对法律条文所作的学理性解释。根据这一观点,犯罪构成是一种理论,有些学者明确指出,犯罪构成不是刑法条文中规定的概念,而是一个较系统、较详尽地研究刑法条文中规定的构成犯罪的各种条件的理论概念。(3)折衷说,认为犯罪构成既是由法律规定的一系列事实要件的总和,又是一种理论。例如,有些学者指出,犯罪构成是依照刑法应受刑罚制裁的危害社会行为的主客观条件的总和,是刑法理论的重要组成,是定罪量刑的基本理论依据。参见高铭暄主编:《新中国刑法科学简史》,冯军译,中国人民公安大学出版社1993年版,第84页。

则与分则的分体例的形成，才从特殊的构成条件发展为一般构成条件。当然也不可否认，在犯罪构成的发展过程中，刑法理论起了相当大的推动作用。可以说，没有刑法学家的努力，就不会有犯罪构成理论，更不会有以犯罪构成为基础的犯罪论体系。① 由此，我们首先应当把犯罪构成当做一种法律规定，充分肯定犯罪构成的法定性。在此基础上，我们还可以把犯罪构成当做是对刑法规定的构成要件的一种理论概括。那种将犯罪构成的法定性与理论性割裂的认识，显然是不可取的。

犯罪构成的法定性，表明犯罪构成是不能离开法律规定而存在的，对于犯罪构成的分析，应当以各国的刑法规定作为其法律根据。只有这样，才能在犯罪构成的法定性上贯彻罪刑法定原则。可以说犯罪构成的法定性是罪刑法定原则中罪的法定性的直接体现。犯罪构成的理论性，表明犯罪构成的存在和发展都离不开理论概括。这种理论性，揭示了犯罪构成的共同特征，从而为各国刑事立法提供了理论指导，更为重要的是，犯罪构成理论也为罪刑法定原则的实行奠定了理论基础。如果没有在刑法学中对犯罪构成要件的组成分析，罪之法定也就无从谈起，因此，我们应当从法定性与理论性的统一上理解犯罪构成。

2. 犯罪构成是法律标准还是构成事实

犯罪构成作为一种法律规定与理论命题，是在对各种犯罪事实加以抽象与概括的基础上形成的，但能否将犯罪构成等同于构成事实呢？显然，我们的回答是否定的。

犯罪构成，如前所述，是从诉讼法中引入实体法的。不可否认，在诉讼法中使用构成要件一词，指的是构成事实，例如，杀人罪的构成要件是尸体、杀人工具等这样一些足以证明杀人案件确已发生的事实情况。但当构成要件引入到刑法中来，犯罪构成存在一个从构成事实逐渐地演变成为法律规定的行为构成犯罪的标准的过程。在一个时期，德语中的构成要件

① 日本学者小野清一郎描述了这一理论的演变过程：Tatbestand 的概念从诉讼法转向实体法，进而被作为一般法学的概念使用，而且，已经从事实意义的东西变为抽象的概念。特别是在刑法学中，它被分成一般构成要件和特殊构成要件两个概念，这主要是因为，在刑法中，从罪刑法定主义原则出发，将犯罪具体地、特殊地加以规定是非常重要的。然而，着眼于这种特殊化了的构成要件（亦即具体构成要件）的重要性，产生了把它不仅视为刑法各论上的东西，而且可以作为构筑刑法总论即刑法一般理论体系的基石的努力，这一努力从贝林开始由 M. E. 麦耶尔大体上完成。而这就是所说的构成要件理论。参见［日］小野清一郎：《犯罪构成要件理论》，王泰译，中国人民公安大学出版社 1991 年版，第 4 页。

Tatbestand一词既包含构成要件也包含构成事实的意义，为了区别两者，一般要加上一定的形容词。例如，构成要件理论的创始人贝林在指构成要件时使用了概念的构成要件（Begrifflicher Tatbestand），在指构成事实时则使用了具体的构成要件（Konkreter Tatbestand）。K. E. 麦耶尔也区别了抽象的构成要件（Abstrakter Tatbestand）和具体的构成要件（Konkreter Tatbestand）、法律的构成要件（Gesetzlicher Tatbestand）和事实的构成要件（Faktischer Tatbestand）。抽象的或者法律的构成要件指的是构成要件，具体的或者事实的构成要件则指的是构成事实。① 构成要件一词传入日本后，在日语中，为了避免混淆而把一个叫做构成要件，其他的叫构成事实。这样的构成要件是一种将社会生活中出现的事实加以类型化的观念形象，并进而将其抽象为法律上的概念。如此一来，它就不是具体事实。② 由此可见，现在刑法理论中的犯罪构成要件是指犯罪的规格，这是一种法律标准，与构成事实是有所不同的，这已达成共识。③ 因此，我们只能在法律关于犯罪的规格或者标准的意义上界定犯罪构成的性质。

3. 犯罪构成是纯客观性要素还是包括主观性要素

在构成要件理论产生过程中，贝林认为构成要件仅限于客观要素，即不涉及行为人内心的、在外表上能够认识其存在的要素，是一种纯客观的构成要件论。贝林的这种观点是脱离责任来理解构成要件的结构。及至麦耶尔，开始考虑到主观性的要素即行为人内心要素在构成要件中的意义，因而转向主观的构成要件论。当然，麦耶尔的构成要件的主观性要素仍然只限于目的犯、倾向犯等特殊场合。在这种情况下，构成要件与责任仍然是犯罪构成的两个不同要件。我们现在所说的犯罪构成，已经不是与责任并列意义上的构成要件，而是指犯罪成立条件。因此，犯罪构成是客观性要素与主

---

① ［日］大塚仁：《犯罪论的基本问题》，冯军译，中国政法大学出版社1993年版，第51页。

② ［日］小野清一郎：《犯罪构成要件理论》，王泰译，中国人民公安大学出版社1991年版，第7页。

③ 我国学者何秉松认为应把刑法上规定的犯罪构成与社会现实生活中的犯罪构成事实严格加以区别，在需要这两者加以区别的地方可以把刑法上规定的犯罪构成称为法定的犯罪构成，把社会生活中客观存在的犯罪构成称为现实的犯罪构成或犯罪构成事实。在对犯罪构成的论述中，作者对两种犯罪构成混用，认为无论是现实生活中的犯罪构成事实，或法定犯罪构成，都处在产生、发展和不断变化之中，参见何秉松：《犯罪构成系统论》，中国法制出版社1995年版，第109、129页。由此造成逻辑上的混乱，并且也与作者关于犯罪构成的概念相矛盾。参见莫志强："也论用系统论改造犯罪构成——与何秉松教授商榷"，载《刑法论丛》（第2卷），法律出版社1998年版，第45页。

观性要素的统一，这就是所谓主观与客观相统一的原则。①主观与客观相统一，是苏联及我国刑法中犯罪构成理论的特点之一，受到充分强调。其实，现代刑法中的任何犯罪构成都是以主观客观统一为前提的，关键在于如何统一，犯罪构成理论构造上的差别，是统一的形式不同而已。大陆法系刑法理论呈现的是一种从客观到主观相递进式统一，而苏联及我国刑法理论呈现的是一种客观与主观相对应式统一。无论如何统一，犯罪构成既包括客观性要素又包括主观性要素，这是一个不争的事实。

4. 犯罪构成是纯记述性要素还是包括规范性要素

记述性要素与规范性要素是有所不同的，前者在确定其存否时只需要认识判断而无须特别的价值判断。例如杀人，就是一种记述性要素，杀人是一种剥夺生命的行为，而人是一种生命性存在，对于这种记述性要素的理解，无须经过价值判断。后者是指伴随着规范评价的构成要件。这种规范评价，一般情况下是社会评价，如非法持有枪支，这里的"非法"就需要通过关于枪支管理法判断这种持有枪支行为是否具有非法性。同时，在某些情况下，规范评价还包括文化评价，如猥亵妇女，这里的猥亵在不同文化背景的社会里，理解是全然不同的。此外，淫秽物品中的淫秽，也是一种文化评价因素。

那么，犯罪构成是纯记述性要素还是也包括规范性要素？对此，贝林坚持是一种纯记述性的要素，体现了一种法律实证主义的立场。②而麦耶尔在构成要件中承认包括规范性要素。日本学者小野清一郎认为：即使在不像明显地应当属于规范要素的场合，在判断是否有符合构成要件的事实之际，也不可否认地会判断背后的法的、伦理的评价。表面看来是记述性的法律概念，可是在社会适用它的时候，往往也伴有规范的评价性的判断。③我们认为，构成要件当然首先是对客观事实的记述，因而在刑法分则中的构成要

① 我国学者认为，主观与客观相统一原则的基本含义是：对犯罪嫌疑人、被告人追究刑事责任，必须同时具备主客观两方面的条件，如果缺少其中主观或者客观任何一个方面的条件，犯罪就不能成立，不能令该人承担刑事责任，论者虽然将该原则表述为刑事责任原则，但在刑法理论体系中，仍将其纳入刑法的基本原则。参见高铭暄主编：《新编中国刑法学》，中国人民大学出版社 1999 年版，第 31 页。

② 日本学者认为，这种法律实证主义背后，存在着自由主义的法治国的思想，认为在刑事司法中以法律保障个人自由的罪刑法定主义，必然地要求着纯客观的记述性构成要件。参见［日］小野清一郎：《犯罪构成要件理论》，王泰译，中国人民公安大学出版社 1991 年版，第 29 页。

③ ［日］小野清一郎：《犯罪构成要件理论》，王泰译，中国人民公安大学出版社 1991 年版，第 32 页。

件一般都是记述性或者描述性的，通过对这种客观事实的认识就可以认定犯罪。但在某些情况下，离开规范评价就无从对行为性质加以判断，为此就需要通过规范性要素规定这种构成要件。更为重要的是，任何法律规定，都是在一定文化的、伦理的环境中存在的，因而无不打上这种文化的、伦理的烙印。

二、犯罪构成的体系

犯罪构成是由主观与客观的一系列要件组成的，这些要件按照一定的逻辑建构形成犯罪构成的体系。由于各国的刑法文化传统和法律规定上的差别，因而决定了犯罪构成体系上的不同。分析起来，以德国为代表的大陆法系的犯罪构成体系、以英美为代表的英美法系的犯罪构成体系和苏联及其他国的犯罪构成体系，是三大具有代表性的犯罪构成体系，在此分别加以叙述与比较。

（一）递进式的犯罪构成体系

以德日为代表的犯罪构成体系，由构成要件该当性、违法性和有责性构成，由于这三个要件之间具有递进式的逻辑结构，因而我们称为递进式的犯罪构成体系。[①]

1. 构成要件该当性

构成要件该当性是指行为符合刑法分则所规定的某个具体特征。构成要件该当性中，又包括以下内容：(1)构成要件的行为。该当构成要件的行为称为实行行为。行为又可以分为作为与不作为，由此构成作为犯与不作为犯。作为犯是指把作为构成要件内容的作为加以规定的犯罪，如杀人罪或盗窃罪都属于这类犯罪。不作为犯则可分为两种：一是纯正的不作为犯，即把作为构成要件内容的不作为规定为犯罪。二是不纯正的不作为

---

① 构成要件该当性、违法性、有责性形成的三分理论，是大陆法系理论中犯罪构成的通说。此外，还有一种犯罪构成多样说，不同意对所有犯罪都毫无差别地适用同一犯罪理论进行分析。从上述理由出发，犯罪构成多样说认为，犯罪应分为四种类型：以作为形式实施的故意犯罪、以作为形式实施的过失犯罪、以不作为形式实施的故意犯罪和以不作为形式实施的过失犯罪，而每一类犯罪都应有自己独立的犯罪构成。意大利学者指出：这种犯罪构成多样说包含某些科学的成分，是一个不能否认的事实；但是，它将犯罪构成理论肢解为独立的片断，因而阻碍人们对犯罪的构成形成统一的认识。综合比较上述学说，传统的三分理论似乎更合理一些，它不仅能清楚地展示犯罪的构成要素，同时又为我们提供了一种清晰而透彻的理论指南。参见[意]杜里奥·柏多瓦尼：《意大利刑法学原理》，陈忠林译，法律出版社 1998 年版，第 99 页。

犯,即以不作为实现作为构成要件内容的作为加以规定的犯罪。(2)因果关系,指行为与结果之间是否存在刑法上的重要因果问题,也就是构成要件该当性的问题。(3)构成要件的故意,指在认识符合构成要件的外在客观事实并企图实现的意思。一般认为,构成要件的故意不包括违法性意识,因而与作为责任要素的故意在内容上存在差别。(4)构成要件的过失,指不认识也不容忍构成要件的结果,由于不注意,即由于违反注意义务引起结果的发生。

2. 违法性

行为具备构成要件该当性还不属于犯罪,是否构成犯罪,还须考察行为是否具有违法性。构成要件是违法行为的类型,如果行为符合构成要件,一般可以推定该行为违法。但如果行为具有刑法上所规定的或者法秩序所认可的违法性阻却事由,则该行为就不属于犯罪。这种违法性阻却事由包括正当防卫、紧急避险等法定的违法性阻却事由和自救行为、义务冲突等超法规的违法性阻却事由。

3. 有责性

有责性是指能对行为人的犯罪行为进行谴责。某一行为构成犯罪,除行为该当构成要件并违法之外,行为人亦必须负有责任。在有责性中,包括以下要素:(1)责任能力,即成为谴责可能性前提的资格。凡是具有认识能力和控制能力的人,就认为具有责任能力。(2)故意责任,作为责任要素的故意是指在认识构成要件事实的基础上,具有违法性意识以及产生这种意识的可能性。(3)过失责任,作为责任要素的过失是指违反主观注意义务而具有谴责可能性。(4)期待可能性,是指在行为当时的具体情况下,期待行为人做出合法行为的可能性。尽管对于期待可能性在责任中的地位存在不同见解,但期待可能性作为责任要件是大陆法系刑法理论的共识。

(二)耦合式的犯罪构成体系

以苏联及我国为代表的犯罪构成体系,由犯罪的客体、犯罪的客观方面、犯罪的主体、犯罪的主观方面构成。由于这四个要件之间具有耦合式的逻辑结构,因而我们称之为耦合式的犯罪构成体系。①

1. 犯罪客体

犯罪客体是指刑法所保护而为犯罪所侵害的社会主义社会关系。刑法总则条文在规定犯罪的概念时概括列举了刑法所保护的社会关系的各个方面,分则条文则规定了各个具体犯罪所侵犯的社会关系的某一方面。由于犯罪的社会危害性集中表现在犯罪对社会关系造成或可能造成的侵害上,因此,犯罪客体是任何犯罪成立都不可缺少的要件,只不过不同的犯罪所侵犯的具体客体有所不同而已。由于犯罪对社会关系的侵犯通常是通过对一定的物或人即犯罪对象的侵犯体现出来,因此犯罪对象也是许多犯罪成立的必备条件。当然,犯罪分子的行为作用于犯罪对象只是一种表面现象,其背后体现的仍是具体的社会关系。

2. 犯罪客观方面

犯罪客观方面是指犯罪活动的客观外在表现,包括危害行为、危害结果以及危害行为与危害结果之间的因果关系。犯罪客观方面的事实特征是多种多样的,概括起来,首先包括危害行为。只有通过危害行为,社会关系才会受到侵犯。犯罪本身就是具有严重社会危害性的行为,犯罪构成的其他要件其实都是说明行为的社会危害性及其严重程度的事实特征,因此,危害行为是犯罪构成的核心要件。其次,犯罪客观方面包括危害结果。危害结果即危害行为对社会造成或可能造成的危害。如果行为不可能给社会造成危害,不属于犯罪行为。危害行为和危害结果是任何犯罪成立必须具备的犯罪客观方面要件,除危害行为和危害结果外,有些行为必须在特定的时间、地点实施或采取特定的方法、手段实施才能构成犯罪。因此,特定的时间、地点、方法成为犯罪构成客观方面的选择要件,这些选择要件对某些犯

① 四要件说是苏联及我国刑法理论中犯罪构成的通说。我国刑法中的犯罪构成体系与苏联的犯罪构成体系具有明显的承继关系。此后,随着对犯罪构成研究的不断发展,我国学者不满足于50年代从苏联移植过来的犯罪构成理论,开始进行理论上的探索与突破。犯罪构成是由一系列事实要件构成的,对于这一点,我国刑法学界基本上认识是一致的。但在犯罪构成要件包括哪一些要件以及它们如何排列问题上,存在相当大的分歧,主要存在二要件说、三要件说、四要件说、五要件说等各种观点。由此可见,我国刑法学界在犯罪构成体系问题上进行了充分地和广泛地探讨,但在研究的深度上还有所欠缺。因此,在犯罪构成问题上,我国刑法学界虽然经过一阵轰轰烈烈的讨论,但积淀下来的思想内容并不多,对于刑事立法与刑事司法的影响也不大。现在,我国仍然保持着犯罪构成四要件的传统理论模式。参见高铭暄主编:《新中国刑法科学简史》,中国人民公安大学出版社1993年版,第85页以下。

罪的成立具有决定性的意义。

3. 犯罪主体

犯罪主体是指达到法定刑事责任年龄、具有刑事责任能力、实施危害行为的自然人与单位,因此,犯罪主体是表明行为必须由什么人实施才能构成犯罪的要件。犯罪主体主要是指达到刑事责任年龄、具备刑事责任能力、实施了危害行为的自然人。除自然人外,单位也可以构成一些犯罪的主体。根据刑法的规定,未达到法定刑事责任年龄或不能辨认、不能控制自己行为的自然人不具备犯罪主体资格,达到相对刑事责任年龄的自然人只能成为刑法所列举的某些特别严重的犯罪的主体。达到刑事责任年龄、具备刑事责任能力的自然人称为一般主体。此外,有些犯罪还需要行为人具有特定的身份或职务才能构成,这类犯罪的主体称为特殊主体。

4. 犯罪主观方面

犯罪主观方面是指行为人对危害社会的结果的主观心理状态。因此,犯罪主观方面是表明在实施危害行为时行为人所具有的主观心理状态的要件。犯罪主观方面首先包括罪过,即犯罪的故意或过失。根据刑法的规定,主观上既无故意又无过失,即使行为在客观上造成了损害结果,行为人也不负刑事责任。因此,罪过是一切犯罪成立所必备的主观方面要件。此外,刑法规定某些犯罪必须具备一定的目的才能构成,因此犯罪目的是部分犯罪主观方面不可缺少的内容。

(三)双层次犯罪构成体系

以英美为代表的犯罪构成体系,具有双层次性的特点。英美刑法的犯罪构成分为实体意义上的犯罪要件和诉讼意义上的犯罪要件。实体意义上的犯罪要件是指犯罪行为和犯罪意图,这种意义包含在犯罪定义之中。犯罪定义之外的责任要件是诉讼意义上的犯罪要件,通过合法抗辩事由体现出来。[①] 由于这种构成要件具有双层次的逻辑结构,因而我们称为双层次的犯罪构成体系。

1. 犯罪行为

犯罪行为(actus reus)是英美法系犯罪构成的客观要件。犯罪行为有广

① 我国学者指出:犯罪行为和犯罪心态,是犯罪本体要件。要成立犯罪,除应具有犯罪本体要件外,还必须排除合法辩护的可能,即具备责任充足条件。在理论结构上,犯罪本体要件(行为和心态)为第一层次,责任充足条件为第二层次,这就是美国刑法犯罪构成的双层模式。参见储槐植:《美国刑法》,北京大学出版社 1996 年第 2 版,第 51 页。

义与狭义之分：广义上的犯罪行为，指犯罪心理以外的一切犯罪要件，也就是犯罪构成的客观要件，包括犯罪行为、犯罪结果和犯罪情节等；狭义上的犯罪行为指有意识的行为，它由行为（act）和意识（voluntariness）构成。犯罪行为是法律予以禁止并力求防止的有害行为，①它是构成犯罪的首要因素。

2. 犯罪意图

犯罪意图（mens rea），又称为犯罪心理（guilty mind），是英美法系犯罪构成的主观要件。"没有犯罪意图的行为，不能构成犯罪"（Actusnon facit reum，nisi mens sit rea）是英美刑法的一条原则，它充分体现了犯罪意图在犯罪构成中的重要意义。在美国刑法中，犯罪意图分为以下四种：(1)蓄意（mention purposefully），指行为人行动时自觉目的就是引起法律规定为犯罪的结果，或者自觉目的就是实施法律规定为犯罪的行为。(2)明知（knowingly），指行为人行动时明知道他的行为就是法律规定为犯罪的行为或者明知道存在着法律规定为犯罪的情节。(3)轻率（recklessly），指行为人轻率地对待法律规定为犯罪的结果或情节，当行动时他认识到并有意漠视可能发生此种结果或者存在此种情节的、实质性的、无可辩解的危险。(4)疏忽（negligence），指行为人疏忽地对待法律规定为犯罪的结果或情节，当行为时他没有察觉到可能发生此种结果或者存在此种情节的、实质性的、无可辩解的危险。从犯罪意图的内容来看，主要是指行为人对于其犯罪行为所持有的一种心理状态，②它是构成犯罪的基本因素。

3. 合法抗辩

合法抗辩（Legal defense），又称为免责理由，它具有诉讼法的特点，是在长期司法实践中，把刑事诉讼中的辩护理由加以理性总结形成的，并从诉讼原则上升为实体上的总则性规范。内容包括未成年、错误、精神病、醉态、胁迫、警察圈套、安乐死、正当防卫、紧急避险等。

---

① 英国学者指出：actus 一词意味着一种"行为"，即人行动的有形结果。当刑事政策把某种行为视为十分有害时，就对之加以禁止并通过对违反它的人施以刑罚的方式来防止它的出现。长期以来，法学家们惯用 actus reus 一词来描述这类法律禁止的行为。因此，actus reus 可以定义为法律力求防止的、本身包含着危害结果的人类行为。参见[英]塞西尔·特纳：《肯尼刑法原理》，华夏出版社 1989 年版，第 18 页。

② 英国学者指出：犯罪意图是指在被指控的犯罪的定义中有规定明示或默示所要求的那种心理状态。它在不同的犯罪中是不同的，一般情况有故意、放任和明知故犯。在我们考察典型的心理状态的过程中，有必要提到过失，尽管几乎不能把过失说成是一种心理状态。参见[英]鲁珀特·菲利普·A. 琼斯：《英国刑法导论》，赵秉志等译，中国人民大学出版社 1991 年版，第 40 页。

(四)犯罪构成的比较

对三大具有代表性的犯罪构成体系的内容进行分析,可以发现,尽管在体系结构上各不相同,但其构成要件上又有相同之处。至少,以下要件是不可缺少的:(1)行为要件。这一要件在递进式的犯罪构成体系中,往往放在构成要件该当性中;[①]在耦合式的犯罪构成体系中则是犯罪客观方面的首要内容;在双层次的犯罪构成体系中,是犯罪要件。"无行为则无犯罪",几乎是各国刑法的通例。(2)罪过要件。这一要件在递进式的犯罪构成体系中,放在有责性中,属于责任条件;在耦合式的犯罪构成体系中则是犯罪主观方面的基本内容;在双层次的犯罪构成体系中,是犯罪本质要件。如果说上述两个要件是无可辩驳的,在三大具有代表性的犯罪构成体系中,都被作为犯罪构成的要件加以确立,那么,犯罪客体、犯罪主体以及违法性是否是犯罪构成要件在刑法理论上存在争论。对此,有必要加以专门讨论。

1. 犯罪客体是否属于犯罪构成要件

犯罪客体是苏联刑法理论中的一个独特概念,犯罪客体被定义/确立为是犯罪行为所侵害的社会关系,从而将其与犯罪对象相区分。犯罪客体确立的理论根据是马克思在1842年所作/发表的《关于林木盗窃法的辩论》一文中的论述:"犯罪行为的实质并不在于侵害了作为某种物质的林木,而在于侵害了林木的国家神经——所有权本身,也就在于实现了不法的意图。"[②]应该说,马克思深刻地揭示了犯罪行为的实质:林木只是所有权的载体,所有权才是犯罪所侵害的实质内容。但这种所有权在法律上表现为一种权利,其进一步的本质又在于利益。侵害林木的国家神经实际上是触犯了法律保护的某种利益。那么,从马克思的上述论断能否引申出作为犯罪构成要件的犯罪客体呢?我们的回答是否定的。因为马克思在上述论断中论述的是犯罪的本质而不是犯罪构成的问题,这种对犯罪本质的理解与利益侵害的观点是一致的。

我国刑法理论,在引入苏联的犯罪构成体系的同时也引入了犯罪客体

---

① 大陆法系刑法理论中的犯罪构成体系,也往往在构成要件之前讨论行为,如在迈兹格的体系中,行为被看成是犯罪成立的第一要件,是先于其他犯罪成立要件的,在这个意义上,日本学者把行为特征总结为"作为犯罪概念基底的行为"。参见[日]大塚仁:《犯罪论的基本问题》,冯军译,中国政法大学出版社1993年版,第24页以下。因此,行为论与构成要件论并列并先于构成要件论的犯罪论体系,也是一种刑法理论的叙述方式。参见李海东:《刑法原理入门(犯罪论基础)》,法律出版社1998年版。

② 《马克思恩格斯全集》(第1卷),第168页。

的概念,犯罪客体是刑法所保护而为犯罪所侵害的社会关系的表述长期以来占统治地位。社会关系又进一步确定为是人们在生产过程和生活过程中形成的人与人之间的相互关系,并将犯罪客体与犯罪对象加以区分,认为犯罪对象是社会关系的主体和物质体现,①由于犯罪客体具有抽象性,个别学者对此提出质疑,并以社会利益取代之,认为犯罪客体是犯罪主体的犯罪活动侵害的,为刑法所保护的社会主义社会利益。② 应该说,这种利益侵害说与大陆法系刑法理论的法益侵害说已经相当接近。尽管如此,这种观点仍然把犯罪客体作为犯罪构成的要件。在大陆法系递进式的犯罪构成体系和英美法系双层次的犯罪构成体系中,都没有犯罪客体这一要件。即使有称为客体的,一般也是将客体分为行为客体与保护客体。这里的行为客体就是我国刑法理论中的犯罪对象,而保护客体是指法益,行为客体是构成要件,保护客体不是构成要件,两者具有性质上的区别。③ 在我国刑法学界,尽管通说将犯罪客体作为犯罪构成要件,但我国已经有越来越多的学者对犯罪客体是否为犯罪构成的要件提出质疑④。在此,有以下三个问题确实值得研究:(1)作为犯罪构成的要件,应当是犯罪的实体性存在。而犯罪客体不

---

① 高铭暄主编:《中国刑法学》,中国人民大学出版社 1989 年版,第 87 页以下。这是我国刑法理论中的通说,在论及研究犯罪客体的意义时指出:它有助于我们认识犯罪,揭示犯罪的阶级性,使我们看到犯罪的危害性表现在哪里,从而更深刻地认识同犯罪作斗争的意义。同上书,第 89 页。由此可见,犯罪客体的功能与概念的功能具有重合性。

② 之所以用社会利益取代社会关系,主要理由在于:(1)社会利益的内容广泛,几乎涵盖了整个社会,无论犯罪侵害的是生产力、生产关系、上层建筑或是自然环境,都可以归结为对社会利益的侵害。(2)社会利益具有多样性,能适应犯罪客体具体化和多样化的要求,可以对犯罪客体的内容作出科学界定。(3)社会利益可以通过利益主体的特点,揭露犯罪客体的社会属性和阶级属性,从而揭露犯罪的社会政治意义。(4)社会利益的含义深刻而又通俗易懂,早已为人们所接受和广泛使用。参见何秉松:《犯罪构成系统论》,中国法制出版社 1995 年版,第 172 ~ 173 页。

③ 日本学者指出:多数构成要件都有行为的客体,诸如杀人罪的“人”,盗窃罪的“他人财物”,等等。行为的客体与各类刑法法规中的保护客体(即法益)是有区别的,行为的客体是行为所指向的有形的人或物;而保护客体(法益)则是法律依据构成要件进行保护的利益或价值,如妨害执行公务罪中的行为客体是公务员,保护客体(法益)却是公务本身。这样,行为的客体与法益就未必是一致的,法益虽未被直接规定为构成要件要素,但在解释构成要件上,它却具有极为重要的作用。参见[日]福田平、大塚仁:《日本刑法总论讲义》,辽宁人民出版社 1986 年版,第 46 ~ 47 页。

④ 我国学者张文最早提出否认犯罪客体是犯罪构成要件的观点,参见张文:“关于犯罪构成理论的几个问题探索”,载《法学论文集》(续集),光明日报出版社 1985 年版,第 252 页以下。此外,张明楷在《犯罪论原理》(武汉大学出版社 1991 年版)、刘生荣在《犯罪构成原理》(法律出版社 1997 年版)、杨兴培在《犯罪构成的反思与重构》(载《政治论坛》1999 年第 2 期)中均认同这一观点,并从不同角度作了论证。

属于犯罪的实体内容本身,而是在犯罪之外的某种社会构成要素。无论是把这种社会要素视为犯罪所侵害的社会关系(利益)还是视为刑法所保护的价值,虽然都与犯罪相关联,但不能纳入犯罪要件的体系之中。(2)犯罪客体与犯罪对象的区分是没有哲学根据的,将客体与对象赋予不同的蕴含,缺乏理论根据。(3)犯罪客体的功能在于揭示犯罪的本质特征,这一功能不是犯罪构成要件所要承担的,而是犯罪概念的功能。因此,在功能上,犯罪客体与犯罪对象具有重合性。由此可见,犯罪客体的存在是不必要的,它不是犯罪构成要件。

2. 犯罪主体是否为犯罪构成要件

任何犯罪都离不开一定的主体,犯罪是人实施的,这是一个不可推翻的事实。但是否把犯罪主体作为犯罪构成的要件,却仍然是一个值得研究的问题。

在大陆法系犯罪构成理论中,并没有我们通常所说的犯罪主体这样一个犯罪构成要件。犯罪主体的内容被分解为两部分:(1)在构成要件该当性中,论述行为的主体,将其与行为客体相对应,这里的行为主体是指"人",没有其他特殊限定。在一般情况下,这里的"人"是指自然人。在某些领域(通常所说的行政刑法)中,"人"也指法人。由于构成要件该当性只是犯罪成立的第一个要件,因而无论什么人,只要实施了构成要件该当的行为,就具备了行为主体这一要件。(2)在有责性中,论述责任能力。责任能力是责任的前提,如果没有责任能力,就不存在罪过问题。在责任能力中,以否定要件的形式论述无责任能力的情形。① 从否定要件这一点看,大陆法系犯罪构成中的责任能力要件与英美法系犯罪构成中作为合法抗辩内容的未成年、精神病等要件具有性质上的同一性。

在苏联的犯罪构成中,犯罪主体是犯罪构成主观方面的要件。② 但是,

---

① 我国学者指出:刑事立法通常是以人具有责任能力为立法的出发点的,因此,责任要件常见的是否定要件的规范形式。也就是说,刑法首先规定的是应当承担责任,然后在但书中列出不具有责任能力的情况。参见李海东:《刑法原理入门(犯罪论基础)》,法律出版社 1998 年版,第 110 页。

② 苏联学者指出:苏维埃刑法认为,实施了危害社会的行为并达到刑法规定年龄的有责任能力者是犯罪主体。苏联学者还区分了犯罪主体和犯罪人的个人情况,认为这是互不相同的两个概念。犯罪主体是说明犯罪人个人情况最起码的总和,没有这些要件,表现犯罪行为法律特征的犯罪构成就不会存在。犯罪人的个人情况是构成个性的社会特征的总和。犯罪人的个人情况对于认定他是否是最危险的罪犯以及免除犯罪人的刑事责任而将其交付担保或判处低于法律所规定的刑罚都具有重要意义。参见[苏]H. A. 别利亚耶夫、M. H. 科瓦廖夫主编:《苏维埃刑法总论》,法律出版社 1987 年版,第 106 ~ 107 页。

将犯罪主体纳入犯罪构成要件,即使是苏联著名刑法学家 A. H. 特拉伊宁也持不同观点,他认为责任能力不应放在犯罪构成的范围内解决,而应当置于犯罪构成的范围之外,[①]然而,通说仍然把犯罪主体作为犯罪构成要件,即使特拉伊宁也不例外。我国刑法理论也将犯罪主体作为犯罪构成要件,通说的排列顺序是犯罪客体—犯罪客观方面—犯罪主体—犯罪主观方面。个别学者甚至认为应将犯罪主体列为犯罪构成的首要要件,按照犯罪主体—犯罪主观方面—犯罪客观方面—犯罪客体的顺序排列。尽管如此,我国有些学者也对犯罪主体是否属于犯罪构成要件问题提出了质疑:或者区分行为构成与行为人构成,认为将犯罪主体作为犯罪构成要件是行为人构成,而犯罪构成应当是行为构成,所以不应包括犯罪主体;[②]或者将刑事责任的基础与刑事责任的条件加以区分,认为犯罪构成是刑事责任的基础,而犯罪主体是刑事责任的条件。前者解决是否犯罪的问题,后者解决是否刑罚的问题;[③]或者把行为人的刑事责任年龄和刑事责任能力视为是阻却刑事责任的事由,不是犯罪构成的事由。[④] 由此可见,否定犯罪主体的构成要件地位的理由各有不同。尤其值得注意的是,我国学者提出主体资格与主体身份相分离的观点,[⑤]认为作为犯罪的资格主体或主体资格,是行为的实施并构成犯罪的物质基础,从而是产生犯罪构成的前提;而作为犯罪的现实主体或主

---

① 特拉伊宁指出:关于无责任能力的问题,可以在解决是否有杀人、盗窃、侮辱等任何一个犯罪构成的问题之前解决。责任能力通常在犯罪构成的前面,它总是被置于犯罪构成的范围之外。参见[苏]A. H. 特拉伊宁:《犯罪构成的一般学说》,中国人民大学出版社 1958 年版,第 61 页。在 20 世纪 30 年代,特拉伊宁认为犯罪主体不是犯罪构成要件的因素,只是作为它的前提条件,从而把主体排除于犯罪构成要件之外,直到 40—50 年代,特拉伊宁改变初衷,肯定了犯罪主体的构成要件地位。参见刘生荣:《犯罪构成原理》,法律出版社 1997 年版,第 68 页。

② 李守芹:"论犯罪构成的要件",载《河北学刊》1983 年第 3 期。该文是最早对犯罪主体提出质疑的论文,由此引起我国刑法学界对犯罪主体的关注。

③ 付家绪:"犯罪主体不应是犯罪构成的一个要件",载《法学评论》1984 年第 2 期。我国学者张智辉在关于刑事责任的研究中,将危害行为确定为刑事责任的基础,罪过确定为刑事责任的根据,犯罪主体确定为刑事责任主体,认为责任主体是刑事责任不可或缺的因素,并将其称为刑事责任的第三要素。惜乎未论及刑事责任与犯罪构成的关系。参见张智辉:《刑事责任通论》,警官教育出版社 1995 年版,第 266 页。

④ 刘生荣:《犯罪构成原理》,法律出版社 1997 年版,第 72 页。

⑤ 我国学者指出:刑法上的主体实际上包含着两种含义:一是犯罪的主体的资格(即资格主体);二是犯罪的主体身份(即事实主体)。犯罪的主体资格的本质表明了人具有可以实施犯罪的一种能力,它是就人可以成为犯罪主体的可能性而言的;犯罪的主体身份的本质属性表明了人存在的已经实施了犯罪的一种事实,它是就人已经成为犯罪主体的现实性而言的。参见杨兴培:《犯罪主体的重新评价》1997 年第 4 期。

体身份，则是建立在资格主体所实施的行为已经符合某种犯罪构成因而构成犯罪的基础上，从而是具备犯罪构成的必然结果。由此得出结论：无论上述哪一种主体都不是也绝不应该是犯罪构成的必要要件。在我看来，资格主体与身份主体之分，就是犯罪前的主体与犯罪后的主体之别。犯罪前，主体只是一种犯罪的动机（可能性）；犯罪后，主体是一种犯罪的结果（现实性）；上述对刑法中的主体在逻辑上的区分虽然对解决主体先于犯罪构成还是犯罪构成先于主体的问题有所裨益，但这种区分的定义是技术性的而非实质性的。当然，在犯罪主体不属于犯罪构成要件这个结论上，与前述观点是一致的。

根据我国通行的犯罪构成理论，犯罪主体不作为犯罪构成要件，会引起对现行犯罪概念的重大理论颠覆。犯罪构成是区分罪与非罪的标准，难道不具备犯罪主体的人也能构成犯罪吗？即使是将犯罪主体作为刑事责任条件，也仍然存在犯罪构成与刑事责任的关系如何处理的问题。根据通说的观点，犯罪构成是刑事责任的根据，只有具备犯罪构成才能承担刑事责任。在这种情况下，犯罪构成与刑事责任是承转关系。换言之，只要行为具备犯罪构成，就应当承担刑事责任。因此，将犯罪主体排斥在犯罪构成的范围之外就会得出结论：精神病人等不具备刑事责任能力的人实施的该当构成要件的行为也是犯罪，只是不负刑事责任而已。显然，这种对犯罪概念的理解是我国刑法理论所难以接受的。因为通常都把应受刑罚处罚性作为犯罪的特征之一，不具备这一特征的行为就不应认为是犯罪。

根据我国通行的犯罪构成理论，将犯罪主体作为犯罪构成要件，同样也会引起逻辑上的矛盾：到底是犯罪主体作为犯罪构成的一个要件而先于犯罪行为独立存在，还是符合犯罪构成的犯罪行为先于犯罪主体被评价？① 如果是犯罪主体作为犯罪构成的一个要件先于犯罪行为而独立存在，那么，每一个达到法定刑事责任年龄、具备刑事责任能力的人都是犯罪主体；如果是符合犯罪构成的犯罪行为先于犯罪主体被评价，则不具备刑事责任能力的人也有可能实施犯罪行为。这是一个两难的推理，将犯罪主体是犯罪构成要件的观点推到一个尴尬的境地。

面对这一两难问题，寻求理论上的出路，我认为：不是把资格主体与身份主体相区分，而是把主体与责任能力相剥离。这里的主体是行为主体，是

---

① 我国学者认为这个矛盾就像是先有鸡还是先有蛋的历史之谜。参见杨兴培："犯罪主体的重新评价"，载《法学研究》1997 年第 4 期，第 87 页。

行为的不言而喻的逻辑前提。而这里的责任能力是与罪过相联系的，属于罪责，即刑事责任的范畴。责任是主观的，这里的主观，包括主观上的责任能力与这种责任能力支配下的主观心理态度。因此，责任能力与罪过是紧密相联的，是后者的前提，[①]只有将责任能力与罪过相贯通，才能对行为人进行主观归责。

3. 违法性是否属于犯罪构成要件

在大陆法系刑法理论中，通常将违法性作为犯罪构成要件，是一个承前——构成要件该当性——启后——有责性的排除要件。在违法性中，主要研究违法阻却事由，如正当防卫、紧急避险。与此相似，在英美法系刑法理论中，虽然没有违法性这一实体要件，但正当防卫、紧急避险也是合法辩护事由，在犯罪构成内加以论述。

在苏联及我国的刑法理论中，违法性不是作为犯罪构成要件，而是作为犯罪的特征而确立的，至于违法阻却事由，也不是放在犯罪构成的范围内，而是作为排除社会危害性行为加以确立的，[②]因而两者存在重大差别。

这里首先涉及违法性在刑法理论体系中的地位问题，同时还涉及在犯罪构成中是否需要设置否定要件的问题。我们认为，违法性不是犯罪构成的一个要件，而是犯罪的特征。整个犯罪构成实际上是刑事违法的构成。因此，将违法性作为犯罪构成的一个具体要件，降低了违法性在刑法体系中的意义。而且，犯罪构成作为一种定罪模式，主要解决什么行为构成犯罪的问题，而违法阻却事由主要是解决什么行为不构成犯罪的问题。显然，什么行为构成犯罪与什么行为不构成犯罪，这是两个有联系又有区别的问题，不可混为一谈。因此，犯罪构成要件，应当是肯定要件（或是积极要件）而不是

---

① 意大利学者指出：根据一部分理论界的看法，刑事责任能力的问题与罪过无关，而应属于犯罪人的范畴；或者更确切地说，刑事责任能力是适用刑罚的个人条件。按照这种理解，刑事责任能力为存在的前提，而不是构成犯罪的条件。采用这种观点，意味着只能在严格的心理概念的意义上理解罪过的内容，因为只有将罪过视为纯粹的心理联系，才可能认为即使没有刑事责任能力的人，主观上也可能有罪过。然而，没有刑事责任能力的人的确也可能故意或者过失地实施违法事实，但在认定刑事责任问题上，这种故意与过失的定义与有刑事责任能力的人的故意与过失有根本的区别，事实上，离开刑事责任能力，就无罪过可言。参见［意］杜里奥·帕多瓦尼：《意大利刑法学原理》，陈忠林译，法律出版社 1998 年版，第 189 ~ 190 页。

② 苏联学者指出：在犯罪构成学说的范围内，没有必要而且也不可能对正当防卫和紧急避险这两个问题作详细的研究。参见［苏］A. H. 特拉伊宁：《犯罪构成的一般学理》，中国人民大学出版社 1958 年版，第 272 页。

否定要件（或是消极要件）。①

（五）犯罪构成体系的比较

犯罪构成体系是指按照一定的逻辑结构和建构方式而形成的犯罪构成要件的总和。三大具有代表性的犯罪构成体系，其组合逻辑结构不同，因而呈现出各自的体系性特征。

大陆法系的犯罪构成体系是一种递进式结构，在对犯罪的认定上采取排除法。构成要件的该当性、违法性和有责性，环环相扣，层层递进，各要件之间的逻辑关系明确，这种递进式结构将某一行为认定为犯罪须进行三次评价：构成要件该当性是事实评价，为犯罪提供行为事实的基础；违法性是法律评价，排除正当防卫等违法阻却事由；有责性是主观评价，为追究刑事责任提供主观根据。以上三个要件，形成一个过滤机制，各构成要件之间具有递进关系，形成独特的定罪模式。

英美法系的犯罪构成体系是一种双层次结构，本体要件与合法抗辩形成犯罪认定的两个层次，在犯罪构成中介入诉讼要件，是英美刑法中所特有的，由于合法抗辩的存在，这种双层次的犯罪构成体系在认定犯罪的活动中，引入了被告人及其辩护人的积极性，利用这一民间资源使犯罪认定更注重个别正义的实现。② 英美法系的这种犯罪构成体系的形成，与其实行判例法有着极大关系，合法辩护事由主要来自判例的总结与概括。由于这种双层次的犯罪构成体系具有这种法系背景特征，成文法国家是难以效仿的。

苏联及我国的犯罪构成体系是一种耦合式结构，将犯罪构成的四大要件分而论之，然后加以整合，在这种情况下，犯罪构成要件之间的关系成为一种共存关系，即一有俱有，一无俱无，只有四个要件全都具备了，才说得上是犯罪构成的要件。

---

① 我国学者提出了犯罪构成论体系性特征的概念，认为犯罪构成论的体系性特征，是解决犯罪论的形式性的问题。对不同体系的犯罪构成论内容的理论来说，搞清形式性的特征，即了解其体系性特征，是了解内容实质的必不可少的前提，没有对形式特征的了解，对实质内容的讨论就会出现偏差。参见李洁："三大法系犯罪构成论体系性特征比较研究"，载陈兴良主编：《刑事法评论》（第2卷），中国政法大学出版社 1998 年版，第 415 页。

② 我国学者指出，英美刑法犯罪构成理论的形式特色在于将一般与个别一分为二，二元对立，此消彼长，行为是否构成犯罪取决于合法辩护能否成立，采用这种排除法表明司法活动更具主动性，例外情况随时可能被作为合法辩护理由而得到认可。从形式意义上比较，英美犯罪构成理论似乎更注意个别、例外情况，其结构形态为例外情况作非罪认定提供了更大的可能性。参见宗建文："刑法立法思想及其运用"，载陈兴良主编：《刑事法评论》（第2卷），中国政法大学出版社 1998 年版，第 124～125 页。

以上三种犯罪构成体系可以说是各具特色，其体系性特征都十分明显。[①] 如果从理论上对犯罪构成体系加以考察，以下问题值得研究：

1. 犯罪发生的逻辑结构与犯罪构成的逻辑结构的关系

犯罪是人的一种行为，人在实施犯罪行为的时候，犯罪行为的发展自有其逻辑发展结构。犯罪发生的逻辑结构是一个从主观到客观的演变过程，即首先存在具有刑事责任年龄的人，该人产生罪过心理，在这种罪过心理的支配下实施一定的犯罪行为，然后造成法益侵害的结果。这个过程，是一个主观性外化为客观危害的过程。但犯罪构成的逻辑结构却恰恰相反，因为犯罪构成的目的是为司法机关提供定罪模式。对于司法机关来说，首先进入视野的是犯罪行为，因而确定构成要件该当的行为是定罪的逻辑。只有在对构成要件该当的行为作出肯定性判断的基础上，才能进一步查明该行为是否是具有责任能力的人出于故意或者过失的心理状态所实施，从而为定罪提供主观根据。因而，定罪是一个从客观行为到主观罪过的逻辑过程。上述犯罪发生的逻辑结构与犯罪构成的逻辑结构的区别，恰如马克思所说的是思维方法与叙述方法的区别。总之，犯罪构成作为定罪模式，其逻辑展开不是从主观要件到客观要件。[②] 而恰恰相反，应当是从客观要件到主观要件。

---

① 我国学者对各犯罪构成理论的体系性特征作了概括，指出中国犯罪构成理论的体系性特征：(1)将行为的不同构成部分划分为各个构成要件。(2)体系内部各要件的相互依存性。(3)综合评价的犯罪构成理论体系。(4)法定化的犯罪构成。德日犯罪构成理论的体系性特征：(1)将行为整体的不同意义划分为不同的犯罪构成要件。(2)多次评价的犯罪构成理论体系。(3)体系内部的层次性与各犯罪构成要件的相对独立性。(4)超法规的违法评价标准。英美犯罪构成理论的体系性特征：(1)以积极要件与消极要件的结合方式构建犯罪构成理论体系。(2)直接反映刑法总则体系的犯罪构成理论体系。(3)构成要件的法定化与超法规合法辩护事由的存在。(4)保护客体的超构成要件。参见李洁："三大法系犯罪构成论体系性特征比较研究"，载陈兴良主编：《刑事法评论》(第2卷)，中国政法大学出版社1998年版，第440页以下。

② 关于犯罪构成要件的排列，我国刑法学界通常的排列顺序是：犯罪客体—犯罪客观方面—犯罪主观方面。我国个别学者认为犯罪构成四要件在实际犯罪中发生作用而决定犯罪成立的逻辑顺序却不是这样的，其实际逻辑顺序是：犯罪主体—犯罪主观方面—犯罪客观方面—犯罪客体。符合犯罪的条件的人，在其犯罪心理态度的支配下实施一定的犯罪行为，危害一定的客体即社会主义的某种社会关系。可见，在决定实际犯罪逻辑顺序上，犯罪主体要件与其他要件相比，是处于第一位的，由此得出结论，犯罪主体要件是犯罪构成诸要件中的第一要件，它是犯罪构成其他要件乃至犯罪构成整体存在的前提条件，也是主客观相统一的定罪原则的基础。参见赵秉志：《犯罪主体论》，中国人民大学出版社1989年版，第49~50页。此外，还有学者提出犯罪构成的主体性，认为犯罪构成的主体性是指犯罪主体对犯罪构成的控制和决定作用。在犯罪构成的最高级层次中犯罪主体是最具有主动性和能动性的要件，是整个犯罪活动过程的发动者、驾驭者和控制者。所有的犯罪构成，无一不打上犯罪主体的烙印，无一不是犯罪主体的人身危险的表现和实现。因此，主张将犯罪主体列为犯罪构成的第一要件。参见何秉松：《犯罪构成系统论》，中国法制出版社1995年版，第160页。上述观点都在一定程度上以犯罪发生的逻辑结构取代犯罪构成的逻辑结构，因而不足取。

2. 犯罪客观要件与犯罪主观要件的关系

犯罪具有其外在的客观方面特征,同时又具有内在的主观方面的特征。对此,各国犯罪构成理论都是一致认同的。但在两者关系上,存在不同的处理方法。英美法系的犯罪构成体系以犯罪行为与犯罪心理作为犯罪构成的本质要件,两者是一种并存关系。苏联及我国的犯罪构成体系以犯罪客观方面与犯罪主观方面作为犯罪构成的两个基本要件,两者也是一种并存关系。而大陆法系的犯罪构成体系的构成要件该当性与有责性,实际上相当于犯罪的客观要件与主观要件,是一种递进关系。在这种递进关系中,构成要件该当的行为并非一种犯罪的行为,只有在具备有责性要件的情况下,才能被认为是一犯罪行为。我们认为,犯罪是一个整体,将犯罪分为客观要件与主观要件是一种理论上的需要。因而,犯罪客观要件与犯罪主观要件是一个事物的两个侧面,是对犯罪进行分析的结果。在这个意义上,我们可以把犯罪的客观要件与犯罪的主观要件视为一种对合关系。在这种对合关系中,两者互相依存,互相印证,同时并存。

3. 犯罪构成的积极要件与消极要件的关系

犯罪构成理论是为某一行为是否构成犯罪提供法律标准,因而其功能应当由积极要件来完成。但犯罪构成的积极要件本身也具有过滤机能,对不具备这一要件的行为自然排除在犯罪构成之外。在苏联及我国的犯罪构成理论中,不存在专门性的消极要件。在英美法系的犯罪构成要件中,以犯罪构成的积极要件(犯罪行为与犯罪心理)为原则,以消极要件(合法抗辩)为例外,在消极要件中,主要是免责条件,这种免责条件被认为与遗嘱、合同、结婚之类的民事行为无效的心理条件之间具有类似之处。[①] 违法性基本上是以违法阻却为内容的,意在将正当防卫、紧急避险等正当行为排除在犯罪构成之外,因而可以说是一种纯粹的消极要件。我们认为,犯罪构成要件应当是积极要件,而不应当包括消极要件。因此,不构成犯罪的情形作为构成犯罪的例外,不应在犯罪构成体系中考虑,而应当在犯罪构成体系之外,作为正当化事由专门加以研究。

根据上述论述,我认为犯罪构成应当采取二分体系,即罪体与罪责。罪体是犯罪构成的客观要件,罪责是犯罪构成的主观要件,两者是客观与主观的统一。

---

① [英]哈特:《惩罚与责任》,王勇等译,华夏出版社 1989 年版,第 43 页。

三、犯罪构成的分类

在现实中,犯罪现象是多种多样、表现各异的。与之相适应,法律对其规定的犯罪构成也各不相同。根据各种犯罪构成的不同性质、特点,从不同角度,依据不同标准,大致可以把犯罪构成作以下几种分类:

(一)基本的犯罪构成与修正的犯罪构成

基本的犯罪构成,是指刑法条文就某一犯罪的基本形态所规定的犯罪构成;修正的犯罪构成,是指以基本的犯罪构成为前提,为适应犯罪行为的不同形态,对基本的犯罪构成加以某些修改变更的犯罪构成。① 由于刑法分则条文都是以单个人犯罪既遂为标准规定某一具体犯罪的犯罪构成的,因此,单独犯的既遂状态的犯罪构成即属于基本的犯罪构成。以此为前提,预备犯、未遂犯、中止犯等未完成形态的犯罪构成以及共同犯罪的犯罪构成则属于修正的犯罪构成。由于犯罪的未完成形态以及共同犯罪的内容都在刑法总则部分规定,因此修正的犯罪构成要以刑法分则规定的基本的犯罪构成为基础,结合刑法总则的有关规定加以认定。

(二)普通的犯罪构成与派生的犯罪构成

普通的犯罪构成,又称独立的犯罪构成,是指刑法条文对具有通常社会危害性程度的行为所规定的犯罪构成;派生的犯罪构成,是指以普通的犯罪构成为基础,因为具有较重或较轻社会危害性程度而从普通的犯罪构成中

---

① 日本学者小野清一郎把未遂犯和共犯当做构成要件的修正形式来对待,指出:关于未遂犯和共犯,一般都当做犯罪的"现象形式"或"态样"来对待,但是,与其说是"现象形式"或"态样",倒不如首先承认它们都是"特殊的"构成要件,未遂犯和共犯都是这一前提下的被修正了的"现象形式"或"态样"。参见[日]小野清一郎:《犯罪构成要件理论》,中国人民公安大学出版社1991年版,第69页。我国刑法理论的通说认同基本的犯罪构成与修正的犯罪构成这一分类。参见马克昌主编:《犯罪通论》,武汉大学出版社1995年修订版,第88页。但我国也有个别学者否定基本的犯罪构成与修正的犯罪构成的分类,认为这种犯罪构成的分类必然造成理论上的混乱。例如,故意杀人罪这一罪名包括了未遂、中止、预备、既遂等不同形态。而根据上述分类,死亡结果在刑法分则规定的故意杀人罪中是构成要件,而在未遂等场合则不是构成要件。参见张明楷:《刑法学》(上),法律出版社1997年版,第100页。我认为:基本构成与修正构成是一种科学的分类,关键是要正确认识这两种构成形式的关系:前者是犯罪构成的常态,后者是犯罪构成的变态。基本构成与修正构成的内容上是存在差别的,承认这种差别并不会带来理论上的混乱。恰恰相反,否认这种差别才会造成理论上的混乱。

衍生出来的犯罪构成,包括加重的犯罪构成和减轻的犯罪构成两种情况。[①]普通的犯罪构成与派生的犯罪构成是相对而言的,有的具体犯罪,既有普通的犯罪构成,又有加重的犯罪构成或减轻的犯罪构成;有的具体犯罪,则只有普通的犯罪构成而没有派生的犯罪构成。

(三)简单的犯罪构成与复杂的犯罪构成

简单的犯罪构成,即单纯的犯罪构成,是指刑法条文规定的犯罪构成要件均属于单一的犯罪构成。具体来说,是指出于一种罪过实施一个行为的犯罪构成。复杂的犯罪构成,是指刑法条文规定的犯罪构成诸要件具有选择或者复合的性质。它包括:(1)选择的犯罪构成,[②]即法律规定有供选择的要件的犯罪构成,包括手段可供选择,对象可供选择,主体可供选择,目的可供选择,时间可供选择,地点可供选择等。(2)复合的犯罪构成包括行为复合、罪过复合等。

(四)叙述的犯罪构成与空白的犯罪构成

叙述的犯罪构成是指刑法分则条文对犯罪构成的要件进行了详细叙述的犯罪构成。在采取叙明罪状的情况下,刑法分则条文对于犯罪构成的一切特征都进行了明确规定,从而为认定犯罪提供了直接的法律根据。空白的犯罪构成是指刑法分则条文对犯罪构成要件没有明白地规定的犯罪构成。[③] 在采取空白罪状的情况下,某 犯罪的构成要件不是由刑法直接规定的,而是需要通过参照其他法律、法规才能得以明确。

(五)封闭的犯罪构成与开放的犯罪构成

封闭的犯罪构成是指某一犯罪的构成特征在刑法条文中都作了确切规定的犯罪构成,在认定这种封闭的犯罪构成的时候,司法官只需依照刑法条文之规定,而无须另外加以补充。开放的犯罪构成是指某一犯罪构成特征

---

① 加重构成又可分为各种形态,通常包括以下形态:结果加重、情节加重、数额加重、身份加重、对象加重、时间加重等。减轻构成一般是情节减轻。

② 我国学者认为,选择的犯罪构成还可以进一步划分为同质的选择构成与不同质的选择构成,单层次的选择构成与多层次的选择构成等。参见马克昌主编:《犯罪通论》,武汉大学出版社1995年修订版,第92页。

③ 我国学者认为,空白罪状具有以下意义:(1)稳定性,使用空白罪状的规范的范围可以随其他法律法规的变化而扩大或缩小,但规范本身却无须修改与补充。(2)包容性,指使用空白罪状的刑法规范可以包容其他法律、法规的内容。(3)超前性,指使用空白罪状的刑法规范既可以适用于已经产生的犯罪,也可以适用于将来可能出现的犯罪。参见陈兴良主编:《刑法各论的一般理论》,内蒙古大学出版社1992年版,第211页。上述空白罪状的意义同样适用于空白犯罪构成。

在刑法条文中只作了抽象的或者概括的规定的犯罪构成。① 在认定这种开放的犯罪构成的时候，司法官须对抽象的或者概括的规定加以补充。例如刑法分则中关于“情节严重”等抽象性规定和关于“其他方法”等概括性规定，由此形成的犯罪构成就属于开放的犯罪构成。此外，有的刑法条文指明某种行为的“不法”性，“不法”的认定须参照相关法律，这也属于开放的犯罪构成。② 总之，开放的犯罪构成不具有犯罪构成的自定性，其犯罪构成处于一种待补充状态，因而给司法裁量留下了充分的余地。③ 由于开放的犯罪构成具有对于司法官的授权性，为防止司法权的滥用，这种开放的犯罪构成在设置上应当采取慎重的态度。

（本文原载《法制与社会发展》2000 年第 3 期）

① 德国学者威尔泽尔认为在犯罪构成要件的分类上，并不只是存在“封闭的构成要件”（Der geschlossone Tatbestand），而在有些情形，可以说，就是由于立法者对在构成要件中的禁止物质（Verbotsmaterie）并非已竭尽所能，而透过“物本质的、客体的要素”（Sachlich gengenstandliche Markmate）来加以描述。对于这种构成要件，则称之为“开放性构成要件”（Derffene Tatbestand）。参见陈志龙：“开放性构成要件论——探讨构成要件与违法性的关系”，载《台大法学论丛》第 21 卷第 1 期，第 142～143 页。

② 我国学者把这种开放的犯罪构成要件称为空白要件，并将其与空白罪状（亦即由此形成的空白的犯罪构成）加以区分。空白要件，是指某一犯罪构成要件的具体内容取决于另一法律规范。空白罪状与空白要件的区别主要在于：空白罪状是描述某一具体犯罪构成特征时，引用其他法律、法规来作解释与说明，而空白要件是在确定某一具体犯罪构成要件的内容时，引用其他法律、法规解释与说明。参见陈兴良主编：《刑法各论的一般理论》，内蒙古大学出版社 1992 年版，第 211～212 页。

③ 某些学者主张经济刑法的立法应有意地制定出一些界限不明确的行为构成要件（randundcharfe Tatbestaende），而使潜伏性的犯罪行为人不能明确地知道刑罚的范围，在此等情况下，可使具有犯罪意图者的行为，止于合法的领域里。台湾学者林山田认为：此乃似是而非之论，因为这种论调乃是不明经济罪犯专门研究法规漏洞，而得周旋规避于法网之间的特性所作的论调。此外这种立论亦与罪刑法定原则大相违背，因为不法行为的可罚与否应由法律明定。因此，经济犯罪行为的可罚性及其范围必须具有“可识别性”（Erkenatbarkeit）与“可预计性”（Berechenbarkeit）。参见林山田：《经济犯罪与经济刑法》，台湾三民书局 1981 年修订第 3 版，第 103 页。

犯罪论体系研究

犯罪论体系是刑法理论中的一个重要问题,刑法中一切问题的解决都在一定程度上与犯罪论体系有关。在笔者看来,以往我国刑法理论之所以裹足不前没有重大突破,与我国现行犯罪构成体系的束缚有着一定的关系。因此,我国刑法理论的发展在很大程度上取决于犯罪论体系的创新。就此而言,犯罪论体系是我国刑法理论的一个重要的知识增长点。本文在对犯罪论体系进行比较的基础上,探讨犯罪论体系构建中的有关法理问题。

一、犯罪论体系的比较研究

犯罪论体系,是大陆法系国家通行的一种称谓,是关于犯罪论的知识体系。那么,什么是犯罪论呢?关于犯罪论,日本刑法学家大塚仁先生有过一个定义,指出:刑法学上,把以有关犯罪的成立及形式的一般理论为对象的研究领域称为犯罪论(Verbrechenslehre)。[①] 在犯罪论中,主要讨论犯罪成立条件。这里的犯罪成立条件,按照日本学者大塚仁的定义,是指某一行为成立刑法上所规定的犯罪时所必须具备的要素,也即犯罪构成要素。[②] 在大陆法系刑法理论中,犯罪成立条件通常是指构成要件该当性、违法性和有责性。此外,犯罪论体系还包括未遂、共犯、并合罪等犯罪特殊形态。因此,犯罪论体系相当于我国刑法理论中的犯罪总论的内容,但重点在于对犯罪成立条件的理论阐述,由此形成一定的知识体系。

(一)犯罪论体系的形成

我国现行刑法理论,将犯罪成立条件的一般学说称为犯罪构成理论。犯罪构成理论的称谓来自苏联。苏联刑法学家特拉伊宁、布拉伊宁等对大

---

① [日]大塚仁:《刑法概说(总论)》,中国人民出版社 2003 年版,第 104 页。

② [日]大谷实:《刑法总论》,黎宏译,法律出版社 2003 年版,第 66 页。

陆法系的犯罪论体系进行改造,形成了犯罪客体、犯罪客观方面、犯罪主体和犯罪主观方面有机统一的犯罪构成体系。在大陆法系犯罪论体系中,构成要件只是犯罪成立的一个条件,但苏联刑法学家将犯罪构成条件扩充为犯罪成立条件的总和。这一改造是如何完成的呢?日本学者上野达彦曾经对苏维埃犯罪构成要件论的发展史进行过考察,尤其是论述了从批判资产阶级犯罪构成要件论向苏维埃犯罪构成要件论的转变过程,①这一过程可以勾画为刑事古典学说的犯罪构成的客观结构——刑事实证学说的犯罪构成的主观结构——苏维埃的犯罪构成的主客观统一结构,这样一条发展线索。关于犯罪构成的客观结构,是指将犯罪分为:(1)符合犯罪构成要件的才为犯罪;(2)属于有责任能力的犯罪行为才为犯罪。刑事古典学派这种犯罪两分的主张,并不是说要将一个构成要件分为两个,而是说要通过对刑事责任的两项基本要求,即犯罪构成要件的罪责的存在这两方面的要求,以实现个人权利的双重保障。例如,特拉伊宁引述费尔巴哈关于犯罪构成的定义:"犯罪构成乃是违法的(从法律上看来)行为中所包含的各个行为的或事实的诸要件的总和"。对此,特拉伊宁指出:费尔巴哈虽然十分肯定地认为行为人的主观因素是刑事责任的要件,但却不将其列入犯罪构成要件。古典学派的刑法学家们认为罪过是刑事责任——行为的质,而不是主体的质。古典学派的代表们的犯罪构成学说,就是在这种客观根据上建立起来的。②其实,特拉伊宁在这里说的犯罪构成,就是指大陆法系刑法理论中的构成要件该当性。构成要件在大陆法系刑法理论中,只是犯罪成立的一个条件,而在苏联刑法理论中,构成要件被扩展为犯罪构成,成为犯罪成立条件的总和。例如,苏联学者在论及犯罪构成概念时指出:犯罪构成的概念(Corpus delicti)在中世纪的刑法学中即已成立,在当时仅具有诉讼法上的意义,是包含着那些客观征象的总和,由这些客观征象的存在,证明犯罪行为的确实发生。Corpus delicti(犯罪构成)的确定乃是一般审判的任务。例如,被害人尸首、杀人器具、血迹等的存在,乃是杀人的犯罪构成,因为这些征象的存在证明了有杀人之事发生,而且它们可以作为审问犯罪者、进行侦查的充分根据。在18世纪末19世纪初,由于刑法典的编制,而且因为在刑法法典中需

---

① [日]上野达彦:"苏维埃犯罪构成要件论发展史",康树华译,载《国外法学》1979年第5期;"批判资产犯罪构成要件论",康树华译,载《国外法学》1979年第6期。

② [苏]A.H.特拉伊宁:《犯罪构成的一般学说》,王作富等译,中国人民大学出版社1958年版,第15页。

要规定出各种具体罪行，犯罪构成的概念乃移置于实体刑法之内。为了予以刑事处分的可能，需要确定罪犯的行为中有刑法法典所规定的一定征象的存在。犯罪构成的概念（Corpus delicti）乃成为各该具体犯罪的必要征象的总和的名称。不过在刑法的著作中间，对于犯罪构成的征象的认识，并不是完全一致的。有些刑法学者只把那些说明犯罪行为自身的客观征象，列入犯罪构成之内。在这样的认识之下，关于罪过问题，关于行为实行的主观因素问题，都将被剔除于犯罪构成的征象之外。因此之故，刑法学教程并不把关于罪过及其形式的学说，放进关于犯罪构成的学说之内。另一派刑法学者认为犯罪构成乃是犯罪的一切因素的总和，其中不仅包含着客观的，而且包含着主观的犯罪征象，有了这些征象的存在，对犯罪者加以刑事处罚的问题，才能提出。因此之故，此派刑法学者把关于罪过及其形式问题的研究，放进关于犯罪构成的学说之内。[①] 从上述引文当中可以看出，这类的犯罪构成实际上是构成要件，将构成要件误读为犯罪构成，并将其理解为犯罪成立条件总和，是苏联犯罪构成理论的逻辑起点。对此，我国学者进行了批评，指出：那种误认德文中 Tatbestand 即是“犯罪成立”之意的观点，确实是实质的误导，不能不予以认真地检讨。这种观点，在我国有关大陆法系犯罪构成理论的历史发展的论述中比较突出。究其根源，在于我国对苏联犯罪构成理论著作（以 A. H. 特拉伊宁所著《犯罪构成的一般学说》为代表）对于 Tatbestand 误译为“犯罪构成”未作原始的考证甄别而以讹传讹地沿袭。[②] 在这种情况下，所谓犯罪构成的客观结构，实际上是指古典的构成要件论。例如贝林认为，构成要件是纯客观的、记叙性的，也就是说，构成要件是刑法法规所规定的行为的类型，但这种类型专门体现在行为的客观方面，而暂且与规范意义无关。[③] 因此，犯罪构成的客观结构应指构成要件的客观结构。而所谓犯罪构成的主观结构，是指新古典学说派的构成要件论。迈兹格开始在构成要件中引入主观要素，尤其是威尔泽尔创立的目的主义构成要件论，确立了故意与过失在构成要件中的地位。但这里的故意与过失是构成要件的故意与过失，不能简单地等同于罪过，它是纯事实的，与责任的故意与过失是两个不同的概念。我国刑法理论，全盘接受了苏联的犯罪构成理论，把

① 苏联司法部全苏法学研究所主编：《苏联刑法总论》（下册），彭仲文译，大东书局 1950 年版，第 320～321 页。

② 肖中华：《犯罪构成及其关系论》，中国人民大学出版社 2000 年版，第 3 页。

③ ［日］小野清一郎：《犯罪构成要件理论》，王泰译，中国人民公安大学出版社 2004 年第 2 版，第 22 页。

构成要件这个概念改造成为犯罪构成要件,然后又把它提升为犯罪成立条件总和的概念。

(二)苏俄犯罪构成理论的反思

在苏联犯罪构成理论当中,存在严重的意识形态化的倾向。其实,犯罪成立条件是一个纯学理问题,是对刑法关于犯罪成立的法定条件的理论概括,是技术性的、工具性的概念。但苏联刑法学家在批判大陆法系犯罪论体系的时候,充满政治上的敌对性、意识形态上的否定性。例如,日本学者在论述 A. H. 特拉伊宁批判近代资产阶级犯罪构成要件论时,谈到了分析批判的方法论问题,指出:特拉伊宁首先是通过资产阶级民主发展与崩溃的过程来把握近代资产阶级犯罪构成要件论的历史发展过程。特拉伊宁认为,在资本主义社会不断加强和资产阶级民主极盛时期出现的刑事古典学派确立了罪刑法定主义原则,并根据罪刑法定主义原则发展的要求,确立了犯罪构成要件,从而促进了它的客观结构论。客观结构论是一种特殊形态,法治国家的加强,在刑法领域里就是通过这一形态实现的。它的任务在于限制审判及行政专横,加强保障个人自由。在帝国主义阶段初期,资本主义国家的基础与资产阶级民主的基础开始崩溃。在这一时期出现的刑事人类学派与刑事社会学派,以构成要件的主观结构论攻击了刑事古典学派的客观结构论。这种主观结构论也是一种特殊形态,它在刑法领域里,主张解放司法权的惩罚职能,借以巩固资本主义已经动摇的基础;规定了没有犯罪的刑罚,并以社会防卫手段的形式规定了超级刑罚。① 这种政治批判代替学术评论的风气,是苏联特定的历史环境下才有的,它从一种政治偏见出发,妨碍了对大陆法系犯罪论体系的科学认识。在此基础之上建立起来的所谓主客观相统一的犯罪构成论,获得了政治上的正确性。

苏联犯罪构成理论不仅存在着意识形态化的倾向,而且在对于犯罪论体系的评价上也存在简单化的做法。例如,特拉伊宁在其论著中把古典派的犯罪论体系与刑事古典学派相等同,而把新古典派和目的主义的犯罪论体系与刑事实证学派相等同,在此基础上结合政治教条加以粗暴地批判。其实,刑事古典学派与刑事实证学派之争和古典派犯罪论体系与新古典派及目的主义的犯罪论体系之间并无直接的关联。从时间上来说,犯罪构成理论的演进晚于刑法学派之争。刑事古典学派出现在 18 世纪中叶至 19 世

---

① [日]上野达彦:"批判资产阶级犯罪构成要件论",康树华译,载《国外法学》1979 年第 6 期。

纪初,刑事实证学派出现在19世纪中期至20世纪初。而犯罪构成理论在19世纪末20世纪初才正式诞生,并不断发展。因此,正如我国学者指出:古典派的犯罪构成论并不像我国一些学者所认为的那样,是指刑事古典学派费尔巴哈、斯求贝尔等人的犯罪构成理论,而是指德国刑法学者李斯特、贝林所提出的犯罪论体系。李斯特站在实定法的角度探讨犯罪概念与犯罪行为的刑罚要件,从而认为犯罪乃违法、具有罪责、应处以刑罚的行为。其后,贝林认为,行为是否构成犯罪,需要经过实定法明文规定,在"法无明文规定不为罪、法无明文规定不处罚"的罪刑法定原则要求下,只有与实定法明定的构成要件相符合的行为,才能视为犯罪,所以犯罪概念应补充"构成要件该当性"。1906年,贝林在其《犯罪论》一书中,以"构成要件"概念为基础,即以形式的构成要件作为构成要件理论的出发点,构筑了新的犯罪论体系,"构成要件"概念在理论上始从犯罪概念中分离出来,由此形成了现代意义上的犯罪论体系之雏形。① 从刑法学派角度来说,李斯特属于刑事实证学派。但在犯罪构成理论上,李斯特属于古典派。如果说,刑法学派的演进与社会变迁有着较为密切的联系,具有一定的社会政治背景,那么,犯罪构成理论的发展更多的是与理论逻辑的演绎相关的,并不能直接与社会政治发展相等同。苏联学者机械地套用资本主义自由竞争时期与资本主义帝国主义时期的政治教条来评价刑法学派,把刑事古典学派看做是自由竞争时期的资产阶级刑法理论,而把刑事实证学派看做是帝国主义时期的资产阶级刑法理论。以此类推,古典派犯罪论体系是刑事古典学派理论,因而反映了自由竞争时期资产阶级的法制要求;而新古典派及目的主义犯罪论体系是刑事实证学派理论,因而反映了帝国主义时期资产阶级对法制的破坏等。这种评价,正如我国学者所批评的那样,是根据既定的公式或结论去剪裁历史事实或评价客观事物,②因而是完全不能成立的。

由上可知,苏联及我国的犯罪构成理论虽然是从大陆法系的犯罪论体系改造而来,但已经形成自身的逻辑结构,它与大陆法系的犯罪论体系是有重大差别的,我国应当正视这种差别。否则的话,就会引起逻辑上的错位。例如,我国现在的刑法教科书论述犯罪构成的分类,诸如基本的犯罪构成与修正的犯罪构成、普通的犯罪构成与派生的犯罪构成、简单的犯罪构成与复杂的犯罪构成、叙述的犯罪构成与空白的犯罪构成、封闭的犯罪构成与开放

---

① 肖中华:《犯罪构成及其关系论》,中国人民大学出版社2000年版,第13、15页。

② 陈明华等主编:《犯罪构成与犯罪成立基本理论研究》,中国政法大学出版社2003年版。

的犯罪构成等,在大陆法系的犯罪论体系中指构成要件的分类。如果我们对犯罪构成与构成要件这两个概念不加辨析,直接把大陆法系犯罪论体系中构成要件该当性的内容照搬到我国犯罪构成理论中,用来说明犯罪构成的一般内容,就会出现逻辑上的误差。

既然犯罪论体系与犯罪构成理论这两个概念是有所不同的,那么这两个概念哪一个好,我们应当采用哪一个概念?我们过去都是采用犯罪构成的概念,犯罪构成之下再分四个要件,这一概念已经在我国约定俗成。随着晚近大陆法系刑法教科书越来越多地引入我国,大陆法系的犯罪论体系这一概念在我国也逐渐地流行起来。在我看来,采用犯罪构成理论的概念表述大陆法系构成要件该当性、违法性、有责性这样一种犯罪成立条件,是存在一定矛盾的,会混淆犯罪构成与构成要件之间的关系。在这种情况下,应当采用犯罪论体系的概念或者径直称为犯罪成立条件。因此,如果我国直接引入大陆法系犯罪论体系,犯罪构成这个概念本身也要摒弃,改为犯罪论体系更为贴切一些。如果我们不是直接采用大陆法系的犯罪论体系,犯罪构成的概念还是能够成立的。这里的犯罪构成是指犯罪成立条件。相对于犯罪构成而言,犯罪论体系的范围相对要宽泛一些,它不仅是指犯罪成立条件,而且包括了犯罪的特殊形态,也就是未遂、共犯与罪数等内容。

(三)大陆法系犯罪论体系的借鉴

犯罪成立条件,无论是我国及苏联的犯罪构成体系,还是德日的犯罪论体系,都是要为犯罪的认定提供一种法律模型。这里可以引入一个类型学的概念,因为在现实生活中犯罪总是具体的,它是一种活生生的社会事实。所谓认定犯罪,就是把某一种社会事实用法律来评价为犯罪,这个评价过程就是定罪,定罪活动是一个从社会事实转化为法律上的犯罪事实的过程,在这个过程中,为了使定罪活动法治化与规范化,就要提供一个统一的犯罪规格。这个犯罪规格是由法律加以规定,并由刑法理论加以阐述的,它为定罪提供了一个模型,这个模型就是犯罪的母体,具体的犯罪就是从这个母体克隆出来的。关于犯罪构成是一种模型的观点,我国学者冯亚东教授曾经作过深刻的阐述,指出:犯罪构成不管在刑法上还是在刑法理论上都只是一种模型,它显然不是犯罪行为本身。作为模型的意义就在于需要将其同实在的行为相比较,行为符合总体的犯罪构成模型就可以得出行为构成犯罪的结论;该行为又符合某一具体的犯罪构成模型就可以知道行为具体触犯什么样的罪名——不同的罪名有不同的具体犯罪构成。我们头脑中有了犯罪构成的模型，执法中就获得了将刑法付诸具体行为的操作程式，将刑法的条文转化成犯罪构成的观念和理论，其唯一的实在之处就在于具有运用刑法去识别犯罪的方法论的意义。[①] 因此，作为类型化的、模式化的犯罪，它本身属于法律规定，是一个犯罪的标准，这种犯罪的标准和那些具体的犯罪是有所不同的，具体的犯罪是根据这个模型生产出来的产品而已。如果把定罪过程看做是一个生产法律上的犯罪这种产品的活动，那么犯罪构成所提供的这个犯罪模式是在定罪活动之前存在的，它对于认定犯罪活动具有准据的意义。在这个意义上说，我国及苏联的犯罪构成体系和大陆法系的犯罪论体系为认定犯罪提供标准这一功能是相同的，关键是哪一种模型更有利于完成犯罪认定活动，这就是对不同犯罪成立条件的理论评价根据。我们可以确定这样一个评价标准：一个犯罪构成模式，如果更有利于对犯罪的司法认定，那就是一种优的模式，否则就是一种劣的模式。以下，我想从整体（宏观）与部分（微观）两个方面，对我国及苏联的犯罪构成理论与大陆法系的犯罪论体系加以比较。

1. 犯罪构成体系的宏观比较

从整体上来说，大陆法系递进式的犯罪论体系具有动态性，能够科学地反映认定犯罪的司法过程。而我国及苏联的耦合式的犯罪构成体系具有静态性，它不能反映定罪过程，而只是定罪结果的一种理论图解。大陆法系递进式的犯罪论体系，在构成要件该当性、违法性与有责性这三个要件之间的关系上，呈现出一种层层递进的逻辑进程。其中，构成要件该当性是一种事实判断，它不以法律判断与责任判断为前提，是先于后两种判断的。事实判断不成立，自然也就无所谓法律判断与责任判断。只有在事实判断的基础上，才能继续展开法律判断与责任判断。因此，递进式的犯罪构成体系中三个要件之间的关系是十分明晰的。三个要件的递进过程，也就是犯罪认定过程。在这一犯罪认定过程中，犯罪行为不断被排除，因而给被告人辩护留下了较大的余地。就此而言，大陆法系的递进式的犯罪论体系，三个要件之间的位阶是固定的，反映了定罪的司法逻辑。而我国及苏联耦合式的犯罪构成体系，在四个要件之间的关系上是一存俱存、一损俱损的共存关系。各个要件必然依附于其他要件而存在，不可能独立存在。例如，没有主观上罪过的支配，客观上的行为不可能是犯罪行为。因此，如果主观上罪过成立，

---

① 冯亚东：《理性主义与刑法模式》，中国政法大学出版社 1999 年版，第 172 页。关于这一问题晚近的论述，参见冯亚东、胡东飞：“犯罪构成模型论”，载《法学研究》2004 年第 1 期。

客观上的犯罪行为必然也同时成立，反之亦然。我国学者将这种犯罪构成的结构模式形象地称为“齐合填充”式的犯罪构成理论体系。在这种理论体系中，一个行为，只有同时符合或齐备这四个方面的要件，才成立犯罪，缺少任何一个方面的要件，犯罪便无存在的余地；而且，撇开论述上的逻辑顺序不说，这四个方面的要件是谁也不会独立在先、谁也不会独立在后，任何一个方面的要件，如若离开其他三个方面的要件或其中之一，都将难以想象；要件的齐合充分体现出要件的同时性和横向联系性。[①] 在耦合式的犯罪构成体系中，四个要件之间是耦合关系而非递进关系。两者的根本区别就在于：在耦合关系中，犯罪成立的判断先于犯罪构成要件的确立。在已经作出有关判断的情况下，把反映犯罪的四个要件耦合而成。而在递进关系中，犯罪构成要件的确立先于犯罪成立的判断，经过三个要件层层递进最终犯罪才能成立。可以说，耦合式的犯罪构成体系是不能反映认定犯罪的司法逻辑进程的。四个要件之间虽然存在顺序之分，但这种顺序并非根据认定犯罪的逻辑进程确立的，而是根据其对于犯罪成立的重要性确立的。因此，在同是主张四个要件的观点中，四个要件的顺序在排列上是有所不同的。我国刑法学界的通说是将犯罪构成的四个要件按照以下顺序排列：犯罪客体、犯罪客观方面、犯罪主体、犯罪主观方面。但有的学者指出：以犯罪构成各共同要件之间的逻辑关系作为排列标准，犯罪构成共同要件应当按照如下顺序排列：犯罪主体、犯罪主观方面、犯罪客观方面、犯罪客体。因为犯罪构成要件在实际犯罪中发生作用而决定犯罪成立的逻辑顺序是这样的：符合犯罪主体条件的行为人，在其犯罪心理态度的支配下，实施一定的犯罪行为，危害一定的社会关系。在这四个要件中，犯罪主体排列在首位，因为离开了行为人就谈不上犯罪行为，也谈不上被行为所侵犯的客体，更谈不上人的主观罪过。因此，犯罪主体是其他犯罪构成要件成立的逻辑前提，在具备了犯罪主体要件以后，还必须具备犯罪主观方面要件。犯罪主观方面是犯罪主体的一定罪过内容。犯罪行为是犯罪主体罪过心理的外化，因而在犯罪主观方面下面是犯罪客观方面。犯罪行为必然侵害一定的客体，犯罪客体是犯罪构成的最后一个要件。[②] 这种观点对犯罪构成的四个要件按照犯罪发生的逻辑排列，因而不同于按照构成要件重要性的逻辑排列。但犯罪发生逻辑并不能等同犯罪认定逻辑，这一排列顺序的改变对于犯罪构成的

---

① 肖中华：《犯罪构成及其关系论》，中国人民大学出版社 2000 年版，第 44 页。

② 赵秉志主编：《新刑法教程》，中国人民大学出版社 1997 年版，第 88 ~ 89 页。

实用性并无重大改进。此外,还有的学者从系统论出发,指出:如果我们把一个具体的犯罪过程视为一个动态系统结构,那么,犯罪主体和犯罪客体就是构成这个系统结构的两极,缺少其中任何一极都不可能构成犯罪的系统结构,不可能产生犯罪活动及其社会危害性。实际上,任何犯罪都是犯罪主体的一种侵害性的对象性活动,在这个对象性活动中,犯罪主体和犯罪客体是对立统一的关系,它们必然是相互规定、互为前提的。离开犯罪客体就无所谓犯罪主体,离开犯罪主体也无所谓犯罪客体。因为去掉其中任何一方,都不可能形成侵害性的对象性活动的系统结构,无从产生相互作用的功能关系。无主体的对象性活动与无客体的对象性活动都是不可思议的。同样,如果缺乏侵害性的对象性活动,犯罪主体和犯罪客体的对立统一关系不仅不可能形成,而且,它们都会丧失其作为犯罪主体和犯罪客体本身的性质,而成为单纯的互不相干的客观存在物。再从犯罪活动本身看,作为连结犯罪主体与犯罪客体的中介,它是一个既包括犯罪行为等客观方面诸要素,又包括犯罪思想意识等主观方面诸要素的统一体。这两个方面也同样是不可分割地联系在一起,缺少其中任何一个方面都不可能形成统一的犯罪活动过程。综上所述,传统的犯罪构成理论认为犯罪构成要件包括犯罪主体、犯罪客体、犯罪主观方面、犯罪客观方面四个方面的要件是合理的,但是,必须根据唯物辩证法的系统观,把它们视为一个统一的不可分割的有机整体,才能作出科学的解释。犯罪构成这个有机整体,是一个具有多层结构的复杂社会系统。根据这种观点,犯罪构成四个要件应当按照以下顺序排列:犯罪主体、犯罪客体、犯罪主观方面、犯罪客观方面。① 这种观点在犯罪构成理论中引入系统论,但系统论并不能从根本上解决犯罪构成理论的科学性问题,反而使犯罪构成体系混乱。这种四个犯罪构成要件可以随意地根据不同标准重新组合排列的情况,生动地表明耦合式犯罪构成体系在整体上缺乏内在逻辑的统一性。

2. 犯罪构成体系的微观比较

从部分上来说,大陆法系递进式犯罪论体系的三个要件具有各自的功能:构成要件该当性作为一种事实判断,为认定犯罪确定一个基本的事实范围;违法性作为一种法律判断,将违法阻却事由排除在犯罪之外;有责性作为一种责任判断,解决行为的可归责性问题。因此,这三个要件的功能是不可替代的,缺一不可。而我国及苏联的耦合式犯罪构成体系的四个要件,则

① 何秉松主编:《刑法教科书》(据1997年刑法修订),中国法制出版社1997年版,第188页。

存在功能不明的问题。例如,犯罪客体是耦合式犯罪构成体系中的一个重要概念,也是我国及苏联的犯罪构成体系与大陆法系犯罪论体系的重要区别之一。在大陆法系犯罪论体系中,不存在犯罪客体,但存在行为客体和保护客体。行为客体是指犯罪行为具体指向或者作用的人或者物,而保护客体是指法益,即刑法保护的某种利益。保护客体是在犯罪概念中阐述的,而作为犯罪构成要件的是行为客体。苏联犯罪构成体系中的犯罪客体理论是在批判所谓资产阶级犯罪客体理论的基础上形成的。例如,苏联刑法学家曾经批判了资产阶级在犯罪客体上的两种观点:规范说与法益说,指出:犯罪客体的规范学说,是在与社会利益的隔离中研究规范,而此种社会关系却正是该规范所体现与调剂的。在犯罪客体的规范学说中,取消了在资产阶级刑法中对犯罪客体之实际社会内容的一切规定。因此,他们在解释犯罪时,并不认为犯罪在统治阶级的观点上是危害社会关系制度的危险行为,而只是单纯的违反规范的行为。犯罪的法律形式在这里被刑法学者诈称为犯罪自身的实质了。他们并不能使人看到犯罪之实际社会内容,不能使人看到资产阶级社会中犯罪之实际客体,不能看到存在于该犯罪中的社会关系,他们把犯罪的阶级性隐藏起来了。而犯罪客体的法益学说,被认为是一种浅薄的经验论与拙劣的机械论的理论,它把资产阶级社会指称为人类的总和,其中每一个人为自己而活动,也为他人而活动。它认为法律所保障的利益,乃是各个人生存的必要条件,乃是各个人的利益。在这里,他们自然竭力掩蔽资产阶级社会的阶级分化与阶级冲突。因此,以法益为犯罪客体的学说,乃是对资产阶级社会犯罪行为的犯罪客体真实概念的曲解。[①] 实际上,大陆法系犯罪论体系中并无犯罪客体之说,只是在其犯罪概念中有法益学说。因此,苏联学者的理论是建立在假设基础之上的。更为重要的是,这一批判是以阶级学说为根据的,其结果是将犯罪客体实质化,以显示犯罪的阶级性。在这当中,马克思在《关于林木盗窃法的辩论》的评论中的以下论述:“犯罪行为(指盗窃林木的行为——引者注)的实质并不在于侵害了作为某种物质的林木,而在于侵害了林木的国家神经——所有权本身”,[②]成为社会主义刑法犯罪客体理论的经典根据。在大陆法系递进式犯罪论体系中,犯罪客体并非犯罪构成要件,而仅仅在违法性中,不存在法益侵害的可以作

① [苏]苏联司法部苏法学研究所主编:《苏联刑法总论》(下册),彭文仲译,大东书局1950年版,第326~327页。

② 《马克思恩格斯全集》(第1卷),第668页。

为违法阻却事由论及,即是实质违法的内容。那么,在苏联耦合式犯罪构成体系中,犯罪客体是如何成为犯罪构成的独立的并且是首要的要件呢?在此,除了经典著作的根据以外,刑法理论上的根据是,犯罪客体对于任何一个犯罪来说具有不可或缺性。例如,特拉伊宁就持这样的观点,指出,"每一个犯罪行为,无论它表现为作为或不作为,永远是侵犯一定的客体的行为。不侵犯任何东西的犯罪行为,实际上是不存在的"。① 当然,苏联当时也存在否定犯罪客体是犯罪构成要件的观点,例如布拉伊宁指出,"犯罪客体,被留在犯罪构成之外,因而它不是犯罪构成的特征,而只是它的成份"。② 这种否认犯罪客体是犯罪构成要件的观点在当时只是个别的,而且这种观点本身也是不彻底的,存在自相矛盾之处:一方面犯罪客体不是犯罪构成的特征,另一方面只是它的成份。其实,把犯罪客体分解为保护客体与行为客体,上面的话就好理解了:保护客体不是犯罪构成要件的成份,而行为客体是犯罪构成要件的成份。但由于布拉伊宁未对犯罪客体作上述区分,因而出现了逻辑上的混乱。在我国刑法学界关于犯罪构成体系的讨论中,犯罪客体也是最早受到质疑的一个要件,并且越来越多的学者主张犯罪客体不是犯罪构成要件。例如,张明楷教授在将保护客体与行为客体加以区分的基础上,主张作为保护客体的犯罪客体不是犯罪构成要件,并列举了六点理由。在这六点理由中,我认为最重要的还是第五点:主张犯罪客体不是要件,并不会给犯罪定性带来困难。一个犯罪行为侵犯了什么法益,是由犯罪客观要件、主体要件与主观要件以及符合这些要件的事实综合决定的;区分此罪与彼罪,关键在于分析犯罪主客观方面的特征。如果离开主客观方面的特征,仅仅凭借犯罪客体认定犯罪性质,难以甚至不可能达到目的。③ 从实际情况来看确实如此,在现行的刑法教科书中,对犯罪客体的论述,不论是在刑法总论还是在刑法各论,都是最空洞的,对于犯罪成立来说可有可无。因此,取消犯罪客体要件并不影响犯罪构成的功能。除犯罪客体以外,犯罪主体也是一个受到质疑较多的问题。在犯罪主体问题上,特拉伊宁本身就说过一些模棱两可、自相矛盾的话:"责任能力是刑事责任的必要的主观条件,是刑事责任的主观前提,刑事法律惩罚犯罪人并不是因为他心理健康,而是在

---

① [苏]A. H. 特拉伊宁:《犯罪构成的一般学说》,王作富等译,中国人民大学出版社 1958 年版,第 101 页。

② 中国人民大学刑法教研室编译:《苏维埃刑法论文选译》第 2 辑,中国人民大学出版社 1956 年版,第 18 页。

③ 张明楷:《刑法学》(第 2 版),法律出版社 2003 年版,第 134 页。

他心理健康的条件下来惩罚的。这个条件,作为刑事审判的一个基本的和不可动摇的原则规定在法典总则中,而在描述犯罪具体构成的分则中,是不会有它存在的余地的。正因为如此,在任何一个描述构成因素的苏联刑事法律的罪状中,都没有提到责任能力,这是有充分根据的。所以有无责任能力的问题,可以在解决是否有杀人、盗窃、侮辱等任何一个犯罪构成的问题之前解决。责任能力通常在犯罪构成的前面讲,它总是被置于犯罪构成的范围之外。”①刑法分则在具体犯罪的规定中之所以不规定责任年龄与责任能力问题,是因为刑法总则已经作出规定,这一规定适用于刑法分则各个犯罪。因此,这里的置于犯罪构成的范围之外,似乎应当理解为置于罪状之外,它对于犯罪成立来说仍是不可或缺的。但责任年龄与责任能力是犯罪成立条件之一,与犯罪主体是否属于犯罪构成要件并非同一个问题。我国现行的犯罪构成体系,把犯罪主体作为犯罪构成的要件,就出现了一个不好说清楚的问题:一个人在没有犯罪之前就是一个犯罪主体,还是在犯罪之后才是一个犯罪主体?有的学者认为犯罪主体可以脱离犯罪而成立,而有的学者认为犯罪成立之后才有犯罪主体,没有犯罪怎么能有犯罪主体?这样就出现了“先有鸡后有蛋还是先有蛋后有鸡”的争论。我认为,犯罪主体并不是一个独立的犯罪构成要件。犯罪主体内容包括两部分:一是行为主体,即行为人,这是在犯罪成立之前就有的,是先于犯罪而存在的。二是刑事责任能力,责任年龄只是责任能力的一个要素,它与责任能力是不能相提并论的。刑事责任能力是和犯罪密切相联的,是不能独立于犯罪而存在的,它是归责性要件,没有刑事责任能力也就无所谓犯罪。因此,刑事责任能力是犯罪成立条件。在我国及苏联的耦合式犯罪构成体系中,对于犯罪客体与犯罪主体这两个要件存在争议。正是基于这种争议,表明我国及苏联的犯罪构成体系存在着一种内在缺陷,不利于在司法活动中正确地认定犯罪。

日本学者大塚仁曾经提出判断犯罪论体系的两个标准:一是逻辑性,二是实用性。也就是说,判断犯罪论体系的优劣,就在于逻辑是否清晰,应用是否方便。大塚仁指出:“在这些错综的体系中,哪种立场是妥当的呢?必须根据其逻辑性和实用性对体系进行评价。犯罪论的体系应该是把握犯罪

---

① [苏]A. H. 特拉伊宁:《犯罪构成的一般学说》,王作富等译,中国人民大学出版社 1958 年版,第 60 ~ 61 页。

概念的无矛盾的逻辑,并且是在判断具体犯罪的成否上最合理的东西。”①从逻辑性和实用性两个方面比较苏联及我国的犯罪构成理论和大陆法系刑法理论中的犯罪论体系,孰优孰劣是十分明显的。通过比较,我们可以得出结论:我国犯罪构成理论发展的方向,是应当彻底清算或者推翻我国现行的犯罪构成理论,这是一个必然的趋势。

二、犯罪论体系的法理考察

犯罪构成并不仅仅是一个法律概念的问题,甚至不仅仅是一个法律制度的问题,而且是一种思维方法。对于犯罪构成概念的这种多义性,我国学者已经关注到,认为犯罪概念通常具有三重指涉含义:一是指理论层面上的抽象的犯罪构成理论;二是刑法中作为抽象化、类型化存在的一般犯罪构成,这种意义上的犯罪构成既是一种刑法制度,又是一个概念体系;三是等同于规范层面的具体的犯罪构成要件。② 我个人认为,犯罪构成可以从形而下与形而上两个方面加以把握。形而下的犯罪构成,指的就是犯罪成立条件,这种犯罪成立条件,在罪刑法定原则下,是由刑法加以规定的,因而总是具体的。其实,像行为、结果、故意、过失等这样一些要素,无论在何种犯罪构成理论中,对于犯罪成立来说都是不可或缺的条件。但仅在这个意义上理解犯罪构成还是不够的。我认为,应当提出形而上的犯罪构成的概念,形而上的犯罪构成,是指作为一种定罪的思维方法的犯罪构成,对于正确定罪具有指导意义。在某种意义上说,犯罪构成体系是一种刑法的认知体系。对此,我国台湾地区学者许玉秀曾经精辟地论述了其所谓犯罪阶层体系,也就是我们所说的犯罪构成体系的认识论意义:“犯罪阶层体系可以算是刑法学发展史上的钻石,它是刑法学发展到一定程度的结晶,再透过它,刑法学的发展才能展现璀璨夺目的光彩。它是刑法学上的认知体系,认知体系的建立必然在体系要素——也就是个别的概念——澄清到一定程度的时候,方才会发生,而认知体系建立之后,会使得概念体系的建立更加迅速,更加丰富。”③正因为犯罪构成体系是一种刑法的认知体系,因此它起到的是一种

---

① [日]大塚仁:《刑法概说(总论)》(第3版),冯军译,中国人民大学出版社2003年版,第107页。

② 劳东燕:“罪刑法定视野中的犯罪构成”,载陈兴良主编:《刑事法评论》(第8卷),中国政法大学出版社2001年版,第1~2页。

③ 许玉秀:《犯罪阶层体系及其方法论》,台湾成阳印刷股份有限公司2000年版,第2~3页。

刑法思维方法论的作用。尽管法官在具体犯罪的认定中,不需要逐一地对照犯罪构成要件而确认某一行为是犯罪,但这并不能成为犯罪构成无用的证据。事实上,犯罪构成理论作为刑法教义学的重要内容,在大学本科学习中已经掌握。一旦学成,它就转变为一种法律思维方法实际地发生着作用,无论我们认识到还是没有认识到。在这个意义上说,犯罪构成作为一种思维方法可以类比为形式逻辑,学习形式逻辑有助于提高我们的思维能力。但在我们进行思维活动的时候,并未有意识地去考虑我们的思维是否符合形式逻辑。因此,我们应当在定罪的思维方法的意义上肯定犯罪构成理论的重要性。

在犯罪构成的思维方法中,我认为涉及三个重大问题:一是主观与客观的关系问题;二是事实与价值的关系问题;三是形式与实质的关系问题。下面分别加以论述。

(一)主观与客观的关系问题

主观与客观的关系问题,在犯罪论体系中是首先需要处理的,事实上,各种犯罪论体系是不包含犯罪的主观与客观这两个层面的。最初的犯罪论,就是建立在对犯罪的主观与客观的区分基础之上的,在刑法学上称为古典的二分理论。例如,意大利学者指出:对犯罪进行分析的方法最初源于18世纪的自然法理论,古典学派的大师们(如G. Carmignari 和F. Carrara)对其发展作出了极大的贡献。从犯罪是一个"理性的实体"(ente di ragione)前提出发,古典大师们认为犯罪由两种本体性因素构成,他们称这些因素为"力"(forza),包括犯罪的"物理力"(forza fisica)和"精神力"(forza morale)。尽管有不尽然之处,这两种"力"大致相当于现代刑法学中犯罪的"客观要件"和"主观要件"。根据古典学派的理解,这两种力又各包含一个客观方面和主观方面:"物理力"的主观方面即主体的行为,而其客观方面则是指犯罪造成的危害结果;"精神力"的主观方面指的是行为人的意志,而其客观方面表现为犯罪造成的"精神损害"。在这种"力"的二分模式中,犯罪的本体性因素与评价性因素结合成了一个整体。① 尽管这种二分法的犯罪论体系存在简单化之嫌,但它基本上涉及了犯罪成立的两个最基本要素:犯罪行为与犯罪心理。

---

① [意]杜里奥·帕罗瓦尼:《意大利刑法学原理》,陈忠林译,法律出版社1998年版,第95~96页。

在主观与客观的关系上,我国及苏联的犯罪构成理论都以主观与客观相统一为标榜,并斥责大陆法系犯罪构成理论主观与客观相分离。例如,日本学者在评论苏维埃犯罪构成论时指出:“苏维埃刑法理论,从马克思列宁主义关于犯罪的阶级性这一根本原理出发,主张把犯罪构成要件的客观因素和主观因素辩证地统一起来。而近代资产阶级的犯罪构成要件论,却总是纠缠在究竟犯罪构成要件的两种结构——客观结构与主观结构,当中何者占居优势地位的问题上,这就是两者的不同点。由此可见,在苏维埃刑法体系中,刑事责任不是与主观要素和客观要素处于对立和分裂的地位,而是以其所具有的客观性质作为一切标志的。也就是说,必须根据犯罪主体与犯罪的所有情况,辩证地研究犯罪行为,显然,两者之间只是名词相同,而在实质上却无任何联系。”①这一批判实际上是建立在对大陆法系犯罪构成理论误解之上的。关于所谓客观结构论与主观结构论,笔者在前面已经作过辨析。在此,就要进一步考察,在犯罪构成中如何处理主观要件与客观要件之间的关系?在大陆法系犯罪论体系中,最初确实存在客观的构成要件论,例如贝林就认为构成要件的要素只限于记述性要素和客观性要素。但这里的构成要件并不是我们现在所说的犯罪构成,而且客观的构成要件论也并不等于客观的犯罪构成论。实际上,当时在刑法理论上通行的是心理责任论,因而在有责性中讨论构成要件的主观要素。此后,迈兹格在客观的违法性论的基础上,倡导主观的违法要素说,从贝林纯客观的构成要件论转向主观违法要素的构成要件论。当然,迈兹格仍将主观违法要素限于目的犯等个别情况,而对于一般犯罪的违法仍然认为可以离开主观的犯罪心理而单就客观行为方面予以评价。只有在威尔泽尔提出目的主义以后,才在构成要件中引入主观要素,把故意与过失作为构成要件的要素。至于有责性,随着规范责任论的确立,它只研究归责要素,例如期待可能性等规范性要素。由此,不能认为大陆法系犯罪论体系是主观与客观相分离的,只不过在犯罪成立条件上,主观要件与客观要件的处理方式有所不同而已。

主观与客观的逻辑关系也是一个值得研究的问题。这里涉及主观要件与客观要件的排列顺序问题。在我国及苏联的犯罪构成理论中,按照犯罪客体、犯罪客观方面、犯罪主体、犯罪主观方面这样一个顺序,自然是犯罪客观要件排列在犯罪主观要件之前。而现在,我国主张否认犯罪客体是犯罪

---

① ［日］上野达彦:“批判资产阶级犯罪构成要件论——从批判资产阶级犯罪构成要件论向苏维埃犯罪构成要件论的转变过程”,康树华译,载《外国法学》1979年第6期。

构成要件的学者中,对于三要件按照什么顺序排列又存在两种观点:第一种观点按客观要件、主体要件与主观要件的顺序排列;[①]第二种观点是按照犯罪主体、犯罪主观要件与犯罪客观要件的顺序排列。[②] 在这两种观点中,引起我关注的是客观要件与主观要件孰先孰后的问题。我认为,这并不仅仅是一个顺序问题,而是一个关系到犯罪构成功能发挥的问题。主观要件先于客观要件,是按照犯罪发生的逻辑过程排列的;而客观要件先于主观要件,是按照犯罪认定的逻辑过程排列的,两者存在重要区别。笔者主张客观要件先于主观要件,理由有三:第一,客观要件是有形的、外在的,更容易把握,主观要件是无形的、内在的,不容易认定。在这种情况下,客观要件先于主观要件的犯罪构成模式更能够限制刑罚权的发动,从而具有人权保障的积极意义。第二,客观要件先于主观要件的观点更符合定罪的司法逻辑。定罪过程,总是始于客观上的行为及其后果,以此追溯行为人的主观可责性。犯罪构成模式应当具有实用性,符合实用性的构成要件排列顺序是正确的。第三,客观要件先于主观要件的观点是建立在对客观与主观之间逻辑关系的正确理解之上的。在犯罪构成体系中,主观内容是依附于客观内容而存在的,也只有通过客观特征才能认定行为人的主观心理。因此,客观要件在逻辑上先在于主观要件,两者的顺序不能颠倒。

(二)事实与价值的关系问题

在犯罪构成理论中,事实与价值的关系问题也是一个十分重要的问题。在大陆法系的犯罪论体系中,事实与价值始终是相分离的。这种事实与价值的分离,就是哲学上所谓事实与价值的二元论。我国学者在阐述大陆法系犯罪论体系的方法论意义时指出:对大陆法系构成体系中所包含的完整的、方方面面的意义,绝非简单地依靠逻辑推理所能理解——必须将其置于欧陆国家的民族思维方法、哲学背景和司法运作基本模式的大环境下,才有可能真正揭示其事实性或价值性的东西。可以认为,自 18 世纪以来盛行于欧洲的事实——价值二元论和实证主义哲学思潮必然会潜移默化地进入立法者、法学家和司法者的头脑,从而成为刑事立法、刑法学说乃至个案处断自觉或不自觉的宏大参照系。[③] 此言不虚,大陆法系的犯罪论体系确实是按照事实与价值二元论的方法建构起来的理论大厦。在构成要件该当性、违

---

① 张明楷:《刑法学》(第 2 版),法律出版社 2003 年版,第 136 页。

② 肖中华:《犯罪构成及其关系论》,中国人民大学出版社 2000 年版,第 217 页。

③ 冯亚东、胡东飞:“犯罪构成模型论”,载《法学研究》2004 年第 1 期。

法性和有责性这三个要件中,构成要件该当性是事实判断,而违法性和有责法性是价值判断。这里的价值判断,也可以说是一种规范判断。从大陆法系犯罪论体系形成过程来看,贝林是将构成要件看做纯客观的、记叙性的事实要件,与规范意义无关,规范评价是由违法性与有责性这两个要件完成的。正如小野清一郎指出:所谓违法性和道义责任问题,指的是从刑法的制裁性机能出发,如何对业已发生了的行为进行评价的问题。违法性的评价,是从行为的客观方面,即从它的外部,对行为进行评价的。道义责任的评价,是对已被客观地、外部地判断为违法的行为进一步去考虑行为人主观的、内部的一面,亦即行为人精神方面的能力、性格、情操、认识、意图、动机等,而来评价其伦理的、道义的价值。① 尽管在大陆法系的犯罪论体系中,后来麦耶尔承认在构成要件中有规范性要素的存在,如盗窃"他人的财物"、陈述"虚伪的事实",都不是纯客观要素,离开规范意义是无从判断的。但三要件格局的维持,仍然使不同要件各自分担事实判断与价值判断的职能,因而坚持了事实与价值相分离的立场。但在我国及苏联的犯罪构成体系中,事实与价值是合而为一的,例如,苏联学者指出:"德国刑法学者贝林,以新康德主义的唯心哲学为基础,发展了关于犯罪构成的'学说',根据这种'学说',即使符合犯罪构成,仍不能解决某人是否犯罪的问题。照这种观点看来,犯罪构成只是行为诸事实特征的总和;说明每一犯罪行为的违法性,乃是犯罪构成范围以外的东西;法律上所规定的一切犯罪构成,都带有纯粹描述的性质,其中并未表现出把行为当做违法行为的这种法律评价。说到行为的违法性,它好像是属于原则上不同的另一方面,即'当知'的判断方面。法院并不根据法律,而是依自己的裁量来确定行为的违法性。这样,关于某人实施了犯罪是否有罪的问题,也就由法院裁量解决了。法院可以依自己的裁量来规避法律,如果这样做是符合剥削者的利益的话。"②如果我们真实地理解贝林的观点,就会感到上述批判是建立在曲解之上的。贝林的构成要件只是犯罪成立的条件之一,与我们现在所说的犯罪构成是不同的,犯罪构成是作为犯罪成立条件总和使用的概念。因此,违法性判断在贝林那里,是构成要件该当性的事实判断基础上的价值判断,而不是犯罪构成范围以

---

① [日]小野清一郎:《犯罪构成要件理论》,王泰译,中国人民公安大学出版社 2004 年版,第 31～33 页。

② [苏]A. A. 毕昂特科夫斯基:"社会主义法制的巩固与犯罪构成学说的基本问题",载《苏维埃刑法论文选译》(第 1 辑),中国人民大学出版社 1955 年版,第 77 页。

外的东西。苏联学者还对罪过评价论进行了严厉批判，指出："唯心主义的罪过评价理论，也是为破坏犯罪构成服务的。根据这种理论，法院对被告人行为的否定评价和对被告人行为的谴责，被认为是罪过。罪过的评价概念是以新康德主义的'存在'和'当为'的对立为前提的。新康德派刑法学者们否认人的罪过是现实世界的确定的事实。按照他们的理论，当法院认为某人的行为应受谴责时，法院就可以以自己否定的评断，创造出该人在实施犯罪中的罪过。主观唯心主义的罪过评价理论，使得资产阶级的法官们可以任意对所有他们认为危险的人宣布有罪。"①这里所批判的罪过评价论，就是规范责任论。规范责任论是在心理责任论基础上形成的，以心理事实与规范评价相分离为特征。只有在规范责任论确立以后，有责任才真正成为一个规范评价的要件。苏联学者的上述批判并没有真正理解规范责任论，因而是对规范责任论的歪曲。规范责任论并不是离开罪过心理进行规范评价，而是将规范评价建立在心理事实基础之上。因此，规范评价论根本不存在唯心主义的问题。

苏联学者对大陆法系犯罪论体系中事实判断与价值评判相分离的观点的批判表明，苏联的犯罪构成体系是以事实判断与价值评判的合一为特征的，我国犯罪构成体系同样具有这一特征。正如我国学者提出：在我国刑法学中，事实判断和价值评价同时地、一次性地完成。事实评价主要通过犯罪主客观方面要件的讨论来完成。一般地说，这里的事实包括危害社会的行为（作为及不作为）、危害社会的结果及犯罪的时间、地点、犯罪所使用的方法等附随情况。此外，与犯罪的客观情况（犯罪事实）紧密相关的其他要件，例如犯罪心理，也是构成事实的一个组成部分。行为事实符合构成要件的同时，就可以得出结论说，这样的行为可以受到否定的价值评价。所以，事实判断与价值评价均在同一时间完成，没有先后之分。② 在这样一种犯罪构成体系中，必然出现重事实判断轻价值评价，甚至以事实判断代替价值评价的倾向。没有正确地处理好事实判断与价值评价的关系，是我国及苏联犯罪构成体系的一个重大缺陷。我认为，犯罪构成体系应当坚持事实判断与价值评价相分离的原则，至于在犯罪构成要件上如何容纳两者，那是另一个需要深入讨论的问题。

---

① ［苏］A. A. 毕昂特科夫斯基："社会主义法制的巩固与犯罪构成学说的基本问题"，载《苏维埃刑法论文选译》（第1辑），中国人民大学出版社1955年版，第77页。

② 周光权："犯罪构成理论与价值评价的关系"，载《环球法律评论》2003年秋季号，第297页。

(三)形式与实质的关系问题

犯罪构成到底是形式的还是实质的？这也是在犯罪构成理论中需要讨论的一个问题。这里的形式与实质是指在犯罪认定上,符合犯罪构成是否就成立犯罪。这个问题,在一般性的讨论中并无问题,当涉及正当防卫、紧急避险等行为与犯罪构成的关系时就成为一个问题。

在大陆法系递进式的犯罪论体系中,对行为的犯罪性质的认定是通过三个层次完成的。三个要件全部具备,即意味着某一犯罪的成立。在这个意义上说,大陆法系递进式的犯罪论体系具有实质性,只要符合犯罪构成即成立犯罪。尤其是在违法性判断中,已经把正当防卫、紧急避险等行为以违法阻却事由的方式从犯罪中予以排除。但在我国及苏联的犯罪构成体系中,正当防卫和紧急避险行为是在犯罪构成之外研究的。对此,苏联学者特拉伊宁指出:“在犯罪构成学说的范围内,没有必要而且也不可能对正当防卫和紧急避险这两个问题作详细的研究。”①至于为什么不在犯罪构成学说的范围内研究正当防卫和紧急避险,特拉伊宁并没有说明。我想,这主要和我国及苏联的犯罪构成体系中的要件都是积极的构成要件,而没有包括消极的构成要件有一定关联。在这种情况下,就出现了一个问题,即犯罪构成体系中形式与实质的矛盾。例如,我国学者在评论俄罗斯刑法理论时指出:在俄罗斯刑法理论中,都主张排除行为犯罪性的情形是表面上符合犯罪的特征,但实质上却是对社会有益的行为。换言之,该行为形式上符合犯罪的构成要件,但实质上却不构成犯罪。从形式上符合犯罪构成要件但实质上却不构成犯罪这一结论中也可以推出另一个结论:俄罗斯刑法理论是在犯罪成立要件的体系之外解决一系列的排除行为犯罪性的问题的,同时也反映了俄罗斯刑法理论在犯罪成立条件这一问题上自相矛盾——形式要件与实质内容的分离。② 这种犯罪构成的形式与实质的矛盾在我国刑法理论中同样存在,并且在一定程度上影响了我国刑法理论的科学性。例如,我国传统刑法教科书在论及排除社会危害性的行为时指出:我国刑法中犯罪构成的理论阐明——犯罪行为的社会危害性是反映在犯罪构成诸要件的总和上。当一个人的行为具有犯罪构成的诸要件,就说明这个人的行为具有社会危害性,即构成某种犯罪。但是,在复杂的社会生活中,往往有这样的情

---

① [苏]A. H. 特拉伊宁:《犯罪构成的一般学说》,王作富等译,中国人民大学出版社 1958 年版,第 272 页。

② 赵微:《俄罗斯联邦刑法》,法律出版社 2003 年版,第 128～129 页。

况——一个人的行为在外表上似乎具有犯罪构成的诸要件，然而在实际上却完全不具有犯罪概念的本质属性，相反的，这种行为对国家、社会、他人或本人都是有益而无害的，因而它实质上不具有犯罪构成。① 在此，正当防卫、紧急避险等行为就被描述为形式上符合犯罪构成而实质上不具有犯罪构成的情形。因此，正当防卫、紧急避险等行为之所以不构成犯罪，并不是根据犯罪构成所得出的结论，而是根据行为不具有社会危害性这一实质判断的结果。在这种情况下，正如我国学者批评的那样："这种观点实际上认为犯罪构成是'形式'或'外表'的东西，不一定具有实质内容，不能作为认定犯罪的最后依据；要确定行为构成犯罪，还必须在犯罪构成之外寻找犯罪的社会危害性。"②这一批评是有道理的，但接下去的一句话笔者就不能苟同了："这种观点来源于资产阶级的刑法理论，与我国的刑法理论是不协调的。"③我认为，这种观点恰恰是我国犯罪构成体系自身的问题，与大陆法系的犯罪论体系没有任何关系。大陆法系的犯罪论体系在违法性这一要件中已经将正当防卫、紧急避险等行为排除在犯罪之外。只有在我国及苏联的犯罪构成体系中，才会出现这种形式上符合犯罪构成与实质上符合犯罪构成之间的矛盾，需要用犯罪构成之外的没有社会危害性这一实质判断来解决正当防卫、紧急避险等行为的犯罪问题。

三、犯罪论体系的法律分析

犯罪论体系是关于犯罪成立条件的知识体系，而犯罪成立条件是刑法规定的，与法律具有密切的关联性。因此，必须对犯罪论体系进行法律上的分析。

（一）犯罪论体系的立法分析

犯罪构成是对法律规定的一种理论解释，因而犯罪构成本身具有法定性。笔者认为，近代罪刑法定原则的确立，与犯罪构成理论的发展有着密切联系，可以说，犯罪构成理论使刑法对犯罪的规定实体化，从而为罪刑法定原则提供了基础。同时，在犯罪构成理论发展过程中，罪刑法定原则也起到了积极的推动作用，例如，日本学者小野清一郎指出：Tabestand 的概念从诉

---

① 高铭暄主编：《刑法学》，法律出版社 1984 年第 2 版，第 162 页。

② 张明楷：《犯罪论原理》，武汉大学出版社 1991 年版，第 319 页。

③ 张明楷：《犯罪论原理》，武汉大学出版社 1991 年版，第 319 页。

讼法转向实体法,进而又被作为一般法学的概念使用,而且,已经从事实意义的东西变为抽象的法律概念,特别是在刑法学中,它被分成一般构成要件和特殊构成要件两个概念,这主要是因为在刑法中,从罪刑法定主义原则出发,将犯罪具体地、特殊地加以规定是非常重要的(在民法中也有特殊的构成要件——买、卖、凭、贷、借、不法行为等——但这种特殊化与刑法相比显得松散得多,尤其是契约,内容是可以变更的)。[①] 可以想象,如果没有犯罪构成使刑法对于犯罪的规定实体化,罪刑法定原则的明确性与确定性的要求都是无法实现的。因此,关于罪刑法定原则与犯罪构成关系的以下论述,笔者是极为赞同的:罪刑法定原则的诞生和现代犯罪构成的形成在刑法的发展史上具有同样的里程碑意义。如果说罪刑法定原则奠定了刑法现代化的基石,那么犯罪构成就是牢牢撑起现代刑法大厦的大梁。缺失了罪刑法定的基石,刑法的现代化固然无从谈起;没有犯罪构成作为支撑的大梁,刑法大厦也将在瞬间倾倒成一堆碎砾。[②] 当然,罪刑法定与犯罪构成之间也并不是一种机械的对应关系,犯罪构成具有某种将罪刑法定原则实体化,甚至填补法律空白的积极功能,对此不能不予以充分关注。

尽管犯罪构成与法律规定有着密切联系,不可否认的是,犯罪构成作为一种理论对法律规定具有相对独立性。这是因为,犯罪构成理论作为对法律规定的解释方法,有着自身的逻辑,这一逻辑有别于法律规定的逻辑。正如世界只有一个,但是解释世界的方法却有多种,由此形成的哲学理论也是多种多样的。尽管大陆法系的犯罪论体系与我国及苏联的犯罪构成体系在逻辑上存在重大差别,但在刑法规定上并无太大的区别。

从中、俄、德、日四国关于犯罪成立条件的规定来看,确实存在较大差别,但这种差别与采用不同的犯罪构成体系并无关系。第一,关于犯罪概念,在我国与俄罗斯刑法中有规定,而德、日刑法则无规定。尤其是俄罗斯刑法典在 1997 年刑法理论中,把犯罪的形式与实质相统一的犯罪概念作为犯罪的形式概念,这是值得我们注意的。联系到中、俄两国刑法都没有关于犯罪构成客观要件的规定,可以看出其犯罪概念中实际上包含了对一般犯罪行为的规定。而在德国刑法典中只有不作为的规定,日本刑法典则对作

---

① [日]小野清一郎:《犯罪构成要件理论》,王泰译,中国人民公安大学出版社 2004 年版,第 5 页。

② 劳东燕:“罪刑法定视野中的犯罪构成”,载《刑事法评论》(第 8 卷),中国政法大学出版社 2001 年版,第 2 页。

为与不作为都没有规定。从刑法角度来看,犯罪行为的规定是由刑法分则的罪状完成的,一般犯罪行为在法律上没有规定,完全由刑法理论根据罪状规定加以概括,这里面本身也显现出构成要件该当性是指行为合乎刑法分则规定的特殊构成要件之蕴含。第二,犯罪故意与过失,是中、俄、德、日四国刑法都有规定的,只是中、俄刑法稍繁,德、日刑法略简而已,从刑法关于犯罪故意与过失的规定上,我国及苏联的犯罪构成理论中关于罪犯的学说似乎更接近法律规定,即将心理事实与价值评价合而为一。而德、日刑法的犯罪构成理论,将心理事实放在构成要件该当性中论述,规范评价放在有责性中讨论,是对法律规定作了某种“分解”,它是根据理论逻辑对于法律规定的一种重新构造。第三,关于犯罪主体条件的规定中、俄、德、日四国刑法规定也相差不多,我国及苏联的犯罪构成理论将其归结为一个独立的犯罪成立条件,而德、日刑法的犯罪构成理论将犯罪主体要件的内容——刑事责任能力纳入有责性要件,也完全是一种理论上的归类。第四,关于正当化事由,虽然四国刑法规定的种类或多或少有所不同,但内容几乎相同,尤其是正当防卫,四国刑法都对正当防卫成立的条件作了规定。至于我国及苏联的刑法理论将正当化事由放在犯罪构成范围之外研究,而德、日刑法理论将其作为违法阻却事由在违法性要件中论述,也完全是一个理论构造的问题。

综上所述,尽管犯罪构成体系与各国刑法规定有一定联系,但从刑法规定大体上相同而犯罪构成体系却存在重大差别的情形来看,理论还是起到了至关重要的作用。就此而言,在我国现行刑法不予修改的情况下,直接采用大陆法系递进式的犯罪构成体系并不存在法律上的障碍。

(二)犯罪论体系的司法分析

犯罪构成体系是司法人员用来认定犯罪的,因而犯罪构成体系是否科学,必须经过司法实践的检验。那么,我国现行的犯罪构成体系是否适应司法实践的需要呢?对此,我国有的学者指出:从司法实践上看,可以毫不夸张地说,目前我国从事司法实际工作的同志,不管其他法学知识掌握得如何,一般都对犯罪构成的基本理论包括犯罪构成的四方面要件有一个基本的了解,并自觉以该理论为指导,去认定现实生活中的各种犯罪。可以说,犯罪构成理论已植根于司法工作人员的思想中,对这样一个既成的、已被广大理论工作者和司法实际工作者接受的犯罪构成理论,有什么理由非要予以否定呢?否定或者随意改变之后,怎么可能不给理论界和司法实际部门造成极大的混乱呢?[①] 这是一种为现行的犯罪构成体系辩护的观点,也代表了相当一部分学者对这一问题的认识。不可否认,现行的犯罪构成体系具有通俗易懂性。在我国目前司法人员学历层次较低且有大批未经法律专业训练的人员的历史背景下,现行的犯罪构成体系确实发挥了一定作用。只要经过数月培训,转业军人也可以掌握四个要件,并以此作为定罪的理论根据。但是,现行的犯罪构成体系对于一些复杂疑难问题的解决显然是不能胜任的,甚至可以说破绽迭出,容易造成错案。

事实上,犯罪构成体系的简单性与复杂性,并非衡量犯罪构成体系科学与否的指标,关键在于犯罪构成体系是否能够保证无罪的人不受到法律追究。随着罪刑法定原则在我国刑法中的确立,对于司法机关的定罪活动提出了更高的要求。犯罪构成体系作为定罪的一种逻辑思维工具,以一种制度化、技术化的形式将刑法关于犯罪的规定实体化与定型化,以此限制法官的恣意裁量,使被告人的人权得以保障。在这种情况下,犯罪构成体系应当通过自身的精致化以满足司法机关对定罪的精细化的要求。

犯罪论体系是刑法学的核心问题,它不仅是犯罪成立条件的总和,而且是刑法思维方法的精华之所在。我国目前从苏俄引进的四要件的犯罪构成体系已经不能适应我国刑事法治建设对定罪的精细化的要求。因此,应当借鉴大陆法系的三段论的犯罪构成体系,并且将犯罪构成理论改造成为犯罪论体系,由此推动我国刑法知识的转型。

(本文原载《刑事法评论》(第14卷),
中国政法大学出版社2004年版,
收入本书时略有删节)

① 高铭暄主编:《刑法学》(第1卷),中国人民大学出版社1993年版,第457页。

构成要件的理论考察

自从1906年德国学者贝林提出构成要件理论至今一百年来，构成要件概念几经变迁，成为犯罪论体系的基石。中国经过继受苏俄犯罪构成理论，目前正处在犯罪构成理论的“拨乱反正”的阶段。在这一刑法知识转型的重要历史关头，对构成要件的理论考察具有重要意义。

一、构成要件的客观性与主观性

构成要件存在一个从客观到主观的转变过程，这里的从客观向主观转变，是指构成要件从纯客观的要件到同时也包含主观的要件。这一转变的影响是巨大的，它使构成要件几乎成为主导犯罪认定的司法过程的基本架构。更加令人惊诧的是，这一从客观到主观的转变过程，在构成要件理论的缔造者贝林的有生之年就已经完成了。在早期，贝林把构成要件定义为犯罪类型的外部轮廓，把行为的主观方面专门作为责任问题来对待，并把它排除在构成要件之外。[①] 因此，贝林主张的是客观的构成要件论。但后来麦耶尔、迈兹格等刑法学家注意到了在刑法分则关于具体犯罪规定中的主观要素，由此肯定构成要件中应当包含主观要素，确立了主观的构成要件论。面对这一挑战，贝林在其晚年，不得不对其早期关于构成要件是犯罪类型的外部轮廓的命题作了修改，指出：犯罪类型不是法定构成要件，法定构成要件是先行于犯罪类型存在的指导形象（vorgelagertes ltitbild）。不可以把构成要件该当性（或构成要件相关性）当做犯罪类型的同义词。[②] 从犯罪类型的外部轮廓到犯罪类型的指导形象，这是对构成要件与犯罪类型关系的重新界

---

① ［日］小野清一郎：《犯罪构成要件理论》，王泰译，中国人民公安大学出版社2004年版，第50页。

② ［德］贝林：《构成要件理论》，王安异译，中国人民公安大学出版社2006年版，第27页。

定，贝林试图以此维系构成要件的客观性。但与此同时，构成要件作为犯罪的一般概念要素的地位却被否定了。此后，随着目的性行为理论的兴起，构成要件的概念被进一步主观化。对此，罗克辛指出，这样就得出了一个体系性的结论：故意，虽然在古典体系（贝林）和新古典体系（迈兹格）中被理解为罪责形式，并且人们在理解不法意识时也把它作为必要的构成部分，但是，在一个归结为因果控制的形式中，就已经作为构成要件的要素部分表现出来了。这就意味着不法被进一步地主观化了。同时，对于罪责来说，却意味着逐渐地非主观化和规范化（Entsubjektivierung und Normativierung）。[①] 构成要件概念的这一演变过程，是构成要件的客观性逐渐丧失的过程。

贝林虽然也承认主观要素的客观存在，但并不主张将主观要素纳入构成要件的范畴。对于构成要件的主观化，贝林提出了"一个方法论的歧途"的警告。贝林指出：如果硬要把"内在要素"从行为人精神层面塞入构成要件之中，那么就会陷入一个方法论的歧途。因为，这种不纯粹的构成要件根本不可能再发挥其作为客观方面和主观方面共同指导形象的功能。果真如此，则不仅心理因素会混迹于实行中，也即在客观行为方面出现了，而且主观方面也成为了一个完全受压迫的形象受到挤兑，采取责任过失扩张，直至所有的犯罪成立要素责任，必须同时扩展到其自己的构成要素上面。[②] 贝林从维护"方法论上的明确性"出发，为构成要件的客观性作辩护，认为在构成要件中考察的是客观要素，而主观要素则是在责任中考察的。如果在构成要件该当性中同时考察客观要素与主观要素，那么责任中再考察主观要素就会变成同义反复。并且，如果照此推理，责任的内容也必须扩张，使所有犯罪成立要素，包括客观要素与主观要素都成为责任的构成要素，这就会使所有方法论上的明确性都荡然无存。应该说，这一辩解是以心理责任论为前提的。在心理责任论的逻辑架构中，主观要素是责任形式，如果主观要素同时又作为构成要件的内容考虑，则主观要素既是构成要件的内容，同时又是责任的内容，这就会混淆构成要件与责任之间的关系。但是在规范责任论出现以后，主观要素不再是责任内容，责任内容是责任能力与归责要素（违法性认识和期待可能性）。在这种情况下，将主观要素划入构成要件才不会出现贝林所担忧的方法论上的混乱。

贝林之所以坚持构成要件的客观性，还与《德国刑法典》第 59 条规定有

---

① ［德］罗克辛：《德国刑法学总论》（第 1 卷），王世洲译，法律出版社 2005 年版，第 122 页。

② ［德］贝林：《构成要件理论》，王安异译，中国人民公安大学出版社 2006 年版，第 16 ~ 17 页。

关。该条规定:“不知道属于法律上的构成要件的情况存在时,不能追究刑事责任。”这里的构成要件是故意所认识的内容,因而是客观的构成要件。因此,贝林指出:硬要在构成要件中塞入行为人的主观观念,根据刑法第59条规定,则认为行为人的故意就已经包含了该观念(指构成要件——引者注),即故意中本来就有故意的观念。此种同义反复,使得方法论的明确性荡然无存。比方说,如果人们把行为人的某种观念放到构成要件之中,那么根据刑法第59条的规定,行为人相关的故意就包括了上述观念,即他本来就有这样的观念。果然如此,所有方法论上的明确性就已荡然无存。[①] 应该说,德国刑法典第59条基本构成要件的规定,确实是继承了自费尔巴哈以来的客观构成要件论。在对德国刑法典第59条进行解释时,这里的构成要件当然是指客观的构成要件。但作为犯罪论体系中的构成要件是否也必须作与该法条相同的理解,这是值得考虑的。对此,日本刑法学家小野清一郎指出:这种观点,从根本上说,只能是一种概念的、形式的观点。可是,如果要考虑被称为“犯罪”的违法有责行为的实体的话,即使在犯罪类型的轮廓亦即它的法律定型中,也理应在被抽象化了的形式下存在着规范性和主观性,并且这与其说是各个不同的要素,莫如说是构成要件全面地存活着,这一点在类型化和抽象化之中反而被忽略了。但是,贝林就没有想到这一点。这在理论上,是法律实证主义的必然结果,在其背后,存在着自由主义的、法治国家的思想,认为在刑事司法中以法律保障个人自由的罪刑法定主义,必然要求纯客观的、记叙性的构成要件,即使不能完全实行,至少也不能否定这种倾向。[②] 在这里,小野清一郎指出了贝林坚持构成要件客观性中存在着的两个动因:一是法律实证主义,即追求构成要件的形式化与抽象化。二是罪刑法定主义,强调对个人自由的保障。

由于贝林是在类型性的方法指导下对构成要件进行定性分析的,因而在贝林的理论中明显地表现出构成要件的抽象化的特征。贝林虽然认为构成要件不能等同于犯罪类型,而只是犯罪类型先行存在的指导形象,但贝林显然十分重视类型性概念,在《犯罪论》一书中贝林已经提到:当前的刑法已经压缩在类型之中,即是说,“类型性”是犯罪的一个概念性要素。贝林明确

---

① [德]贝林:《构成要件理论》,王安异译,中国人民公安大学出版社2006年版,第17页。

② [日]小野清一郎:《犯罪构成要件理论》,王泰译,中国人民公安大学出版社2004年版,第51页。

地提出了犯罪是类型化的违法有责行为的命题。[①] 对于贝林的上述理论,西原春夫教授显然是持否定态度的。在西原春夫的方法论取向中,始终存在着抽象化与个别化这样一对分析框架,并且表现出对个别化的追求。他认为:犯罪并不能仅仅从一般性的意义上把握,个别性始终是在犯罪认定中应当关切的一个问题。西原春夫教授指出贝林并不希望其构成要件论发挥犯罪个别化的作用,认为贝林前期的构成要件论不仅隐藏着自我矛盾之处,而且并未指向犯罪的个别化。在西原春夫教授看来,只要遵从其本来的机能、使构成要件发挥犯罪个别化的作用,这一点实际上就是不言而喻的。[②] 这里所谓"这一点",是指将主观要素纳入到构成要件的概念之中。因此,主观性要素例如主观性违法要素或者故意逐渐被导入构成要件之中,构成要件逐渐服务于犯罪个别化的过程。[③] 由此可见西原春夫教授对于犯罪个别化的重视与强调。

那么,什么是犯罪个别化,它与构成要件又有什么关系,即为什么在构成要件中包含主观要素就能实现犯罪个别化?这是我们在理解西原春夫教授关于构成要件理论时需要解决的问题。在我所见到的有限资料中,没有西原春夫教授关于犯罪个别化的直接阐述。因此,关于犯罪个别化只能从学理上作出某种猜测性的解说。在刑法学中,存在刑罚个别化的概念,它是和刑罚一般化相对应的。刑罚一般化追求的是等量或者等价的报应,是报应主义、客观主义的刑罚观念。而刑罚个别化强调的是行为人的人身危险性,是功利主义、主观主义的刑罚观念。当今的刑罚个别化原则已经受到报应主义的限制,因而为各国刑法所承认。以此作为思考犯罪个别化的出发点,我认为犯罪个别化更为强调的是行为人的动机、人格等影响犯罪成立的要素,是在现实生活的基础上思考犯罪问题,而不是仅仅将犯罪当做一种抽象的法律概念,割裂犯罪与人、与社会、与生活的活生生联系。例如,西原春夫教授指出:作为我的思考方向,我认为,特别是有可能从行为的起源即与动机形成相关联系的生物学、心理学、社会学等各方面进行考察的犯罪论,对于现代刑法学而言是很重要的。为此,成为犯罪概念基底的行为概念,必须是可能从整体上把握从动机形成到犯罪完成这一产生发展过程的行为。因此,我只想论述如下事实,像符合构成要件的行为或者构成要件行为这样

① [德]贝林:《构成要件理论》,王安异译,中国人民公安大学出版社 2006 年版,第 27 页。
② [日]西原春夫:《犯罪实行行为论》,戴波、江溯译,北京大学出版社 2006 年版,第 32 页。
③ [日]西原春夫:《犯罪实行行为论》,戴波、江溯译,北京大学出版社 2006 年版,第 35 页。

的概念,一方面学者们认为它被片段地截成暴行、伤害、杀人之类的各种犯罪;另一方面则认为它并非如实行行为和预备行为、正犯与教唆犯、从犯之类,被片段地来理解的行为。[①] 虽然西原春夫教授的上述论断是就对行为的理解而言的,但它对于我们理解犯罪个别化的命题也是有帮助的。这里还可以进一步追溯到西原春夫教授在学派之争上的立场。西原春夫认为:现代的刑法理论已经不可能再是纯粹的古典学派的刑法理论,而是必须汲取近代学派的某些成果。例如,虽然仍然应该像古典学派那样把责任解释为非难可能性,但是,应当像近代学派那样重视导致犯罪人实施犯罪行为的内在的和外在的原因,把这些原因视为影响责任大小的要素,虽然仍然应当把刑罚的本质解释为报应,但是,应当在与规范性责任相对应的报应的范围内追求刑罚的目的性运用,实现犯罪人的改善更新、社会复归等刑事政策的目的。[②] 西原春夫教授力图解除构成要件的抽象性所带来的遮蔽,强调行为人的主观要素、人格要素与动机要素对于定罪量刑的意义。正是在此基础上,才有可能实现犯罪个别化。

如何从构成要件的抽象性中获得犯罪的个别化,这确实是一个值得重视的问题。这个问题在我国刑法学中也没有得到很好的解决,在犯罪论体系的建构中,应当将犯罪个别化的要求加以考虑。

二、构成要件的记述性与规范性

构成要件的记述性,是指对构成要件的事实要素所作的客观描述。贝林认为,构成要件是"纯粹记述性的",贝林在解释这里的记述性时指出:人的行为只是通过构成要件根据其特有类型而对其进行特征处理,而不是已经被规定为违法、为了对某一行为进行特征化处理,立法者可以采取下述各种可能的标准:身体举止、行为产生的生活状况、行为时的各种情状、各种行为结果。因此,运用行为之合法性关系构建犯罪类型,无可置疑;只要该合法性关系有助于构成要件界定相关犯罪之行为,则仍不失其"记述性",而无关其特殊的情节(Umstaende)问题,也即无关记述性行为的违法性问题。当然,也不能阻止立法者利用行为与类型性形象的关系来处理。对立法者而言,只要这些类型性形象有助于概括相关犯罪类型意义上的共同行为,它们

---

① [日]西原春夫:《犯罪实行行为论》,戴波、江溯译,北京大学出版社2006年版,第47页。

② [日]西原春夫:《刑法总论》(改订版·上卷),转引自李海东主编:《日本刑事法学者》(下),中国法律出版社、日本成文堂1999年版,第124~125页。

就保留着其“记述性”功能,而没有提前介入到那些性质特别的情节(Umstaende)问题中,这种记述性的行为是否被规定为违法,与那些情节无关。[①] 贝林的这一论断具有为构成要件的记述性这一命题进行辩解的意味。因为在贝林提出构成要件的记述性特征以后,麦耶尔发现了所谓规范的构成要件要素。例如盗窃罪中的他人“动产”,诽谤罪中“有害”他人名誉的不实事实。这里的“动产”与“有害”等概念,都非纯记述性的,而是与一定的规范评价相关。[②] 麦耶尔提出了主观违法要素这一概念,而且这种主观要素又往往是规范要素,具有双层次性,即同时是规范的(不真正的)构成要件要素和客观的(真正的)违法性要素。[③] 尽管贝林对构成要件的记述性命题作了辩解,但构成要件中的规范要素的发现,给如何处理构成要件与违法性的关系带来一定的冲击。贝林本人在其著作中也曾经引用过拉斯克(Lask)的一句话:所有的法律概念都是“披上了规范的绸缎”。西原春夫教授甚至认为:既然不得不承认构成要件的一部分包含了违法性要素,构成要件该当性的调查同时成为违法性调查的一部分,那么,就不得不说贝林的根本主张——严格区分构成要件符合性与违法性——的一部分已经崩溃了。[④] 这一命题并非危言耸听,而是言之有理的。当然,面对这一可能发生的崩溃,采取何种理论应对仍有讨论的余地。

构成要件与违法性到底能不能区分,这是理解大陆法系犯罪论体系时不得不面对的一个问题。显然,贝林认为构成要件与违法性是可以区分的。正如杀人是构成要件该当的行为,但它并非不法类型,只有非法杀人才是不法类型。因此,是否杀人这是在构成要件中所要解决的问题,在此基础上才能进一步地解决是否非法杀人的问题。尽管在构成要件中存在规范要素,但它和违法性这一规范评价要件是有所不同的。即使是目的行为论的倡导者威尔泽尔也从与贝林不同的理由出发赞同构成要件与违法性之间的区分。在威尔泽尔看来,构成要件客观地描述了什么是刑法所禁止的东西,从而构成禁止的素材(Verbotsmaterie)。因此,构成要件符合性意味着规范(禁止)违反性。但是,另一方面,法秩序不只是由规范所构成的,而且由容许命

① [德]贝林:《构成要件理论》,王安异译,中国人民公安大学出版社 2006 年版,第 14~15 页。

② [德]贝林:《构成要件理论》,王安异译,中国人民公安大学出版社 2006 年版,第 13 页。

③ 许玉秀:《当代刑法思潮》,中国民主法制出版社 2005 年版,第 67 页。

④ [日]西原春夫:《犯罪实行行为论》,戴波、江溯译,北京大学出版社 2006 年版,第 31~32 页。

题即合法化事由评价之后，它才能成为违法的。[①] 因此，威尔泽尔是以禁止规范与允许规范这样一个分析框架来考察构成要件与违法性的关系：构成要件该当性记述的是一种被规范所禁止的行为。但这种规范违反性还不能等同于违法性，如果存在允许规范，则允许规范具有高于禁止规范的效力，可以抵消禁止规范。因此，允许规范就成为违法阻却事由，是一种合法化或者正当化事由。对于威尔泽尔的这一观点，西原春夫教授显然是不赞同的，西原春夫教授认为允许规范本身就是禁止规范的一部分。法律并非"禁止杀人"，而是禁止"无故杀人"。因此，威尔泽尔所谓的命题，仍然是(禁止)规范的一部分，它与构成要件一道决定作为规范违反性的违法性的法律命题。西原春夫教授指出：如果从这种立场出发，我们就无法赞同威尔泽尔的这种体系了。[②] 这里所谓这种体系，是指构成要件与违法性相区分的犯罪论体系。西原春夫的体系是采取并不承认构成要件或者构成要件符合性是独立的犯罪要素的立场。换言之，西原春夫采取的是行为、违法、责任这种三要素的犯罪论体系，构成要件并入违法性，成为违法性认定的根据。西原春夫这种观点从是构成要件的规范性出发，使构成要件成为违法性的一部分，将构成要件与违法性这两个要件合而为一，这对于我们理解某些具体犯罪构成的要件还是具有启发意义的。例如侵入住宅的犯罪，我国刑法第245条规定，非法侵入他人住宅的，处三年以下有期徒刑或者拘役。这里的非法，是指无权或者无理进入他人住宅而强行闯入或者拒不退出。[③] 日本刑法第130条规定，无正当理由侵入他人的住宅的，处三年以下拘役或者十万日元以下罚金。这里的"无正当理由"与我国刑法规定的"非法"在涵义上基本相同，都是犯罪成立要件中的规范要素。问题在于：这里的"非法"或者"无正当理由"到底是构成要件要素还是违法性的要素。对此，无论是我国学者还是日本学者都是解释为违法性要素。例如，我国学者张明楷教授在论述侵入行为的非法性时指出：法令行为、紧急避险行为，阻却违法性。例如，司法工作人员基于法令，以扣押、搜查等目的，进入他人住宅的；警察为了执行逮捕令，进入嫌疑人住宅逮捕嫌疑人的；为了避免狂犬等的袭击而侵入他人住宅

---

① 转引自[日]西原春夫：《犯罪实行行为论》，戴波、江溯译，北京大学出版社2006年版，第47页。

② [日]西原春夫：《犯罪实行行为论》，戴波、江溯译，北京大学出版社2006年版，第48~49页。

③ 胡康生、郎胜主编：《中华人民共和国刑法释义》(第3版)，法律出版社2006年版，第385页。

的;这些都阻却违法性。[①] 日本学者也认为:“无正当理由”,是指无阻却违法的事由。有正当理由的,即使违反居住权人的意思,也不构成本罪。[②] 如果根据这种解释,侵入住宅是构成要件行为,非法或者无正当理由是违法性要素,但西原春夫则把它称为是规范的构成要件,因此把构成要件称为违法类型。西原春夫教授指出:虽然对于侵入住宅罪的“无正当理由”这一要件的性质仍存在争议,但是,学说上基本一致的看法是,这并不意味着它们是一般的违法阻却事由,而是具有对于社会生活中经常发生的此类行为,从最初就在类型上进行可罚性限定的注意性特征。因此,在侵入住宅罪的场合,仅仅在外形上有侵入住宅的行为,构成要件的符合性和违法性均无法确定,只有在“无正当理由”侵入的场合,才能够加以确定。但是,自不待言,这里的“无正当理由”要素,是外部不可能决定的评价性要素,即规范性构成要件要素。[③] 因此,西原春夫认为:侵入住宅罪的构成要件行为并非侵入住宅,而是“无正当理由”侵入住宅,“无正当理由”既是构成要件的要素,又是违法性判断的根据。正是在这个意义上,在作出违法判断以前,无法对构成要件性作出判断。但是,这一命题也存在可质疑之处:是否侵入住宅还是可以独立于并且先于是否“非法”侵入住宅进行判断的。但是,对于这一观点我是赞同的;非法侵入住宅罪的“非法”,从正面说是构成要件的要素,即规范的构成要件;从欠缺这一要素则认为无违法性这一意义上说,又是违法性判断的根据。

构成要件中的规范要素如何与违法性相区分,这确实是一个值得研究的问题。在贝林时代,刑法中占主导地位的是自然犯。在自然犯的构成要件中,其行为一般具有伦理上的违反性,因而无须更多的规范要素便可确定这种行为的违法性。例如,杀人行为99%是犯罪,具备杀人行为一般即可推定其行为的违法性。具备违法阻却事由的杀人只是例外,可以通过违法性判断加以排除。但当今刑法中的法定犯的数量越来越多,甚至超过了自然犯。法定犯具有双重的违法性:首先是违反经济行政法规范,然后才是违反刑法规范。例如,我国刑法第225条规定的非法经营罪,是指违反国家规定,非法经营,扰乱市场秩序,情节严重的行为。对于非法经营罪来说,违反国

① 张明楷:《刑法学》(第3版),法律出版社2007年版,第674页。

② [日]西田典之:《日本刑法总论》(第3版),刘明祥、王昭武译,中国人民大学出版社2007年版,第80页。

③ [日]西原春夫:《犯罪实行行为论》,戴波、江溯译,北京大学出版社2006年版,第57~58页。

家规定是构成犯罪的前提。显然,它和杀人罪是有所不同的:在杀人罪中,杀人行为就是构成要件的行为,至于杀人是否非法,这是在违法性判断中完成的。但在非法经营罪中,违反国家规定的经营行为才是构成要件的行为,而不能认为经营行为是构成要件的行为。因为经营行为在99%的情况下是正常的经济行为,只有极个别是非法的经营行为,因而不能直接从经营行为中推定其违法性。因此,在法定犯的构成要件中,规范要素是其行为成其为构成要件行为的逻辑前提。那么,具备了构成要件的规范要素是否就不需要违法性判断了呢?例如,在认定非法经营行为以后,是否还要进一步通过违法性的判断以确定是否存在违法阻却事由?这个问题是值得思考的。我认为,法定犯中的规范要素表明了违法性的判断提前到构成要件该当性中进行,这就使构成要件的规范要素与违法性的功能逐渐重合。在这个意义上,西原春夫教授关于严格区分构成要件该当性与违法性的主张——至少一部分已经崩溃的命题是可以成立的。我以为,这里的一部分是指法定犯而言的。随着法定犯数量的增加,构成要件与违法性的关系确实应当重新审视。

三、构成要件的形式性与实质性

西原春夫教授从违法类型论出发,将构成要件作为违法类型加以把握,将构成要件并入违法性,由此构成要件丧失了在犯罪论体系中独立存在的地位,从而印证了西原春夫教授关于“构成要件论发展的历史,实际上同时是构成要件论崩溃的历史”的命题。曾根威彦教授在评论西原春夫教授的构成要件论时指出:在这种对于构成要件理论史的理解之下,作者(指西原春夫教授——引者注,下同)认为有两条道路可供现代刑法学选择,第一,像作者那样,积极地接受构成要件论的发展过程,在违法性的内部论述构成要件符合性(实质的构成要件);第二,回到构成要件论的原点,将价值性、规范性的要素排除在构成要件概念之外,追求构成要件独立于违法性的独立地位和机能(形式上的构成要件)。作者坚决拒绝了后者的立场。这是因为,在作者看来,构成要件之所以与具有价值性的违法性之间存在表里关系,乃是由本来内在于构成要件概念的本质属性所决定的,构成要件论崩溃的历史乃是一种必然的趋势。[①] 在此，曾根威彦教授，实际上是西原春夫教授，指出了构成要件发展的两条道路：形式的构成要件与实质的构成要件。而实质的构成要件又等同于违法性，因而使构成要件失去存在的价值。当然，我们也看到另一种使构成要件实质化，并将违法性并入构成要件的学术努力，这就是日本刑法学家前田雅英教授的实质的犯罪论。前田雅英教授认为，行为成立犯罪必须符合两个实质要件：一是存在值得处罚的恶害，二是就行为对行为人具有非难可能性。前田雅英教授反对形式的构成要件论，而主张构成要件包含成立犯罪的实质内容，并使符合主客观构成要件的行为原则上成立犯罪，只是在具有违法或责任阻却事由时，才例外地不成立犯罪。[②] 我们可以看到，前田雅英教授和西原春夫教授都主张构成要件的实质化，但从相同的立场出发却得出了截然相反的犯罪论体系，这是令我们深思的。

我国犯罪构成理论是从苏俄传入的，而在苏俄刑法学中，犯罪构成这一概念是在改造构成要件这一概念的基础上形成的，改造的方向也是使构成要件实质化，最终成为犯罪成立要件的总和。苏俄刑法学家特拉伊宁指出：犯罪构成乃是苏维埃法律认为决定具体的、危害社会主义国家的作为（或不作为）为犯罪的一切客观要件和主观要件（因素）的总合。[③] 在苏俄构成要件概念的实质化过程中，存在明显的政治化和意识形态化的倾向，例如强调犯罪的阶级性等。同时，基于主客观相统一的命题在构成要件实质化过程中，将主观要件也纳入犯罪构成体系，在这一点上承认了主观的构成要件。这里尤其需要指出的是，对于违法性这一要件的处理，是苏俄犯罪构成理论处理得最为失败的一个问题。由于苏俄刑法规定了犯罪的实质概念，曾经否认违法性是犯罪的形式特征，违法性的命运由此可见一斑。在犯罪的实质概念中确立了犯罪的本质特征是行为的社会危害性，因此，社会危害性就起到了实质的违法性要件的功能。但在苏俄犯罪构成理论中，社会危害性又不是犯罪成立的一个具体要件，而是每一个要件所具有的性质。换言之，具体的构成要件及要素与社会危害性是合为一体的，例如行为是具有社会危害性的行为、结果是具有社会危害性的结果、故意是明知行为是危害社会而有意实施的主观心理状态。可以说，苏俄犯罪构成理论中的社会危害性，其

---

① ［日］曾根威彦："西原刑法学与犯罪实行行为论"，载西原春夫：《犯罪实行行为论》，戴波、江溯译，北京大学出版社2006年版，第295页。

② 李海东主编：《日本刑事法学者》（下），中国法律出版社、日本成文堂1999年版，第329页。

③ ［苏］A. H. 特拉伊宁：《犯罪构成的一般学说》，王作富等译，中国人民大学出版社1958年版，第48～49页。

功能相当于大陆法系犯罪论体系中的违法性。但作为排除社会危害性的情形，正当防卫和紧急避险又不是在犯罪构成中解决的。对此，特拉伊宁指出："在犯罪构成学说的范围内，没有必要而且也不可能对正当防卫和紧急避险这两个问题作详细的研究"。[①] 这一说法似乎有些武断，为什么没有必要？又为什么不可能？尽管特拉伊宁揭示了正当防卫排除的是行为的社会危害性，而紧急避险排除的是行为的违法性，因而这两种行为的性质是有所不同的，[②]但这些论述都没有科学地解决正当防卫与紧急避险和犯罪构成之间的关系，以至于出现犯罪构成解决什么行为构成犯罪，排除社会危害性行为解决什么行为不构成犯罪这样一种分离的状态，使犯罪构成出现形式化之虞。

这里提出了一个构成要件的形式性与实质性的问题。贝林的构成要件具有形式化特征，实质考察是在违法性中完成的。贝林的构成要件的形式性是一种客观的、事实的形式性。到威尔泽尔的目的行为论，虽然责任论发生了变化，构成要件的内容也变成主观与客观的事实要素的统一，但仍然维持了构成要件的形式化。以后，随着犯罪论体系的流变，构成要件的实质化的趋势越来越明显，西原春夫教授当然是一种较为极端的学术径路，直接取消了构成要件的独立地位，将其作为违法性的实质判断的一部分。特拉伊宁又是另外一个极端，使构成要件完全实质化，作为犯罪成立条件的代名词，尽管其在逻辑上是不圆满的，因为没有将正当防卫、紧急避险纳入到犯罪构成体系中考察。但特拉伊宁把构成要件转换成犯罪构成，这一构成要件的实质化过程，也就是构成要件丧失自我的过程。当然，在上述两种极端的径路以外，也还有另一种较为中庸的构成要件实质性的安排，这就是罗克辛的目的理性的犯罪论体系。罗克辛在论及构成要件的演进时指出：构成要件，对于古典体系来说，详细阐述了构成要件的内容；对于新古典体系的草案来说，仅仅补充了主观性的构成因素；对目的性主义则是补充了故意。在所有这三个体系性方案中，构成要件对于结果性犯罪而言，基本减少为坚持纯粹的因果关系。与此同时，目的理性的角度使得对构成要件的一种结果归责，取决于"在构成要件的作用范围内实现了一种不允许的危险"，并

① [苏]A. H. 特拉伊宁：《犯罪构成的一般学说》，王作富等译，中国人民大学出版社 1958 年版，第 272 页。

② [苏]A. H. 特拉伊宁：《犯罪构成的一般学说》，王作富等译，中国人民大学出版社 1958 年版，第 273、275 页。

且,在这里第一次使用一种以法律评价为导向的规则性工作(Regelwerk),来代替因果关系所具有的自然科学的即逻辑的范畴。① 换言之,构成要件从形式上的归因功能转变为具实质意义的归责功能。这就是在构成要件中引入客观归责理论,从而在一定程度上实现了构成要件的实质化。

构成要件实质化以后,如何处理构成要件与违法性的关系,是一个关系到构成要件体系性地位的问题。按照西原春夫教授的观点,违法性本来就是要解决构成要件的实质评价问题,因此构成要件的审查与违法性的审查是重合的,并且违法性是构成要件判断的前提。西原春夫教授指出:如果不从实质的违法性出发,就很难确定行为(特别是公然猥亵、名誉毁损、过失、不作为等)是否符合构成要件,构成要件该当性的判断必须与违法性的判断同时进行,构成要件该当性不是独立的犯罪要素,而是存在于违法性这一要素之内,因此,根据法令实施的行为等本来就不是违法的,没有必要像通说那样先肯定其构成要件该当性并推定其具有违法性之后再说它具有正当事由而被排除了违法性。② 根据西原春夫教授的这一观点,构成要件的认定与违法性的排除,是完全同一的思维过程。当然,更多的德国刑法学家虽然主张构成要件的实质化,但仍然将违法性作为犯罪成立的独立要件。在违法性中更多的是处理违法阻却事由,因为正面的违法审查已经转移到构成要件当中去。

在我国目前的犯罪构成理论中,对构成要件抽象概括而形成的犯罪构成概念,已经成为犯罪成立要件的总和。在犯罪构成中又区分客观方面的要件与主观方面的要件,我认为这种主客观要件的区分本身是合理的,关键是如何解决主客观要件中的事实与评价以及主客观要件互相之间的对应关系。从苏俄引入的犯罪构成理论,虽然在我国司法实践中曾经发挥过重要的作用,但由于它没有处理好事实与价值、主观与客观、类型与个别等要件或者要素之间的位阶关系,存在一定程度的逻辑混乱,因而主张对传统的犯罪构成理论加以改造,以及直接引入大陆法系的递进式的三阶层理论的呼声越来越高。在这种新情况下,我国学者提出了犯罪构成三阶层理论的本土化的命题。③ 当然,本土化并不意味着概念术语的简单转换,更不是要件

---

① [德]罗克辛:《德国刑法学总论》(第1卷),王世洲译,法律出版社2005年版,第124～125页。

② 李海东主编:《日本刑事法学者》(下),中国法律出版社、日本成文堂1999年版,第126页。

③ 李立众:《犯罪成立理论研究——一个域外方向的尝试》,法律出版社2006年版,第177页。

增删合并的文字游戏,而是应当在领悟犯罪论体系的精髓基础上,采用适合于中国人思维方法的表述。近年来,我国越来越多的学者主张直接采用大陆法系的犯罪论体系,我也是其中的积极推动者。例如,我和周光权教授主编出版的《刑法学》(复旦大学出版社 2003 年版)一书,就是我国第一部直接采用大陆法系递进式的犯罪论体系的刑法教科书。尽管该书出版以后也有不以为然的讥评,但我仍然坚持学术上对外开放的立场。与此同时,我国也出现了建构独特的犯罪构成体系的学术努力。例如,张明楷教授在犯罪构成体系上坚持一种渐进式探索的学术进路。在 1991 年出版的《犯罪论原理》(武汉大学出版社 1991 年版)一书中,张明楷教授就将传统的四要件的犯罪构成体系改为三要件的犯罪构成体系,认为犯罪客体不是独立的犯罪构成要件,坚持犯罪主体是犯罪构成的独立要件。[①] 此后,在法律出版社出版的《刑法学》第 1 版(1997 年)和第 2 版(2003 年)中均坚持了上述立场。但在 2007 年出版的《刑法学》第 3 版中,他将犯罪构成的共同要件确定为两个:一是客观构成要件,二是主观构成要件。前者是违法性构成要件,后者是责任构成要件。[②] 此外,周光权教授在其新近出版的《刑法总论》中提出了为不客观要件、主观要件和犯罪阻却为由的所谓新三阶层论。[③] 这一犯罪论体系的特点是在犯罪客观要件和主观要件之外单设犯罪阻却事由这一要件,专门讨论违法性阻却事由和责任阻却事由,因而具有其创新性。在犯罪构成体系上的这种探索,我是极为赞同的。在这方面,我也是身体力行地推进犯罪构成体系的探索,甚至在某种意义上的探险。在 2001 年出版的《本体刑法学》一书中,我提出了罪体—罪责这样一个两分的犯罪论体系,在 2003 年出版的《规范刑法学》一书中根据我国刑法中的犯罪存在数量因素这样一个特点,在犯罪论体系中增补了罪量要件,从而形成了罪体—罪责—罪量这样一个三位一体的犯罪论体系。在罪体要件中讨论犯罪成立的客观要件,包括行为事实与违法两个层次的内容;在罪责要件中讨论犯罪成立的主观要件,包括心理事实与归责两个层次的内容。在上述体系中,正当防卫与紧急避险作为正当化事由是在罪体—罪责—罪量的体系以外讨论的,这样一种安排主要是考虑到正当化事由是在定罪过程中予以排除的,并且其内容较为庞杂,如果纳入犯罪论体系中讨论,可能会混淆有关内容。但把正当

---

① 张明楷:《犯罪论原理》,武汉大学出版社 1991 年版,第 134 页以下。

② 张明楷:《刑法学》(第 3 版),法律出版社 2007 年版,第 108 页以下。

③ 周光权:《刑法总论》,中国人民大学出版社 2007 年版,第 103 页以下。

化事由放到犯罪论体系之外考察，容易引起犯罪论体系没有完全解决罪与非罪问题的误解，犯罪论体系就会出现逻辑上的漏洞。基于这一考虑，我现在认为还是应当将正当化事由纳入犯罪论体系。这样，罪体包括罪体构成要素与罪体排除事由，罪责包括罪责构成要素与罪责排除事由。罪体与罪责是犯罪构成的必备要件，而罪量则是犯罪构成的选择要件。只是在刑法规定以情节严重或者数额较大为犯罪成立条件的犯罪中，才需要罪量要件。

（本文原载《清华法学》2008 年第 1 期）

Part 2

第二编
犯罪本体研究

“无行为则无犯罪”

——为一条刑法格言辩护

行为是刑法的基础，“无行为则无犯罪”这一法律格言广为流传，表明行为对于犯罪成立的决定意义。然而，随着刑事立法的发展，行为的外延不断扩大，诸如持有、事态等都包括到犯罪中来。在这种情况下，刑法理论上对行为概念提出了挑战，“无行为则无犯罪”的古训受到了质疑。本文拟在展开刑法中行为理论的基础上，为“无行为则无犯罪”这一刑法格言进行理论上的辩护。

一、行为理论的演进

行为是一种法律规定，但更是一种理论。犯罪论体系在某种意义上说，就是建立在行为理论基础之上的。

刑法中的行为概念，据说是德国哲学家黑格尔（Hegel）的门徒从黑格尔哲学引入的。[①] 当然，黑格尔是从哲学意义上阐述行为概念的，但它仍然对刑法中行为概念的确立具有重要意义。[②] 行为概念一经在刑法中确立，就成

① 德国学者拉德布鲁赫（Radbruch）指出：行为概念，从来既无名目，又无形体，仅在体系内彷徨漫步。后来由于黑格尔（Hegel）之刑法学的门徒，将行为予以实质化，时至今日，行为观念在刑法中已占有重要的地位。此种功绩，首先应归功于阿贝格（Abegg），其次应归功于贝尔勒尔（Ber ner）及厥斯特林（Koostlin）。参见熊选国：《刑法中行为论》，人民法院出版社 1992 年版，第 53 页。

② 黑格尔认为，意志作为主观的或道德的意志表现于外时，就是行为。行为包含着下述各种规定，即（1）当其表现于外时我意识到这是我的行为；（2）它与行为应然的概念有本质上的联系；（3）又与他人的意志有本质上的联系。在论及犯罪时，黑格尔指出，犯罪的方面，作为发自主观意志的东西以及按它在意志中的实存方式，在这里才初次成为我们所欲考察的问题。参见［德］黑格尔：《法哲学原理》，范扬、张企泰译，商务印书馆 1961 年版，第 116 页。因此，黑格尔强调行为是人的主观意志之外化，意志对于行为具有支配性。黑格尔指出：在意志的行动中仅仅以意志在它的目的中所知道的这些假定以及包含在故意中的东西为限，承认是它的行为，而应对这一行为负责。行动只有作为意志的过错方能归类于我。参见前引黑格尔书，第 119 页。

为刑法学的一个基本范畴,并以行为为中心建立起犯罪论体系,即"一元的犯罪论体系"。随着人们对犯罪研究的逐渐深入,对行为的理解也随之发展,由此展开了行为理论。在刑法学说史上,先后出现过以下几种具有影响的行为理论:

(一)因果行为论

因果行为论是由德国著名刑法学家李斯特、贝林创立的,这是一种从物理意义上观察行为而形成的行为理论,被称为自然主义的行为论。[①] 因果行为论认为:行为是由主观意志导致外部世界发生某种变动的人的举止。因果行为论把行为视做一个从意志支配到外在变动的因果历程。因此,行为具有两个特征:一是有意性,二是有体性。因果行为论强调行为以一定的意志活动为前提,但认为这种意志内容本身不属于行为的范畴,而是责任的问题,由此将行为与责任相分离。因果行为论注重行为所引起的外在变动即结果,基于结果无价值的立场,将结果视为行为的构成部分。因果行为论虽然具有机械性,但它将行为与思想加以严格区分,具有区别功能。

(二)目的行为论

目的行为论是由德国著名刑法学家威尔泽尔创立的,这是一种从主观意义上观察行为而形成的行为理论,被称为目的主义的行为论。[②] 目的行为论关于行为的见解可以归结为以下这句话:行为是目的的实现。目的行为

---

① 因果行为论是以实证主义为其哲学基础的,在自然科学的意义上观察人的行为。对此,日本学者小野清一郎指出:在这种自然科学的、实证主义的、自然主义的观点里,行为是身体的运动或静止,主观意志是神经的内部刺激对肌肉的支配。最明确地表述这种观点的学者是贝林,他的行为概念从根本上讲还是停留在自然科学之内的。这也许会被认为是一种对构成要件以前的那种(简单)行为论有用的观点,然而不管怎么说,仍然是来自于19世纪的自然科学的思考。即使是将行为论引进构成要件理论的M. E. 麦耶尔,也同样停止在"身体动作 = 行为,身体静止 = 不作为"这样一种观点上。参见[日]小野清一郎:《犯罪构成要件理论》,王泰译,中国人民公安大学出版社1991年版,第43页。

② 目的行为论之强调行为的目的性,与黑格尔的行为概念存在相通之处。因此,我国学者指出:目的行为论采用的是黑格尔行为概念的框架,而将违法与责任的内容从中剔除了出去。参见李海东:《刑法原理入门(犯罪论基础)》,法律出版社1998年版,第27页。因此,目的行为论以主观主义为其哲学基础,是在人文科学的意义上观察人的行为。

论强调人的主观目的对于行为的支配性，从结果无价值转向行为无价值。①目的行为论摒弃了因果行为论将行为视为一种单纯的身体举止的观点，在目的行为的意义上理解行为，强调了行为的可控制性。

（三）社会行为论

社会行为论是由德国著名刑法学家施密特（E. Schmidt）创立的，这是一种从社会意义上观察行为而形成的行为理论，被称为规范主义的行为论。②社会行为论强调从社会意义上评价行为的重要性，在行为概念中引入了社会评价的因素。因此，社会行为论认为，行为概念包括以下三种要素：一是有体性，二是有意性，三是社会性。这里的社会性，是指社会重要性。依社会行为论的观点，凡人类的举止（包括作为与不作为），不问故意还是过失，只要足以引起有害于社会的结果而具有社会重要性，都可视为刑法意义上的行为。反之，如果行为对于社会并无意义，不是社会规范所调整的举动，就不能认为是刑法上的行为。

（四）人格行为论

人格行为论是由日本著名刑法学家团藤重光、德国著名法学家阿尔特尔·考夫曼（Arthur kaufmann）创立的，这是一种从人格形成的意义上观察行为而形成的行为理论。人格行为论认为行为是人格的表现，是在人格与环境的相互作用中根据行为人的主体态度而实施的。人格是主体的现实化；人格本来是一种潜在的体现，但它现实地表现为活生生的活动，这种活

---

① 行为无价值与结果无价值是从违法性视角考察得出的结论。因果行为论认为违法性的实质是对法益的侵害和危险，强调结果无价值；而目的行为论则把故意作为违法性的要素，不仅对法益的侵害和危险，而且侵害、危险的方法（行为的种类、主观的要素），也是违法性的判断内容。因此，违法性的本质是行为无价值。参见熊选国：《刑法中行为论》，人民法院出版社1992年版，第13页。

② 社会行为论也被认为是一种综合的行为理论。我国学者指出：从社会行为论产生、确立的过程可以看出，社会行为论实际上是综合因果行为论和目的行为论的见解而形成的综合性的行为理论。虽然在这种理论的范围内，各种主张之间存在一定的差异，但有一点是共同的，即追求行为的、法的、社会的意义。参见熊选国：《刑法中行为论》，人民法院出版社1992年版，第16页。

动被人格的主体的一面操纵而实施时,就是行为。① 人格行为论强调人的行为的生物性与心理性,并将行为与社会环境结合起来考察,认为行为既有生物学的基础,又有社会的基础。前者意味着行为是人的身体动静,不仅如此,行为的心理作用也受性格学法则性支配;后者意味着行为是在人格与环境的相互作用下实施的,行为环境与人格环境制约和支配行为,而行为环境与人格环境受到社会的影响。

上述四种行为理论是从各个视野观察行为而形成的关于行为的一般学识,无论何种行为理论都为我们在刑法意义上理解与把握行为提供了学术资料。② 在这些主要行为概念的讨论中,引申出一个考察行为基础的立场问题,即是从存在论出发认识行为还是从价值论出发认识行为?同此,可以把行为理论分为存在论的行为理论与价值论的行为理论。存在论的行为理论是从行为的外在特征(因果行为论)或者内在特征(目的行为论)判断行为,对于确立刑法中的行为概念当然具有奠基的作用。但这种存在论的行为理论局限在行为本体,未能充分认识刑法上行为的社会意义,自有其不足。例如,因果行为论在解释不作为的行为性上,目的行为论在解释过失行为的行为性上,往往捉襟见肘,难以圆满。价值论的行为理论在理解刑法中的行为时,引入规范评价因素。作为一种综合的行为概念,将这种规范评价建立在存在论的行为理论之上,具有较强的对行为的解释力,因而成为行为概念的通说。至于人格行为论,以人格为中心展开其行为理论,这种人格是建立在

---

① 日本学者认为,人格行为论是从"人"的观点把握行为,指出:团藤博士和考夫曼的立场,是着眼于行为人的人性的存在,考虑到其人格的深层来规定行为的意义,我认为可以称其为人格行为论。而且,根据这种立场,可以把作为和不作为、基于故意和基于过失的东西都包摄在行为之中,这正是把人的行为看成其人格的表现所具有的重要意义。参见[日]大塚仁:《犯罪论的基本问题》,冯军译,中国政法大学出版社 1993 年版,第 31 页。顺便指出,大塚仁本人也是人格行为论的倡导者,他曾经与团藤重光就人格行为论进行了思想交流。详细描述参见李海东主编:《日本刑事法学者》(上),法律出版社 1995 年版,第 296 页。

② 我国台湾地区学者林山田指出,早期刑法学认为行为乃刑法实务从事犯罪判断之基础,故认为应属刑法学研究之重心,并提出甚多行为理论,造成众说纷纭,而争论不休。就刑法实务之犯罪判断而言,并非所有以抽象概念可以掌握之人类行为,刑法均感兴趣,而是只有构成要件该当之作为或不作为,而可能适用刑法定罪科刑之人类行为,才有刑法上之价值。因此,行为理论之争议,并无何实益可言,行为理论在刑法学上之价值似不必过分高估。参见林山田:《刑法通论》,台湾三民书局 1986 年版,第 80 页。我国学者亦有赞同者,参见熊选国:《刑法中行为论》,人民法院出版社 1992 年版,第 23 ~ 24 页。我认为,刑法上的行为理论系对刑法的哲学探究,对予理解行为这一犯罪的本件要件具有重要意义。至于在司法实践中,当然是依法定的行为予以认定。因此,从司法实务角度贬低行为理论的学术价值,未免偏颇。

事实与评价基础之上的，也可以归入价值论的行为理论。尤其是人格行为论不仅关注当下的行为，而且追溯支配着这种行为的内在人格，使行为真正成为人的行为，可以说是在行为概念中注入了行为人的因素，这对于客观主义的行为概念是一种改造。正是由于人格行为论的确定，犯罪构成不仅是行为中心论的构成，而且是行为与行为人相融合的构成，这就为在犯罪论中坚持犯罪本质二元论的观点提供了立论的根据，我深以为然。当然，人格行为论尽管有很强的理论张力，但存在外延过宽的问题；①同时人格行为论却又存在适用过窄的问题，即主要适宜于解释那些主观恶性较深的犯罪人的行为，例如惯犯、累犯的行为。对于偶犯、初犯的解释力就差一些，除非把人格理解为对于本人的行为是否可以控制。显然，这种理解已经与人格的意蕴相去甚远。现代刑法理论中的行为应当是行为事实与价值评判的统一，②因此，存在论的行为理论存在结构性缺陷，难以成为现代刑法中关于行为的科学解说。在价值论的行为理论中，社会行为论与人格行为论在综合吸收因果行为论与目的行为论的合理因素的基础上，又具有各自的逻辑展开，可以说是各有所长难以取舍。因此，我赞同社会行为论与人格行为论相融通的观点，③即一种人格与社会相统一的复合行为论。④ 在这种复合行为论中，人格是行为主体自身的因素，尽管这种因素也是由一定的社会环境造就的。社会是对行为主体的评价因素，这种行为是在一定的人格支配之下的行为，而不是单纯的因果行为或者目的行为。

---

① 我国学者指出，人格行为概念的评价范围要远远大于前述其他行为概念的范畴。因此，它的定义性由于外延过宽而显然弱于自然主义的、社会的和目的的行为概念。刑法中行为概念的范围由此而变得多少有些无边无际了。参见李海东：《刑法原理入门（犯罪论基础）》，法律出版社 1998 年版，第 30 页。

② 在《刑法哲学》一书中，我从行为事实与价值评判两个方面对行为概念加以展开。我认为，行为事实是一种纯客观的存在，它只有经过一定的价值评判，才能转化为具有犯罪意义的行为。参见拙著：《刑法哲学》，中国政法大学出版社 1997 年修订版，第 83 页。

③ 我国学者指出：经过反复的对比考虑，社会行为理论有它的弱点，但仍然要比人格行为的理论基础坚实。以人格行为为基础而吸收社会行为论的评价坐标来限制人格行为论的不足或社会行为论为基础而引入了人格行为论的人格因素，均未导致对刑法中行为问题认识的深入，因此，作者认为，社会行为概念是较完整地实现了刑法中行为定义的根本要求并具备这一定义所应具有的实质内容和功能的。参见李海东：《刑法原理入门（犯罪论基础）》，法律出版社 1998 年版，第 31 页以下。尽管李海东博士仍然坚持社会行为论，但其对人格行为论与社会行为论进行综合的努力，我深表赞许。

④ 日本学者大塚仁主张一种社会的、人格的行为论，包含将社会行为论的内容引入人格行为论的蕴含。参见[日]大塚仁：《犯罪论的基本问题》，冯军译，中国政法大学出版社 1993 年版，第 35 页。

二、行为性的论证

在现代刑法理论中,行为的至尊地位牢不可破。一切如欲作为犯罪处理的对象,无不在行为的概念中找到其栖身之地,否则就难以成为犯罪。[①]因此,在刑法学上对不作为、原因上的自由行为、持有等特殊犯罪方式的行为性的解释,就成为一个重大课题。

行为之外有无犯罪呢?这个问题引发了人们的思考,其中最著名的思考当推美国刑法学家道格拉斯·N. 胡萨克。胡萨克对正统的刑法理论进行了深刻的批判与反思,提出了修正的刑法理论,其中一项重要的修正就是以控制原则取代犯罪行为要件。尽管犯罪行为要件在正统理论中是如此牢固地确立,以至于要取消它完全办不到,胡萨克仍然提出了天才般的质问:什么是犯罪行为?所有的刑事责任都涉及犯罪行为,事实上这是正确的吗?胡萨克把所有刑事责任都要有犯罪行为这一原则称为假设,他认为这一假设需要证明,不是不证自明的真理。然而,在胡萨克看来,对于犯罪行为的辩护是苍白无力的。[②] 于是胡萨克提出了控制原则,其内容是:把刑事责任施加于人们无法控制的事态即为不公正。对违反这一类案件的情况不负刑事责任,因为我们有不证自明的道德权利。责任总是针对一些事情的,这些难以确定的"一些事情"就可以称做事态(事情的状态)。"事态"一词对理解和适用本原则不会带来困难。由此可见,胡萨克主张以事态取代行为,作为其控制原则的关键词。控制原则的核心内容是:一个人,如果他不能防止事情的发生,就是对事态不能控制。如果事态是行为,他应当能不为该行为;如果是后果,他应该能防止其发生;如果是意图,他应该能不具有这个意图等。[③] 胡萨克提出的以事态取代行为的设想,应当说具有极大的诱惑力。事态与行为相比,是一个更具有张力的概念,可以对种种作为刑法处罚的对

---

① 美国学者指出:在正统刑法理论的基本要求中,犯罪行为要件,即表述为没有犯罪行为就不能追究责任的原则,最为根深蒂固,不可动摇。参见[美]道格拉斯·N. 胡萨克:《刑法哲学》,谢望原等译,中国人民公安大学出版社 1994 年版,第 79 页。

② 胡萨克指出:正统刑法学家们有一种近乎普遍的倾向,即为了保证犯罪行为要件的正确性,他们把不管是多么特殊的任何意义都归附于犯罪行为。这个倾向所导致的结果是该原则套上了同义反复或概念真理的伪装。参见[美]道格拉斯·N. 胡萨克:《刑法哲学》,谢望原等译,中国人民公安大学出版社 1994 年版,第 81 页。

③ [美]道格拉斯·N. 胡萨克:《刑法哲学》,谢望原等译,中国人民公安大学出版社 1994 年版,第 103 页。

象作出合理的解释,从而使以行为解释某些刑法处罚对象上的难题迎刃而解。在英美法系刑法理论中,除论及作为与不作为之外,还涉及"事件"(state of affairs,亦译为"事态")。① 这里的事件虽然被包含在犯罪行为的范畴之中,但与行为的本意已经相去甚远。在某些大陆法系国家的刑法理论中,犯罪是一种"事实"而不是"行为"的观点几成通说。② 当然,在这种典型事实中,行为仍然是中心,但至少存在一种超行为的意欲。

犯罪到底是一种"行为"还是一种"事态"?控制原则到底能否取代犯罪行为要件?这确实是一个值得深思的问题。当我面临着对不作为、持有等行为性的解释感到难以自圆其说的时候,对行为的至尊地位产生了怀疑,无行为则无犯罪的信念发生了动摇。无行为则无犯罪这一原则是否桎梏与窒息了刑法理论的发展?这是否是一种人为的自我限定?这些问题一直困扰着我,一种突破行为的欲望与快感油然而生。但是,其他人难道没有困惑行为的解释力的限制吗?如果感觉到了,又为什么仍然死守行为这一犯罪的底线呢?消解了行为的概念以后,尽管在理论逻辑上顺畅了,作为替代物的控制原则或者其他类似观点又可能会带来什么后果呢?苦思冥想的结果,我仍然坚守行为的概念,即便是牺牲某些理论上的顺畅。

行为在刑法理论中地位的确定,是近代刑法的最大成就。在此以前,犯罪不是一个实体概念,而是一个虚无缥缈的概念,正是行为使犯罪获得了实体性的存在。孟德斯鸠关于言语与行为的论述是具有经典性意义的:言语并不构成"罪体",言语只有在与行为连结在一起,在准备犯罪行为、伴随犯罪行为或追从犯罪行为时——总之,参与了行为时,才构成犯罪。③ 在此,孟

---

① 英国学者指出:有时,犯罪的定义与其说是涉及一个作为或不作为,还不如说仅仅涉及一个外部事件,只要有事件就可以构成的所有犯罪,都是由制定法明文规定的。但这一事件仍然归之于犯罪行为这一措施之中。参见[英]鲁珀特·克罗斯、菲利普·A.琼斯:《英国刑法导论》,赵秉志等译,中国人民大学出版社1991年版,第28页。我国学者认为,英国刑法中,与作为和不作为并列的行为形式称"事态",其主要内容即为持有。参见储槐植:《美国刑法》,北京大学出版社1996年第2版,第55页。

② 意大利刑法理论中,以事实取代行为因而将构成要件称为典型事实(fatto tipico),典型事实是对生活中(以人的行为为核心的)事实的一种描述。参见[意]杜里奥·帕多瓦尼:《意大利刑法原理》,陈忠林译,法律出版社1998年版,第100页以下。

③ 孟德斯鸠指出:马尔西斯做梦他割断了狄欧尼西乌斯的咽喉,狄欧尼西乌斯因此把他处死,说他如果白天不这样想夜里就不会做这样的梦。这是大暴政,因为即使他曾经这样想,他并没有实际行动。法律的责任只是处罚外部的行动。参见[法]孟德斯鸠:《论法的精神》(上册),张雁深译,商务印书馆1961年版,第197页。

德斯鸠确立了只有行为才能成为罪体的原则。由此,行为成为犯罪的本体,刑事古典学派建立的行为中心论成为刑法理论的通说。① 尽管此后刑事实证学派力图以犯罪人替代犯罪,以人的危险状态取代行为的危害状态,从而提出了行为人中心论。但在刑法中,犯罪是一种行为这一基本观念始终未能撼动。从前述行为理论的演进来看,从因果行为论到目的行为论,从目的行为论到社会行为论,行为概念中的物理因素逐渐消解,评价因素随之增加,由此提高行为概念的解释力。至于人格行为论,在一定程度上吸收了刑事实证学派关于人身危险性的成份,但仍然是建立在行为这一基础之上。人们之所以坚守行为这个概念,是因为行为概念具有某种过滤机能,②成为人权保障的一道防线。诚然,采纳控制原则可以提高理论解释力,凡一切可控制而未能控制的事态都归之于犯罪;反之,则不构成犯罪。由此,回避了在不作为、持有等行为性的证明上的困难。但是,控制本身是一个十分虚幻的概念。相对于行为理论而言,控制原则的最大功绩是解决了行为理论所面临的理论解释上的难题,但其最大失效则是难以对能否控制作出实证的与规范的判断。由于控制能力是因人而异的,这种差别性如何统一在平等性(也就是标准性或一般性)上？如果这些问题不解决,控制原则就像意志自由一样,难以成为刑事操作规范。由此,胡萨克等人也因为试图对控制概念作更全面分析的失败而产生失望,尽管他又在与行为概念的对比中为控

① 这里有必要引用马克思的一句经典名言:对于法律来说,除了我的行为以外,我是根本不存在的,我根本不是法律的对象。我的行为就是我同法律打交道的唯一领域。参见《马克思恩格斯全集》(第1卷),第16~17页。

② 过滤机能,又称为过滤作用(Filterfunction)。我国台湾地区学者林山田指出:刑法的行为概念乃刑法评价工作中首先应判断的事项。行为或静止,唯有经由判断而肯定为刑法概念上的行为后,始再继续判断行为之可罚性。由于绝大多数的人类行止,均为意思所可支配者,故在刑法评价中,只有在例外情况下,才从事行为概念的判断,在根据事实情况足以怀疑行为人之行止是否系其意思所主宰支配时,始进一步加以检验。因此,行为概念之检验,在刑法之犯罪判断上,具有过滤作用。参见林山田:《刑法通论》,台湾三民书局1986年第2版,第75页。

制原则作了进一步的辩护。① 我认为,从行为理论与控制原则的相关考察中,可以发现我们面临的这样一种选择:是坚守行为的确定性从而确保刑法的人权保障机能的实现,而牺牲某些法律理论上的与技术上的圆满与完善;还是以控制原则取代行为理论,从而获得法律理论上的与技术上的圆满与完善,而牺牲由于控制的虚幻性可能导致刑法的擅断性?不言而喻的结果是:选择前者而非后者。至此对于控制原则只剩下一种望梅止渴的感觉,对于行为概念则产生一种难以割舍的感情。可以说行为概念不是最好的,但却是不可替代的。

三、行为的基本特征

行为作为一个刑法上的概念,具有不同于日常生活中的行为概念的某些蕴含。因此,对行为特征进行深入分析是十分必要的,它能够使我们更为科学地把握行为的概念。

(一)行为的主体性

行为的主体性涉及行为主体的问题,它揭示了行为是"人的"行为,将一定的行为归属于人,这是对行为概念加以理解的基本前提。行为的主体性将行为主体界定为人,包括自然人与法人,从而排除了人以外之物成为犯罪主体的可能性。② 因此,行为的主体性表明只有人才具有实施行为的某种资格。行为的主体性只是对行为的主体作出界定,因而不同于犯罪主体。犯罪主体是指具备刑事责任能力、实施犯罪行为并且依法应负刑事责任的人。因此,犯罪主体只有某一行为在构成犯罪并且应负刑事责任的情况下才能成立。行为主体则只是表明一定行为的实施者,对于行为主体并无实质内

---

① 胡萨克对控制原则与行为理论作了以下比较:(1)尽管已有好几个世纪情况一直如此,但是,正统刑法学家们没有提出哪怕是大约相似的对犯罪行为概念的适当分析。如果没有对犯罪行为概念的满意分析,那么,对控制作精确分析的相应失败,不会使人们认为控制原则劣于其竞争对手。(2)不同于"犯罪行为","控制"一词有人们熟悉的非法律意义的用法。因此,对控制的分析,不如要它起"法律艺术专门术语"的作用那种迫切需要。不管是非法律从业人员,还是法学家,较之于确定犯罪行为是否发生来说,他们更容易确定事态是否受人的控制。(3)像犯罪行为要件一样,通过考察其在实体刑法中的含义,控制原则能得到最好的理解。假如这些含义能够相对准确地界定,对控制概念缺少全面哲学分析就不是关键问题了。参见[美]道格拉斯·N.胡萨克:《刑法哲学》,谢望原等译,中国人民公安大学出版社 1994 年版,第 104 页。

② 在古代刑法中,把人类以外之物作为犯罪主体而施加刑罚的实例并不鲜见,详见赵秉志:《犯罪主体论》,中国人民大学出版社 1989 年版,第 14 页以下。

容上的限定。① 所以,不应将行为主体(行为人)与犯罪主体(犯罪人)混为一体。②

(二)行为的举止性

行为的举止,指身体动静,这是行为的体素。因果行为论曾经强调行为的有体性,这里的有体性是指行为人在意欲的支配下,导致身体的运动,并引起外界的变动,具有"知觉的可能性"。这种有体性,是单纯地从物理意义上理解人的行为、追求行为自然存在性,对于作为可能作出科学说明,对于不作为则难以贯彻,由此得出否定不作为的行为性的结论。现在看来,有体性作为对行为的体素的描述是不确切的。行为的体素应当是举止性,既包括身体的举动(作为),又包括身体的静止(不作为)。当然,不作为是一种物理意义上的"无",如何能够成为一种刑法意义上的"有",需要引入社会评价的视角。

---

① 我国台湾地区学者指出:适格之行为人(Tater)乃指每个能够出于自己意思而作为或不作为的人,亦即每一具有意思能力的人(Der willen sfahige Mensch),均可能成为刑法上的行为人,即使是无责任能力或限制责任能力人,亦均能以其行为而实现构成要件所描述的不法,故成为适格的行为人。参见林山田:《刑法通论》,台湾三民书局 1986 年第 2 版,第 80 ~ 81 页。

② 我国学者在犯罪主体问题上,提出资格主体与身份主体的区分,指出一定的人要成为犯罪主体进入刑事法律关系领域,必须事先要取得一定的资格,犯罪主体实际上是以这一主体事先达到刑事责任年龄,具有刑事责任能力,取得进入刑事法律关系领域的"入场券"为前提,是以所实施的行为被确认为已经构成犯罪并被认为需要承担刑事责任后的身份。实施犯罪前为资格主体,实施犯罪后为身份主体,两者均为犯罪主体。参见杨兴培:"犯罪构成的反思与重构"(上),载《政法论坛》1999 年第 1 期。这一区分具有一定的意义,但仍然存在逻辑上的矛盾:实施犯罪以后怎么能称为犯罪主体?即使是犯罪资格主体(可能主体)也是不确切的。其逻辑矛盾来源于这一命题:"行为的主体永远先于行为而存在,犯罪的主体永远先于犯罪而存在。"从没有人就没有行为的意义上说,是行为人先于行为而存在。但没有实施行为,行为人能否称为行为人,本身是一个疑问。因此是行为人先于行为而存在,还是行为先于行为人而存在,仍然是一个先有鸡后有蛋还是先有蛋后有鸡一样的老问题。如果说行为主体先于犯罪而存在,这一命题是能够成立的。因此,犯罪资格主体不如称为行为主体。但在资格主体中包含主体年龄、责任能力的内容,则又与行为主体存在本质上的差别。我认为,为克服上述逻辑矛盾,可以把行为主体与责任能力相分离,将责任能力归入罪责要件,从而从根本上消解犯罪主体的要件。

(三)行为的自愿性

行为的自愿性,指主观意思,这是行为的心素。① 只有在意志自由的情况下实施的行为才可归于行为人。② 因此,心素对于界定刑法中的行为具有重要意义。行为的自愿性,可以把不具有主观意思的行为排除在刑法中的行为概念之外。③ 这里所谓不具有主观意思的行为包括:(1)反射动作,指无意识参与作用的反射性动作。(2)机械动作,指受他人物理限制,在完全无法抗拒的情况下的机械动作。(3)本能动作,指因疾病发作的抽搐,或因触电或神经注射而产生的痉挛,在睡眠中的梦游等亦属此类。以下人类行为,应视为是在行为人意思支配下实施的,因而仍属于刑法中的行为:(1)自动化行为,指在一定的思维定式支配下反复实施而成为习惯的行为。(2)冲动行为,指在激情状态下实施的、超出行为人理智控制的行为。(3)精神胁迫行为,指在他人的间接暴力强制下实施的行为。④(4)忘却行为,指被期待有所行为时,由于丧失行为意识而造成某种危害后果的情形。由忘却行为构

---

① 行为是否包括心素,即刑法上的行为是否仅限于有意识的行为,在刑法理论上存在以下三种观点:一是身体动作说,认为行为是一种单纯的身体运动或静止,人的主观意思不是行为的构成要素。二是有意行为说,认为刑法上的行为,必须是有意识的行为,人的意识是行为的必备要素。如果只是单纯的身体动作,而缺乏意思要素,不论其造成何种危害,都不是刑法上的行为。三是目的行为说,认为刑法上的行为不仅是一种有意识的举动,而且是一种有目的的举动。这种目的性表现为,行为首先是确立一定的目标,然后选择相应的手段,进而支配和调节人的身体活动。最后实现预定的目的。参见马克昌、鲍遂献:"略论我国刑法上行为的概念",载《法学研究》1991 年第 2 期。

② 行为的心理性是主观归责的前提,但与罪过是有所不同的,两者不可混淆。我国学者指出:行为的意思活动是指基于行为人的自由意思,不受任何强制,而支配其身体为一定的动静。即使是意外事件,行为人虽然对于危害结果的发生没有罪过,但就行为人实施的引起损害结果的行为而言仍是基于自己的意思而实施的,因此仍属于刑法上的危害行为。其不构成犯罪的根据仅在于没有主观上的罪过而已。参见熊选国:《刑法中行为论》,人民法院出版社 1992 年版,第 28 ~ 29 页。在此,意外事件是危害行为的命题尚可商榷,但其属于刑法中行为的范畴则无疑义。

③ 古希腊哲学家亚里士多德在将行为分为自愿行为与非自愿行为时指出:在强制的情况下,行为是非自愿的。强制就是行为的原因在于行为者之外的那些事情中,而对此行为者是无能为力的。某些行为就其自身是非自愿的,然而行为者却可选择这个而不选择那个,行为的始点是在他之中,似乎更多是自愿的。根据亚里士多德的观点,自愿行为是伦理评价对象,非自愿行为不具有伦理意义。自愿行为与非自愿行为的区分对于刑法中行为的确定具有参考价值。参见[古希腊]亚里士多德:《尼各马科伦理学》,苗力田译,中国社会科学出版社 1990 年版,第 42 页。

④ 在英美刑法中,胁迫(duress)是一个合法辩护理由,但又有诸多限制,对于某些重罪不能以胁迫作为合法辩护理由;对于某些轻罪则可以作为合法辩护理由。同时,胁迫的程度可能影响刑事责任的轻重,参见储槐植:《美国刑法》,北京大学出版社 1996 年第 2 版,第 112 页。

成的犯罪,在刑法理论上称为忘却犯。[①](5)原因上的自由行为,指在本人的心神丧失状态下实施犯罪的情形。原因上的自由行为属于自招行为。其是否能被作为犯罪行为关键是如何解释。在大陆法系刑法中,责任能力与实行行为同时并存是一条原则,但原因上的自由行为却有悖于这一原则,因而对于这种行为的可罚性产生疑问。[②] 我认为,在出现原因上的自由行为的情况下,虽然行为时没有意思决定,即内在意思决定与外在身体举止发生脱节,但这种脱节只是时间上的错位,而非绝对地分离。因此,原因上的自由行为仍然属于刑法上的行为。

行为是犯罪的基础,这一点是不可动摇的。因此,“无行为则无犯罪”的法律格言是应当坚持的。但刑法上的行为在表现形式上是多种多样的,理解这些行为形式对于坚持“无行为则无犯罪”的法律格言具有重要意义。

---

① 关于在忘却犯情况下是否存在行为,在刑法理论上存在争论。日本学者指出:这种忘却犯虽然不是出于主观意思,但属于犯罪是没有疑义的。可是,一般给行为下的定义是:“出于意思的身体的动与静”,所以这种行为概念本身,应该将无意思的忘却犯从行为范畴中排除出去。但是如果将这种忘却行为不当做行为的话,就等于有不属于行为的犯罪存在,打破了“犯罪是行为”的命题,从而必然否定因包括刑法问题的全部现象而形成的刑法评价结构的行为意义。由此形成一个矛盾:如果把忘却行为当做行为,则违反了行为的通常概念,因为在这种情况下没有意思活动。如果不把忘却行为当做行为,则又违反了“犯罪是行为”的通说。除非修改行为的概念,即从一般行为概念中除去意思要素,将行为当做身体的举动或静止来掌握。而把忘却犯也看做是行为的观点,由于将意思要素从行为概念中排除,从而将无意识的反射动作、冲动运动、绝对强制动作等也包括在行为范畴中并不妥当。难怪宾丁评价道:忘却犯在犯罪领域中可以说是小之又小的,却能够给予最大的荣誉。参见[日]木村龟二主编:《刑法学词典》,顾肖荣等译,上海翻译出版公司 1991 年版,第 109 页。我认为,这一逻辑矛盾的造成并非行为概念中是否应当包括意思,关键在于如何理解这里的主观意思。作为行为心素的主观意思是指行为出于行为人的意志自由,是可期待的。在忘却犯的情况下,忘却行为是行为人具有支配可能性的,仍应视为具有主观意思。其他疏忽大意的过失行为,亦应作如是观之。

② 对于原因上的自由行为的可罚性,刑法理论上存在三种观点:一是无责说,认为在原因上的自由行为中,行为人实施行为时即已陷入无责任能力状态,无意思自由,也无法辨认是非;因此,与精神病患者无异,欠缺责任要素。二是有责说,认为在原因上的自由行为中,行为人虽然在实施客观构成要件行为时,无意思决定自由或无完全自由,但其原有的精神状态,即在招致无责任能力的原因设定阶段,本来与正常人没有差异,因此,与因疾病而导致精神错乱的情况不可同日而语,应认定具有责任能力。三是折衷论,认为原因上的自由行为有无责任能力,应以当时有无自觉为断,行为当时有相当自觉者,仍应负刑事责任,至于行为时实属昏沉无识,精神错乱者,应视为心神丧失而不具有责任能力。参见拙著:《刑法哲学》,中国政法大学出版社 1997 年版,第 69 页。

四、行为的表现形式

(一)作为

作为是指表现为一定的身体动作的行为。作为是通常意义上的行为,论及行为时,首先指的就是作为。作为具有以下特征:

1. 有形性

作为在客观上必然通过一定的身体外部动作表现出来,因而具有有形性。作为可以通过各种方式实施,但无论采用何种方式,都离不开行为人的一定的身体动作,这种身体动作对外界发生影响,并且产生一定的后果。有形性赋予作为一定可以识别的物理特征,使之成为一种显形的行为。

2. 违法性

作为在法律上表现为对禁止性法律规范①的违反,是一种“不应为而为”的情形。作为之“为”是建立在“不应为”的前提之下的,这里的不应为是指刑法设定的义务。因此,作为的违法性特征十分明显。由于作为主要表现为对禁止性规范的违反,因而其行为是以禁止的内容为内容的,例如禁止杀人,违反这一禁令杀人,杀人就是其行为。因此,作为的行为具有社会性,是以法律规定为特征的。对于这一行为的认定,不能脱离法律的规定。② 在这个意义上,人的身体动作只有经过法律的规范评价才能上升为 定的作为犯罪。因此,应当把一般的身体动作与刑法意义上的作为加以区别。③

---

① 所谓禁止性规范,是义务性规范的一种,其内容是要求人们承担不作出一定行为的义务。其行为模式是禁止人们这样行为的模式,其法律后果是否定式的。参见沈宗灵主编:《法理学研究》,上海人民出版社1990年版,第217页。

② 意大利学者认为,根据刑法规定的方式可以将作为(或实施性行为)分为任意性作为与限制性作为两大类。所谓任意性作为,是指法律只规定了犯罪的结果,任何能够引起该结果的作为都具有刑法意义;所谓限制性作为,是指法律对作为方式作了明确规定的情况。一般来说,作为的这两种表现形式与它们所侵犯的法益有关,刑法所保护的法益越重要,就越没有必要强调作为的具体手段。任意性作为与限制性作为间的区别是相对的。所有任意性作为实际上都只有在对结果具有原因力的情况下,才具有刑法意义,同理,由于法律规定的一般性与抽象性,限制性作为实际上也都具有相对任意的意义。参见[意]杜里奥·帕多瓦尼:《意大利刑法学原理》,陈忠林译,法律出版社1998年版,第110页以下。

③ 苏联学者指出:刑法意义上的行为,不仅在质量上和身体的动作不同,而且就是在所谓的数量上,一个作为也往往包括几个动作,如举起枪、对准目标、扳动枪机等。刑法上的行为所包含的永远不是个别的“运作”或“环节”,而是这些环节的有机结合,如射击、窃取、收买等;另外,不应当把刑法上的行为同人的一系列行动、同人的活动即他的举动混为一谈。参见[苏]A. H. 特拉伊宁:《犯罪构成的一般学说》,王作富等译,中国人民大学出版社1958年版,第112页。

（二）不作为

不作为是相对于作为而言的，指行为人负有实施某种积极行为的特定的法律义务，并且能够实行而不实行的行为。不作为是行为的一种特殊方式，与作为相比，不作为具有以下特征：

1. 无形性

不作为的无形性是指不作为不似作为那样具有明显的身体外部动作，这也是不作为与作为之间的最大区别。当然，不作为之无形性，并非指不作为没有任何身体活动，而只是没有刑法分则所规定的构成要件该当的身体活动。

2. 违法性

不作为在法律上表现为对命令性规范①的违反，是一种“应为而不为”的情形。这里的应为是以作为义务为前提的，因此，不作为的成立与作为义务具有密切关系。② 没有这种作为义务，就不存在不作为。

（三）持有

关于持有是否为独立于作为与不作为的第三种行为形式，在刑法理论上是存在争论的。在英美刑法理论中，持有往往是与作为、不作为并列的，被称为是事态犯罪（status offence）。③ 由于持有型犯罪具有证明责任轻、易于认定的优越性，因而立法者为控制毒品、凶器等危险物品，往往设立持有型犯罪，从而增加刑法的惩治有效性。持有型犯罪在刑法中的设立，同时带来一个理论问题，即持有到底是作为还是不作为，或者是独立于作为与不作

---

①　所谓命令性规范，是义务性规范的一种，其内容表现为法律要求人们应该作出一定行为。其行为模式是应该或必须这样的行为的模式，其法律后果一般是肯定式的，有时则是肯定式、否定式两种后果并存，即人们按此行事，法律承认其合法、有效并予保护，否则，可能要承担相应责任。参见沈宗灵主编：《法理学研究》，上海人民出版社 1990 年版，第 216 页。

②　关于不作为之作为义务的详尽论述，参见拙文：“论不作为犯罪之作为义务”，载《刑事法评论》（第 3 卷），中国政法大学出版社 1999 年版，第 201 页以下。

③　在英国刑法中，与作为、不作为并列的行为形式称“事态”（state of affairs），其主要内容即为持有。参见储槐植：《美国刑法》，北京大学出版社 1997 年第 2 版，第 55 页。

为的第三种行为形式？对于这个问题，我国刑法理论上存在争论。① 就我本人而言，在以往的论著中对于持有倾向于以不作为论处。② 不作为说在将持有与作为加以区分这一点上是正确的。因为对于持有毒品等犯罪来说，法律关注的不是如何取得，而是对毒品的控制状态。如何取得当然是作为，这已经是持有以外的犯罪。因此作为说有所不妥。但不作为说没有深刻地揭示持有与不作为之间的区分，似有不足。持有与不作为存在的差异主要表现在义务问题上。由于毒品等危险物品一般属于违禁品，持有者有交出义务，这是没有疑问的。持有者应当交出而不交出，因而符合不作为的特征，这是不作为说的逻辑判断，过去我也是这么推演的。但如果仔细分析，持有之交出义务与不作为的作为义务，仍然存在差别，持有如果视为不作为，则应是一种纯正的不作为，在纯正不作为的情况下，以具有特定的法律义务为前提。持有虽然也存在义务，但这仅是一般的法律义务。特定的法律义务与一般的法律义务的区分，关键是看某种义务是否是刑法所责难的对象。在纯正不作为的情况下，一定的法律义务不履行是刑法责难的对象，即法律期待的作为未出现，因而应予刑罚处罚。因此，这种作为刑法责难对象的义务就是特定的法律义务。而在持有的情况下，刑法责难的对象是一定的持有状态。虽然在非法持有毒品罪中，也有“非法”这样的刑法评价，但这里的非法是对持有状态的法律评价，而不是对不履行交出义务的法律评价。因此，这种木作为刑法责难对象的义务就是一般的法律义务。由于持有具有上述不同于不作为的特征，我现在的观点是将持有独立于作为与不作为，使之成为第三种行为形式。

（本文原载《中外法学》1999 年第 5 期）

---

① 关于持有的归属问题，存在下述三种观点：（1）作为说。认为对于持有型犯罪，法律所责难的重点仍是取得这些物品，至于取得这些物品之后的状态，则与盗窃财物后仍持有财物的状态一样，属于犯罪的自然延续，不构成不作为犯。参见熊选国：《刑法中行为论》，人民法院出版社 1992 年版，第 125 页。（2）不作为说。认为从持有本身看，既然法律将其规定为犯罪，那就意味着法律禁止这种状态的存在，而这种禁止暗含着当这种状态出现的时候法律命令持有人将特定物品上缴给有权管理的部门以消灭这种持有状态、持有该物品的人就有上缴的义务，如果其违反这种义务，不主动上缴该物品，而是继续维持该状态的存在，那就是一种刑法所禁止的不作为。参见张智辉：《刑事责任通论》，警官教育出版社 1995 年版，第 124 页。（3）独立说。认为持有与传统刑法理论上的作为和不作为两种行为形式具有不同特点。以物质存在的形式运动为准绳，作为具有动的行为特征，不作为具有静的行为特征，持有具有动静相结合特征。将持有与作为和不作为并列视为犯罪形式并不违反形式逻辑。参见储槐植：“三论第三犯罪行为形式‘持有’”，载《中外法学》1994 年第 5 期。

② 在《刑法哲学》一书中，我对持有属于不作为的问题作了论述，认为单纯的持有应该是不作为。参见拙著：《刑法哲学》，中国政法大学出版社 1997 年修订版，第 70 页。

刑法因果关系研究

一、刑法因果关系的性质

因果关系对于定罪具有重要意义。在结果犯的场合，无因果关系则无刑事责任。因此，有的学者认为，因果关系是犯罪构成的一个要件。[①] 对此，有些学者提出反对观点，[②]我认为，行为与结果是一种事实特征，而因果关系是两者之间一种性质上的联系。因此，确实不应将因果关系与行为、结果相并列作为构成要件。当然，这丝毫也不能否定因果关系在犯罪构成中的地位。

关于因果关系在犯罪构成中的地位，一般认为只有在结果犯的情况下才存在刑法因果关系问题，在其他场合则无考察因果关系之必要。[③] 但也存

---

① 这种观点来自苏联刑法理论。例如，特拉伊宁就明确指出：无论是罪过或是因果关系，都是每个犯罪构成的必要因素。参见［苏］A. H. 特拉伊宁：《犯罪构成的一般学说》，中国人民大学出版社1958年版，第147页。直到20世纪80年代，苏联学者仍然认为，社会危害行为与这些行为的结果之间的因果关系就是对所产生的社会危害结果承担刑事责任的一个必需的和必然的条件。参见［苏］H. A. 利亚耶夫、M. N. 科瓦廖夫主编：《苏维埃刑法总论》，马改秀、张广贤译，群众出版社1987年版，第133页。这种观点在我国刑法学界产生了广泛的影响。例如，我国学者指出，既然在犯罪构成的客观要件中，除了危害社会的行为以外，还必须包括危害社会的结果，那么，表明行为与结果之间的因素关系，也就必须成为犯罪客观要件的必要条件之一。参见李光灿等：《刑法因果关系论》，北京大学出版社1986年版，第31页。

② 我国学者指出，刑法上研究因果关系，主要是为了解决已经发生的危害结果是谁的行为所造成，这种因果关系只是在犯罪行为与犯罪结果之间起一种桥梁作用，或者说，它是为认定犯罪行为和犯罪结果服务的。确定被告人刑事责任的客观基础是由因果关系联结起来的犯罪行为与犯罪结果，而不是因果关系本身。既然犯罪因果关系不是追究刑事责任的客观基础，当然就不应是犯罪客观方面的构成要件。参见张明楷：《犯罪论原理》，武汉大学出版社1991年版，第205页。

③ 日本学者指出，犯罪被分为举动犯与结果犯。在举动犯中只要以实行行为的形式实施了刑法上所需要的一定举动就可以直接成立犯罪，没有必要特别考虑其因果关系问题。但是，在结果犯中即在构成要件上需要发生一定犯罪性结果的犯罪中，就必须在实行行为与结果之间存在因果关系。参见［日］大塚仁：《犯罪论的基本问题》，冯军译，中国政法大学出版社1993年版，第96页。

在一种过分夸大因果关系在犯罪构成中的地位的倾向，将因果关系视为一切犯罪构成都必须具备的因素。尤其是不仅将因果关系与定罪相联系，而且与量刑相联系，存在着刑法因果关系夸大化之虞。[①] 我认为，这种观点是建立在将犯罪结果理解为对社会关系的侵害，因而一切犯罪都存在犯罪结果的基础之上，由此推论出因果关系是一切犯罪构成的条件。如果把犯罪结果理解为行为结果，将行为犯与结果犯加以区分，就会解决上述问题。因此，我认为应将因果关系限制在结果犯的构成上。只有在正确意义上理解犯罪结果，才能防止因果关系的泛化。

因果关系是行为与结果之间的一种客观联系，这种联系具有事实性质。但是，刑法中的因果关系不仅是一个事实问题，更为重要的是一个法律问题。在这种情况下，对于刑法中的因果关系，应当从事实和法律这两个方面加以考察。事实上的因果关系，是作为一种事实性质而存在的。我国传统刑法理论，在哲学上的因果关系的指导下，对于事实因果关系进行了深入的研究。然而，由于没有从价值层面上研究法律因果关系，因而使因果关系理论纠缠在必然性与偶然性等这样一些哲学问题的争论上，造成了相当的混乱。[②] 我曾经提出因果关系是行为事实与价值评判相统一的观点，认为作为行为事实的因果关系只有经过价值评判才能转化为犯罪的因果关系。[③] 此

---

① 我国学者指出，不仅在实质犯罪中，刑法因果关系是构成犯罪的必要条件，而且在形式犯罪中，也是如此。刑法因果关系不仅对于定罪有意义，而且对于量刑也具有重大作用。参见李光灿等：《刑法因果关系论》，北京大学出版社 1986 年版，第 32 ~ 33 页。

② 关于因果关系的必然性与偶然性之争，曾经是我国刑法因果关系理论中的一个热点问题，在相当长的一段时间内垄断了刑法因果关系理论的话语权。关于这场争论的主要内容，可以参见高铭暄主编：《新中国刑法科学简史》，中国人民公安大学出版社 1993 年版，第 96 页以下。关于因果关系的必然性与偶然性及其统一的论述，参见拙著：《刑法哲学》，中国政法大学出版社 1997 年修订版，第 74 页以下。

③ 参见拙著：《刑法哲学》，中国政法大学出版社 1997 年修订版，第 91 页。这里的价值评判，是指法律评判，即强调因果关系在具有事实性的同时，而且具有法律性。关于因果关系的法律性，我国学者指出：因果关系的法律性具有两层含义：第一层是指这种因果关系具有刑法性质，是犯罪构成客观方面的一个重要内容，这是刑法因果关系的根本前提。就是说因果关系是刑法上的概念，既非自然科学的概念，亦非单纯事实上的概念，一定的危害结果虽在哲学上能证明起因于一定的行为，然而，它还必须具有刑法的性质。由于这一总的前提的限制，决定了刑法因果关系法律性的第二层含义，就是刑法对这种因果关系的主观选择性。具体地说，立法者通过选择，来确定刑法因果关系的对象范围和内容等。参见樊凤林主编：《犯罪构成论》，法律出版社 1987 年版，第 57 ~ 58 页。

后,我国学者又提出事实因果关系与法律因果关系统一的观点。[①] 这些观点,在一定程度上跳出了刑法因果关系问题的窠臼,对于正确理解刑法因果关系具有重要意义。

对于因果关系的考察,二元区分的观点是引导我们摆脱因果关系必然性与偶然性的聚讼的唯一途径。这一点,我们也可以从英美法系和大陆法系的因果关系理论中得到借鉴。英美法系刑法理论中,存在一种双层次原因学说。双层次原因,就是把原因分为两层:第一层是"事实原因"(cause in fact),第二层是"法律原因"(cause in law)。事实原因这一观念建立在直观基础上,由"but-for"公式来表达,即"如果没有A(B、C……)就没有Z,则A(B、C……)就是已发生的事实原因"。这个公式并不是刑法因果关系的定义,只是因果关系理论的一个基础层次。法律原因是为了弥补第一层次的缺陷,限定事实原因的范围,从事实原因中筛选出一部分(即法律所关注的那部分)作为刑事责任的客观基础。第一层次是第二层次的物质基础,第二层次不能超越第一层次,第二层次是刑法因果关系理论的核心因素。[②] 在上述双层次原因中,事实原因与法律原因的分立,为刑法因果关系的正确解决提供了基础。在大陆法系刑法理论中,在条件说的基础上,提出相当因果关系说,由此形成存在论的因果关系与价值论的因果关系。[③] 尤其是客观归责概念的提出具有重要意义。客观归责又称为"结果的客观归罪"(imputazione

---

① 我国学者指出:刑法因果关系是作为刑事责任的客观根据而存在于刑法之中的,它既是行为与结果之间一种客观存在的事实因果关系,同时又是为法律所要求的法律因果关系,是事实因果关系与法律因果关系的统一。其中,事实因果关系是刑法因果关系的基础,而法律因果关系则是刑法因果关系的本质。参见张绍谦:《刑法因果关系研究》,中国检察出版社1998年版,第111页。

② 储槐植:《美国刑法》,北京大学出版社1996年第2版,第64~65页。

③ 我国学者指出,条件说关于条件是否存在的存在论的因果关系概念,必须与刑法意义上具有重要性的价值论的因果关系的概念区别开来。存在论的因果概念的评价是关于因果关系存在与不存在的评价。关于因果关系在刑法意义上具有何种重要性的评价,是指已确定了因果关系的存在,进而论及因果关系在刑法意义上的评价问题,亦即涉及犯罪构成要件的各个方面的要件要素的评价问题。在这个意义上说,相当因果关系说是以条件说的因果关系为基础,相互结合,形成了比较切合实际的价值论的因果论。它是现代刑法学中具有代表性的,为一般刑法学者所承认的。条件说解决了具体的或个别事物的因果关系是否存在的问题,在此基础上,把这一因果关系通过价值论升华为刑法犯罪构成的相当因果关系论。参见甘雨沛、何鹏:《外国刑法学》(上册),北京大学出版社1984年版,第293、295页。

oggettiva dell event)。[①] 客观归责的理论框架中,客观构成要件的考察应该从两个层次上进行:考察行为与结果的因果关系和考察结果的客观归咎。[②] 因此,客观归责理论,使大陆法系刑法中的因果关系呈现出双层次的特点。

根据以上考察,我认为,对于刑法中的因果关系,仅仅当做一个事实问题来把握难以完成因果关系在犯罪构成中所担当的使命。在事实因果关系的基础上,还应当从刑法角度加以考察,使之真正成为客观归责的根据。

二、事实上的因果关系

事实上的因果关系如何确定,在英美法系刑法理论中是按照"but-for"公式来表达的,因此,事实上的原因极为广泛。在大陆法系刑法理论中则引入了哲学上的条件与原因两分说的思想,在条件和原因是否区分以及如何区分问题上展开其学说,由此出现了条件说与原因说的争论。

条件说,又称全条件同价值说,此说立足于逻辑的因果关系的立场,认为一切行为,在逻辑上是发生结果的条件,就是结果发生的原因。此说主张在行为与结果之间,如果存在逻辑上必然的条件关系,即"如无前者,即无后者"的关系(Condition Sine Qua Non,简称 C. S. Q. N 公式),则存在刑法的因果关系。[③] 条件说的 C. S. Q. N 公式与 but-for 公式一样,坚持的是一种广义上的因果关系,具有物理的因果关系的性质,将之直接运用于刑法上的因果关系,会导致刑事责任的客观基础过宽。为此,主张条件说的学者为限制条

---

① "结果的客观归罪"是根据刑法的需要来限制刑法中因果关系存在的范围。意大利学者指出,这种理论产生于刑法制度中没对因果关系作出一般规定的国家(在德国刑法典中没有任何关于因果关系的条文)。简而言之,将刑法中的原因行为归结为被保护法益"风险的增加"(aumento di rischio)是"结果的客观归罪"的基础;这种风险的增加因一系列导致危害结果发生的要件而具体化,并在结果发生时达到顶峰。参见[意]杜里奥·帕多瓦尼:《意大利刑法学原理》,陈忠林译,法律出版社 1998 年版,第 131 页。

② 客观归责的第一步,是确定行为人的行为与发生的损害结果之间是否具有刑法上的因果关系。客观归责理论所要回答的问题是,哪些具有因果关系的结果具有刑法上的联系并应当如何加以认定与解决。根据客观归责理论,可以归咎于一个行为的结果,只能是这一行为给保护对象造成了法律禁止的危险,并使这一危险现实实现在了作为构成要件的结果之中。参见李海东:《刑法原理入门(犯罪论基础)》,法律出版社 1998 年版,第 53 页。

③ 日本学者认为,条件说的立场本来是来源于 19 世纪刑法学中因果论的思考。19 世纪是自然科学万能的时代,于是产生了想把自然科学的新方法纳入刑法学中的强烈气氛。正如自然的行为概念所表明的,在当时的行为论中想把物理学上理解的行为概念原封不动地用在刑法学上。因果关系论也同样想根据自然科学的,特别是物理学的因果关系来论及刑法学上的因果关系。参见[日]大塚仁:《犯罪论的基本问题》,冯军译,中国政法大学出版社 1993 年版,第 100 页。

件的范围,又提出了因果关系中断说。该说认为,当前行为之条件行为与结果之间介入第三者的故意行为时,可以中断原先的因果关系。[①] 此后,中断的原因又扩展到自然性事实以及过失行为。尽管如此,这种观点仍然坚持从物理的角度考察因果关系的立场,未能从根本上克服条件说的缺陷。

原因说,又称原因与条件区别说,此说区分原因与条件,将结果的发生与许多条件相对应,提出特别有力而重要的条件,作为发生结果的原因,其他条件则不认为其对于结果的发生具有原因力,而称为条件(单纯条件)。原因说是为限制条件说不当扩大刑事责任的范围而产生的学说,故又称为限制条件说。那么,如何区分条件与原因呢?对于这一问题由于认识标准上的不同,又产生种种学说,主要有以下几种:(1)必生原因说(或必要条件说)。此说认为在引起结果发生的各种条件行为中,只有为结果发生所必要的、不可缺少的条件行为,才是刑法上的原因,其余的是单纯条件。(2)直接原因说(或最近原因说)。此说认为在引起结果发生的数个条件行为中,直接引起结果发生的条件行为是刑法上的原因,其余的为单纯条件。(3)最重原因说(或最有力条件说)。此说认为,在引起结果发生的数个条件行为中,对于结果发生最有效力的条件行为,是刑法上的原因,其余的为单纯条件。(4)决定原因说(或优势条件说)。此说认为在结果未出现之前,积极引起结果发生的条件(起果条件)与消极防止结果发生的条件(防果条件)处于均势。后来,由于起果条件占有优势,压抑了防果条件,引起结果之发生。因此,凡是占有优势并使结果发生的条件行为,即是刑法上的原因,其余的为单纯条件。[②] 原因论从客观上对条件说作了种种限制,在一定程度上缩小了因果关系的范围。当然,如何区分原因与条件仍然是一个悬而未决的问题。

值得注意的是,有些学者对于条件与原因不是从性质上去加以认定,而

---

① 德国刑法学家李斯特指出:行为由自负责任能力人之自由且有故意者实施,在法律上,常发生新独立因果关系,第一意思活动,与引起结果间之因果关系,常因此中断。参见王觐:《中华刑法论》(中册),北平朝阳学院 1933 年新订第 7 版,第 396 页。与因果关系中断说相似的还有以下两种学说:一是溯及禁止论(Regressverbot),认为由意思、有责行为引起的结果的前行为是该结果的条件而不是原因。前行为者对此后果不负刑事责任。二是因果突变论或称责任更新论,认为两个前后存在的独立行为,在前行为的行为力尚未充分发挥时,后行为途中介入继前行为而发生最终的后果,在这种情况下,前行为的刑事责任的确定依后行为尚未开始时的实际情况来确定。后行为的刑事责任应按极终结果的实际情况来确定。参见甘雨沛、何鹏:《外国刑法学》(上册),北京大学出版社 1984 年版,第 299 ~ 300 页。

② 李光灿等:《刑法因果关系论》,北京大学出版社 1986 年版,第 40 页以下。

是根据概率作出判断，从而提出了所谓疫学的因果关系。[①] 所谓疫学的因果关系，是疫学上所采用的因果的认识方法，即某因子与疾病之间的关系，即使不能够从医学、药理学等观点进行详细的法则性的证明，但根据统计的大量观察，认为其间具有高度的概然性时，就可以肯定因果关系。[②] 疫学的因果关系在一定程度上是根据概然性大小，即概率高低来判断因果关系的。[③] 当然，疫学的因果关系主要适用于公害犯罪等场合。[④] 疫学的因果关系在刑法上的出现，表明在某些领域中，由于人们认识的局限性，难以作出科学意义上的因果判断，从而以可观察的统计资料显示的概然性为标准，判断因果关系之存在。

条件说与原因说，都为刑法因果关系提供了事实基础，同属于事实因果关系的范畴。而我国刑法中讨论的必然因果关系与偶然因果关系，实际上是以一种更哲学化的语言重复着条件说与原因说之争。偶然因果关系实际

---

① 疫学的因果关系，又称为推定的因果关系。在现实生活中存在一些情况，即行为与结果之间的因果关系还不能得到百分之百的证明但被认为是非常可能的，这类因果关系被称为推定的因果关系，譬如疫学上的因果关系。在这种情况下，如果可以确认其他原因不会导致这一结果，那么这一因果关系同样是可以作为目前已认识的法则而加以认定的。这一观点尽管在学术上争议较大，但它的适用性已经被许多国家法院的判决所肯定。参见李海东：《刑法原理入门（犯罪论基础）》，法律出版社 1998 年版，第 51 ~ 52 页。

② ［日］大塚仁：《犯罪论的基本问题》，冯军译，中国政法大学出版社 1993 年版，第 104 页。

③ 我国学者储槐植提出一个半因果关系的观点。一个因果关系是指必然因果关系；半个因果关系是指一部分偶然因果关系。至于一部分偶然因果关系应当根据概率高低来确定。高概率的偶然因果关系是刑法中的因果关系。参见储槐植：《刑事一体化与关系刑法论》，北京大学出版社 1997 年版，第 263 页以下。这种观点在根据概然性（概率）高低判断因果关系这点上，与疫学的因果关系具有同工异曲之妙。

④ 在论及公害犯罪的因果关系时，日本学者指出：关于法律上的因果关系，也是要根据流行病学的方法去认识某种物质所造成的某种危害的盖然性，如能加上动物实验数据，并备有其他盖然性的补充资料，就可以充分断定因果关系了。总而言之，就科学证明而言，在确认因果关系时，如能确定某种物质就是某种病患的原因，并把这一结论认为一条法规，也就可以了，没有必要再去追究为什么会是这样，也没有必要再去从严格的生理学或药理学上寻找证明印证这条法则的正确性如何了，只要从流行病学上能证明这种物质的有害性，大体上也就可以认定了。参见［日］藤木英雄：《公害犯罪》，丛选功等译，中国政法大学出版社 1992 年版，第 32 页。日本学者认为疫学的因果关系是在未知问题的法律领域对相当因果关系说的适用。因为既然在社会观念上已经认识到某事实与某事实之间具有高度概然性的联系，就不妨肯定其间存在刑法上的因果关系。参见［日］大塚仁：《犯罪论的基本问题》，冯军译，中国政法大学出版社 1993 年版，第 105 页。我认为，疫学的因果关系是建立在统计资料基础之上的，高概率是一种客观事实，而非社会观念的认识。同时，疫学的因果关系不能认为是对相当因果关系的适用。

是在一定情况下承认条件说,[①]意在表明必然因果关系说将因果关系限制过窄的缺陷。我认为,因果关系的必然性与偶然性在哲学上也是一个难以厘清的问题,不如条件说与原因说的讨论更加实在。

条件说与原因说相比较,原因说是限制条件说的,因而条件说所确定的因果关系范围大于原因说。对于条件说的批评正在于此,认为它会无限制地扩大追究刑事责任的范围。[②] 如果仅从事实上的因果关系考虑,这一批评似乎有理,但如果考虑到条件说只是为法律上的因果关系提供事实根据,其并不直接导致刑事责任,这一批评就失之偏颇。至于原因说,力图限制条件的范围,缩小刑事责任的范围,使行为与结果之间的刑法因果关系定型化,因而具有合理性。但原因说并未提供条件与原因相区分的可操作性标准。更为重要的是它仍然只是在事实范围内确定刑法的因果关系,所以仍然不能科学地解决刑法因果关系问题。从条件说与原因说不是一种事实上的因果关系,它们是为法律上的因果关系提供事实根据这一立场出发,目前大陆法系各国刑法理论通常采条件说。相当因果关系作为一种法律上的因果关系,就是建立在条件说所确定的因果关系之上的。在这个意义上,我们不能将相当因果关系说视为是对条件说的否定,[③]而是使事实上的因果关系转化为法律上的因果关系。

三、法律上的因果关系

法律上的因果关系是在事实因果关系的基础上,确定刑法因果关系。

在英美刑法理论中,某些被法律所关注的事实原因就是法定原因。在

---

① 我国学者指出:偶然因果关系就是条件与结果之间的关系。参见苏惠渔主编:《刑法学》,中国政法大学出版社 1994 年版,第 126 页。又如,我国学者指出:在我国刑法中,原因有等级、层次之分,即除了根据之外,条件也是原因,尽管是非根本性、非决定性的次要原因。参见李光灿等:《刑法因果关系论》,北京大学出版社 1986 年版,第 105 页。

② 条件说是以实际法则为根据的,因果关系在理论上就可能是无止境的。过去批判条件说有一个著名的例子:杀人犯的母亲根据条件说也是被害人死亡的原因,因为如果没有这个人的出生,也不会出现被害人死亡的结果。参见李海东:《刑法原理入门(犯罪论基础)》,法律出版社 1998 年版,第 52 页。同时,我国学者认为,由于条件说不区分哲学因果关系与刑法因果关系,不区分原因对于结果所发生的作用大小,把因果关系与刑事责任混为一谈,其结果必然无限制地扩大追究刑事责任的范围。参见李光灿等:《刑法因果关系论》,北京大学出版社 1986 年版,第 38 ~ 39 页。

③ 日本学者指出,应当注意的是,相当说并非否定了条件说,而是以条件说所承认的条件关系的存在为前提,进而论及其相当性。参见[日]大塚仁:《犯罪论的基本问题》,冯军译,中国政法大学出版社 1993 年版,第 102 页。

法定原因的标准问题上，又存在以下三种观点：(1)近因说(proximity)。此说认为，近因(proximate cause)就是没有被介入因素打破因果链的、当然地或者盖然地引起危害结果的事实原因，只有近因才是法定原因。(2)预见说(foreseeability)。此说以行为人的主观认识为标准来筛选事实原因作为法定原因，即行为人对某一结果有预见的，就是法定原因；没有预见的，就不是法定原因。(3)刑罚功能说(function of punishment)。此说认为刑法因果关系理论的意义(价值)在于从许许多多因果关系中确定何种因果关系同刑事责任有联系，所以考虑问题的出发点应当是体现刑罚目的的刑罚功能。① 在上述三种观点中，近因说将当然地或者盖然地引起危害结果的事实原因当做法定原因，实际上并没有提出原因认定上的法律标准，因而仍然属于事实层面的考察。只有预见说与刑罚功能说，在事实原因中根据是否预见与是否能够实现刑罚功能作为确定法定原因的标准，因而属于法律上的因果关系考察。

在大陆法系刑法理论中，法律上的因果关系是以相当性为判断标准的，由此形成相当因果关系说。相当因果关系说是按照条件说的观点，当行为与结果被认为有因果关系时，进一步把人类全部经验知识作为基准，基于某种原因的行为引起某种结果的事实，一般认为相当时，则认为它是刑法上重要的因果关系，属于这种相当性范围以外的因果认为没有重要性，从而刑法上不予考虑。日本学者指出，相当性的判断，是以事后追溯事前行为为标准的，相当因果关系意味着定型的因果关系，而构成要件就是以定型的因果关系为内容的。因此，相当因果关系说是决定构成要件的重要因果关系范围的学说，是最妥当的。相当因果关系说是现在的通论。② 相当因果关系说的核心问题是相当性，相当性是法律设定的一种判断刑法因果关系的标准，因而是从事实上的因果关系转化为法律上的因果关系的关键。那么，如何认定因果关系的相当性呢？对此，大陆法系刑法理论上存在以下三种观点：(1)主观的相当因果关系说。此说认为，应当以行为人在行为时所认识或所

---

① 我国学者指出，预见说和刑罚功能说虽然都是以主观认识作为确定法定原因标准的，但由于是以事实原因为基础的，所以无须把预防说与功能说一概视为主观唯心主义。参见储槐植：《美国刑法》，北京大学出版社1996年第2版，第65页。

② [日]福田平、大塚仁：《日本刑法总论讲义》，李乔等译，辽宁人民出版社1986年版，第64～65页。我国学者指出，预见说和刑罚功能说虽然都是以主观认识作为确定法定原因标准的，但由于是以事实原因为基础的，所以无须把预防说与功能说一概视为主观唯心主义。参见储槐植：《美国刑法》，北京大学出版社1996年第2版，第65页。

能认识的事实为标准，确定行为与结果之间是否存在刑法因果关系。也就是说，凡是行为人在行为时所能认识到的因果联系事实，不论社会上一般人是否能认识到，皆认为存在刑法因果关系。可见，主观的相当因果关系说，完全是以行为人的主观认识能力为判断标准，确定刑法因果关系之有无。(2)客观的相当因果关系说。此说认为，刑法因果关系是否存在，应当由法官以社会一般人对行为及行为所发生的结果能否预见为标准，作出客观的判断。凡是一般人已经预见或可能预见某种行为会引起某种结果的，就认为行为人的行为与结果之间存在刑法因果关系，否则，就不存在刑法因果关系。在对客观的相当因果关系说内容的理解上存在不同叙述，日本学者指出，客观说认为要站在社会的立场上，不限于行为人认识或能够认识的东西，而应该考虑客观存在的所有情况，哪怕是事后产生的情况，只要它曾是可能预见的东西，就应当以它们为基础进行判断，即所谓客观的事后观测(objektive nachtragliche Prognose)。客观说把行为人不能认识的情况和一般人不能预见的情况都作为判断的基础，有过于扩大因果关系之嫌。[①] 我赞成我国刑法学者的观点。[②](3)折衷的相当因果关系说。此说以行为时一般人所预见或可能预见之事实以及虽然一般人不能预见而为行为人所认识或所能认识的特别事实为基础，判断刑法因果关系之有无。也就是说，凡是一般人所能预见到的行为与结果之间的伦理上的条件关系，不论行为人是否预见，都认为存在刑法因果关系；凡是为一般人不能预见，但行为人能预见的亦认为存在刑法因果关系。在上述三种相当性的判断标准中，在行为人认识与社会上一般人的认识相一致的情况下，主观说与客观说并无区别。其区别在于：社会一般人所能认识而行为人所不能认识，或者社会一般人不能认识而行为人所能认识的情况下，是依一般人标准还是依行为人标准？主观论认为应依行为人标准，而客观论则认为应依一般人标准。折衷说采一般人标准，即社会一般人所能认识而行为人所不能认识的情形，承认其刑法上的因果关系的存在。但在社会一般人不能认识而行为人能认识的情况下，又依行为人标准，承认其刑法上的因果关系的存在。一般认为，折衷说

---

① [日]大塚仁：《犯罪论的基本问题》，冯军译，中国政法大学出版社 1993 年版，第 102～103 页。我国学者所理解的客观相当因果关系的问题，参见李光灿等：《刑法因果关系论》，北京大学出版社 1986 年版，第 43 页。

② 我国学者指出，预见说和刑罚功能说虽然都是以主观认识作为确定法定原因标准的，但由于是以事实原因为基础的，所以无须把预防说与功能说一概视为主观唯心主义。参见储槐植：《美国刑法》，北京大学出版社 1996 年第 2 版，第 65 页。

是妥当的。[①] 从而取得了通说的地位。[②]

由于在相当因果关系的判断中引入了人的认识能力,因而出现对相当因果关系的批评,即认为该学说否定了因果关系的客观性。[③] 我认为,这种批评的误区是没有区分事实上的因果关系与法律上的因果关系。由于相当因果关系说是以条件说为基础的,因而是在事实上的因果关系的范围内确定法律上的因果关系,这就已经解决了因果关系的客观性问题。在事实上的因果关系的基础上,刑法还要设定一定的标准,从中选择某些事实上的因果关系成为刑法上的因果关系。这种刑法上的选择当然具有主观性,但这并不违反因果关系的客观性,恰恰是刑法因果关系区别于哲学因果关系的法律性特征的体现。[④] 更为重要的是,相当因果关系的相当性,不仅从社会经验法则上考察,而且从构成要件上考察,即对构成要件上的相当性作出判

---

① 刑法或其他法,都是以社会一般人或普通人的认识为基础:从而应根据社会一般人能认识的情况以及实施行为者特别能认识的情况来确定相当因果关系。这个意义下的因果关系是合于在"人类总经验的知识"基础上确定的相当因果关系的概念。超出此范围看,如偶然性概念,则排除在相当因果关系所称的刑法意义上的重要因果关系范围之外。参见甘雨沛、何鹏:《外国刑法学》(上册),北京大学出版社 1984 年版,第 297 页。

② 日本学者认为,折衷说想站在两说的中间找出一个妥当的标准,认为要以行为时站在行为人的立场上,一般人认识或能够预见的情况以及行为人特别认识、呈现的情况为基础论及因果关系。这是在实际适用上最具合理性的立场,不仅是今日的通说,也得到高等法院判例的支持。参见[日]大塚仁:《犯罪论的基本问题》,冯军译,中国政法大学出版社 1993 年版,第 103 页。

③ 日本学者的批判是认为折衷说在因果关系的内容中纳入了主观的东西,这就把责任与因果关系混同起来了。参见[日]大塚仁:《犯罪论的基本问题》,冯军译,中国政法大学出版社 1993 年版,第 103 页。我国学者则将相当因果关系视为是主观唯心主义的观点,指出:相当因果关系学说在理论上存在致命缺点,它把客观存在的因果关系,看做是人们思想中的一种"习惯确定",因此陷入了唯心主义的因果理论的泥潭。参见李光灿等:《刑法因果关系论》,北京大学出版社 1986 年版,第 45 页。

④ 我国学者以下论述无疑是正确的:我国刑法学界习惯于将相当因果关系说看成是违背因果关系的客观性原理,实际上这种指责并不完全符合实际。虽然它确实以一般经验作为决定刑法因果关系有无的标准,但这种经验是人们对于客观的因果规律的主观反映,因而其基本内容仍然是客观的因果规律,而非属无客观根据的主观臆想;同时相当因果关系说的适用是建立在存在必要条件这一客观的事实因果关系基础之上,是根据追究法律责任的需要而对事实上的必要条件所进行的一种限制性选择。而并不是人为地在本来并不存在因果联系的两种现象之间硬加上因果关系,因而不能说这是完全违背因果关系客观性的。参见张绍谦:《刑法因果关系研究》,中国检察出版社 1998 年版,第 36 ~ 37 页。

断。[①] 从构成要件上说，具有相当性的因果关系是以某一行为具有危险性为前提的。只有具有危险性的行为刑法才可能确定为犯罪，从而将因果关系限定在法律规定的构成要件范围之内。由此，在相当因果关系说的基础上，大陆法系刑法理论提出客观归责论，并以禁止的危险作为其基础。尽管在刑法理论上，对于客观归责论还存在不同看法，我认为，客观归责与相当因果关系是在同一层次上即从法律上的因果关系考虑问题，两者具有同一性。当然，客观归责论是从动态，即从可归责性的角度来考察刑法因果关系，这是它较之相当因果关系的创新之处。更为重要的是，客观归责论以禁止的危险作为归咎基础，并由此展开其观点，使相当性的判断具有实体根据。在这个意义上，可以说客观归责论在一定程度上超越了社会经验法则过于抽象的标准，而是结合构成要件加以判断，从而使得相当性的判断在构成要件层面上得以实现。

（本文原载《现代法学》1999 年第 5 期）

① 日本学者指出，所谓相当因果关系，本来就是在实行行为与犯罪性结果之间存在原由构成要件所预定的关系，而构成要件通常是社会上所发生的当罚性社会侵害现象的类型化，作为其内容的因果关系也自然是预定为社会上所一般存在的东西。参见［日］大塚仁：《犯罪论的基本问题》，冯军译，中国政法大学出版社 1993 年版，第 102 页。

从归因到归责:客观归责理论研究

客观归责,是相对于主观归责而言的,指在客观上结果对于主体的一定行为的可归属性。客观归责,德语为“Lehre vonder objektive zure-chnung”,目前在汉语中译法较为混乱。主要有以下三种译法:一是译为客观归责。[①] 二是译为客观归属。[②] 三是译为客观归咎。[③] 在上述三种译法中,客观归责是常见甚至通用的译法,不仅我国大陆,而且我国台湾地区学者均采用这一译法。不过,也有些学者先前主张采用客观归责后转而采用客观归属。[④] 基于“责任是主观的”这一命题,客观归责对应于主观归责似乎有所不妥,因而我曾经主张采用客观归咎的译法。[⑤] 但在破除“责任是主观的”命题的基础上,提出责任既是主观的又是客观的,主观归责以客观归责为前提,则采用客观归责一语并无不可。在本文中,我采用客观归责的译法,试图将客观上的归责与归因加以区别,并论及客观归责的体系性地位问题。

---

① 我国学者徐久生译李斯特《德国刑法教科书》、王世洲译罗克辛《德国刑法学总论》均译为客观归责。我国台湾地区学者一般亦译为客观归责。参见许玉秀:《主观与客观之间》,台北 1997 年版,第 219 页。

② 我国学者马克昌译为客观归属,参见《比较刑法原理——外国刑法学总论》,武汉大学出版社 2002 年版,第 211 页。

③ 我国学者李海东译为客观归咎,参见《刑法原理入门(犯罪论基础)》,法律出版社 1998 年版,第 49 页。

④ 我国学者冯军在先前翻译日本学者大塚仁《犯罪论的基本问题》(中国政法大学出版社 1993 年版)时译为客观归责,后在翻译大塚仁《刑法概说(总论)》(第三版)(中国人民大学出版社 2003 年版),将客观归属与客观归责并列。但现在则明确认为译为客观归属更为妥当。参见冯军等:“关于刘涌再审案的师生对谈”,载陈兴良主编:《刑事法评论》(第 15 卷),中国政法大学出版社 2004 年版,第 69 页。

⑤ 陈兴良:《本体刑法学》,商务印书馆 2001 年版,第 294 页。

一、客观归责理论的学说史

客观归责理论是从因果关系理论发展而来的。因此,客观归责理论的探讨必然始于因果关系理论。

因果观念是人类对客观世界的认识所形成的最古老的观念之一。在哲学上,原因和结果是揭示现象之间相互联系的一个方面或一种形式的一对哲学范畴。所谓原因,是指引起某种现象的现象。所谓结果,是指被某种现象所引起的现象。现象之间这种引起和被引起的关系就是因果关系。可以说,欧洲哲学史就是以对世界的因果性的思考为其发端。古希腊、罗马的哲学家把哲学的主要任务规定为探求世界万物的本原,而本原就是产生或构成万物的始初原因。这就是欧洲哲学史上最早形成的因果观念。[①] 通过对客观世界的因果性认识,初步形成客观世界的主观秩序。当然,因果观念只是客观上的因果关系在人的主观上的反映而已,这就是所谓因果关系的客观性问题。在相当长的时间内,由于受到科学技术水平的限制,因果观念只是人类对客观世界长期认识的经验积累,并没有得到某种科学上的证明,这也往往造成认为因果关系只是一种主观联系的错觉。

尽管因果观念的形成具有悠久的历史,但其被引入刑法作为归责的客观根据,则是19世纪后半叶以后才开始的。在近代以前,归责当中并没有涉及因果关系问题。例如在古希腊亚里士多德的伦理学中,虽然论及伦理上的归责问题,但并没有以因果关系为客观根据。亚里士多德的归责命题是:"我们力所能及的恶,都要受到责备"。[②] 这里所谓力所能及,并非就客观而言,而是指行为人主观上对行为是否出于自愿。在亚里士多德看来,只要是自愿的,就是选择的结果。因此,力所能及就是"可以做,也可以不做"。在这种情况下,只要做,就具有可归责性。即使是在黑格尔那里,归责同样是一个主观的问题,只不过作为归责根据的自愿被意志所替代。黑格尔的归责命题是:"行动只有作为意志的过错才能归责于我。"[③]这种归责原则,对于行为犯当然是没有问题。因为在行为犯的情况下,行为本身就具有可归责性,只要确定行为是由某人实施的,某人就应当对这一行为承担责任。因

① 李武林等主编:《欧洲哲学范畴史》,山东人民出版社1985年版,第316页。

② [古希腊]亚里士多德:《尼各马科伦理学》,苗力田译,中国社会科学出版社1990年版,第51页。

③ [德]黑格尔:《法哲学原理》,范扬、张企泰译,商务印书馆1961年版,第119页。

此,就行为犯而言,唯一的任务就是认定行为归属于某一主体。但在结果犯的情况下,认定行为归属于某一主体还不够,还须证明结果是由该行为造成的,由此而出现了客观上将结果归属于某一行为的问题。由于行为与结果处于时间与空间上的分离,因而这种客观上归属的判断是极为困难的。在科学技术欠发达的古代社会,法律是通过一种外在的时间尺度以确定这种归属存在与否。中国古代刑法中的保辜制度与英美普通法中的一年零一天规则即是如此。《唐律》规定:“诸保辜者,手足殴伤人限十日,以他物殴伤人者二十日,以刃及汤火伤人者三十日,折跌支体及破骨者五十日。限内死者,各依杀人论;其在限外及虽在限内,以他故死者,各依本殴伤法。”由此可见,辜内死与辜外死,除以他故死外,成为从客观上区分杀人罪与殴伤罪的界限。杀人与殴伤本来不仅在客观上存在区分,而且在主观上也是存在区分的,但根据《唐律》保辜的规定,主观区分不再考虑,仅取决于死亡是发生在辜内还是辜外。从某种意义上来说,保辜制度主要解决的是因果关系问题,死亡结果是否可归因于一定的行为,如果在辜内死亡则可归因,应以杀人论;若在辜外死亡则不可归因,只能定殴伤。杀人与殴伤的区别在于:前者是对死亡负责,后者只对伤害负责。在医学不甚发达难以从医学上确定死亡结果与伤害行为之间是否存在因果关系的情况下,保辜的规定具有其合理性。尤其是保辜时限之长短与殴斗的工具相关联,以作为确定刑事责任的根据。韩国学者指出:“保辜期限乃定刑事责任限界之重要制度。此期间内,让犯人以医药治疗被害人之伤处。若辜限内由于伤害死亡时,皆以斗殴杀人罪处罚。”[①]从界定刑事责任的角度阐述保辜制度的合理性,对于理解保辜制度的意义是一个可取的视角。类似于我国古代刑法中的保辜制度的,是英美普通法中的一年零一天规则。根据英国普通法规定,被指控杀人的被告所造成的死亡,必须证明是从被认为是引起犯罪结果的作为或不作为的时间起不超过一年零一天之内发生的。这一规则是根据普通法推定的,因为要证明一年零一天这段时间以前的作为或不作为引起上述的死亡是困难的。而现在,即使在这段时间以后又过了很长时间,也完全可能推断死亡的原因。而不幸的是,这一规则可能容许行为人逃脱经科学手段证明由他引起的杀人的责任。[②] 在这种情况下,一年零一天规则已被英国《1996

① [韩]韩相敦:《传统社会杀伤罪研究》,辽宁民族出版社1996年版,第100页。

② [英]鲁珀特·克罗斯、菲利普·A.琼斯:《英国刑法导论》,赵秉志等译,中国人民大学出版社1991年版,第137页。

年法律修改法(一年零一天规则)》所废除。如果一个行为被证明是死亡的原因,那么这可能是谋杀,或者是非预谋杀人亦或是自杀,而无论死亡行为与死亡结果之间经过了多少时间。[①] 就一年零一天规则是以死亡结果发生距离殴伤行为发生的时间作为区分杀人罪与伤害罪的根据而言,一年零一天规则与保辜制度确有同工异曲之妙,都是古人法律智慧的表现。当然,随着科学技术的发达,尤其是医学的进步,这种推断式的因果关系规则与制度显然已经过时,英国迟至 1996 年才废除这一规则,令人诧异于其普通法传统的强大生命力。

刑法因果关系的解决是以近代自然科学的发展为知识背景的。日本学者曾经指出:19 世纪的刑法对行为——其他方面也是如此——的认识是自然科学的、实证主义的、自然主义的。[②] 这里的其他方面,就包括了因果关系问题。尤其是行为的自然主义概念与因果关系的理解之间存在内在联系。当时盛行的因果行为论,就是用因果联系阐述行为内容的产物。因果行为论,也是一种自然行为论,是主张行为是基于意思的身体动静的学说,其认为只要具有和某种意思之间有因果关系的身体活动或外界变动的话,就可以说具有行为。[③] 因果行为论中的因是指意思活动,果是指身体动静。借助于因果概念,因果行为论将主观意思与客观活动加以联系,以此界定刑法中的行为,并将非出于意思的身体活动从刑法的评价对象中予以排除。进一步地说,在客观上行为与结果之间又呈现出第二层的因果关系,从这个意义上说,行为一方面是意思活动的结果,另一方面又是客观结果的原因。在这种情况下,因果关系就成为客观上将结果归属于行为的一种证明方式。日本学者在论及大陆法系的因果关系理论产生的过程时指出:即使是在德国,因果关系作为理论问题提出,也还是 19 世纪下半叶的事。从费尔巴哈到克斯特林,尚未建立起因果关系论,后来提出和发展这一理论的,是布利和毕克麦耶。此后的学者,多多少少不过是试图调和他们二人截然对立的因果关系论而已。这种情况,是德国的刑法学者在当时的实证主义、自然主义思想的背景下进行理论分析的结果。[④] 其实,刑法因果关系理论最早是由奥地

---

① [英]J. C. 史密斯、B. 霍根:《英国刑法》,马清升等译,法律出版社 2000 年版,第 372 页。

② [日]小野清一郎:《犯罪构成要件理论》,王泰译,中国人民公安大学出版社 2004 年版,第 75 页。

③ [日]大谷实:《刑法总论》,黎宏译,法律出版社 2003 年版,第 75 页。

④ [日]小野清一郎:《犯罪构成要件理论》,王泰译,中国人民公安大学出版社 2004 年版,第 102 页。

利学者格拉塞(Julius Glaser)在1858年提出的,他认为导致结果发生的原因不一定要出于人的物理力量,而人也不一定是单独造成结果发生的第一个动力,只要在因果流程进行当中,人的活动成为基本力量,而给予其他中间因素以动力,而最后,亦发生犯罪的结果,即足以认定因果关系存在。① 格拉塞确立了因果关系的反证公式,即"非A乃B,则A非B之原因。"当然,在德国刑法学中提出因果关系的条件说并将之引入司法判决的是布利。条件说,又称为全条件同价值说,简称为等值理论。条件说可以用"若无前者,即无后者"的公式表达。罗克辛则称其为"想象中不存在"公式,即导致一个结果的各种条件,在具体结果没有被取消就不能想象其不存在时,都应当看成是原因。因此,作为原因的就是各种不能不考虑的条件(condicio sine qua non),就是各种没有它们就不会出现这种结果的条件。② 意大利学者将条件说确定因果关系的这种方法称为"排除思维法",即设想如果该事实不存在,其结果是否同样会发生。如果答案是否定的,那该事实就是结果的必要条件;如果所得出的结论相反,就可将该事实排除于原因之外。③ 通过这种排除思维法,就可以确定那些对于结果发生具有条件作用的就是原因。条件说为刑事责任确定了一个客观范围,当然,这一范围过大是其难以克服的弊端。因为条件说将产生于结果之前的一切必要条件都看做是刑法上的原因,这样就可能不当地扩大刑法因果关系的范围,从而不当地扩大刑事责任的追究范围。例如,就像人们经常举例说明的那样:甲到商店买了一把刀将乙杀死,在这一杀人案件中,甲的杀人行为与乙的死亡之间当然存在因果关系。不仅如此,根据条件说,生养甲的父母、将刀卖给甲的供货员、制造这把刀的铁匠,都与乙的死亡之间存在"若无前者,即无后者"的关系,由此批评条件说开启了异常广阔的责任范围——按照罗克辛的说法。这种批评只有在只要存在因果关系,就可认定行为人在法律上应负责的这种"因果关系万能说"中才能成立,否则,将因果关系作为构成要件行为与构成要件结果两者之间关系的一种判断,则在一定程度上可以消除这种误解。例如,在上述甲杀死乙的案件中,只有甲实施了构成要件的杀人行为,甲的父母、售货员、铁匠并未实施构成要件的行为,因而不可能进入因果关系讨论的视野。当

---

① 许玉秀:《主观与客观之间》,台北1997年版,第229页。

② [德]罗克辛:《德国刑法学总论》(第1卷),王世洲译,法律出版社2005年版,第232页。

③ [意]杜里奥·帕多瓦尼:《意大利刑法学原理》(注评版),陈忠林译评,中国人民大学出版社2004年版,第117页。

然，即便如此，根据条件说确定的因果关系范围还是较大的，因为行为人虽然实施了一定的构成要件行为，能否一定将结果归属于该行为，仍然是一个值得考虑的问题。例如甲殴击乙胸部，乙因心脏病发作而死亡。在这种情况下，殴击行为当然是一种构成要件的行为，但是否与死亡结果之间存在因果关系，仍然不能简单地根据条件关系加以确定。在这种情况下，出于对条件范围的限制，出现了以下两种因果关系理论的发展趋势：

一是条件说主张者自身对条件范围的限制，其中以李斯特的因果关系中断说最为著名。这种观点认为：在因果进行的过程中，如果介入了一个新的、独立的原因时，就由此中断了正在进行的因果关系。这种新的、独立的原因既可能是他人的故意或者过失行为，也可能是自然力。此外，还有溯及禁止说和因果突变说。溯及禁止说认为：在故意造成危害结果的行为之前的行为，只是结果发生的条件，而不是原因。因果突变说认为：有两个前后相继的独立行为，前行为虽然已经结束，但在其行为尚未充分发挥时，后行为介入进来接续前行为发挥作用，引起严重后果。这时候，前行为只与后行为实施前形成的结果有因果关系，后行为则与最后的结果有因果关系。[①] 上述对条件说加以限制的学说，大体上都是要解决在存在前后相续的多个行为的情况下，如何确定前一行为与结果之间是否存在因果关系的问题。尽管观点不尽相同，但基本思路在于设置某种条件、限制条件范围的宗旨相同。当然，由于这些观点是将因果关系作为一个事实问题加以把握的，在引入归责的视角以后，这些学说就丧失了其存在的价值。

二是原因说。原因说也同样是为纠正条件说将原因的范围扩得太宽而提出的一种学说，曾经盛行一时，大有取代条件说之势，后终因其与条件说相同的自然的、物理的因果观念，并且难以把握条件与原因相区分的条件，因而在归责理论兴起以后也同时不复通行。原因说，又称为条件与原因区别说，以条件说为基础，主张从引起结果的各个条件中，确定一个对于结果发生具有特别关系的条件作为原因，只承认其与结果之间存在因果关系，其余的条件则是单纯的条件，与结果之间没有因果关系。由于原因说是想就具体的事态判断因果关系的有无，所以，原因说也被称为个别化说。其内容，又可以根据如何把握原因区分为：认为对结果而言在时间上处于最后的条件是原因的最终条件说（Theorie der letzten Bedingung）（奥尔特曼）；认为违反生活上的常规而进行的行为是原因的异常行为原因说（巴尔）；认为给

① 侯国云：《刑法因果新论》，广西人民出版社 2000 年版，第 303～305 页。

结果的发生提供了决定性方向的条件是原因的优势条件说(Ubergewichtstheorie)(宾丁);认为对结果而言最有力的条件是原因的最有力条件说(Theorie der wirksamsten Bedingung)(比克迈尔);认为给结果的发生提供了动力的条件是原因的动力条件说(Triebkraftstheorie)(科勒)等。[①] 从以上各种关于条件与原因区别的学说来看,根据原因说认定因果关系具有标准上的歧异性因而难以操作。

其实,无论是条件说还是原因说,都是一种存在论的因果关系理论,也就是把因果关系看做是一个事实问题予以把握的。因此,主张上述学说者,都坚持原因与责任的二元区分观点。例如,李斯特指出:我们应当绝对坚持这样的观点,"因果律"(kausalsatz)只涉及事件的时空,不涉及概念的逻辑关系或对行为的社会伦理评价;此外,我们还应当特别注意的是,因果关系涉及一个思维方式问题,借助这个思维方式我们将实际存在的情况联系在一起,而不对导致事件过程的力量作出任何评价。李斯特强调指出:从因果关系的这一观点首先可以得出如下结论,原因问题与责任问题应当作出严格的区分。因此,不应当过分强调刑法中的因果问题的重要性。因果关系无异于这样一种思维方式,借助这种思维方式,从外部世界的某种改变为出发点,我们发现人的意志活动,而对这种意志活动可作刑法上的评价,借助于因果关系范畴,我们只是为刑法研究寻找材料或对象。人的意志活动对一个结果具有因果关系的论断,并没有对该意志活动作出刑法上的评价。只有对意志活动是否具有犯罪的概念特征,也即它是否符合构成要件的、违法的,且行为人是否应当负刑事责任进行研究之后,才能对意志活动作出刑法上的评价。[②] 李斯特的这段话是耐人寻味、值得捉摸的。就因果判断与是否应负刑事责任加以区隔,这显然是正确的。因为因果关系只是犯罪成立的必要条件而非充分条件,是否构成犯罪是对犯罪构成全部要件的判断结果。但因果判断是否只是一种事实上的归因性判断而不涉及客观上的归责问题,这值得推敲。这里涉及事实上的归因与客观上的归责的关系,随着相当因果关系说的出现,进一步得以凸显。

相当因果关系说的出现,是刑法因果关系理论的一个重大突破。一般认为,相当因果关系说是德国弗莱堡的逻辑学家和医学家约翰内斯·克里斯提出来的,又称为相当说或者相当理论。根据相当说,在刑法意义上,原

---

① [日]大塚仁:《刑法概说(总论)》(第三版),冯军译,中国人民大学出版社2003年版,第162页。

② [德]李斯特:《德国刑法教科书》,徐久生译,法律出版社2000年版,第185页。

因仅仅是一种具有导致符合行为构成结果的一般倾向的举止行为，同时，仅仅是偶然地引起这个结果的条件在法律上并不重要。由此可见，相当说也是循着限制条件范围这一思路提出来的，与原因说具有相通之处，以至于在广义上，相当说被列为原因说的一种。当然，正如日本学者指出：在基于人类的全部经验知识（gesamte Erfahrungswissen der Menschheit），判断结果的发生是否一般这一点上，相当说明显与原因说不同，因此，也被称为一般化说（generalisierenda Theorie）。[①] 当然，这里的相当性存在一个从事实上的相当性到评价上的相当性的转变过程。克里斯的相当理论建立在可能性理论上面，而可能性理论是从数学上的概率原理推导出来的。克里斯以掷骰子为例，认为每一面被掷出的概率通常而言皆为六分之一，因此在事实的发生比率上，的确有一个客观上有效的比率（objektiv gutiges Verhaltnis），这个客观上有效的比率关系和个人的期待无关，亦即客观的概然性不受主观认知的影响。[②] 在这个意义上的相当性，还是一种客观上的相当性，它指的是一种概率关系。但在这种相当性的判断上，克里斯引入了“根据生活通则”（gemäß der Regel des Lebens）这一判断标准，指出：如果一定的行为有增加特定结果发生的可能性，则可以认为该行为和特定结果之间具有一般的因果关系。这种一般的因果关系和具体引起结果发生是两回事。仅仅是具体引起结果（konkrete verursachung），尚不足以构成归责的理由，如果归责还包括有责性（schuld）在内，更不足以构成归责的理由。只有那种根据人类社会一般关系而言，足以导致特定的侵害事实发生的违法行为，才是相当的，否则是不相当的。[③] 在此，相当性是根据人类社会一般生活经验法则加以判断的，因而它不再是一种纯事实关系，而成为一种评价。这一评价的主体当然是司法者，评价当然是主观的，但相当性是否存在本身仍然是客观的。在这种情况下，相当说使因果关系理论发生了更大变化，一种归因理论呼之欲出。

在很长一个时期内，相当说仍然是作为一种因果关系理论而存在的，并且根据相当性判断标准的不同，发展出主观的相当因果关系说、客观的相当因果关系说和折衷的相当因果关系说。主观说以行为人行为当时认识的事

---

① ［日］大塚仁：《刑法概说（总论）》（第三版），冯军译，中国人民大学出版社2003年版，第162页。

② 许玉秀：《主观与客观之间》，台北1997年版，第231～232页。

③ 许玉秀：《主观与客观之间》，台北1997年版，第232页。

情及可能认识的事情为基础。客观说主张所谓客观的事后预测(objektive nachtragliche prognose),该说站在裁判官的立场上,认为对行为当时存在的一切事情以及行为后产生的事情,只要它们对一般人来说曾是可能预见的,都必须考虑。折衷说认为要以行为时一般人就曾经能够认识的事情以及行为人特别认识了的事情作为判断的基础。[①] 在上述三说中,日本通行的是折衷说,根据是否存在相当性以确定因果关系的存在,成为日本的通说。在这种情况下,因果关系被分为两个层次考虑:第一个层次是根据条件说确定事实因果关系,第二个层次是根据相当说确定法律因果关系。

关于相当说到底是一种因果关系理论还是一种归因理论,在刑法理论上是存在争议的。在德国刑法学界,更多的学者认为相当理论是一种归责理论。尤其是德国学者罗克辛在主观归责理论的基础上,发展出客观归责理论。罗克辛的客观归责理论的基本主张如下:(1)刑法法理的任务在于对侵害法益的结果予以归责,而这种结果归责,视行为人是否违反规范的要求而定,基于此,如果行为人的行为符合构成要件上的义务要求,客观上必然不可能是造成构成要件结果的行为。(2)客观归责理论中的客观归责要素——客观目的性(die objektive Zweckhaftigkeit),只是表面上看起来和行为人的能力有关,即所谓行为人的预见可能性在客观归因的决定作用,只是一个假象,它不是决定于人类意志的支配可能性(dic Beherrschbarkeit durch den menschlichen Willen),而是决定于行为人的行为是否造成了足以引起构成要件上法益侵害结果的法律上重要的风险(das rechtlich relevante Risiko)。(3)以风险原则判断客观的目的性,则可以为结果犯创造一个共通的归责原理,而不受因果律的影响。[②] 根据罗克辛的这一思想,归责理论已经不是一种因果关系理论。换言之,相当理论不是因果理论而是归责理论。当然,日本学者对这一观点似乎并不以为然。例如日本学者指出:客观归责理论试图抑制条件说对因果关系范围的扩大,在这一点上,具有与相当因果关系说同样的志向,其实际适用,可以说也与相当因果说没有大的差别。但是,所谓客观归属的观念本身和其在刑法理论体系上的地位等,尚缺乏明确性,存在不少问题。在我国(指日本——引者注),也看到一部分见解赞成该理论,但是,应该说没有放弃相当因果关系说而采用这种理论的必要。[③] 我认为,

① [日]大塚仁:《刑法概说(总论)》(第三版),冯军译,中国人民大学出版社2003年版,第163页。

② 许玉秀:《主观与客观之间》,台北1997年版,第253~254页。

③ [日]大塚仁:《刑法概说(总论)》(第三版),冯军译,中国人民大学出版社2003年版,第165页。

在此罗克辛虽然提出了客观归责的原理，但并没有妥当地解决客观归责的体系性地位问题。如果客观归责仍然放在构成要件该当性里研究，即使是像耶赛克那样将因果关系和客观归责并列，①也并不能使客观归责理论真正脱离因果关系理论的囿困。若将归责理论贯彻到底，就应当将客观归责纳入有责性中加以研究。当然，这就涉及对大陆法系递进式犯罪论体系的改造。

二、客观归责理论的基本内容

客观归责是从因果关系问题转化而来，归因与归责是有所不同的：归因是一个事实问题，通过因果理论解决；归责是一个评价问题，通过客观归责理论解决。对此，我国台湾地区学者指出：就刑法评价需要性而言，确定行为与结果间是否存有因果关系，固然重要；更为重要的是应该进一步判断，行为人造成具体结果之行为在客观上是否系可归责，而应负刑法之责任。易言之，在因果关系之判断上，对于结果之原因与结果之归责，应加以区分。首先以经验之观点，采用条件理论之见解，判断结果之原因；而后以规范之观点，采用客观归责理论之见解，判断结果之归责。② 以往的刑法理论中，把归因与归责相混同，开始是以归因代替归责，以为满足了因果性就具有了可归责性。此后，相当说作为一种实质上的归责理论却栖息于因果理论之中不得自拔。至罗克辛的客观归责理论才彻底将归因与归责分开，具有重要理论意义。应当指出，罗克辛的客观归责是以条件说确定的因果范围为前提的，正如主观归责是以心理事实为基础一样，客观归责作为一种规范评价，它所要解决的是在具备事实因果关系的情况下，进一步从规范上考察，其结果是否可以归责于行为主体。客观归责具有以下三个基本规则：

（一）制造法所不容许的风险

刑法是保护一定法益的，侵害法益的行为必然被刑法所禁止。因此，行为是否对法益具有侵害性就成为犯罪认定的第一个环节。行为的侵害性一般可以从法规范上获得确证。因为从规范形式上来说，构成要件行为是一

---

①　[德]汉斯·海因里希·耶赛克、托马斯·魏根特：《德国刑法教科书（总论）》，徐久生译，中国法制出版社2000年版，第336页。

②　林山田：《刑法通论（上册）》（增订七版），台北2000年版，第200页。

种违法行为的类型,因而可以直接推断其行为是具有实质侵害性的。这里存在一个行为的定型化问题。一般来说,故意行为的定型化程度是较高的,而过失行为的定型化程度则是较低的,往往只要是引起某种法所禁止的结果的行为,就被认为是过失行为。在这个意义上说,过失行为是归因的结果。因此,有时难以完全遵循行为→结果→因果关系这样一种判断顺序,而是由果溯因。在这种情况下,仅仅依靠因果性是难以解决归责问题的,因而提出了制造法所不容许的风险这一客观归责的规则,它是对行为,尤其是类型化程度较低的过失行为的一种实质审查。

风险,亦称为危险,在任何一个社会都是广泛存在的,法律并不禁止所有风险,因为风险与利益同在,没有风险也就没有利益,就没有社会发展,甚至社会生活也无法进行。例如行车有翻车的风险、飞行有坠机的风险、航行有覆船的风险。如果仅仅为避免这种风险而禁止行车、飞行与航行,这显然是愚蠢的做法。法所禁止的仅仅是不被允许的风险,因此要对一定的风险到底是法所允许还是法所不允许进行认定。在这个意义上说,法所不允许的风险,也就是禁止的风险是客观归责理论的基础。为正确地理解法所不允许的风险,我们可以首先界定哪些是法所允许的风险。对此,我国学者指出:在今天的现实社会生活中,随着科学技术的发展与现实应用以及人类社会生活结构的发展,我们每天都可能遇到一些在人们心目中可能已经习以为常的危险。譬如驾驶汽车,使用机器,制造易燃、易爆、易污染产品,进行科学实验,进行身体竞技性的体育活动等。人们对于这些活动的危险性有着充分的认识,这种认识体现在规范上,是一系列专业规则、操作规程与特殊注意义务的制定与要求。当行为人在遵守这些规则、规程与注意义务的前提下,发生了法益侵害的结果,这一结果就不能在客观上归责于行为人的行为。因而这一行为也不具备构成要件该当性。这类危险,在刑法理论上被称为允许的风险。① 由此可见,一种风险是否被法所允许,关键还是在于行为人是否尽到了一定的注意义务,也就是过失行为本身。如果尽到了一定的注意义务,即使风险发生也不能归责于行为人。反之,如果未尽到一定的注意义务,则应将风险归责于行为人。当然,这种基于风险是否允许而确定能否对行为人归责,到底是一种客观归责还是一种主观归责,仍是一个值得研究的问题。以往允许的危险通常是作为一种正当化事由而加以确定的,例如德国学者指出:“被允许的风险(erlaubtes Risiko),并非独立的合法

① 李海东:《刑法原理入门(犯罪论基础)》,法律出版社 1998 年版,第 53 ~ 54 页。

化事由。因为,该概念所表示的是,在一定条件下的危险行为,甚至对法益侵害持未必故意的行为,并未包括在被允许的范围之内,该概念并不能够描述一般性的要件轮廓。被允许的风险概念的重点在于,与其说是针对各种具体的实体性要件,不如说是针对各种合法化事由的共同结构原理。被允许的风险不仅适用于故意犯,在过失犯情况下,同样存在被允许的危险这一特殊的合法化事由。"①作为正当化事由,被允许的风险既非客观归责亦非主观归责。但由于在过失犯的情况下,被允许的风险具有限定过失犯的注意义务之功能,因而被允许的风险似乎是在过失的归责中论及,是一种主观的归责要素,过去我亦是如此认识的。② 但在允许的风险的情况下,注意义务不存在,不仅过失心理没有,过失行为也没有。就此而言,允许的风险又似乎是一种客观的归责要素。对此,我国学者指出:允许的风险的理论是对过失理论的一场悄悄的革命,倡导过失的核心已不在于危害结果,而在于过失行为本身,只要行为人客观上尽注意能力并遵守了具体的注意义务,即便发生危害结果,也不负过失责任。③ 因此,被允许的风险之引入过失的审查,被认为是从结果无价值向行为无价值的转变。由于我国现行刑法理论,将行为(作为与不作为)与罪过(故意与过失)分而论之,行为中论及的基本上是故意行为,而对过失行为未予以充分的关注,如此才在更大程度上将过失行为作为一个主观归责问题讨论。就此而言,目前德国刑法理论中通行的故意的作为犯、过失的作为犯、故意与过失的不作为犯,将主观要素与客观要素结合起来考虑,似乎更有其合理性。

在对法所允许的风险作出如上界定的基础上,我们可以正确理解法所不允许的风险。对于法所不允许的风险的认定,故意犯与过失犯是有所不同的。故意犯中的法所不允许的风险更多地表现在行为是否为法所禁止上。一种故意行为只要是被法所禁止,其所造成的风险必然是法所不允许的,因而应予归责。而过失犯中的法所不允许的风险则应当根据注意义务是否得以遵守加以判断,在没有遵守注意义务情况下造成的风险,就是法所不允许的风险,应予归责。关于制造法所不允许的风险之客观归责的规则,存在以下问题值得研究:

---

① [德]汉斯·海因里希·耶赛克、托马斯·魏根特:《德国刑法教科书(总论)》,徐久生译,中国法制出版社 2001 年版,第 485、711 页。

② 陈兴良:《本体刑法学》,商务印书馆 2001 年版,第 370 页。

③ 姜伟:《犯罪故意与犯罪过失》,群众出版社 1992 年版,第 377 页。

1. 降低风险

法所不容许的风险如果是行为人所制造,当然具有客观上的可归责性。即便这种法所不容许的风险虽然不是行为人所制造,但行为人通过其增加或者提高风险,同样是具有客观上的可归责性的。但是,如果行为人实施了降低风险的行为,即使这种风险仍然发生,也不具有客观上的可归责性。例如甲看到一块石头砸向乙的头部,出手挡石头,以致砸伤乙的脚。在这种情况下,虽然风险没有避免,但甲的行为不是提高而是降低了风险,因而不具有客观上的可归责性。与降低风险相类似的是替代性的风险行为,即以一种较小的风险替代本来发生的较大的风险。例如甲为救陷于火海的孩子乙,将乙抛出窗外,致乙重伤。这种替代性的风险行为,也没有增加风险,同样不能作为犯罪处理。但罗克辛认为,上述两种情形在性质上是存在区分的:前者虽然存在因果性,但其行为并非构成要件该当的行为,而根据传统的理论,在违法性的观点下取消风险减小的情况,并把其认可为一种正当化的紧急避险(德国刑法第 34 条)。但是,这样做的条件就会是,人们至少会把风险减小看成是一种符合犯罪类型的法益侵害,而这一点正是这里所缺乏的。后者行为人完成了一个符合犯罪类型的行为,是应当作为犯罪构成的完成对他进行归责的。但是,行为人能够通过推定的同意或者通过德国刑法第 34 条加以正当化。① 因此,罗克辛将降低风险的行为与替代性风险的行为加以区分,降低风险的行为是不具有客观归责性,而替代性风险的行为则是具有客观归责性和违法阻却性。

2. 没有制造风险

行为人的行为虽然没有降低风险,但也没有以在法律上值得关注的方式制造风险,因而同样不具有客观归责性。这种行为就是没有制造风险,罗克辛称为“缺乏危险创设”。没有制造风险中,并非不存在任何风险,而是存在一种法律上不值得关注的风险,这是一种生活风险。对此,罗克辛指出:即使某种行为方式,在罕见的例外情况中能够导致一场不幸,然而,与这种行为方式相联系的在社会性方面的那种最小风险,将为法律所忽略。因此,通过这种行为方式来查明的造成结果的原因,从一开始就是不可归责的。因为促进一种正常的并且一般没有危险的社会性举止行为的产生,是不能加以禁止的,因此,当这样一种做法例外地成为一种法益损害的原因时,也

---

① [德]罗克辛:《德国刑法学总论》(第 1 卷),王世洲译,法律出版社 2005 年版,第 247 ~ 248 页。

就缺乏了一种符合犯罪类型的行为。[①] 罗克辛曾经举了威尔泽尔经常使用的例子，即甲在暴风雨就要来的时候，把乙派到森林里走，希望他会被雷劈死。结果，乙真的被雷所劈死。对此，传统的条件说是肯定因果关系存在的，威尔泽尔通过否定故意来规避刑事惩罚，即甲并无对事件真正发生产生影响的强大的意志。而罗克辛则明确指出，这是一个客观归责的问题，而不是一个故意的问题。这样，通过客观归责对行为进行实质审查，是否制造了法所不容许的风险，使阻却犯罪的事由归结为客观上不具有可归责性而非主观上不具有可归责性。

3. 假定的因果过程

能否以假定的因果过程而否定客观归责，这也是在制造法所不容许的风险中值得研究的一个问题。这里的假定的因果过程，也称为假设的因果流程，是指存在一个代替性行为人（Ersatztäter），假如行为人不实施某一所禁止的行为，他人也会合法或者非法地实施该行为。存在这种假定的因果过程，是否排斥对行为人的客观归责呢？罗克辛认为：一种对违法构成行为完成的归责，是不能因为一个代替性行为人已经准备好了在实施行为人停止行为的时候，就要接管这个构成行为（接管原则）而被排除的。因此，罗克辛得出以下结论：法律制度不能由于另外一个人已经准备好违反法律就收回自己的禁令。[②] 在假定的因果过程中，代替性行为人的行为既可以是合法的，也可以是非法的，但都不能排除对原行为人的客观归责。前者通常举的例子是：在死刑执行时，甲以私人身份撞开了死刑执行官，自己充当死刑执行官并且在他的位置上开动了电椅，将死刑犯乙杀死。在这种情况下，不能以如果甲不杀乙，反正乙也要被执行死刑而排除对甲的客观归责。因为虽然乙被判处死刑，但法律只授权死刑执行官对乙执行死刑，甲剥夺乙的生命仍然是非法的，属于杀人行为。后者通常举的例子是：某人的财物疏于看管，被窃贼甲与乙同时盯上，甲捷足先登窃得某人的财物。在这种情况下，尽管如果甲不盗窃，财物也会被乙偷走。但不能以财物反正是要被偷走的为由，否认甲的行为客观上的可归责性。

因此，假定的因果过程并不否定客观归责，但如果自然因果性被修改，则是否具有可归责性就应当区别为两种情况对待：一是行为人仅仅修正了一种自然因果性，而没有在整体上恶化被害人的状况时，就要排除归责。例

---

① ［德］罗克辛：《德国刑法学总论》（第1卷），王世洲译，法律出版社2005年版，第248页。

② ［德］罗克辛：《德国刑法学总论》（第1卷），王世洲译，法律出版社2005年版，第249页。

如,在一段因山崩而被岩石堵塞的轨道上,甲驾驶电动火车,因煞车不及撞上岩石而死亡。甲撞上岩石的地点是在右车道,甲之所以驶在右车道上,是因乙调整铁道岔,从左边调整到右边,但左右边的铁道皆遭阻塞。因此,即使乙不从左边调整到右边,甲也会在左车道撞上岩石而死亡。在这种情况下,乙的行为使甲的死亡地点有所改变,但并没有因此使甲撞上岩石的机会增加,因此乙的行为不具有客观上的可归责性。二是行为人不是单纯地修改了自然的因果性,而是通过一种独立的行为加以补充时,则具有可归责性。例如,在前例中,如果甲在撞上岩石的那一刹那被乙开枪射杀,则虽然不被射杀也必然撞上山岩而死,但这种射杀行为仍然具有可归责性。对此,罗克辛给出的理由是:“法益的损害是应受刑事惩罚的,只要这种损害没有得到一种明确的正当化根据的帮助。当把濒死的人在他临死前的那一刻杀死而有可能不被惩罚时,禁止杀人的戒律就在不是万不得已的情况下被违反了。法律制度不应当容忍这一点。”①

(二)实现法所不容许的风险

在客观归责的认定中,不仅要关注是否制造了法所不容许的风险,还应当进一步考察法所不容许的风险是否实现。关于实现法所不容许的风险之客观归责的规则,存在以下问题值得研究:

1. 未实现风险

虽然制造了法所不容许的风险,但这种风险并未实现,对此如果是故意犯的话应当以未遂犯论处。但在某些情况下,制造了风险并且发生了某种法益侵害结果,但这一法益侵害结果是由于其他介入因素,包括自然力或者第三者的故意与过失行为所造成,则仍应认为风险未实现,不具有客观上的可归责性。通常举的例子是受枪伤的被害人被送医院救治,在医院救治期间被火烧死。这个例子以往都是用因果关系中断或者没有故意来解决的,但罗克辛认为这是一个客观归责的问题。

此外,在传统刑法理论中还存在所谓因果关系错误的例子。例如,甲出于杀乙的意图勒其脖颈,使乙陷于假死状态,甲误认为乙已经死去,而将乙投入水中,实际上乙是溺水而死。这个问题通常是在故意中讨论的,被称为是威伯的概括的故意。② 但故意是以存在因果关系为前提的,只有具备了客

---

① [德]罗克辛:《德国刑法学总论》(第1卷),王世洲译,法律出版社2005年版,第251页。

② 陈兴良:《刑法哲学》(修订三版),中国政法大学出版社2004年版,第180~181页。

观上的可归责性才考虑主观要素。对此,罗克辛指出:当未遂行为以在法律上有重要意义的方式提高了紧接着的因果过程的危险时,也就是当这个结果是适当地实现了由未遂创设的那个危险时,因果关系的偏离就是不为人所注意的,也就是说,这个结果是应当归责的。[①] 因此,因果关系错误情况下是否具有客观上的可归责性,也应当考虑前行为是否提高并实现了因果过程的危险。

2. 未实现不被容许的风险

未实现风险当然不具有客观上的可归责性,即使实现了风险,但这种风险并非不被容许,仍然不可归责。换言之,只有实现不被容许的风险才是可归责的。罗克辛曾经以羊毛笔案加以说明:一家画笔厂的厂长没有遵照规定事先消毒,就给了他的女工们一些中国的山羊毛进行加工,四名女工因此被感染上炭疽坏疽杆菌而死亡。后来的调查表明,规定的消毒措施对当时欧洲尚不知道的这种杆菌本来就是没有作用的。对此,罗克辛指出:如果人们把这个结果归责于他,那么,他就要为违反了一项即使履行了也没有用的义务而受到刑事惩罚。[②] 因此,一个人不能因违反了一项即使履行了也无法避免危险发生的义务而受到刑事惩罚,就成为一个客观归责原则。这一原则,在考虑客观归责时是十分重要的,但以往我们往往忽视。例如,甲某驾驶的微型轿车按照交通法规只能在城市主干道的第二条道上行驶,而其在第一条道(快速道)上行驶违规了。此时,乙横穿主干道,甲躲避不及而将乙撞死。在此,不能仅因甲违规行驶而予以归责,而是要看这一违规是否提高并实现了风险。如果即使其在第二条道上行驶,也同样会将乙撞死,那么其违规行为就属于未实现不被容许的风险。

3. 结果不在注意规范保护范围之内

结果虽然发生,也就是风险已经实现,但这一结果并不在注意规范保护范围之内,仍然不具有客观上的可归责性。罗克辛举了一个例子:两个骑自行车的人,在路上骑着没有灯的车前后相随,前面那个人由于缺乏照明而撞上了迎面而来的一个骑车人。但是,只要后面那个骑车人在自己的车上装了照明设备,这个事故本来是可以避免的。在这个案例中,前面这个骑车人应对于过失负责,后面这个骑车人呢?其不安装照明设备的过失行为按照“如果装了照明设备这个事故就可避免”的逻辑,是可以归因的。但罗克辛

---

① [德]罗克辛:《德国刑法学总论》(第1卷),王世洲译,法律出版社2005年版,第253页。
② [德]罗克辛:《德国刑法学总论》(第1卷),王世洲译,法律出版社2005年版,第254页。

认为,在这种情况下,是不可归责的。因为要求照明的目的在于避免自己的车直接造成事故,而不在于让另一辆自行车照明来避免其与第三辆车相撞。为此,罗克辛区分谨慎规范的保护目的与行为构成的保护目的。罗克辛指出:不允许性风险的实现永远是与限制许可风险的谨慎规范的保护目的有关的,而不是与刑法的行为构成的保护目的有关。[①] 那么,这里的谨慎规范的保护目的与行为构成的保护目的如何区分呢? 谨慎规范,也就是注意规范所保护的目的是法律所关注的,并且与违反者密切关联,因为注意规范的目的是要界定归责范围。只有违反注意规范所造成的风险才具有客观上的可归责性。因此,结果不在注意规范保护范围之内,表明这种结果不具有可归责性。而行为构成所保护的目的则只是与因果过程有关,它不能直接确定客观归责。

4. 合法的替代行为和风险提高理论

合法的替代行为要讨论的是如果行为人未违反注意义务,也就是实施合法行为,结果仍然会发生,在这种情况下,对行为人是否具有可归责性? 在前面所举的山羊毛案例中,罗克辛认为是不可归责的,因为一个人不能因为违反一项即使履行了也没有用的义务而受到刑事惩罚。但合法替代行为排除归责又不是绝对的,也就是说只有当合法的替代行为肯定或者必然会导致这个结果时,才应当排除一种归责。但如果合法的替代行为并非肯定导致结果,换言之,违反注意义务的行为提高了风险,那就是可归责的。例如,一辆载重卡车的司机想要超越一辆自行车,但是没有遵守应当保持一定距离的要求,最近时与骑车人仅仅只有75厘米。在超车的过程中,这个喝醉了酒的骑车人,由于在酒精作用下反应迟钝而把自行车向左打过去,被卡车的后轮轧上了。最后证明,如果卡车司机根据道路交通规定,与骑车人保持了足够的距离,那么,这个事故也仍然极有可能(或者:有可能)发生。对此,罗克辛认为卡车司机是可归责的,理由在于:在即使保持了所要求的距离,骑车人也会死亡时,在这个过程中就实现了一个在超车中一般存在的风险,但是,立法者通过自己的许可为开车人接受了这种风险,因此,这个结果本来是不可以归责的。但是,如果行为人超越了允许性风险,并且现在出现了在超车中存在的危险所带来的结果,那么,这个结果作为一种禁止性危险的实现就是可以归责的。[②] 在此,罗克辛提出了风险提高理论,行为人超越了

① [德]罗克辛:《德国刑法学总论》(第1卷),王世洲译,法律出版社2005年版,第256页。
② [德]罗克辛:《德国刑法学总论》(第1卷),王世洲译,法律出版社2005年版,第257页。

允许性风险，提高了风险，因而是可归责的。

（三）构成要件的效力范围

这里涉及类型化的构成要件的归责功能问题。在故意犯罪中，构成要件承担了主要的归责功能，不具备构成要件是不可归责的。故意是依附于行为而存在的，具有对行为的从属性。因此，行为与故意之间在判断上存在严格的位阶关系。但在过失犯罪的情况下，传统上是从结果追溯过失，以过失心理作为归责的要件，过失行为则缺乏定型化。因此，过失犯罪的认定成了一个过失心理的判断问题，而过失又主要是根据注意义务的违反、可预见性、认识可能性及避免可能性加以判断的，行为归责功能在过失犯罪中根本没有发挥出来。因此，客观归责主要适用于过失犯罪。甚至传统用于判断过失的那些概念都可废弃不用。当然，故意犯罪也并非与客观归责无关，在某些情况下，客观归责同样也可适用于故意犯罪。

1.参与他人故意的自危

德国刑法没有把帮助自杀（伤）的行为规定为犯罪，在这种情况下，对帮助自杀（伤）行为能否以故意杀人（伤害）罪论处？这个问题对于我国刑法也同样具有意义。在我国刑法教科书中，一般都认为这种帮助他人自杀行为是构成故意杀人罪的。与此相同，教唆他人自杀行为也构成故意杀人罪。[①]在这种情况下，死亡或者伤害是由他人自身引起的，教唆或者帮助行为应不应该承担故意杀人（伤害）罪的刑事责任？这个问题的实质是：当这个（故意或者过失地）积极参加由一名自我负责的行为人所造成的自我损害，并且对这名自我损害人的身体或者生命负有保护义务时，能否适用刑法关于杀人罪或者伤害罪之法律？也就是说，这种引起行为是否属于杀人行为或者伤害行为？在司法实践中，此类案件还是十分常见的，例如追赶行为造成他人被汽车撞死，或者追赶行为使人慌不择路下河而被水淹死等，这一追赶行为是否是杀人行为？对此，德国的司法判决曾经将之视为杀人行为，但后来又改变了这一判决，拒绝了把这类案件归为杀人犯罪的客观行为构成："当那种有意识地借助这种危险而引起的风险得以实现时，行为人自我负责的和已经实现的自我危险并不属于一种身体伤害或者杀人犯罪的行为构成。一个仅仅造成、使其能够或者要求这种自我危险的人，并不会使自己由于伤害犯罪或者杀人犯罪而成为应受刑事惩罚的人。"因此，根据客观归责理论，这

① 高铭暄、马克昌主编：《刑法学》，北京大学出版社、高等教育出版社2000年版，第470页。

种参与他人故意自危的行为应当排除归责。

2. 同意他人造成危险

这里的同意他人造成危险,是指一个人不是故意地给自己造成危险,而是在意识到有这种风险的情况下,让别人给自己造成危险。例如,一名乘客强迫掌握方向盘的人违反禁止性规定超速行驶,因为他想及时赶赴一个约会。由于车速太快,导致车祸,造成这名乘客死亡。在这个案例中,超速行驶是违法的,由此造成了他人的死亡后果,能以过失致人死亡定罪吗?对此仍然不应负刑事责任,但其根据的是以往德国的通说被害人承诺的法理,但罗克辛认为不能以被害人承诺的法理解决这个问题,因为被害人虽然认识到存在风险但这种风险的发生具有某种侥幸心理,因而并不存在对危害结果的承诺。罗克辛指出:尽管被侵害人本身就是他所遭遇的事故的肇事人,但是仍然还产生一种刑事惩罚,这是令人难以满意的。因此,人们在这里就会提出一个正确的问题:在什么范围内,这个行为构成包含了同意他人给自己造成危险的保护目的?[①] 换言之,在这种情况下的风险实现行为是否属于杀人的行为构成?对此,罗克辛的回答是否定的。当然,其前提是这名乘客完全认识了这个风险并且是有意识地造成了这个风险,只有这样才能排除对结果的归责。相反,如果是这名驾驶员说服了这名出于良好理由而犹豫不决的乘客,或者如果他对该乘客隐瞒或者淡化了这些风险,或者如果这场事故是由于那种与被接受的风险无关的驾驶错误造成的,那就可以归责。

3. 第三人责任范围

第三人责任范围是指第三人在行为人责任范围之内加以防止的结果范围,对此行为人不可归责。例如,引发火灾的人是否应当对因救火而丧生的消防员负责?疏于注意致使小孩落水的母亲是否应对因救人而丧命的救生员负责?如此等等。在这些情况下,消防员和救生员均有救火与救人的职责,因此行为人对其死亡不应负责。罗克辛指出:在这类案件中排除归责的道理在于,确定的职业承担者在自己的职权范围之内,以一种局外人不应当干涉的方式,对消防和监督危险的渊源负责。但是,这样一种职权分配在刑事政策上富有意义的结果,应当解除(entlasten)第一个原因造成人对这个由职业承担者的损害性举止行为所造成的结果的责任。[②] 因此,通过第三人责

① [德]罗克辛:《德国刑法学总论》(第1卷),王世洲译,法律出版社2005年版,第269页。

② [德]罗克辛:《德国刑法学总论》(第1卷),王世洲译,法律出版社2005年版,第271页。

任范围的确立而免除行为人的责任，使客观归责更为合理。

三、客观归责理论的借鉴意义

我国刑法理论如何借鉴客观归责学说，这是一个值得研究的问题。我认为，我国刑法中的因果关系学说是一个最为混乱的问题。从理论发展的进程来看，大陆法系经历了从条件说、原因说到相当因果关系说、再到客观归责这样一个学说的演进过程。其基本进程是将归因与归责加以区隔，在归因的基础上再考虑归责。但我国刑法中的因果关系理论基本上还停留在原因说的水平上，由于在原因与条件的区分上引入了必然性与偶然性的概念，从而形成必然因果关系说与偶然因果关系说之争，使问题更加复杂化。在借鉴客观归责理论的时候，应当讨论以下三个问题：

（一）因果关系的必然性与偶然性问题

因果关系的必然性与偶然性，是在我国刑法因果关系讨论中提出的特有的命题。大陆法系和英美法系刑法理论关于刑法因果关系的讨论都没有论及因果关系的必然性与偶然性问题。实际上，从哲学的意义上说，因果关系和必然性与偶然性属于不同的范畴。因果关系是指引起与被引起的关系。原因是引起某种现象的现象，而结果是被某种现象所引起的现象。两个现象之间只要存在这种引起与被引起的关系，我们就可以得出结论，这两个现象之间存在因果关系。而必然性与偶然性是表示由本质的和非本质的因素所确定的相互关联的联系类型的哲学范畴。必然性反映事物内部的、稳定的、重复的、普遍的现实联系，表示事物发展中不可避免的、一定要出现的趋向。这种联系和倾向是由事物内部的、本质的因素所规定的，它在事物的联系和发展中起支配作用，决定着事物的其他联系和事物发展的前途和方向。偶然性则与必然性相反，反映事物外部的、非本质的、不稳定的、个别的现实联系，表示事物发展可以出现，也可以不出现，可以这样出现，也可以那样出现的倾向。这种联系和倾向是由事物外部的、非本质的因素所决定的，一般说来，对事物的其他联系和发展不起决定作用。从以上因果关系和必然性与偶然性这两对范畴的对比来看，因果关系是更倾向于从形式上界定两个事物之间的联系，而必然性与偶然性则更注重从实质上界定两个事物之间的联系。偶然因果关系说认为：因果关系既可以是必然的，也可以是偶然的，原因与结果之间存在必然联系的是必然因果关系，原因与结果之间存在偶然联系的是偶然因果关系。应当指出，偶然因果关系是以承认必然因果关系为前提的。当然，那些认为因果关系是原因与结果之间的、内在的必然联系的学者，是不会赞同上述区分的，他们认为：因果关系只能是必然的不可能是偶然的，由此而否认偶然因果关系的存在，这就是必然因果关系说。① 我个人认为，因果关系是指两个现象之间引起与被引起的关系，它所解决的是现象的可归因性问题。通过因果关系的概念，我们可能将引起的现象归结为被引起现象的原因，从而达到对这个现象产生机制的认识。因此，将现象之间必然引起的关系称为因果关系，而将偶然引起关系排除在因果关系之外，过于限缩了因果关系的范畴。在这个意义上，我并不赞同必然因果关系说。那么，这是否意味着我对偶然因果关系说的认同呢？回答同样是否定的。在我看来，必然因果关系与偶然因果关系这种区分本身就是没有意义的。偶然因果关系说在论证区分必然因果关系和偶然因果关系的理论根据时，主要还是基于原因的等级性与层次性的观念，认为条件本身也是原因，尽管是非根本性、非决定性的次要原因。就此而言，偶然因果关系说类似于条件说，但偶然因果关系说又否认其等同于条件说，因为条件说主张全条件同价值，而偶然因果关系说则承认条件与原因之间对于结果作用上的差别性。② 我认为，偶然因果关系将条件归入原因范畴当然是可取的，否认全条件同价值也是正确的，但它试图通过必然性与偶然性的认定为刑法提供因果关系，则是将归因与归责等同起来，因而并没有突破条件说与原因说的局限。根据偶然因果关系说确立了某种因果关系的存在，同样也不能解决其是否具有客观上的可归责性问题。我们谨以偶然因果关系说列举的偶然因果关系的以下四个案例加以说明：③

案例一：甲、乙二人在一个冬天的傍晚于收工途中在旷野打着玩耍。甲向乙小腿处踢了一脚，乙倒在地上哎哟不止。甲以为乙装样子吓唬他，便不加理睬，径直回到家里，也没有给任何人说就睡觉了。乙因小腿骨折，不能行走，又由于当夜大风降温，天气异常寒冷，第二天人们发现乙时，乙已冻僵身亡。偶然因果关系说认为，在本案中，乙被冻死对于甲踢乙一脚的行为来说具有偶然性，它们之间是偶然因果关系。但这种论证对于解决甲的客观归责并无任何意义：根据条件说，甲踢乙一脚与乙的冻死之间是存在因果关

① 关于必然因果关系与偶然因果关系的讨论，参见侯国云：《刑法因果关系新论》，广西人民出版社 2000 年版，第 178 页以下。

② 李光灿等：《刑法因果关系论》，北京大学出版社 1986 年版，第 105 ~ 106 页。

③ 这四个案例均出自李光灿等：《刑法因果关系论》，北京大学出版社 1986 年版，第 123 ~ 127 页。

系的；根据原因说则甲踢乙一脚与乙的冻死之间并无因果关系。就解决这个案件而言，原因说比条件说更为可取。况且偶然因果关系说与条件说相同，即使论证了甲踢乙一脚与乙的冻死之间存在偶然因果关系，也还是未能解决乙的死亡在客观上是否可归责于甲的问题。根据客观归责理论，在承认甲的行为与乙的冻死之间存在因果关系的基础上，否认甲的行为具有可归责性。因为乙死亡的危险并不包括在甲踢乙一脚的行为中，乙的死亡是由于偶然的寒冷天气所引起的。对此，正如罗克辛所说：我们不能把一个纯粹偶然造成的死亡在客观上评价为法律意义上的杀人。① 就客观归责而言，需要解决的不是因果关系问题，而是行为是否制造了法所不允许的风险问题。换言之，是甲的行为是否具有杀人性质的问题。

案例二：李某骑自行车带着朋友王某进城，因前面有一辆减速慢行的汽车挡路，李某打算从左侧超过汽车，当自行车刚往左一拐，正好与迎面开来的汽车相撞，李某被撞伤，王某被轧死。偶然因果关系说认为：在本案中，李某违反交通规则的超车行为与王某的死亡结果之间存在偶然因果关系。根据条件说，李某的违章行为与王某的死亡之间存在因果关系；根据原因说也同样承认其因果关系的存在。偶然因果关系说之所以称李某的违章行为对于王某的死亡来说是偶然因果关系，是与汽车司机将王某轧死的行为相比较而言的，因为在偶然因果关系说看来，汽车的撞轧是王某死亡的决定性原因，决定了王某死亡的必然性，两者之间是必然的因果关系。只不过，汽车司机的行为是正当行为，因而与王某的死亡结果之间不存在刑法中的因果关系，因刑法中的因果关系是危害社会的行为与危害社会的结果之间的因果关系。而根据客观归责理论，李某的违章行为制造了法所不容许的风险并且实现了这一风险，具有客观上的可归责性。这一解决本案李某的刑事责任的思路较之偶然因果关系说，更为简单明了。

案例三：专业户张某在市场卖瓜，把卖得的钱装在一个布袋里。当他给一买主称瓜时，布袋被王某抢夺去。张某立即追赶。在将要抓住王某时，后面有赵某的汽车快速开来，王某为了逃脱，随即穿越马路，想用汽车阻挡张某的追赶。张某索回钱物心切，只注意盯住王某，没有发现后面有汽车开来，他刚一拐弯，就被赵某的汽车撞轧而死。偶然因果关系说认为，在本案中，王某的行为与张某的死亡结果之间存在偶然因果关系。王某穿越马路逃跑与张某被汽车撞轧死亡之间是存在因果关系的，但王某的行为是否具

---

① ［德］罗克辛：《德国刑法学总论》（第1卷），王世洲译，法律出版社2005年版，第245页。

有客观上的可归责性,则并非偶然因果关系所能界定。根据客观归责理论,王某的行为并未制造法所不允许的风险,因而不可归责。

案例四:甲在车辆繁多的马路上殴伤乙后,扬长而去,乙爬起来向前走了几步,踉跄倒地,丙的车速过快,刹车不住,将乙轧死。偶然因果关系说认为,在本案中,甲的伤害行为与乙的死亡结果之间存在偶然因果关系。根据客观归责理论,乙的死亡并非由于甲的行为所创设的法所不允许的风险,因而不可归责于甲。

从以上对偶然因果关系说的四个案例进行分析可以发现,偶然因果关系说实际上只是在完成条件说的使命,虽然在不承认各种条件的原因力等同,而力图区分必然因果关系与偶然因果关系这一点上不同于条件说,但在归责问题上并没有超越条件说。因此,我赞同我国学者的观点:我国刑法因果关系的研究要真正取得进展,就应当绕开哲学上必然偶然之争这条路子,寻找新的研究视角。[①] 这一新的研究视角,包括客观归责理论之引入。

(二)因果关系的客观性与主观性问题

因果关系的客观性,是我国因果关系研究中反复强调的一个命题,其理论根据是唯物主义,并且将否定因果关系的客观性的观点斥之为唯心主义。

从哲学上来看,因果关系的客观性与主观性确实存在唯物主义因果论与唯心主义因果论之争。其中,唯心主义因果观以英国哲学家休谟为代表,休谟把因果律视为联想形成的第三个法则,指由一种事物观念想到与它有因果关系的另一种事物观念。由于休谟是在主观联想的视域内理解因果律的,因而休谟把因果律看成完全是以时间先后和空间接近为必要条件,以"习惯性联想"或"经验推论"为主导作用,由此否认了因果关系的客观性。[②] 这种唯心主义因果观当然是难以成立的。在这个意义上说,因果关系的客观性意味着因果关系是否不以人的主观认识为转移。这里的人,是指作为认识主体的人,它是因果关系的判断者。在法律中,这里的人就是指法官。但因果关系的客观性并不否认在因果关系中包括主观认识的内容,只要这种主观认识是因果关系的组成部分。这里存在自然的因果关系与社会的因果关系之分:自然的因果关系是没有人介入的,因而完全是客观的。而社会

---

① 张绍谦:《刑法因果关系研究》,中国检察出版社1998年版,第97页。

② [英]休谟:《人类理解研究》,关文运译,商务印书馆1981年版,第44页。

的因果关系是以人为中介的，人的认识本身就是这种因果关系的应有之义，确切地说，是原因的内容之一。在这种情况下，将人的主观认识引入因果关系并非是对因果关系的客观性的否定。因为人的认识对于行为主体来说是主观的东西，但对于判断主体来说则是客观的东西。刑法因果关系，属于社会的因果关系，应当承认主观认识在因果关系认定中的作用。

这里涉及相当因果关系的理论。相当因果关系中的相当性，是对因果关系的一种规范评价，通过这种评价将不具有相当性的因果关系从刑法因果关系中排除出去。相当因果关系说认为：就刑法上的因果关系而言，只有行为和结果之间的事实因果关系是不够的，必须以条件关系为前提，在产生结果的各种条件之中，根据社会生活的一般经验，认为该行为发生该结果时就具有因果关系。相当因果关系要求行为人对根据社会生活一般经验可能发生的结果归责，对于偶然发生的结果则不负责。在这个意义上说，相当性的判断具有归责的蕴意。那么，这里的相当性又是如何判断的呢？回答是：根据人在行为时所认识以及所能认识到的加以判断。也就是说，在因果关系的相当性的判断中，引入了人的主观认识。这一观点，即使是在日本也是受到批评的，认为在应当客观看待的因果关系的有无上，将判断的基础放在行为人的主观上并不妥当。[①] 显然，这种反对说也是拿因果关系的客观性与主观性说事。在我国刑法学界更是将相当因果关系理论视为主观唯心主义的表现，指出：既然刑事案件中的因果关系是客观存在，不依人们的主观意志为转移，那么，在判断是否存在刑法因果关系时，就绝不能从一般人或者行为人的主观认识能力出发。因为不论人们对客观存在的因果关系有无认识，只要行为人实施的危害社会的行为引起了某种危害社会的结果，就客观地存在着刑法因果关系。因此，不能把因果关系同一般人或者行为人的主观认识混为一谈，否则就背离了因果关系的客观真理性，就不可能正确地解决刑法因果关系问题。[②] 我认为，这对相当因果关系说的批评是不能成立的，这里涉及相当因果关系的两个前提：一是相当因果关系的成立以条件说确立的条件关系为前提，已经解决了因果关系的客观性问题。二是因果关系的相当性的判断标准——人的主观认识本身对于判断者来说同样是客观的。因此，我是赞同相当因果关系说的，认为这一学说能够较为妥当地解决刑法因果关系问题。在《本体刑法学》一书中，我将因果关系区分为事实上

---

① ［日］大谷实：《刑法总论》，黎宏译，法律出版社2003年版，第163页。

② 李光灿等：《刑法因果关系论》，北京大学出版社1986年版，第64～65页。

的因果关系与法律上的因果关系,以条件说解决事实因果关系问题。在此基础上,以相当因果关系说解决法律因果关系问题。[①] 当然,相当因果关系到底是归因还是归责,这仍然是一个值得推敲的问题。

(三)因果关系的归因性与归责性问题

因果关系具有归因性,这是毫无疑问的。那么,因果关系是否具有归责性? 换言之,归责是否已经超越了因果关系之功能的范畴? 这里涉及对相当因果关系与客观归责关系的理解。客观归责理论的出现取代了相当因果关系说,但这一理论在日本受到抵制。例如,日本学者大塚仁对用客观归责的见解取代相当因果关系说的意义深表怀疑,指出:客观性归责作为主观性归责的前提,如果其目的在于将行为与行为人联系起来的话,在体系论上也许有所创新,但很难看出它超越过去的理论的实质意义。大塚仁认为:论及因果关系的问题时,应当把它看成划定构成要件符合性的一要素,其内容以实行行为与犯罪性结果之间的条件关系为前提、根据折衷相当因果关系说认为存在相当因果关系时就可以认定,这种今日通说的立场是妥当的。[②] 这一见解在日本具有一定的市场。与之相反,以客观归责理论取代相当因果关系说在德国则几成通说。在德国刑法教科书中,一般都把因果关系与客观归责并列。德国学者指出:一般而言,行为人造成的结果应当归责于行为人——谁因自己的行为造成某种结果,就应对该结果负刑法责任。尽管如此,客观责任和因果关系范畴还是截然不同的。对解决归责问题,因果关系的自然科学的范畴,只能提供外部的框架,而不能提供结论性答案。[③] 我认为,归因与归责是不同的,归责当然是以归因为前提的,但归因绝不等同于归责。在这个意义上说,客观归责理论是对相当因果关系说的超越。

更为重要的是,因果关系是一个事实问题,它所要解决的是行为与结果之间的某种联系,因而因果关系是一种形式的判断。因果关系判断是在根据构成要件确定作为原因的行为及其构成要件的结果以后,对两者之间关系的一种判断。因此,因果关系的判断是必须遵守位阶关系的。但客观归责的判断,是在因果关系获得确证的基础上的归责判断,这是一种实质判断。正如我国台湾地区学者指出:客观归责理论企图从法秩序的目的确定

---

① 陈兴良:《本体刑法学》,商务印书馆2001年版,第283页以下。

② [日]大塚仁:《犯罪论的基本问题》,冯军译,中国政法大学出版社1993年版,第106页。

③ [德]汉斯·海因里希·耶赛克、托马斯·魏根特:《德国刑法教科书(总论)》,徐久生译,中国法制出版社2001年版,第338页。

构成要件行为的范围，是想替构成要件行为找出实质的判断依据。罗克辛所提出的规范保护目的、被容许的风险、构成要件的效力范围等原则，都是尝试将法秩序的要求具体化，而它们本身都是实质的标准，所以客观归责理论和实质违法性理论，同属于20世纪以来刑法学思潮，乃至法学思潮实质化运动的一环。而犯罪阶层体系（即犯罪构成体系——引者注）与违法性阶层目前的混乱情形，亦即两阶层要素互相跨越、学说见解空前分歧的情形，和违法性及构成要件实质化的发展有绝对的关系。① 我认为，这一观点是极有见地的。由此可见，归责的判断不同于归因的判断。由于归责的判断是一种实质的判断、规范的判断，因而它在一定程度上取代了实质违法的判断，由此引发对犯罪构成体系的反思：到底是二阶层还是三阶层？

在我看来，客观归责理论的提出确实是意义重大的，它以归因与归责相区分为切入，导致犯罪构成体系的变动。在很多情况下，客观归责理论中的规则都涉及对行为的实质审查，因而并非是简单的归因理论。我以为，引入客观归责理论以后，罪体要件可以区分为行为事实与客观归责两个层面。事实层面由主体、行为、客体、结果、时间、地点等实体要素构成。在此基础上，再进行归责判断，主要是根据客观归责的规则对事实要素进行实质审查。罪责要件则可以区分为责任能力与责任形式两个要素。在责任形式中分为故意责任与过失责任。故意责任与过失责任又可以分为心理事实与主观归责两个层面。心理事实包括认识因素与意志因素，而主观归责要素则包括违法性认识与期待可能性。通过客观归责与主观归责，最终完成从事实向责任的过渡。

（本文原载《法学研究》2006年第2期）

---

① 许玉秀：《主观与客观之间》，台北1997年版，第275页。

故意责任论

刑法中的故意责任，是刑事责任的主要形式，它意味着行为人是在一种故意的心理状态下实施犯罪的，因而属于重责任形式。作为一种责任形式，故意不仅是一种心理事实，而且包含着规范评价，由此形成统一的故意概念。[①] 本文拟从心理构造与规范构造两个方面，对故意责任进行法理探究。

一、故意的心理构造

故意作为一种心理描述性概念上升为刑法上作为罪过形式的专业术语，经过了一个漫长的发展过程。这里存在一个故意的心理构造问题，即故意由哪些心理要素构成。在这个问题上，主要存在以下三种学说之演进：

1. 认识主义(Vorstellungstheorie)

认识主义，又称为预见主义，认为故意的构成以行为人对于客观上的犯罪事实具有认识为必要。显然，这种观点强调的是认知因素在故意构造中的重要性。明知故犯，以知为故，就是这种认识主义的绝佳注解。[②] 认识主义产生于罪过观念尚不发达的古代刑法，当时人们对心理现象的认识也只是停留在表面上，尚未能窥见认识背后的支配性的意志力。从刑法上说，知只是反映人对客观事物的认识，这种认识本身尚不足以体现人的主体恶性。

---

① 大陆法系刑法理论将故意分为事实性故意、违法故意和责任故意。分别在构成要件该当性、违法性、有责性中加以研究。参见[日]大塚仁：《犯罪论的基本问题》，冯军译，中国政法大学出版社 1993 年版，第 190 ~ 191 页。

② 中国晋代学者张斐云："其知而犯之谓之故"，参见陆心国：《晋书刑法志注解》，群众出版社 1978 年版，第 75 页。

因此,脱离意志因素,将故意建立在认识因素之上,显然是一种偏颇的立场,①今已不取。

2. 希望主义(Villenstheorie)

希望主义,又称为意欲主义,认为故意的成立不仅要认识构成要件的事实,而且须希望危害结果发生。显然,这种观点强调的是意志因素在故意构造中的重要性,进而从知的表面进入到意的深层,使人们对故意的心理本质的认识大为推进。然而,希望主义对于意志因素的理解过于狭窄,将意志等同于希望,从而缩小了故意的范围,②今已非通说。

3. 容忍主义(Einwilligungstheorie)

容忍主义是对希望主义的一种修正,故而又称为折衷主义,它在承认认识因素是故意的心理基础的前提下,认为故意的构成并不一定以希望结果发生为条件,只要行为人认容危害结果发生,亦同样可以构成故意。容忍主义在对意志因素的理解上,持一种更为宽泛的态度,不仅希望可以成为意志因素,认容亦可以成为意志因素,从而扩大了故意的范围,③今为通说。

在上述三种学说中,都涉及人的心理事实,即知与意的关系,在这两种因素中,知,即认识因素,是人的心理基础。认识,在心理学上又称为意识,是指对客观事实的反映,包括感觉和思维两个方面。④ 在感觉和思维这两个

---

① 日本学者指出:行为具有对犯罪事实的表象,无疑是推测其违反刑法规范的人格态度的一个根据。但是,在表象了犯罪事实却想避免其发生、因为其避免发生犯罪事实的努力没有发生意想的效果,而终致犯罪事实发生的场合,就不可能在类型上看出行为人有违反刑法规范的积极的人格态度,只能在其想避免发生犯罪事实的努力不够的意义上,说其存在消极的违反刑法规范的态度。而且,为了认识违反刑法规范的人格态度,本来需要综合行为人心理状态中知的一面,难免说是一种偏颇的立场。参见[日]大塚仁:《犯罪论的基本问题》,冯军译,中国政法大学出版社 1993 年版,第 193 页。

② 日本学者指出,意思是(即希望主义)认为在对于犯罪事实的表象之上还需要实现犯罪事实的意欲,在一并考虑了行为人的情意一面的意义上,是可以明显地看出违反刑法规范的积极的人格态度的。但是,总以实现犯罪的意欲为必要,就不免会使故意犯能够成立的范围变得过于狭窄。参见[日]大塚仁:《犯罪论的基本问题》,冯军译,中国政法大学出版社 1993 年版,第 193 页。

③ 日本学者指出,所谓"认容"(即容忍)是指行为人虽然不是积极地希望发生其所表象的犯罪事实,但是具有"它如果发生了也是没有办法的事"这种心理态度。认为作为故意的内容需要行为人具有这种心理态度的所谓认容说,是处于表象说和意思说中间的见解。在今日,认容说得到广泛的支持。参见[日]大塚仁:《犯罪论的基本问题》,冯军译,中国政法大学出版社 1993 年版,第 192 页以下。

④ 意识是人们在任何生活、实践和正常情况下必然有的包括感觉和思维两方面的认识活动的综合体。参见潘菽主编:《意识——心理学的研究》,商务印书馆 1998 年版,第 30 页。

因素中,思维是决定性因素。因此,认识因素是人的心理活动的重要内容。① 当然,我们又不能把心理与意识等同起来,心理学中就有这种心理即意识的观点,即所谓意识心理学。显然,这种夸大意识在人的心理活动中的地位与作用的观点是不能成立的。意,即意志因素,是人的心理活动中具有支配力的因素。意志带有强烈的主观能动性,使主观意识转化为外部动作,从而对人的行为起调节(发动和制止)作用。就认识和意志两者的关系而言,两者是密不可分的,由此形成人的统一的心理过程。更为重要的是,认识虽然是意志的前提,但认识活动本身也不能离开意志,是在意志的主导下实现的。② 因此,在认识和意志的对立统一的矛盾关系中,意志占主导地位,认识居辅助地位。

值得注意的是,在人的心理中还有一种情感的因素。对于人的心理如何划分,历来存在三分法与二分法之争。③ 传统心理学是采知、情、意三分法,尤其是中国古代对心理的认识更是注重情的因素。但这种三分法受到现代心理学的挑战,二分法得到肯定。④ 情的因素是客观存在的,但在分析人的心理时,是否有必要将之与知、意相提并论,确实值得研究,毕竟,从性

---

① 在论及认识对于责任的意义时,黑格尔指出:"我只对属于我的表象的东西承认负责。这就是说,人们只能以我所知道的事况归责于我。意图的法在于,行为的普遍性质不仅是自在地存在,而且是为行为人所知道的,从而自始就包含在他的主观意志中。倒过来说,可以叫做行为的客观性的法,就是行为的法,以肯定自己是作为思维者的主体所认识和希求的东西。"[德]黑格尔:《法哲学原理》,范扬等译,商务印书馆 1996 年版,第 123 页。

② 黑格尔对认识与意志的关系作过以下精辟的论述:精神一般来说就是思维,人之异于动物就因为他有思维。但是我们不能这样设想,人一方面是思维,另一方面是意志,他一个口袋装着思维,另一个口袋装着意志,因为这是一种不实在的想法。思维和意志的区分无非就是理论态度和实践态度的区别。它们不是两种官能,意志不过是特殊的思维方式,即把自己转变为定在那种思维,作为达到定在的冲动的那种思维。参见[德]黑格尔:《法哲学原理》,范扬等译,商务印书馆 1961 年版,第 12 页。

③ 这种争论可以追溯到古希腊哲学。柏拉图认为:人的心理不仅有认知活动的水平(感性和理性)之间的差别,而且还有思维(理性)与它有高低之分的动机(非理性)之间的差别。相传这是欧洲心理学史上最早的知、情、意的三分法的雏形,在灵魂结构上,亚里士多德反对知、情、意的三分法,主张知、意的二分法。亚里士多德认为,人的灵魂的功能有两种,即认识功能(如感觉和思维)和欲动功能(如欲望、动作、意志和情感)。参见车文博:《西方心理学史》,浙江教育出版社 1998 年版,第 41、45 页。

④ 我国学者指出,长期以来,传统心理学大都采用知、情、意三分法。这种三分法是不够符合实际情况的。因为情和意在实际上是密切结合在一起而难于分割的。情由意生,或意由情生。二者是实质相同而形式有异的东西。其实情也就是意。所以情和意可以而且应该合在一起,也可称为情意。参见潘菽主编:《意识——心理学的研究》,商务印书馆 1998 年版,第 17 页。

质上说,情是依附于意而存在的。在刑法的罪过心理中,一般是采二分法。对于情感因素在罪过心理中的影响不可不论,[①]但它不足以成为与认识、意志这两个因素并列的划分罪过形式的心理标准。

(一)故意的心理事实Ⅰ:事实性认识

事实性认识是指对于构成事实的认识,这就为事实性认识限定了范围。[②] 事实性认识包括对以下因素的认识:(1)行为的性质。对于行为性质的认识,是指对于行为的自然性质或者社会性质的认识,对于行为的法律性质的认识属于违法性认识而非事实性认识。(2)行为的客体。对于行为的客体的认识,是指对行为客体的自然或者社会属性的认识。例如杀人,须认识到被杀的是人。凡此,即属于对行为客体的事实上的认识。(3)行为的结果。对于行为结果的认识,是指对行为的自然结果的认识,这种认识,在很大程度上表现为一种预见。即其结果是行为的可期待的后果。(4)行为与结果之间的因果关系。对于因果关系的认识,是指行为人意识到某种结果是本人行为引起的,或者行为人是采取某种手段以达到其预期的结果。在这两种情况下,行为人都对行为与结果之间的因果关系具有事实上的认识。(5)其他法定事实。例如时间、地点等,如果作为犯罪构成特殊要件的,亦应属于认识内容。此外,某种行为的前提条件,亦在认识限度之内。[③] 除上述情况以外,法律还规定某些特定事项作为认识对象,无此认识则无故意。例如,在刑法明文规定明知的场合,就是如此。

事实性认识还存在一个认识程度问题。在故意犯罪中,认识程度是指认识结果必然发生与认识结果可能发生。应当指出,这里的必然发生与可能发生都是指行为在当时情况下的一种主观判断,因而属于主观认识内容,

---

① 关于情感因素在罪过心理中的作用的详尽分析,参见拙著:《刑法哲学》,中国政法大学出版社 1997 年修订版,第 33 ~ 35 页。

② 故意中认识因素的对象应包括典型事实的全部构成因素,即全体心理上对这些构成因素性质的认识。参见[意]杜里奥·帕多瓦尼:《意大利刑法学原理》,陈忠林译,法律出版社 1998 年版,第 208 页。

③ 所谓行为的前提条件,是指那些按法律规定在逻辑上先于行为存在,并能决定犯罪能否成立的条件。例如,重婚罪必须以现存的合法婚姻为条件等。之所以称为行为的前提条件,是因为它们必须先于犯罪行为而存在,并且与犯罪的存在没有必然的内在联系(显然不能将重婚行为归咎于先前的婚姻)。然而,在逻辑上,这些条件又有决定犯罪性质的作用,如果行为时这些条件不存在,就无犯罪可言。从这个意义上说,这些条件又可称为“行为的伴随条件”(concomitanti di condotta)。参见[意]杜里奥·帕多瓦尼:《意大利刑法学原理》,陈忠林译,法律出版社 1998 年版,第 119 ~ 120 页。

而非客观事实。[①] 所谓认识结果必然发生，是指行为人当时认为，基于事物发展的趋势，结果发生是在预见之中的。所谓可能发生，是指行为人当时认为，基于事物发展的趋势，结果有可能发生，也有可能不发生。认识结果必然发生与认识结果可能发生，对于区分直接故意与间接故意具有一定意义。一般认为，直接故意的认为因素，既包括认识结果必然发生，又包括认识结果可能发生。对此，理论上没有疑问。而间接故意，在理论上通常称为可能的故意或者未必的故意，[②]因而都以认识结果可能发生为前提。但也有与之相反的观点，认为间接故意之认识因素，在程度上包括认识结果必然发生与认识结果可能发生两种情形。[③] 这里的争论焦点在于：是否存在认识结果必然发生而又不希望其发生这种心理状态？对此，我的态度是否定的，[④]关键是要正确地理解认识因素与意志因素的关系。

（二）故意的心理事实Ⅱ：心理性意志

心理性意志，是指心理事实意义上的意志。意志对人的行动起支配作

---

① 我国学者认为刑法意义的认识可能性或认识必然性与哲学意义的必然性、可能性互有区别，又不可分割。为了避免不必要的混乱，便于阐明故意的认识程度的根据，建议对“会发生”的两种情形不宜用“必然”与“可能”表述，而改用“一定”与“可能”说明，似乎更为确切。参见姜伟：《犯罪故意与犯罪过失》，群众出版社 1992 年版，第 150 ~ 151 页。上述说法有一定道理，但我认为，只要明确这是一种主观上的判断而非客观事实，采用必然与可能不会从根本上影响对这个问题的理解。

② 关于可能的故意，特拉伊宁指出：可能的故意——它的特点也就在于此——就在于犯罪人在不希望但却有意识地放任结果发生的，是可能的，也就是说，可能发生，也可能不发生。参见[苏]A. H. 特拉伊宁：《犯罪构成的一般学说》，王作富等译，中国人民大学出版社 1958 年版，第 167 页。关于未必的故意，日本学者指出：未必的故意是不确定故意的一种，例如子弹可能击中甲，但他却抱着无所谓的态度开枪的情况，这是明知有结果发生的可能性但他对结果采取容忍的态度。参见[日]福田平、大塚仁：《日本刑法总论讲义》，李乔等译，辽宁人民出版社 1986 年版，第 69 页。

③ 我国学者把间接故意分为两种类型：(1)积极的放任。当行为人认识到自己的行为一定（必然）会发生某种危害社会的结果，而仍放任这种结果发生时，便是积极放任的心理态度。(2)消极的放任。当行为人认识到自己的行为可能会发生危害的结果，而放任这种结果发生时，便是消极放任的心理态度。参见姜伟：《犯罪故意与犯罪过失》，群众出版社 1992 年版，第 176 页。

④ 关于这个问题的详尽论述参见拙著：《刑法哲学》，中国政法大学出版社 1997 年修订版，第 168 页。

用，并且决定着结果的发生。① 如果说，意志对于行为本身的控制是可以直观地把握的话，意志对于结果的控制就不如行为那么直接。因为结果虽然是行为引起的，它又在一定程度上受外界力量的影响。② 在这种情况下，应当区分必然的结果与偶然的结果。必然结果是由意志力支配的后果，可以归之于行为。而偶然结果是受外在东西所支配的后果，不能归之于行为。③

从意志与这些结果的关系上来说，必然结果是意志控制范围之内的、预料之中的后果；偶然结果是出乎意料的结果。从意志对行为后果的支配关系上，我们可以把故意中的意志区分为以下两种形态：

1. 希望

希望是指行为人追求某一目的的实现。在刑法理论上，由希望这一意志因素构成的故意，被称为直接故意。直接故意是与一定的目的相关联的，只有在目的行为中，才存在希望这种心理性意志。在希望的情况下，由于行为人是有意识地通过自己的行为实现某一目的，因此，行为与结果之间的关系是手段与目的之间的关系，意志通过行为对结果起支配作用。

2. 放任

放任是行为人对可能发生的结果持一种纵容的态度。在刑法理论上，由放任这一因素构成的故意，被称为间接故意。放任与希望之间的区别是明显的：希望是对结果积极追求的心理态度，放任则是对这种结果有意地纵

---

① 犯罪结果是否是意志因素控制的对象，长期以来都是一个极有争议的问题。有的理论认为：行为人的意志只能作用于自己的举动，只有对自己行为的控制才是故意的意志因素。因为客观的因果链条一经发动（例如，为了淹死自己的对手而将其扔入河内），犯罪结果就只能为行为人所预见，而不可能成为行为人控制的对象（此即所谓的"预见说"）。实际上，由于故意行为的实质在于行为人有意识地将各种现实因素都变成自己实现"目的"的"手段"，行为决定结果的整个过程都应被视为行为人意志控制的过程（此即所谓"希望说"）。参见［意］杜里奥·帕多瓦尼：《意大利刑法学原理》，陈忠林译，法律出版社1998年版，第209～210页。

② 黑格尔曾经对此作过辩证的分析，指出：移置于外部并按其外部的必然联系而向一切方面发展起来的行为，有多种多样的后果。这些后果，作为以行为的目的为其灵魂的形态来说，是行为自己的后果（它们附属于行为）。但是行为同时又作为被设定于外界的目的，而听命于外界的力量，这些力量把跟自为存在的行为全然不同的东西与行为相结合，并且把它推向遥远的生疏的后果。所以，按照意志的法，意志只对最初的后果负责，因为只有这最初的后果是包含在它的故意之中。参见［德］黑格尔：《法哲学原理》，范扬等译，商务印书馆1961年版，第119～120页。

③ 黑格尔指出：后果是行为特有的内在形态，是行为本性的表现，而且是行为本身，所以行为既不能否认也不能轻视其后果。但是另一方面，后果也包含着外边侵入的东西和偶然附加的东西，这却与行为本身的本性无关。参见［德］黑格尔：《法哲学原理》，范扬等译，商务印书馆1961年版。尽管黑格尔认为必然的结果与偶然的结果难以确定，因为必然性与偶然性是可以转化的，但我们还是可以在一般意义上区分必然结果与偶然结果。

容其发生。两相比较,在意志程度上存在区别:希望的犯意明显而坚决,放任的犯意模糊而随意。

对于希望是一种意志,在理论上是没有疑问的,也符合心理学原理。但如何看待放任的意志属性,不无疑问。因为心理学上的意志行为都是以追求一定的目的为特征的,是目的行为之实现。而在放任的情况下,发生之结果并非行为人所追求的目的,通常认为放任行为没有自身目的。① 那么,又何以论证放任的意志性呢?我认为,对于放任的意志性,应当从行为与结果之间的主观联系上加以说明。在放任的情况下,行为人对于结果发生是认识到其可能性。对于这种可能的结果,如果持希望的态度,就是直接故意,如果既不希望其发生,亦非否定其发生,这就是间接故意。因此,作为可能的故意,间接故意不仅认识上是可能的,即认识结果可能发生,而且在心理态度上也是"两可"(这也可以说是一种可能)的。② 这种"两可"态度,表明行为人具有"接受危害结果发生的危险"的意识(accettazione di rischio)。③ 这就是间接故意的意志性。间接故意的意志性不仅从心理态度上可以得到说明,更重要的是从其与结果的关系上得到解释。这种关系,正如间接故意一词所表明的,是一种间接关系。在间接故意的情况下,其结果具有间接

---

① 放任行为自身没有目的,但并不排斥其他目的的存在。当追求某一目的而放任构成要件的结果发生时,其所追求的目的并非放任行为的目的,更非犯罪目的。就放任行为本身而言,不存在目的。我国学者指出:在行为过程中,行为人所追求的不是其所放任的结果而是别的结果。放任的结果只是希望的结果的派生物,放任的结果不属于行为人目的的内容。放任不是也不能等同于追求结果,否则,便与放任的含义相悖。参见姜伟:《犯罪故意与犯罪过失》,群众出版社 1992 年版,第 180 页。

② 意大利学者指出:间接故意或称可能(eventuale)故意,这里的"可能"(eventuale)不是指实际上存在的故意本身,而是指与故意相联系的"可能"(possibile)发生的结果。参见[意]杜里奥·帕多瓦尼:《意大利刑法学原理》,陈忠林译,法律出版社 1998 年版,第 211 页。在上述论断中,实际上存在的故意本身的可能,和与故意相联系的结果发生的可能到底意在何指,捉摸不透,耐人寻味。译者将可能(eventuale)与可能(possibile)用原文注出,按照我的理解,故意本身的可能是指认识上的可能,属于认识因素,与故意相联系的结果发生的可能是指对这种结果发生的两可态度,因而属于意志因素。

③ 意大利学者认为,根据理论界最通行的观点,行为人是否"接受危害结果发生的危险"(accettazione dirischio),是决定(和限制)可能故意成立的根据。参见[意]杜里奥·帕多瓦尼:《意大利刑法学原理》,陈忠林译,法律出版社 1998 年版,第 211 页。

性、附属性和派生性。[①] 那么,这种间接的结果为什么能够归之于行为人呢?对此,黑格尔引用了一句绝妙的古谚:"从手里掷出的石头,变成了魔鬼的石头"。[②] 由此可见,在间接故意的情况下,一旦行为实施,对于可能发生的结果是非行为人所能控制的,但之所以仍然将这种结果归之于行为人,是因为这块石头毕竟是行为人所扔,即使变成了魔鬼的石头,也是行为人的意志之显现。

二、故意的规范构造

在刑法上,作为罪过形式的故意不是一种纯心理事实,而同时包含着规范评价因素。那么,这种规范评价是如何体现的呢? 这里涉及故意的规范构造问题。

对于故意的规范评价须以心理事实为基础,而不是独立于心理事实。在这个意义上说,我们应当将规范评价因素融入心理事实之中。心理事实包含认识与意志两个因素,规范评价同样体现在这两者之中。

对于认识因素的规范评价表现为违法性认识,亦称违法性意识。作为心理事实,故意是以事实认识为基础的。构成犯罪故意,在此基础之上,还要求存在违法性认识。因此,违法性认识是认识因素的规范评价。在犯罪故意的构成中,是否要求违法性认识,存在心理责任论与规范责任论之争。心理责任论认为只要具有对犯罪事实(构成要件中的客观事实)的认识,就可以追究故意责任。因此,心理责任论把故意视为一种纯心理事实,而不考

---

① 英国学者边沁对此作了精辟论述,指出:一个结果,当它是故意引起的时候,既可以是直接故意,也可以是间接故意。当预期产生某种结果促使行为人决心实施其行为的因果锁链中的一个环节时,就可以说,行为人对这一结果的态度是直接故意或直接产生的故意。当结果虽然是预料之中的,或者是在行为的实施过程中很可能伴随出现的,但预期产生这种结果不构成上述因果锁链中一个环节时,就可以说,行为人对该结果的态度是间接故意或伴随的故意。参见[英]鲁伯特·克罗斯、菲利普·A. 琼斯:《英国刑法导论》,赵秉志等译,中国人民大学出版社1991年版,第30页。

② 黑格尔指出:一方面,主观反思无视普遍与单一的逻辑性质,而把单一部分和各种后果细加分裂,另一方面有限性事件的本性包含着偶然性的这种分离。dolus indirectus(间接故意)的发明就是根据上述而来的。一种行为可能受到种种情况的冲击,这是当然的事。在放火的场合,可能不发生火灾,或相反的可能燃烧得比放火者所设想的更厉害。尽管这样,这里不应作出什么吉祥与凶煞的区别,因为人在行为时,必然要同外界打交道。古谚说得好:"从手里掷出的石头,变成了魔鬼的石头。"在行为时我本身就暴露在凶煞面前。所以凶煞对我具有权利,也是我自己意志的定在。参见[德]黑格尔:《法哲学原理》,范扬等译,商务印书馆1961年版,第122~123页。

虑规范评价。[1] 可以说,否定违法性认识的思想源远流长,在以下这句罗马法格言中得以充分说明:不知法律不免责(Ignorantia juria non excusat)。[2] 违法性认识不要论的产生是基于国家主义的立场,要求公民知法,不知法为有害(Juris ignorantia nocet),甚至将不知法本身视为一种法的敌对性。显然,这种观点与刑法的人权保障精神是相悖的。[3] 为软化违法性认识不要论的国家主义立场,出现了各种修正的理论,主要有以下两种观点:(1)限制故意论,认为故意至少需要具备违法性意识的可能性,如无违法性意识的可能性,则无谴责的可能,更无责任可言。显然,这种观点并未完全否认违法性认识,因而不同于违法性认识不要论。但它又以违法性认识的可能性相要求,正是在这一点上容易混同于过失,从而受到批评。[4](2)行政犯、自然犯区别论,主张对自然犯在故意上不需要违法性认识,对行政犯则需要违法性认识。这是社会责任论的立场,认为自然犯的行为具有当然的反社会性,只要认识到这种行为的性质并决意实施,就可以成立反社会意识。而行政犯的行为是因为法律的特别禁止才视为反社会行为,因而要求对于违法性的认识。这种区分说对行政犯要求违法性认识,对自然犯则认为违法性认识包含在对行为事实的认识之中因而没有必要特别要求。但也不能否认在自然犯中不具有违法性认识的情形存在,在这一点上,区别说也有不妥。规范责任论主张违法性认识必要说,将违法性认识视为故意成立的必要条件。如

---

① 否定违法性认识的观点称为违法性认识不要说,该说认为违法性认识不是故意的要件,法律错误不阻却故意,法律的不知或误解不影响刑事责任。不要说的理由有三:其一是以心理责任论为基础,认为故意是对犯罪事实(构成要件中的客观事实)的认识,只要行为人具有对事实的认识,就可以追究其故意责任;其二是认为责任能力者通常都具有能够认识违法性的能力,没有对违法性的认识进行特别考察的必要;其三是所谓刑事政策的考虑,认为如果把违法性的认识作为责任要素,就会导致刑法的松驰化,会因为违法性认识的证明困难而给犯罪者逃避惩罚提供借口。参见冯军:《刑事责任论》,法律出版社 1996 年版,第 211 页。

② 关于这一格言的法理分析,参见张明楷:《刑法格言的展开》,法律出版社 1999 年版,第 207 页以下。值得注意的是,中国古代有与之相悖的格言:不知者不为罪。参见田宏杰:《违法性认识研究》,中国政法大学出版社 1998 年版,第 50 页。

③ 在无违法性意识的可能性的情况下承认故意责任,这是单方面强调国家权威,而无视刑法的意思决定机能的,因此它也不妥当。参见[日]福田平、大塚仁:《日本刑法总论讲义》,李乔等译,辽宁人民出版社 1986 年版,第 124 页。

④ 所谓违法性意识的可能性意味着虽无违法性意识但稍加注意就会有可能有,就违法性来说,意味着过失,所以这种说法是在故意概念中混进了过失要素,抹煞故意与过失的区别,是不妥当的。参见[日]福田平、大塚仁:《犯罪论的基本问题》,李乔等译,辽宁人民出版社 1986 年版,第 123 页。

果欠缺这种违法性认识,故意即被阻却。我认为,这种观点是正确的。因为违法性认识反映出法敌对意识的存在,体现了故意这种犯罪形式的性质。在我国刑法理论中,违法性认识是否必要,往往转换为社会危害性认识是否必要这样一个命题,由此展开讨论。然而,由于社会危害性概念本身的含混性,使这种讨论的科学性大为降低。[①] 因此,我们仍然坚持违法性认识的说法,并将违法性认识作为故意中认识因素的规范评价。

对于意志因素的规范评价如何表现,这在刑法理论上是一个悬而未决的问题。意志是以选择为特征的,作为心理事实的意志因素,是指对行为事实之所欲。那么,这种欲何以成为犯罪的意志呢?我认为,其规范评价表现在期待可能性的有无上。期待可能性是指期待行为人实施合法行为的可能性。在期待可能性与故意的关系问题上,主要存在并列说与要素说。并列说将期待可能性视为独立于故意的责任要素,即故意成立,然后再考虑是否存在期待可能性,以此判定责任之存否。而要素说则将期待可能性视为故意的构成要素。我认为,期待可能性应视为故意的要素。确切地说,是故意中意志因素的规范评价,即这种意志决定是否是在具有期待可能性情形下作出。如是,则具有犯罪意志,成立故意;如反之,则没有犯罪意志。

(一)故意的规范评价Ⅰ:违法性认识

违法性认识是指对行为人的违法性的判断属于对认识的规范评价因素。因此,违法性认识与事实性认识在性质上是存在区别的。如果说事实性认识是对客观事物的认知;那么,违法性认识就是对法律关于某一客观事物的评价的认知。简言之,前者为对事的认知,后者为对法的认知。这里的事与法又不是分离的,法是对事之法。尽管在理论上可以明确地区分事实性认识与违法性认识,但在实践上这种区分仍然是十分困难的。问题在于:这里的规范评价是仅指法的规范评价,还是也包含社会的规范评价,这直接影响对事实性认识与违法性认识的区分。例如,我国学者将行为人的认识在刑事归责上涉及的事实分为两部分:不需要评价的事实,如火车、货币、妇女等;需要评价的事实,如淫书、敌人、珍禽等。由此得出结论:对需要评价

---

① 我国学者指出,社会危害性不是法律的规范要素,以此作为犯罪的认识内容,要么无法确定某些显而易见的犯罪故意的成立而放纵罪犯;要么无视行为人对社会危害性欠缺认识这一客观事实,而追求行为人故意犯罪的刑事责任,既冤枉了无辜,又使得犯罪故意的认定标准形同虚设。所以,社会危害性不是也不可能是故意犯罪的认识内容,其认识内容应当是也只能是违法性认识。参见田宏杰:《违法性认识研究》,中国政法大学出版社1998年版,第44页。

的事实的认识，应当属于违法性认识，而不属于事实性认识。① 这里涉及对事实性认识与违法性认识的区分标准问题。我认为，无论是事实性认识还是违法性认识都属于对某种客体的一种主观认知，而不是评价，这是确定无疑的。违法性认识之所以称为规范评价，是指凡具有违法性认识的，就可以认为具有犯罪认识，因而为在刑法上评价为犯罪故意提供了主观根据。因此，违法性认识是对行为具有违法性这一事实的认识。就此而言，不能把一切包含规范评价因素的事实的认识一概归之于违法性认识。例如淫书，是否认识到是淫书，这是一个事实性认识，是否认识到淫书乃法所禁止，这才是一个违法性认识。② 事实性认识的事实本身，并非裸的事实，同样包含评价的内容。这种评价，包括规范评价、认识评价、伦理评价等。尽管如此，这种事实仍然是构成事实。③ 因此，以是否存在评价因素作为区分事实性认识与违法性认识的标准，有失准确。

在大陆法系刑法理论中，违法性有形式违法性与实质违法性之分。那么，违法性认识之违法到底是形式违法性还是实质违法性？形式违法是违法性的形式概念，即违反法的规范，而实质违法是违法性的实质概念，指违

---

① 我国学者指出，所谓事实性认识，是指对构成要件中不需要评价的事实的认知。需要评价的事实虽然到底仍然是事实，但是，对需要评价的事实的认识，其重点在于评价，而不在于认知。划分事实性认识与违法性认识的标准是其认识是对事实的评价还是对事实的认知。参见冯军：《刑事责任论》，法律出版社 1996 年版，第 153 页。

② 日本学者大塚仁批评了卡特莱事件的判例中将关于文书的猥亵性的意义认识问题与违法性的意识的问题混同，指出：关于规范性构成要件要素的意义的认识和违法性的意识，都与规范相联系，具有类似之处。但是，它们与规范的关系明显不同，将它们同等看待，难免失当。就文书的猥亵性而言，意义的认识是认识到该文书具备猥亵性，而违法性的意识则未意识到贩卖该猥亵文书是刑法上所不允许的。前者是所谓犯罪事实的表象的一环，是构成要件性故意的要素；后者则是责任故意的要素，是责任论的对象。参见[日]大塚仁：《犯罪论的基本问题》，冯军译，中国政法大学出版社 1993 年版，第 213 页。

③ 对此，小野清一郎指出：构成要件中的规范要素，是指构成要件中不但要有确定的事实，而且以规范评价为必要。这里，既有以诸如"他人财物"之类的法律评价为必要的场合，也有以诸如"虚假文书"之类的认识评价为必要的场合，还有以诸如"猥亵行为"、"侮辱"之类的社会的、文化的评价为必要的场合，以及以"故意的"、"不法的"等完全是伦理的、道义的评价为必要的场合。因此，构成要件这种客观事实的记述和叙述，在实质上、整体上与规范相关并且含有评价的意味。参见[日]小野清一郎：《犯罪构成要件理论》，王泰译，中国人民公安大学出版社 1991 年版，第 32 页。

反社会伦理规范(规范违反说)或者侵害、威胁法益(法益侵害说)。[①]对于违法性认识来说,这种违法性应该是指形式的违法性,而不是实质的违法性。[②]因为形式违法性是从法律规定中直观地推演出来的,因而易于为人们所认识。而实质的违法性,是以法律以外的因素,诸如法益、社会伦理等加以说明的。这当然对揭示违法的本质有所裨益,但以此作为违法性认识的内容,则可能丧失法的确定性,甚至以对社会伦理规范的违反之认识取代违法认识。[③] 至于以法益侵害作为违法性认识的内容,则在一定意义上沦为社会危害性认识,都与把违法性认识作为故意的规范评价因素的宗旨相悖。

违法性认识中的违法如何理解,在理论上也是一个值得研究的问题。对此,存在可罚的违法性认识说、法律不允许认识说与违反前法律规范的认识说之争。可罚的违法性认识说认为:违法性认识不仅仅只是限于违反刑法的认识,而且以包含具体的可罚性认识,即"可罚的刑法违反"的认识为必要。[④] 法律不允许的认识说认为:违法性认识是指行为人仅认识到行为具有反伦理性或反社会性不能认为有违法性认识,但是,也不要求行为人具有可罚的违法性认识,而只要求其具有一般的违法性认识。违法性认识的内容

---

① 日本学者指出,关于违法性,从来是分为形式的违法性与实质的违法性两方面来考虑的:所谓形式的违法性,是从形式的立场把握违法性的观念,把违法解释为违反法律。实质的违法性论可以分为两个立场:一是李斯特所代表的把违法性解释为社会侵害性态度的行为的观点,认为违法无非是侵害权益或使法益遭受危险,可以说是把重点放在法益的侵害上的立场。另一个是源于 M. E. 麦耶尔的见解,认为违法性是违反国家所承认的文化规范的态度,这是重视规范的违反一面的立场。参见[日]大塚仁:《犯罪论的基本问题》,冯军译,中国政法大学出版社 1993 年版,第 115 页。

② 对此问题的论述,参见田宏杰:《违法性认识研究》,中国政法大学出版社 1998 年版,第 15 页。

③ 在这种情况下,对违法性认识的内容作这种宽泛解释的结果,使实际结论同违法性认识不要说几乎没有了差异,使"不要说"与"必要说"的对立仅仅成为一种表面的对立。参见刘明祥:《错误论》,法律出版社 1996 年版,第 146 页。

④ 这种观点的理论根据是:通过威吓抑制违法行为从而实现刑罚一般预防的机能。如果行为人对自己行为的可罚性无认识,甚至不存在认识的可能性,仍然对之加以刑法的非难、给予刑罚处罚,那就达不到通过适用刑罚抑制犯罪的刑罚的目的。另外,责任说进一步指出:违法性认识与反对动机的可能性,是刑罚得以发挥其威吓作用的必要条件。因此,对不可能形成刑法上的反对动机者,施加刑法的非难、给予刑罚处罚,是不恰当的。参见刘明祥:《错误论》,法律出版社 1996 年版,第 145 ~ 146 页。

是违反法律或违反实定法。[1] 违反前法律规范的认识说认为：只要行为人具有违反前法律规范的认识，就可以认定为具有违法性认识。[2] 在上述两说中可罚的违法性认识说将违法性认识限制在刑罚可罚的范围内，使违法性认识过于狭窄，有其不妥。法律不允许的认识说将违法性放在整个法秩序当中加以考虑，有其合理之处。因为在某些情况下，例如空白罪状，违反刑法是以违反行政法规为前提的，如果没有违反行政法规，当然也就谈不上违反刑法。但对于行政违法性或者其他违法性的认识是否可以取代对于刑事违法性的认识呢？当行为人对于行政违法性或者其他违法性有认识，但对于刑事违法性没有认识，在这种情况下难道也能认为具有犯罪故意的违法性认识吗？由此看来，法律不允许的认识说对于违法性认识范围的确定过于宽泛。至于前法律规范的认识说对于违法性认识的理解更为宽泛，几乎与违法性认识不要论异曲同工，其不妥之处更为明显。我认为，在违法性认识范围上，还是应采刑事违法性的认识说。刑事违法性是犯罪的基本特征，在罪刑法定的构造中，也有明确的界限，应当成为违法性认识的内容。至于行为是否违反刑法的认识，并不要求像专业人员那种确知。[3] 因此，以刑事违法性的认识作为违法性认识的内容，并不会缩小犯罪故意的范围，而且合乎罪刑法定的原则。

（二）故意的规范评价Ⅱ：违法性意志

违法性意志是指心理性意志的评价因素，这种评价成为归责的根据。[4] 在心理性意志的基础上，之所以还要进一步追问违法性意志，是因为：对于

---

① 此说来源于迈兹格的违法论。迈兹格认为：故意以行为人知道自己的行为是违法的，即对行为的违法性有认识为要件，但对行为的可罚性的认识则是不必要的。后来的学者进一步发展了这种理论，认为对违法性的认识，不能从形式上去把握，而应该理解为实质的违法性认识，并对实质的违法性认识还应当进一步加以实质化。参见刘明祥：《错误论》，法律出版社 1996 年版，第 144 页。应当指出，将违法性认识加以实质化，可能导致对违法性认识的否定，这是不可取的。

② 这里的前法律规范是指一般规范或条理。参见刘明祥：《错误论》，法律出版社 1996 年版，第 142 页。

③ 我国学者认为某些行为是否违反刑法，甚至司法工作人员一时也难以认定，而要求行为人认识到这一点，显然是不合情理的。以此为由否认刑事违法性的认识说。参见刘明祥：《刑法中错误论》，中国检察出版社 1996 年版，第 214 页。

④ 黑格尔论述了评价因素对于归责的重要性，指出：凡是出于我的故意的事情，都可归责于我，这一点对犯罪来说是特别重要的。不过责任的问题还只是我曾否做过某事这种完全外部的评价问题；我对某事负责，尚不等于说这件事可归罪于我。参见［德］黑格尔：《法哲学原理》，范扬等译，商务印书馆 1961 年版，第 118 页。

违法性的结果虽然是行为人所选择的，但如果这种选择是在不具有期待可能性的情况下作出，即缺乏违法性意志，我们仍然不能归罪于行为人。因此，违法性意志其实就是一个期待可能性的判断问题。在一般情况下，具有责任能力的人，在具有违法性认识的基础上，实施某一行为，通常就存在期待可能性。但在某些特殊情况下，期待可能性的判断仍然是必要的。例如，有配偶而与他人结婚，构成刑法上的重婚罪。但因自然灾害而流落外地，为生活所迫与他人重婚的情形下，行为人明知自己有配偶，具有事实性认识；明知重婚违法，具有违法性认识；在这种情况下仍然与他人结婚，具有心理性意志。但由于是为生活所迫而与他人重婚，缺乏期待可能性，因而没有违法性意志。对此，不能以重婚罪论处。

（本文原载《政法论坛》1999 年第 5 期）

过失责任论

一、过失的心理构造

故意是人的一种心理活动,其中包含认识因素与意志因素。作为罪过形式的故意,只不过是经过规范评价的心理事实。对此,在刑法理论上已成定论。那么,过失是否具有心理性呢？这个问题,如同不作为的行为性一样,成为各种过失理论难以绕过的难题。

对于过失是否具有心理性,在刑法理论上不乏否定的见解,甚至认为过失行为人的内心一片空白。意大利有学者指出,从实质内容来说,过失是一种与故意截然不同的罪过形式:故意的内容由有关犯罪行为的"真实的"心理因素组成,而过失则基本上是一种法律的评价,即对主体是否遵守与其行为相关的注意义务的判断。在过去,人们曾多次试图寻找过失存在的心理学根据,但最终都一无所获。① 英国学者认为:过失意味着在某人的心理上完全缺乏特定的思想,即空虚。② 确实,与故意相比,过失不存在故意心理中的认识因素与意志因素。因而,犯罪过失定义上"缺乏任何构成犯罪故意的必要因素的情况",将过失从反面作为一个与故意相对应的概念,即在心理事实上,故意是"有",过失则是"无"。故意与过失,就是这种心理事实上的有与无的对立。那么,难道没有故意的心理,就是没有任何心理,就是没有任何心理活动吗？正如同在不作为中,不作为就不是行为了吗？回答是否定的。过失具有心理性,只不过这种心理性具有不同于故意心理的特点而已。

---

① [意]杜里奥·帕多瓦尼:《意大利刑法学原理》,陈忠林译,法律出版社1998年版,第21页。

② [英]特纳:《肯尼刑法原理》,王国庆等译,华夏出版社1989年版,第43页。

传统心理学认为:"心理的即意识的",将心理与意识等同。[①] 奥地利著名精神分析学者弗洛伊德(Sigmund Freud)在精神分析的基础上创立了过失心理学理论。弗氏过失心理学的一个核心概念是"潜意识"(unconscious)。潜意识,亦译为无意识,本人认为译为潜意识更为确切,无意识容易被误解为没有意识,潜意识却可以理解为是一种潜在的、未被感觉到的意识,是意识的一种特殊存在形式。弗氏认为:心理包含有感情、思想、欲望等,而思想和欲望都可以是潜意识的。[②] 因此,潜意识指被压抑的欲望、本能冲动以及替代物(如梦、癔症)。弗洛伊德认为:潜意识的主要特点是非理性、冲动性、无道德性、反社会性、非逻辑性、非时间性、不可知性、非语言性。潜意识是心理深层的基础和人类活动的内驱力,它决定着人的全部有意识的生活,甚至包括个人和整个民族的命运。这是精神分析学派的心理基石。[③] 从潜意识的理论出发,弗氏提出"过失是有意义的"这一命题,这里所谓意义是指心理内容,包括重要性、意向、倾向及其一系列心理过程。弗洛伊德揭示了过失的心理机制,他认为:我们不但知道过失是有意义和有目的的心理现象,不但知道它们是两种不同意向互相牵制的结果,而且知道这些意向中若有一个想要牵制另一个而得到发展,其本身便不得不先受一些阻力禁止它的活动。简单地说,一个倾向必须先受牵制,然后才能牵制其他倾向。由此弗氏认为,过失的心理机制由两个因素构成:(1)倾向和倾向的冲突;(2)有一倾向被逐而产生过失以求补偿。[④] 弗氏的观点为我们理解过失心理提供了理论根据。潜意识理论说明了在过失的情况下,并不意味着心理真空,仍然存在着复杂的、深层的心理活动(正是在这个意义上,精神分析学被认为是一种深度心理学)。更为重要的是,在人的心理中,意识和潜意识是共存的,潜意识涵括前意识(preco nscio us)。弗洛伊德认为:前意识是指潜意识中可召回的部分,人们能够回忆起来的经过。意识则是指心理的表面部分,是同外界接触直接感知到的稍纵即逝的心理现象。前意识是潜意识和意识之间的中介环节,潜意识很难或根本不能进入意识,前意识则可能进入意识,所

---

① 弗洛伊德指出:习惯上把心理的东西都看做有意识的,这是完全不切实际的。它把一切心理上的道德都割裂开来了,使我们陷入心身平行论的无法解决的困境中,它易于受到人们的指责,认为它全无明显根据地过高估计了意识所起的作用。参见[奥]弗洛伊德:《一个幻觉的未来》,杨韶钢译,华夏出版社 1999 年版,第 132 页。

② [奥]弗洛伊德:《精神分析引论》,高觉敷译,商务印书馆 1984 年版,第 9 页。

③ 车文博:《西方心理学史》,浙江教育出版社 1998 年版,第 464 页。

④ [奥]弗洛伊德:《精神分析引论》,高觉敷译,商务印书馆 1984 年版,第 45、50 页。

以从前意识到意识尽管有界限，但没有不可逾越的鸿沟。[①] 在过失心理中，人的行为是受意识与意志支配的，例如司机驾车，这是一种目的行为。但对于交通肇事来说，并非司机所欲，而是过失所致。在分析这种过失心理的时候，不能局限在意识这一心理表层，而是应当追溯到潜意识，由此说明过失心理的存在。苏联学者 M. T. 乌格列赫里捷从承认存在无意识或下意识心理的现代的心理学概念出发，揭示过失的心理事实，认为过失的心理事实是不受意志和意识控制的冲动定势，由这种定势所引起的行为蕴含着造成社会危害后果的现实可能性。[②]

潜意识只是说明了过失的心理性，它本身还不足以解释过失承担刑事责任的根据，也不能为认定过失提供法律标准。因此，潜意识的因素还必须转换为刑法上过失的心理要件。显然，过失的心理要件是与故意不同的，故意具有构成事实的认识因素和意志因素，而过失则没有。但过失的心理事实仍然可以从认识与意志这两个方面加以分析，即具有认识特征与意志特征。传统过失心理沿袭故意的认识因素与意志因素的概念，认为疏忽过失的认识因素是没有认识，意志因素是疏忽；轻信过失的认识因素是有认识，意志因素是轻信。例如，我国学者认为：犯罪过失的认识因素表现为行为人对危害结果的发生没有认识、预见，或者虽有所认识、预见，但对其可能性变为现实性的概率估计不足；犯罪过失的意志因素表现为行为人否定、希望避免结果发生。[③] 我认为，这种表述存在逻辑上的矛盾，例如，没有认识何以成为疏忽过失的认识因素？我国学者还将认识分为已然性认识与未然性认识，认为故意是明知故犯，其认识是已然的。而过失是不知误犯，其认识分为盲目性认识和疏忽性认识。我国学者指出：盲目性认识是指行为人虽然对事实的存在或发生的可能性曾经有所认识，但是，由于其主观上的紧张、谨慎程度不够（不太注意）而盲目地在主观上排除了事实存在或发生的可能性，而导致在实施行为时其主观上缺乏对事实的认识。疏忽性认识是指由于行为人主观上缺乏紧张、谨慎（不注意），行为人对事实存在或发生的可能性不曾认识。但是，如果行为人在主观上使自己处于紧张、谨慎的注意状

---

① 车文博：《西方心理学史》，浙江教育出版社 1998 年版，第 464 页。

② ［苏］A. A. 皮昂特科夫斯基：《苏联刑法科学史》，曹子丹等译，法律出版社 1984 年版，第 81～82 页。关于潜意识理论在过失心理分析中的进一步论述，参见拙著：《刑法哲学》，中国政法大学出版社 1997 年修订版，第 40 页以下。

③ 胡鹰：《过失犯罪研究》，中国政法大学出版社 1995 年版，第 71 页。

态，那么，行为人就能够认识事实存在或发生的可能性。[①] 本人认为，这种论述是有新意的，可谓别出心裁。不过，已然性认识与未然性认识的观点仍然是在故意的认识因素与意志因素的框架内分析的，因而具有局限。其实，我们大可不必套用故意的认识因素与意志因素去分析过失心理。在过失心理中，并不是一个是否存在故意的心理中的那种认识因素与意志因素的问题：在疏忽过失的情况下，没有预见就是无认识，又何必说成是有疏忽性认识呢？过失心理中需要解决的是认识特征与意志特征的问题，我们不能把无认识说成有认识因素，但可以视为疏忽过失的一种认识特征；我们不能把不希望或者不放任说成是有意志因素，但可以视为轻率过失的一种意志特征。由此，可以正确地分析过失的心理本质。

关于过失的心理事实，在刑法理论上主要存在以下三种学说之演进：

1. 无认识说

无认识说认为行为人对一定的事实或结果没有认识，以不意识犯描述过失心理。这是过失的一种早期观点，该说从预见义务的违反上界定过失，而这种预见义务的违反就表现为无认识，以此将过失与故意加以区分。无认识说的缺陷是十分明显的：它只注意过失的认识特征，而没有注意过失的意志特征。更为重要的是，它只说明了疏忽过失，因为这种过失公认为是无认识过失，而未涉及轻信过失，因为这种过失一般认为是有意识过失，因而有以偏盖全之嫌。

2. 不注意说

不注意说认为过失是行为人因违反注意义务而导致一定结果发生的心理态度。不注意说不像无认识说那样强调过失的认识特征，而是强调过失的意志特征，将过失的本质视为是对注意义务的违反。

3. 结果避免说

结果避免说认为过失是行为人因违反注意义务或结果回避义务而导致一定结果发生的心理态度。结果避免说将违反注意义务与违反结果回避义务相提并论：违反注意义务是疏忽过失的心理本质，而违反结果回避义务是轻信过失的心理本质，因而更为圆满地说明了过失的心理特征。

以上三说为我们分析过失心理特征提供了参照标准。对于过失心理，还是应当从认识特征与意志特征这两个方面来认识，由此确立过失的心理模型。

---

① 冯军：《刑事责任论》，法律出版社1996年版，第160～161页。

(一)过失的心理事实Ⅰ:认识特征

认识是一切心理活动的基础,过失也不例外。过失可以分为无认识过失(疏忽过失)和有认识过失(轻率过失)。因此,这两种过失的认识特征是有所不同的,下面分别加以分析:

1. 疏忽过失的认识特征

疏忽过失是一种无认识过失,因而其认识特征是一种无认识状态。疏忽过失之无认识并非对一切事实皆无认识,而仅仅是对构成事实无认识。在刑法理论上,对于作为无认识内容的构成事实的范围存在争议,有的强调对作为犯罪构成要件的结果没有认识,有的强调对犯罪事实无认识。而在后一种观点中必然产生是对构成犯罪事实的全部要件没有认识还是仅仅对构成犯罪事实的部分要件没有认识也可以的争论。① 本人认为:无认识是指对于侵害法益的结果没有认识,而非其他。对于疏忽过失的认识特征的分析,不能停留在这种无认识状态,还应当进一步追问是否应当预见。因此,注意义务和注意能力②就成为分析疏忽过失的认识特征之关键所在。

注意义务是指行为人作为时应当注意有无侵害某种法益,不作为时应当注意有无违反某种特定的法律义务的责任。在疏忽过失中,注意义务是指结果预见义务,即对于构成要件的结果所具有的预见义务。结果预见义务是一种客观的注意义务,这种义务是在社会生活中存在的。关于结果预见义务的范围,在刑法理论上存在争论,狭义说将结果预见义务规定为法律规范所确定的义务。③ 广义说将结果预见义务规定为社会规范所确定的义务。我们倾向于注意义务的范围可以扩大一些,甚至包括某些道德义务。根据注意义务的适用范围和对象,注意义务可以分为两类:一类是一般注意义务,适用于社会上一切有责任能力的公民,是指在日常生活中尊重他人及社会利益的义务;一类是特别注意义务,只适用于特定职业或从事特定业务

---

① 张智辉:《刑事责任通论》,警官教育出版社 1995 年版,第 239 页。

② 大陆法系刑法理论把注意义务分为客观的注意义务与主观的注意义务。违反客观的注意义务是过失犯的构成要素和违法性要素;违反主观的注意义务成为责难过失犯的根据。换言之,前者违反评价规范;后者违反意思决定规范。正如我国学者指出,大陆法系国家过失理论中的主观注意义务问题实质上就是我国刑法中的注意(预见)能力问题。参见周光权:《注意义务研究》,中国政法大学出版社 1998 年版,第 44 页。

③ 我国学者指出:过失的注意义务,应当严格地以法律(法规、规章、条例等)的要求为依据。认为没有违反法律规范要求的和行为人自己的行为所产生的注意义务,就不存在过失心理。参见张智辉:《刑事责任通论》,警官教育出版社 1995 年版,第 235 页。

的人，指在特定职业或业务范围内，遵守有关规章制度及职业道德，不危害社会利益的义务。[①] 注意义务范围的大小直接关系到过失范围的大小。我认为：注意义务范围的确定，应当与刑法所规定的过失犯罪存在的范围相一致。刑法中的过失犯罪，一般可以分为普通过失与业务过失。普通过失是指行为人在日常社会生活中发生的过失，而业务过失是业务人员从事具有发生一定侵害法益结果危险的业务时，疏忽业务上的必要注意而发生的过失。业务过失较之普通过失在过失程度上更重。我国台湾地区学者指出：从事业务之人因系反复持续地从事特定业务，对其业务行为可能发生之危险，自较一般人有深切之认识，因而具有较高之注意能力，并负有较高之注意义务，故从事业务之人从事该特定业务时之过失，在不法内涵与罪责内涵上，均较普通人之一般过失为高。同时，就刑事政策上之考量，业务行为之危险性原则上较普通行为要高，因业务之过失行为所造成之后果，原则上亦较因一般之过失行为为严重。因此，无论就刑法理论之观点，抑就刑事立法政策上之考量，因业务过失行为而造成之过失犯罪，应较因一般过失行为而造成之过失犯罪，负担较重之刑事责任。[②] 显然，业务过失是违反法律规范（包括法律、法令、法规、制度等）所明示的注意义务。而普通过失则不然。因为普通过失一般发生在日常生活中，例如，戏谑中失手使他人摔倒在石头上，引起他人死亡。在此，不存在违反法律规定的注意义务的问题，行为人所违反的是社会生活中的一般注意义务。由此可见，将社会生活中一般注意义务纳入过失之注意义务，并不会不恰当地扩大过失范围；恰恰相反，如果将社会生活中一般注意义务排斥在过失注意义务之外，就会不恰当地缩小过失范围。至于将社会一般注意义务作为过失的注意义务是否违反罪刑法定原则，笔者的回答是否定的。因为罪刑法定只是规定“法无明文规定不为罪”，在某些情况下，立法者采用空白要件的方式作出规定，司法者据此加以填补，这正是立法所赋予的司法裁量权的行使，不存在违反罪刑法定原则的问题。例如，在过失犯罪的规定中，立法者规定应当预见而没有预见，完全由司法机关确定，至于是根据相关法律确定，还是根据一般社会规范确定，都是在罪刑法定范围内的司法认定，谈不上违反罪刑法定原则。

注意能力是指对于应当注意的事项主观上注意的可能性。在疏忽过失中，注意能力是指结果预见能力，或者称为认识能力，即对于构成要件结果

---

① 姜伟：《犯罪故意与犯罪过失》，群众出版社 1993 年版，第 288 ~ 289 页。

② 林山田：《刑法通论》，台湾三民书店 1986 年第 2 版，第 255 页。

所具有的预见能力。注意义务之履行是以注意能力为前提的,如果仅有注意义务,行为人缺乏注意能力,则仍然只构成疏忽过失。在注意能力的问题上,主要存在一个认定标准问题。对此,在刑法理论上存在以下三说:(1)主观说,亦称个人标准说,以行为人本人的注意能力作为确定违反注意义务的过失标准。根据本人的注意能力对一定的构成事实能够认识、应当认识而竟未认识,产生了违法后果,依此确定违反注意义务的,称主观标准。(2)客观说,以社会一般人或平均人的注意能力为标准,确定某具体人的违反注意义务的过失责任。具体人就是一定的行为者个人,一般人或平均人的标准意味着社会上一般认为是相应的社会相当性的客观标准。(3)折衷说,认为把具有相应情况的某些个人的注意能力加以抽象化,作为一种类型标准,而这一类型标准是根据社会相当性形成的。根据这样的类型标准再以广泛意义的社会相当性来加以抽象而形成一般的普通的类型标准。以这个标准确定出来的注意能力,推论出违反注意义务的过失责任。客观说的主要理由是法律的一般性,即法律是一般规范,它是针对社会一般人的,以此论证客观标准说的合理性。对此,日本学者指出:法律是针对社会一般人的规范,故以一般人的注意能力为标准,对于一般人不可能预见的结果,否定其违背注意义务是妥当的,在这种意义上的注意义务,就叫做客观的注意义务。① 上述论断中未考虑一般能预见,具体行为人不能预见的情形。而主观说的主要理由,是刑事责任的个别性,即刑事责任的承担者,是具体的人,应以该人的注意能力为标准,否则就有客观归罪之嫌。对此,英国学者指出:法律制度在主观因素问题上所作的最重要的妥协包括采纳了被不适当地称之为"客观标准"的东西。这可能会导致这样的情况,即为了定罪和惩罚而把一个人看做他具备了某一正常人或有理智的正常人所具备并将发挥出的控制行为的能力,即使他实际并没有具备。② 我认为:这里涉及一个法律上对人的推定问题。在一般情况下,立法的对象是一般人,而不可能是个别人,因而法律仅仅将人设定为一个抽象的理性人,民法中更是如此。③ 在刑法中,

---

① [日]福田平、大塚仁:《日本刑法总论讲义》,李乔等译,辽宁人民出版社1986年版,第75页。

② [英]哈特:《惩罚与责任》,王勇等译,华夏出版社1989年版,第146页。

③ 我国学者对民法典中的"人"的观念进行了考察,参见赵晓力:"民法传统经典文本中'人'的观念",载《北大法律评论》(1998年第1辑),法律出版社1998年版,第13页以下。

经历了一个从古典学派的理性人到实证学派的经验人的转变过程。[①]

尽管在刑法中,作为犯罪主体的人仍然要求是具有刑事责任能力的理性人,但在刑事责任的追究中,个别化的呼声越来越高。在这种情况下,以具体人为标准的主观说似乎更合理。因此,笔者是赞同主观说的。至于我国刑法理论中的主观与客观统一说认为:在判断注意能力的时候,应当把人的主观认识能力同客观存在的认识条件结合起来,进行全面、辩证的分析。如果客观上存在着足够的相当预见条件,同时主观上具有能够预见的能力,就说明行为人具有应当预见义务,法律则要求他应当预见。如果主观上具有预见的能力,但客观上不具备预见相当足够的条件,或者客观上虽然具有相当足够的条件,主观上却不具有预见的能力,则说明行为人不具有预见的义务,法律上亦不应当要求其预见。[②] 上述论述中,存在混淆预见义务与预见能力之嫌。预见义务之有无不以预见能力为转移,只有在同时具备预见义务与预见能力的情况下才能以过失论。仅有预见义务而无预见能力则不存在过失问题,但不能认为无预见能力则无预见义务。所以,主观与客观统一说,实际上仍然是一种主观说,客观情况不过是判断主观上是否具有注意能力的根据而已。

2. 轻率过失的认识特征

轻率过失是一种有认识的过失,尽管在理论上对于这种认识状态尚有争论,刑法明文规定只有在已经预见法益侵害结果发生的可能性的情况下才构成轻率过失。

关于轻率过失的认识特征,首先是对轻率过失之"有认识"的判断,在刑法理论上通常是承认的。其内容是对构成条件结果发生可能性的认识。但我国有学者认为,过于自信过失通常被说成是"有认识的过失",是不妥的。过于自信的过失在认识方面,是一种盲目性认识,行为人虽然曾经对事实"有认识",但是,由于主观上的盲目性,轻信了各种有利条件,最终在实施行为的阶段否认了事实存在或发生的可能性。刑法上所重视的正是在实施行为时行为人的主观认知状态,行为人非实施行为时的主观认知状态只能在一定程度上作为认定行为人实施行为时的主观认知状态的判断资料。当我们对行为人实施行为时的主观认知状态进行判定时,我们只能得出过于自

---

① 关于刑法中的理性人与经验人的详尽阐述,参见拙著:《刑法的人性基础》,中国方正出版社1996年版。

② 李靖选:"过失犯罪若干问题浅论",载《刑法学专论》,北京大学出版社1989年版,第98页。

信的过失也属无认识过失的结论。[①] 我认为,轻率过失之有认识,是对构成要件结果发生可能性的认识,这种认识是或然性的认识、不确定的认识、未必的认识,但这种事实上的认识是客观存在的,对此否认是没有必要且没有根据的。正是这种认识的存在,将轻率过失与疏忽过失区分开来。

在确定轻率过失是一种有认识的过失基础上,我们还要对这种实际的认识状态进一步加以分析。如上所述,轻率过失认识是构成要件结果发生的可能性。那么,这种认识与间接故意的可能性认识有无区别以及如何区别呢?这个问题涉及轻率过失与间接故意的区分问题。关于两种可能性认识存在区分,在刑法理论上已经达成共识。这种区分是一种认识程度上的区分,虽然在轻率过失和间接故意的情况下,都是具有可能性认识,但轻率过失认识到的是一种抽象可能性,[②]而间接故意认识到的是一种现实可能性,由此可见这是两种完全不同的可能性。[③] 因此,轻率过失虽然也有认识,但只是一种抽象可能性的认识,这种认识远未达到间接故意的现实可能性的认识程度。

(二)过失心理事实Ⅱ:意志特征

如果说,故意的意志是一种积极意志;那么,过失的意志就是一种消极的意志。这种意志特征在于:它不是对构成要件结果的希望或者放任,而是在无认识的疏忽过失中,没有发挥主观认识能力;在有认识的轻率过失中,没有履行结果回避义务。

1. 疏忽过失的意志特征

疏忽过失作为一种无认识的过失,其认识特征是在具有预见能力的情况下没有履行预见义务。之所以没有履行预见义务,从意志上分析就是因为没有发挥主观认识能力。这种没有发挥主观认识能力的状态,就是疏忽。

---

① 冯军:《刑事责任论》,法律出版社1996年版,第161页。

② 我国学者亦称为假定可能性,参见王作富:《中国刑法研究》,中国人民大学出版社1988年版,第174～175页。

③ 在哲学上可能性与现实性是一对范畴,现实性是指现在存在着的一切事物的客观实在性,是现象与本质、形式与内容的统一。可能性是指事物发展变化的种种趋势,是事物中潜在的、在一定条件下可以转化为现实,但尚未转化为现实的东西。而可能性又可以分为抽象可能性与现实可能性:抽象可能性是指在现实中缺乏充分的根据,在目前无法实现的可能性。现实可能性是指在现实中有充分的根据,在目前即可实现的可能性。参见李武林等主编:《欧洲哲学范畴史》,山东人民出版社1985年版,第404页。

2. 轻率过失的意志特征

轻率过失作为一种有认识的过失，其认识特征表现为对构成要件结果发生的抽象可能性的认识。尽管这是一种抽象可能性，但在一定条件下仍然会转化为现实可能性，然后再转化为现实性。但行为人却轻率地以为这种可能性不会转化为现实性，因而在意志上表现为对结果回避义务的违反。这种结果回避义务违反的状态，就是轻率。

在刑法理论上，往往把结果回避义务与结果预见义务相提并论，通称为注意义务。这种说法大体上是正确的，并且业已成为通说。[①] 我认为：在刑法理论上，一般认为注意义务可以分为结果预见义务和结果回避义务。结果预见义务是指对于危害社会的结果所具有的预见义务。结果回避义务则是指在预见可能发生危害结果以后，行为人所具有的回避这种危害结果发生的义务。在疏忽大意的过失犯罪的情况下，行为人违反的是结果预见义务；而在过于自信的过失犯罪的情况下，行为人违反的则是结果回避义务。日本学者指出，把注意义务分为结果预见义务和结果回避义务，乃是今日通说的立场。[②] 但在性质上来说，将结果预见义务与结果回避义务并称是否合适，是我所考虑的一个问题。本人在《刑法哲学》一书中，将注意能力与注意义务分别称为过失犯罪的主观特征，并在注意义务中分别论述结果预见义务和结果回避义务。对此，冯军博士提出一个问题：注意能力和注意义务在刑法理论体系上的位置如何？注意能力和注意义务在理论体系上被归于主观特征的哪一部分中？冯军认为：注意义务是确定行为是否正当的标准，过失犯罪首先是违反了注意义务。但是，注意义务的违反引起的刑事责任的问题，却不是刑事归责的内容本身。因此，注意义务在体系上先于主观特征，而不是主观特征的内容本身。注意能力虽然属于归责要素，但它不同于归责要素的“主观特征、认识因素”。[③] 在我看来，结果预见义务是疏忽过失的认识特征，而结果回避义务则是轻率过失的意志特征。因此，应当在轻率过失的意志特征中论述结果回避义务。

---

① 参见拙著：《刑法哲学》，中国政法大学出版社 1997 年修订版，第 187 页。

② [日]大塚仁：《犯罪论的基本问题》，冯军译，中国政法大学出版社 1993 年版，第 244 页。

③ [日]大塚仁：《犯罪论的基本问题》，冯军译，中国政法大学出版社 1993 年版，第 248 ~ 249 页。

二、过失的规范构造

在过失这一罪过形式中，心理事实因素较之规范评价因素更难揭示。换言之，在过失的情况下，规范起着决定性的作用。只不过，应当把属于心理要件的规范要素与属于评价要件的规范要素正确地加以区分。例如，注意义务无论是结果预见义务还是结果回避义务，到底是主观特征还是归责要素，在理论上不无争论。对此，日本学者大塚仁有如下细致的分析：以行为人的内心态度为中心来理解过失时，内心的注意义务就不仅仅是结果预见义务。作为行为人内心的精神作用，正如就故意所说明的那样，区别出知的方面和情意的方面，不仅可能而且必要，结果预见只是关于知的方面，与情意的方面没有特别的关系。但是，在此，也应当与故意一样考虑情意方面的要素。这种情意方面的要素，我认为是实施回避结果所需要的作为、不作为赋予动机的义务。可以简单地称为赋予动机的义务。行为人懈怠了结果预见义务时是没有认识的过失，虽然履行了结果预见却懈怠了赋予动机的义务时，是有认识的过失。这样，就可以从遵守义务的观点来区别没有认识的过失和有认识的过失。① 我认为：注意义务虽然具有规范性，但它本身是过失心理存在的基础。如果离开注意义务，就难以说明行为人的过失。正如在不作为的情况下，离开了作为义务就难以阐明不作为的行为性。过失的规范评价因素是指注意义务以外的归责要素，包括违法性认识及其可能性和从期待可能性引申出来的信赖原则和允许的危险。

（一）过失的规范评价Ⅰ：违法性认识及其可能性

违法性认识可能性是指行为人在实施行为时处于能够认识行为的违法性的状态。违法性认识可能性是相对于违法性认识而言的。违法性认识是已经认识到行为违法，而违法性认识可能性则是应当预见到行为违法。由此可见，违法性认识及其可能性是对过失心理中认识特征的规范评价。

对于疏忽过失来说，违法性认识只是一种可能性，②疏忽大意的过失，是一种所谓无认识的过失，如何理解其违法性认识？日本刑法学家以违法性认识的可能性相要求，与应当预见而没有预见的规定是一致的，不无道理。

---

① ［日］大塚仁：《犯罪论的基本问题》，冯军译，中国政法大学出版社 1993 年版，第 248～249 页。

② 参见拙著：《刑法哲学》，中国政法大学出版社 1997 年修订版，第 52 页。现在看来，这种违法性的潜意识与违法性认识的可能性没有什么不同。

但违法性认识与这种认识的可能性毕竟不能等同。我们在论述过失的心理事实时,用潜意识来解释过失心理。由此看来,违法性认识在疏忽大意的过失中也是一种潜意识,是由于长期的社会生活和工作态度积淀下来的漠视性情绪,这种违法性的潜意识不知不觉地对犯罪人起着作用。[①] 也就是说,这种违法性的潜意识与违法性认识的可能性没有什么不同,即应当认识而没有认识。行为人对于构成要件的结果是应当预见而没有预见;同样,对于违法性也是应当认识而没有认识。

对于轻率过失来说,是具有违法性认识还是具有违法性认识可能性,不无疑问。对于轻率过失要求的是违法性认识的可能性,这是通说。例如,日本学者在涉及过失犯与违法性认识时指出:迄今为止虽未涉及过失犯的违法性认识问题,但最近却提出了过失犯在有认识的过失上也能存在违法性认识,在无认识的过失上存在违法性认识的可能性的问题。站在责任说的立场认为,对过失犯也应区分构成要件的过失和责任,把违法性认识及其可能性理解为过失犯的责任要素。[②] 我国有学者认为,违法性认识的可能性是一切过失犯罪的共同特征,而有无违法性认识,则是有认识的过失和无认识的过失的区别所在。[③] 但也有个别学者是以违法性认识与违法性认识可能性作为区分故意与过失的标志,指出:行为人认识到其行为的违法性,却实施了行为的,就是故意犯罪;行为人实施行为时虽然没有认识到其行为的违法性,但是,存在认识的可能性的,就是过失犯罪;行为人没有认识也不可能认识其行为的违法性的,就不能成立犯罪。[④] 我认为:从轻率过失是一种有认识的过失出发,行为人不仅对构成要件的结果有认识,对于行为的违法性也具有认识。这样的推理大体上是可以成立的。否认轻率过失具有违法性认识而主张其只有违法性认识的可能性,与否认轻率过失是一种有认识的过失的观点则是一脉相传的,因而异于通说。

(二)过失的规范评价Ⅱ:信赖原则与允许的危险

期待可能性不仅适用于故意,而且适用于过失,这是没有疑问的。[⑤] 但

---

① 参见拙著:《刑法哲学》,中国政法大学出版社1997年修订版,第52页。

② [日]福田平、大塚仁:《日本刑法总论讲义》,李乔等译,辽宁人民出版社1986年版,第125～126页。

③ 田宏杰:《违法性认识研究》,中国政法大学出版社1998年版,第69页。

④ 冯军:《刑事责任论》,法律出版社1996年版,第229页。

⑤ 期待可能性理论是从过失中发展起来的,此后才扩大适用于故意。参见[日]木村龟二主编:《刑法学词典》,顾肖荣等译,上海翻译出版公司1991年版,第296页。

期待可能性在故意和过失中具有完全不同的表现形式。如果说,在故意中,期待可能性的意义在于判断作为谴责根据的违法性意志之有无。那么,在过失中,期待可能性的意义在于通过信赖原则与允许的危险以判断谴责可能性。

在疏忽过失的情况下,行为人只有违法性意识的可能性。那么,这种可能性何以转化为谴责可能性呢?这里存在一个信赖原则的问题。信赖原则是指在社会生活中的某些场合,应该对他人的行为给予信任,相信他人的行为能够对自己的安全和正常活动予以保障。根据信赖原则,过失行为人与被害人都存在预见和避免危险结果发生的可能性,也都有违反注意义务的问题。如果确认双方都违反注意义务之后,就产生了如何分担过失责任的问题,即危险的分配。[①] 在刑法理论上,通常认为信赖原则是一个注意义务之有无的问题,而危险的分配则是一个注意义务之大小的问题。我认为:信赖原则是从免责的意义上论及过失的,因而其前提是事实上过失的存在。如果根本不存在过失,也就无所谓通过信赖原则予以免责的问题。因此,信赖原则是对过失行为的谴责可能性的判断,即当行为人因过失造成了一定的法益侵害结果,唯此,尚不足以引起刑事追究时,还应当进一步追问:这种注意义务的违反具有期待可能性吗?换言之,如果是基于信赖而过失地造成法益侵害结果,这种期待是不可能的,因而不应以过失犯罪论处。只有在具有期待可能性的情况下,疏忽过失违反信赖原则才具有可归责性。

在轻率过失的情况下,行为人具有违法性认识,但对于违法结果是持否定态度的,因而不具有违法性意志。如果由于轻率而引起这种违法结果的发生,应当负刑事责任。但是,如果仅考虑侵害法益的结果,而不考虑从事某种危险业务而可能出现的风险,就会阻碍社会进步。为此,在刑法理论上形成了允许的危险原则。[②] 允许的危险使过失的评价从结果无价值向行为无价值转变,因而被认为是过失理论的一场悄悄的革命。在刑法理论上,通

---

① [日]大塚仁:《犯罪论的基本问题》,冯军译,中国政法大学出版社 1993 年版,第 234 ~ 235、239 页。

② 日本学者指出,现在大量存在着诸如铁路、汽车、航空器、船舶等各类交通工具以及土木建筑事业、矿山、工厂、电力、煤气供应设施等可以引起灾害带有侵害各种法益的危险性,而又为社会生活不可缺的事业。如若因其带有危险性而予以禁止,社会生活将陷于瘫痪。尽管这些事业带有分割法益的危险性,在危险与社会效益的相对关系上,还具有社会相当性,应在某种限度上容许其存在,这就叫做“被容许的危险”。参见[日]福田平、大塚仁:《日本刑法总论讲义》,李乔等译,辽宁人民出版社 1986 年版,第 109 页。

常认为允许的危险是一个注意义务的问题。我认为,允许的危险是在行为人具有违法性认识的前提下,基于社会相当性的考虑而免除其过失责任的事由。实际上,是对轻率过失的期待可能性的判断。在允许的危险的情况下,造成法益侵害的结果,是期待不可能,因而不能归责于行为人。

（本文原载《法学评论》2000 年第 2 期）

目的犯的法理探究

目的犯是刑法理论中一个不大不小的问题，说它不大是因为目的犯只是各种犯罪形态之一种，说它不小是因为目的犯的定罪具有不同于其他犯罪的特征，刑法理论需要予以应有的关注。本文以我国刑法关于目的犯的规定为例，对目的犯进行学理上的解析。

一、目的犯的立法与司法

我国刑法分则对具体犯罪的规定，主要涉及的是罪体要素，例如行为、客体与结果，而罪责要素一般由刑法总则来解决，例如故意与过失，在刑法总则第 14 条、第 15 条均有明文规定，刑法分则中除明确规定故意或者过失的，以及依照司法传统理解为过失的少数犯罪，例如玩忽职守罪等，一般均为故意。当然，刑法分则在某些犯罪中涉及罪责要素，主要有两种情形：一是明知，二是目的。在这种情况下，明知与目的作为犯罪构成要素，对于该罪的成立具有重要意义。在刑法理论上，对于明知与目的都缺乏深入研究。问题在于：刑法分则中的明知与目的，与刑法总则中的故意是一种什么样的关系，它能否为罪责的一般理论所涵摄？我认为，这些问题都是值得研究的。为论述方便，现将我国刑法明文规定的目的犯列举如下：

1. 第 126 条第 1、2 项规定，构成违规制造、销售枪支罪须以非法销售为目的。

2. 第 152 条规定，构成走私淫秽物品罪须以牟利或者传播为目的。

3. 第 175 条规定，构成高利转贷罪须以转贷牟利为目的。

4. 第 187 条规定，构成用账外客户资金非法拆借、发放贷款罪须以牟利为目的。

5. 第 192 条规定，构成集资诈骗罪须以非法占有为目的。

6. 第 193 条规定，构成贷款诈骗罪须以非法占有为目的。

7. 第196条第2款规定,恶意透支构成的信用卡诈骗罪须以非法占有为目的。

8. 第217条规定,构成侵犯著作权罪须以营利为目的。

9. 第218条规定,构成销售侵权复制品罪须以营利为目的。

10. 第224条规定,构成合同诈骗罪须以非法占有为目的。

11. 第228条规定,构成非法转让、倒卖土地使用权罪须以牟利为目的。

12. 第239条规定,构成绑架罪须以勒索财物为目的(绑架他人作为人质的除外)。

13. 第240条规定,构成拐卖妇女、儿童罪须以出卖为目的。

14. 第265条规定,盗接他人通信线路、复制他人电信码号或者明知是盗接、复制的电信设备、设施而使用构成盗窃罪须以牟利为目的。

15. 第276条规定,构成破坏生产经营罪须由于泄愤报复或者其他个人目的。

16. 第303条规定,构成赌博罪须以营利为目的。

17. 第326条规定,构成倒卖文物罪须以牟利为目的。

18. 第345条第3款规定,构成非法收购盗伐、滥伐的林木罪须以牟利为目的。

19. 第363条第1款规定,构成制作、复制、出版、贩卖、传播淫秽物品牟利罪须以牟利为目的。

在上述刑法规定的目的中,明显地可以分为两种情形:一是包含在直接故意之中的目的,例如,合同诈骗罪的非法占有目的。合同诈骗行为是指通过签订合同而骗取他人财物,因此,非法占有他人财物是合同诈骗的题中之义,行为人主观上的合同诈骗故意涵括非法占有的目的。就此而言,主观上的非法占有目的与客观上的非法占有行为是统一的。二是存在于直接故意之外的目的,例如,走私淫秽物品罪的牟利或者传播目的。走私淫秽物品罪直接故意所包含的目的是指将淫秽物品走私出入境。这种主观目的与客观行为之间存在对应关系,即从客观行为中就可以推论出主观目的。但牟利或者传播目的则不是走私淫秽物品罪的直接故意所包含的,这一目的的实现有待于进一步实施牟利或者传播的客观行为。因此,相对于走私淫秽物品行为来说,牟利或者传播目的是一种超过的主观要素。在以上两种情形中,我认为只有后一种情形才是刑法理论上所称的目的犯。在这个意义上,目的犯不能简单地称为刑法规定以一定目的作为犯罪构成要件的犯罪,而应像日本学者小野清一郎表述的那样:目的犯是指以具有超过主观要素的一定主观目的的行为为必要的犯罪。①

目的犯之称谓，由于刑法规定的用语不同，在刑法理论上亦有称为意图犯者。例如，我国台湾地区学者基于台湾地区"刑法"使用意图一词，将目的犯称为意图犯，指出："刑法"中有不少所谓"意图犯"(Absichtsdelikte)的规定。例如，财产犯罪中大部分的犯罪类型，如窃盗罪、抢夺罪、强盗罪、侵占罪等；又如伪造罪，此类犯罪类型中除故意之主观要件外，尚有所谓"意图"(Absicht)的主观要件存在，也就是在同一犯罪构成中同时含有两个主观要件。②实际上，我国刑法中同样存在这种采用"意图"一词表示的主观要件。例如，刑法第243条诬告陷害罪中的"意图使他人受刑事追究"；第305条伪证罪中的"意图陷害他人"。上述两种情形，也应视为目的犯。此外，刑法中没有写明"目的"或者"意图"，但规定了该意图支配下的行为的，也是目的犯。例如，刑法第389条规定："为谋取不正当利益，给予国家工作人员以财物的，是行贿罪。"这里的"为谋取不正当利益"，就是指意图谋取不正当利益。又如，刑法第385条规定："国家工作人员利用职务上的便利，索取他人财物的，或者非法收受他人财物，为他人谋取利益的，是受贿罪"。这里的"为他人谋取利益"到底是犯罪构成的主观要件还是客观要件，在刑法理论上存在争论。③从刑法规定本身来看，其性质是不够明确的，在刑法理论上引起争议也在情理之中。在司法实践中，刑法规定的"为他人谋取利益"被理解为包括承诺、实施和实现三个阶段的行为。只要具有其中一个阶段的行为，就具备了为他人谋取利益的要件。对于国家工作人员收受了他人财物，虽没有利用职务便利为他人谋取利益，但国家工作人员在收受他人财物时，根据他人提出的请托事项，承诺为他人谋取利益的，或者明知他人有具体的请托事项而收受他人财物的，应当认定为受贿。④从上述表述中，为他人谋取利益似乎是行为，属于客观要件。我认为，为他人谋取利益应当理解为意图

---

① [日]小野清一郎：《犯罪构成要件理论》，王泰译，中国人民公安大学出版社1991年版，第35页。值得注意的是，小野清一郎指出：盗窃罪(日本刑法第235条)中的"非法占有"目的，也可以属于这方面的问题。但我认为，盗窃罪的"非法占有"目的，是盗窃行为的必然结果，并非超过的主观要素，也与小野清一郎本人关于目的犯的定义相矛盾。

② 柯耀程：《变动中的刑法思想》，中国政法大学出版社2003年版，第242页。

③ 王作富主编：《刑法分则实务研究》(下)，中国方正出版社2001年版，第1757页。

④ 参见："准确理解和适用刑事法律，惩治贪污贿赂和渎职犯罪——全国法院审理经济犯罪案件工作座谈会讨论办理贪污贿赂和渎职刑事案件适用法律问题意见综述"，载《刑事审判参考》(2000年第4辑)，法律出版社2002年版，第220页。

为他人谋取利益,承诺、实施和实现都是这一意图的客观表现。对于构成受贿罪来说,只要具有为他人谋取利益的意图即可。因此,为他人谋取利益是受贿罪的主观要件,受贿罪应当理解为目的犯。

除刑法明文规定的目的犯和隐含的目的犯以外,是否存在非法定的目的犯,这是一个值得研究的问题。我国刑法学者把这种非法定的目的犯称为不成文的目的犯,指出:有些犯罪,刑法分则条文虽然没有规定构成该罪必须具备某种特定犯罪目的,但从司法实践和刑法理论上看,则必须具备某种特定犯罪目的才能构成该犯罪,即所谓不成文的构成要件。对于这类尚未被立法成文化的事实上的目的犯,尤须注意。为免于犯罪认定发生困难,我国刑法对这类不成文的目的犯有将其成文的必要。[①]在我国刑法中,引起讨论的是以下两个罪名:一是伪造货币罪。关于本罪,外国刑法一般都将其规定为目的犯。例如,日本刑法第 148 条规定伪造货币罪须以行使为目的。德国刑法典第 146 条规定伪造货币罪须具有行使或者进入流通的意图。但我国刑法第 170 条规定的伪造货币罪,并未规定以行使为目的或者意图流通。在这种情况下,伪造货币罪是否必须要以行使为目的呢?对此,我国刑法学者之间存在分歧。否定说认为:我国刑法鉴于伪造货币行为的严重危害程度,没有要求行为人主观上具有特定目的。而且,对仅伪造货币并不使用伪造的货币的行为,也以本罪论处。事实上不以使用为目的而伪造货币的行为,也会侵犯货币的公共信用。因此,从解释论上而言,不应认为本罪为目的犯。[②]肯定说则认为:在刑法解释论上应当要求有行使、流通的意思(目的犯),即将假币作为真币置于市场上流通,从而危害货币的公共信用。单纯为了便于教学、艺术表演、私人收藏或展览而设计、伪造货币的,不认为具有行使目的,欠缺本罪故意,不构成本罪。[③] 显然,伪造货币罪是否以行使为目的,是一个刑法解释论上的问题。否定说是一种本义解释,其逻辑是:既然刑法没有规定以行使为目的,那么伪造货币罪的构成就不需要此特定目的。这一解释当然有其根据。但是,以伪造货币即使不使用也以本罪论处作为本罪不需要以行使为目的,则逻辑上难以成立。因为主观上是否具有行使的目的与客观上是否实际行使是两个不同的问题。即使客观上没有行使也不能否定主观上具有行使的目的。至于肯定说,是对刑法规定作出

---

① 陈立:“略论我国刑法的目的犯”,载《法学杂志》1989 年第 4 期,第 18 页。

② 张明楷:《刑法学》(第二版),法律出版社 2003 年版,第 607 页。

③ 周光权:《刑法各论讲义》,清华大学出版社 2003 年版,第 274 页。

的限制解释。刑法没有规定伪造货币罪须以行使为目的，但从刑事政策出发对此作出限制解释，将没有行使目的的伪造货币行为从犯罪中排除出去，在刑法解释上也是可以成立的。但是，从不具有行使目的并不能得出没有伪造货币的故意的结论，因为行使目的并非伪造货币故意的内容。我个人是赞同肯定说的，因而也主张非法定的目的犯这个概念。当然，予以法定化则更好。这里涉及伪造货币罪侵犯的法益。日本刑法学者认为：伪造货币罪侵犯的法益，是社会对货币的信用，以及由此而产生的交易安全。伪造货币罪侵犯的法益经历了一个从制造或发行货币以及批准权到货币信用的变迁过程。①如果伪造货币罪侵犯的法益是货币制造或者发行权，则只要制作了货币就应构成伪造货币罪。而如果伪造货币罪侵犯的法益是货币信用，则没有行使目的很难说会侵犯货币信用。我国刑法理论以往都把伪造货币罪的客体理解为货币管理制度，但这一说法过于宽泛，而新近的著作则都把伪造货币罪侵犯的客体理解为货币的公共信用。②在这种情况下，要求伪造货币罪须以行使为目的是符合伪造货币罪的本质特征的。二是虚开增值税专用发票、用于骗取出口退税、抵扣税款发票罪。对于本罪，刑法第205条并未规定以骗取税款为目的。因此，对于本罪是否以骗取税款为目的，在刑法理论上同样也存在否定说与肯定说之争。否定说认为：一般来说，行为人主观上都是以营利为目的，但法律上并未规定"以营利为目的"是构成本罪在主观方面的必备要件。因此，如果以其他目的虚开增值税专用发票的，也构成本罪。③ 根据这种观点，本罪不是目的犯。肯定说则认为：本罪具有谋取非法利益的目的。④ 据此，本罪就是目的犯。在现实生活中，绝大多数虚开增值税专用发票、用于骗取出口退税、抵扣税款发票的行为人主观上都具有骗取税款的目的。但也不能排除，在个别情况下，行为人虽然实施了虚开行为，但主观上并非为骗取税款。例如，某上市公司为虚增业绩，其两家下属公司互相虚开增值税专用发票，但并未骗取税款，主观上也没有骗取税款的目的。这种情形，根据否定说，构成本罪；根据肯定说，则不构成本罪。在刑法颁行之初，这种不以骗取税款为目的的虚开行为尚未出现，因此理论上的分歧尚未出现。随着此类案件的出现，本罪是否以骗取税款为目的的问题

---

① [日]木村龟二主编：《刑法学词典》，顾肖荣等译，上海翻译出版公司1991年版，第572～573页。

② 周光权：《刑法各论讲义》，清华大学出版社2003年版，第272页。

③ 周道鸾、张军：《刑法罪名精释》，人民法院出版社1998年版，第356页。

④ 周光权：《刑法各论讲义》，清华大学出版社2003年版，第329页。

才引起关注。在芦才兴虚开可以用于抵扣税款的发票冲减营业额偷逃税款一案中,浙江省宁波市人民检察院以被告人芦才兴犯虚开用于抵扣税款发票罪提起公诉。宁波市中级人民法院认为:芦才兴虚开用于抵扣税款的发票的目的是虚增营业开支,冲减营业数额,偷逃本应纳税款,因此构成偷税罪。一审判决后,宁波市人民检察院抗诉提出:本案中的运输发票具有抵扣税款的功能,被告人芦才兴虚开了具有抵扣税款功能的发票,其行为已触犯刑法第205条的规定,构成虚开用于抵扣税款发票罪,一审判决因被告人没有将虚开的发票直接用于抵扣税款而认定被告人的行为构成偷税罪不当。浙江省高级人民法院审理后认为:本案中所有用票单位都是运输企业,均不是增值税一般纳税人,无申报抵扣税款资格。因此本案被告人为别人虚开或让别人为自己虚开的发票在运输企业入账后,均不可能被用于抵扣税款。被告人芦才兴主观上明知所虚开的运输发票均不用于抵扣税款,客观上使用虚开发票冲减营业额的方法偷逃应纳税款,其行为符合偷税罪的构成要件,而不符合虚开用于抵扣税款发票罪的构成要件,因而驳回抗诉,维持原判。在本案的评释意见中指出:虽然虚开抵扣税款发票罪是行为犯,只要行为人实施了虚开用于抵扣税款的发票,就可构成犯罪,至于是否已将发票用于抵扣税款,不影响虚开抵扣税款发票罪的成立。但行为人没有抵扣税款的故意,即使实施了虚开抵扣税款发票的行为,也不能以虚开抵扣税款发票罪定罪处罚。在这里,对刑法第205条中的"用于抵扣税款"的理解不能过于宽泛,"用于"应指主观上想用于和客观上实际用于,而不包括虽然可以用于但行为人主观上不想用于,客观上也没有用于,也不能将行为人使用发票意图不明的视为准备用于。[①]这一判例确认了虚开增值税专用发票、用于骗取出口退税、抵扣税款发票罪须以骗取税款为目的这一定罪规则,实际上是确认了本罪为目的犯。对于这一观点,我深表赞同。由此可见,尽管刑法没有明文规定,但可以通过限制解释将某些犯罪确认为目的犯,这就是非法定的目的犯。

二、目的犯之目的的体系性地位

目的犯之目的(或者意图犯之意图)属于犯罪的主观要素,这是毫无疑

---

① 参见最高人民法院刑一庭、刑二庭:《刑事审判案例》,法律出版社2002年版,第258页以下。

问的。但它与犯罪故意之间存在何种关系以及在犯罪构成体系中的地位，是一个值得研究的问题。

违法是客观的，责任是主观的，这是大陆法系刑法理论通行的法谚。正如小野清一郎所指出：违法性的评价，是从行为的客观方面，即它的外部，对行为进行评价的。这是因为，所谓法，不管怎样，总是以维持国家的、国民的正常生活的外部秩序与和平为目的而制定的。这个目的，构成了法本身的特殊素质。① 因此，违法性是对行为的客观评价，与主观责任无涉。由此形成的是客观的违法性论。从客观违法性论出发，构成要件的内容也是纯客观而不包括主观要素的。客观违法性论将法律评价与规范的客体限于人的外部行为，这无疑是正确的。但人的外部行为与主观精神并非绝对分离的，在某些情况下，行为之违法性的评价不能脱离主观要素。在这种情况下，主观违法性论得以提出。例如，德国学者迈兹格认为：可罚的违法虽系客观之状态而由刑法上之构成要件加以明白宣示，然而人类之外部行为无一不起源于内在的精神活动。法律固然不能单纯支配人的内心而成为心情的规则，但当规范外部行为时，对于内心的心理状态，自然不能不予以关注。因此，在法律上确定何者为违法，有时如不兼从行为以及行为之内在根源——主观的因素加以判断，当无从明其真谛。这种为刑法上违法评价所不可或缺者即称为主观的违法要素。② 主观的违法性论在考察行为之违法性时，纳人主观视角，可以说是一种更为全面的违法性理论。构成要件是一种违法类型，因此在构成要件的内容上，也不仅仅包含客观要素，同样也存在主观要素。最初所指的主观要素就是指目的犯之目的等特定的主观要素，后来才扩及故意与过失等一般的主观要素。

从犯罪构成理论分析，目的犯之目的是故意之外的主观要素，它与故意之内的目的是有所不同的，对此应当加以区分。为表述方便，我们姑且把故意之内的犯罪目的称为目的Ⅰ，而把故意之外的犯罪目的称为目的Ⅱ。在我国刑法理论上，目的Ⅰ是指犯罪人希望通过实施犯罪行为达到某种危害社会结果的心理态度，也就是危害结果在犯罪人主观上的表现。因此，目的Ⅰ与犯罪结果具有密切联系，它是主观预期的犯罪结果，这种目的的客观化就

① ［日］小野清一郎：《犯罪构成要件理论》，王泰译，中国人民公安大学出版社1991年版，第17页。

② 关于主观的违法性论，参见余振华：《刑法违法性理论》，台北元照出版有限公司2001年版，第71页以下。

转化为一定的犯罪结果。例如,故意杀人的目的是非法剥夺他人的生命,这一目的的实现就是他人生命被非法剥夺,也即是发生的死亡结果。而这一结果正是行为人所希望其发生的,这也表明目的Ⅰ只存在于直接故意之中,间接故意则不存在犯罪目的。目的Ⅱ则不同于目的Ⅰ,它与本罪的犯罪结果并无必然联系,它是与目的Ⅰ并存的另外一种主观心理要素。例如,刑法第152条规定的走私淫秽物品罪,其目的Ⅰ是淫秽物品得以非法出入境,目的Ⅱ是牟利或者传播。前一目的是包含在走私淫秽物品故意之内的,即使没有后一目的,走私淫秽物品的故意仍然是客观存在的。而后一目的则并不包含在走私淫秽物品故意之内,它是可以独立存在的。我认为,只有对目的作上述明确区分,才能正确地界定目的犯之目的。

目的犯之目的与客观行为之关系,也是一个值得研究的问题。我国刑法坚持主观与客观相统一的定罪原则。这里的主观,是指主观罪过,而客观是指客观行为。因此,主观与客观的两个分析视角,在刑法理论上是极为常见的。然而,犯罪是一个整体,将其一分为二,区分为主观要件与客观要件,只是一种刑法理论上的建构。就主观罪过与客观行为两者的关系而言,实际上是紧密相联不可分割的。因为,犯罪的客观行为是受主观罪过支配的。例如,杀人行为与杀人故意,不仅在时间上具有同在性,而且在内容上具有同一性。目的Ⅰ由于包含在故意之内,因而与客观行为同样是存在对应关系的。而目的Ⅱ则与此不同,从目的Ⅱ与客观行为的关系来看,不存在对应关系,若要实现这一目的尚需进一步实施一定的行为。我们如果把本罪的构成要件行为称为行为Ⅰ,那么,实现目的犯之目的所需实施的行为就是行为Ⅱ。例如,在受贿罪中,利用职务上的便利收受他人财物是本罪的构成要件行为,即行为Ⅰ,而为他人谋取利益之意图的实现行为就是行为Ⅱ。行为Ⅱ并非本罪的构成要件行为,行为人只要主观上具有为他人谋取利益的意图即可,并非一定要将这一意图付诸实施。在这个意义上说,这种目的犯之目的是一种超过的主观要素。在超过的主观要素的情况下,主观与客观是不统一的,在刑法理论上称为主、客观不相符的构成要件。正如我国台湾地区学者指出:立法者在设定若干犯罪类型的构成要件时,时常使用所谓“不一致的构成要件”(inkongruente Tatbestande),即在此种构成要件中,主观要件的内容,较客观要件所规定者为多。而对于此种犯罪类型,一般上对于涵盖客观要件的主观要件,亦以故意要求之,但对于超出客观要件规定范围的主观要件则称之为“意图”或“超出的内在倾向”（überschissende Innentendenz）。[①]在这种“不一致的构成要件”的情况下，虽然主观与客观之间不存在严格的对应关系，因而主观与客观并不完全统一，但它并不违反主观与客观相统一的定罪原则。这是因为就本罪的构成要件的行为（行为Ⅰ）而言，行为人主观上是存在罪过的，在这个意义上主观与客观是相统一的。只是对于目的Ⅱ而言，与之相对应的行为Ⅱ并非构成犯罪的必要条件，因而目的Ⅱ是一种超过的主观要素。这种主观要素对于定罪来说，是指出了更为严格的要求。

行为Ⅱ对于目的犯的构成来说，是不必要的，但在现实生活中行为人往往不仅实施了行为Ⅰ，并且还实施了行为Ⅱ。这个问题在刑法理论上称为“意图实现”。那么，行为Ⅱ对于定罪会发生什么影响呢？换言之，行为Ⅱ与行为Ⅰ的关系如何加以界定？这也是一个值得研究的问题。我认为，行为Ⅱ与行为Ⅰ的关系存在以下两种情形：一是行为Ⅱ作为行为Ⅰ所构成之罪的不可罚的事后行为。例如，刑法第170条规定的伪造货币罪是一种非法定的目的犯，其目的是行使。而刑法第172条规定了使用伪造的货币罪，这里的使用伪造的货币罪是指明知是伪造的货币而使用，数额较大的行为。我认为，这里的“明知”就排除了伪造者本人构成使用伪造的货币罪的可能性。因此，使用伪造的货币行为，对于伪造货币罪来说，是一种不可罚的事后行为。二是行为Ⅱ与行为Ⅰ之间存在牵连关系因而构成牵连犯。在行为Ⅱ构成犯罪的情况下，它与行为Ⅰ之间就存在牵连关系，因此目的犯与牵连犯颇有学理上的联系。正如我国台湾地区学者指出：意图犯的结构关系及其意图实现所生的形态，系一种新的连结关系，其所涉及者可能有两个不同的构成要件。实应以“方法—结果”的关系来认定。“意图实现”问题根本上即为牵连关系的典型适用形态，且应将刑法牵连关系的适用范围之一，设定在针对意图犯意图实现的问题上。[②]例如，我国刑法中的受贿罪，在构成收受他人财物的情况下，刑法要求以为他人谋取利益为要件。这里的为他人谋取利益，既包括合法利益又包括非法利益。当为他人谋取非法利益时，其谋利行为就可能构成其他犯罪。例如，司法工作人员收受财物之后贪赃枉法的，其行为Ⅰ构成受贿罪，其行为Ⅱ构成徇私枉法罪，两者之间存在牵连关系，系牵连犯。对于这种牵连犯，刑法明文规定按照处罚较重的规定定罪处罚。因此，

---

① 柯耀程：《变动中的刑法思想》，中国政法大学出版社2003年版，第250页。

② 柯耀程：《变动中的刑法思想》，中国政法大学出版社2003年版，第259页。

在目的犯中，不仅应当研究行为Ⅰ，而且应当论及行为Ⅱ。

三、目的犯之目的的证明

目的犯的目的是行为人的一种主观心理内容，目的犯的设立，对控方的举证增加了一定的难度：控方不仅要证明构成本罪的客观行为与主观故意，而且还须额外地证明特定目的之存在。而在司法实践中，主观要素的证明始终是一个难题。

我认为，在目的的证明中，应当引入司法推定的方法。因为目的犯之目的是行为人的一种主观心理要素，在其未付诸实施的情况下，证明难度是可想而知的。应当指出，主观目的的证明不能以行为人的口供为转移，即不能行为人供有则有、供无则无，而应当将主观目的的证明建立在客观事实的基础之上。为此，就有必要采用推定方法，根据客观存在的事实推断行为人主观目的之有无。例如，曾某于2003年元旦下午，持《中华人民共和国往来港澳通行证》从深圳罗湖口岸无申报通报入境，经海关工作人员检查，曾某携带的两个尼龙编织袋内藏匿有《龙虎豹》、《藏青阁》等书刊共319本。经鉴定，均属于淫秽物品，后公安机关在其所开发廊的住所发现少量淫秽书刊。公诉机关认为被告人曾某违反海关法规，逃避海关监管，随身推带319本淫秽书刊入境，其行为已构成走私淫秽物品罪。曾某对指控的事实没有异议，但辩称书刊是带回来自己看的，不承认有牟利和传播的目的。法官在审理过程中认为所查获的书刊多达319本，且同一种甚至同一期的刊物就有多本，若个人自己翻阅不合常理，再加上在其所开发廊的住处发现少量淫秽书刊，有牟利和传播的可能。因此，认为公诉机关的指控可以成立，依法判处曾某有期徒刑3年，并处罚金人民币2000元，缴获的319本淫秽书刊依法予以没收，交有关部门统一销毁。在上述案例中，尽管被告人曾某辩称没有牟利和传播的目的，但根据其所携带的淫秽书刊的数量和种类，就可以推定其主观上存在牟利和传播的目的，并据以判处有期徒刑。由此可见，司法推定是一种重要的主观要素的认定方法。

应当指出，推定是英美法系中的一个概念，大陆法系除无罪推定原则中采用推定一词以外，在事实认定中鲜有论及推定方法的。而英美法系则在司法活动中广泛地采用推定方法。在英美法系法学理论中，推定可以分为立法推定与司法推定、法律推定与事实推定。而我们在这里所说的对目的犯之目的的推定，属于司法推定中的事实推定。英国学者指出：根据对某个事实的证明,陪审团可以或者必须认定另外某个事实(通常称"推定事实")的存在,这就叫做推定。其中,推定又可以分为法律的推定与事实的推定。"可以"和"必须"是区分法律的推定和事实的推定的依据。在陪审团必须认定事实的存在时,推定是法律的推定。如果陪审团根据对某一其他事实的证明而可以认定推定事实的存在,推定是事实的推定。英国学者认为:事实的推定往往是能够证明被告人心理状态的唯一手段,因而在刑事司法中起着非常重要的作用。法官应该对陪审团作出这样的指示,即他们有权从被告人已经实施的违禁行为的事实中,推定出被告人是自觉犯罪或具有犯罪意图,如果被告未作任何解释,推定通常成立。[①]《美国模范刑法典》还对推定作了专门规定,其1.12条第(5)项规定,"本法对于该当于犯罪成立要件之事实所作推定之规定其效果如下:(a)如有证据足以证明可作为规定之基础之事实存在时,法院除依所有证明所作综合判断认为推定之事实显然不存在外,应将有关规定之事实是否存在之争点提出(给)陪审团讨论。(b)有关推定之事实是否存在之争点提出(给)陪审团讨论时,法院应对陪审团指示被推定之事实虽应基于一切证据而作至不容合理怀疑存在为止之证明,但亦应指示陪审团将作为推定之基础之事实视为被推定之事实之充分的证据亦为法律所允许"。第(6)项还规定:"非本法所定之推定而与本法之规定不相矛盾时,具有法律对之所赋予之效果。"在这一规定中,只要证明基础事实的存在,推定事实即可成立,除非有足够的反证。因此,推定是一种间接的证明方法,并且是允许反证的,当然,推定一经成立,即具有法律上的效果。可以说,推定为司法机关认定行为人的主观要素提供了一种科学方法,同时也减轻了控方的举证负担。

在我国司法实践中,行为人主观要素的证明并没有得到很好的解决。司法工作者,尤其是侦查人员往往缺乏对主观要素的证明意识,即使有证明意识,也往往缺乏对主观要素的证明手段。我们一方面应当提高对主观要素的证明意识,同时还应引入推定方法作为对主观要素的证明手段。对此,我国学者已经认识到这个问题。例如我国学者指出:主观罪过作为人的一种内心活动,在现有的科学技术条件下很难被外界直接感知。在司法实践中,很多被告为了逃避法律的制裁,往往以各种借口拒绝承认自己行为时的主观罪过,从而更增加了对主观罪过认定的难度。但是,主观罪过作为犯罪

---

① [英]普珀特·克罗斯、菲利普·A.琼斯:《英国刑法导论》,赵秉志等译,中国人民大学出版社1991年版,第55~56页。

的构成要件之一,又是必须加以证明的要素。在司法实践中,对主观罪过的认定,只有采用推定的途径,即通过行为人的客观行为来推定其主观罪过。[①]目的犯之目的作为行为人主观要素,同样也需要通过推定来加以证明。我认为:应当通过立法或者司法解释的方式对刑事推定的方法、规则、程序以及效果等作出规定,并且对某些犯罪的主观要素推定的基础事实作出规定,以便为司法工作者的推定提供根据。

（本文原载《法学研究》2004 年第 3 期）

---

① 游伟、肖晚祥:"刑事推定原理在我国刑事法律实践中的运用,"载陈兴良主编:《刑事法判解》(第 4 卷),法律出版社 2001 年版,第 215 页。

违法性认识研究

在犯罪故意与犯罪过失的探讨中，涉及一个重要问题：这里的故意与过失到底是一种单纯的主观心理状态还是也包含了规范评价要素？对此的不同回答，形成了心理责任论与规范责任论的分野。在此，心理责任论与规范责任论争论的一个焦点问题就是：违法性认识是否是归责要素？尤其是犯罪故意的成立是否以具有违法性认识为必要。这个问题，也就是刑法理论上的违法性认识问题。[①] 本文拟从罪责的一般原理出发，对违法性认识问题进行探讨。

一、违法性认识的立法考察

违法是客观的，责任是主观的，这是大陆法系刑法理论中的一个基本原理。尽管随着主观违法要素理论的出现，在一定程度上对违法的客观性观念有所动摇。但相对于责任的主观性而言，违法的客观性仍然是成立的。即使是主观违法要素，也有被客观化的倾向。无论如何，在大陆法系刑法犯罪论体系中，责任是与违法相并列的犯罪成立条件。正如日本学者大塚仁所言：违法性的判断是从法规范的立场客观地、外部地论事，而责任的判断则是主观地、内部地研讨能否进行与行为人人格相结合的非难。[②] 那么，在考虑对行为人进行主观上归责的时候，是否要求对其行为的违法性之认识呢？这就是一个违法性认识的要与不要的问题。

从立法史的角度来看，违法性认识存在一个从不要到要的缓慢而又强有力的演进过程，推进这一演进过程的背后动力是国家与个人关系的变化，

---

① 违法性认识，也称为违法性意识，本章为行文便利，通称为违法性认识。

② ［日］大塚仁：《刑法概说（总论）》（第三版），冯军译，中国人民大学出版社 2003 年版，第 108～109 页。

责任概念以及归责根据理论的变化,相应的犯罪论体系的变化。

古代的法律不以违法性认识为归责要素。罗马法格言曰:“不知法律不免责”(Ignorantia juris non excusat),这实际上否认违法性认识作为责任要素。可以说,古罗马时代对违法性认识的否定并不奇怪,这与当时责任观念的发达程度是相联系的。事实上,在古罗马时代,刚刚经历了从客观责任向主观责任的转变,因而这时的责任是以心理意图为内容的。爱尔兰学者凯利对古希腊及古罗马刑法中的惩罚与意图的关系作了梳理:在早期古希腊人的认识中,意图与惩罚不具有相关性。直到公元前7世纪德拉古所制定的雅典法典才涉及杀人行为的主观意图。在以后的世纪中,意图相对惩罚责任的重要性得以广泛的承认。① 这种以意图作为惩罚根据的法律规则的诞生,获益于古希腊伦理学。例如,亚里士多德就区分了自愿行为与非自愿行为。非自愿行为是被强制的或由于无知,而自愿行为的始点则在有认识的人自身之中。② 在亚里士多德看来,行为的自愿性与非自愿性,对于决定对一个人的奖惩具有重要意义。尤其是亚氏明确指出:“我们力所能及的恶,都要受到责备。”这里的力所能及,显然是指主观上的自愿性。由于亚氏是从伦理学角度对归责性进行探讨,因此只要自愿实施某一恶行,就应对该恶行的后果承担某种违法上的责任。这种道德上的归责根据完全是心理的,并不涉及对违法性的认识。显然,古罗马法是受到了亚里士多德伦理学的影响。凯利在评论《十二铜表法》时指出:《十二铜表法》认识到了自愿和非自愿伤害之间的区别。它规定,只有在“明知并可预见后果的情形下,根据盖尤斯为纵火罪而设立的火刑的惩罚才可成立,否则,即被免除”。③ 显然,这里的明知,其内容仅限于其行为的后果,这是一种事实性认识,而非违法性认识。事实上,在古罗马时代,犯罪的主观意图刚刚被确定为归责要素,要求违法性认识是不可能的。再者,在古罗马社会,犯罪与侵权行为之间并不存在严格的区分,犯罪主要是从侵权行为演化而来,因此,犯罪具有明显的侵权性质。无论是古罗马法中的公犯还是私犯,大都属于所谓的自然犯。法定犯是随着此后国家立法的发达而逐渐发展起来的。这也决定了古罗马法对于刑事责任的追究不以违法性的认识为要件,并不影响其正当性与合

① [爱尔兰]J. M. 凯利:《西方法律思想简史》,王笑红译,法律出版社2002年版,第32页。

② [古希腊]亚里士多德:《尼各马科伦理学》,苗力田译,中国社会科学出版社1990年版,第44页。

③ [爱尔兰]J. M. 凯利:《西方法律思想简史》,王笑红译,法律出版社2002年版,第71页。

理性。

古罗马法的“不知法律不免责”这一原则,对后世的刑事立法产生了深远的影响。大陆法系各国刑法至今仍存在着不知法律不免责的规定。但在司法实践中则通过判例或者例外解释,甚至通过修改刑法逐渐地摆脱“不知法律不免责”的影响。以下分别加以说明:

(一)意大利刑法关于违法性认识的规定

意大利刑法第5条规定:“不得因不知法律而免除刑事责任。”这是在大陆法系刑法中最为典型地体现“不知法律不免责”原则的立法例。但这一规定已被意大利宪法法院1988年364号判决宣布为部分违宪。根据该判决,在行为人尽最大努力仍不可能得到对法律规定的正确理解的情况下,行为人不知道法律的具体规定,也可以作为排除犯罪的理由。[①] 对此,意大利著名刑法学家帕多瓦尼评论指出:该判决的内容在实践上结束了是否应将违法作为故意认识对象的讨论。帕多瓦尼进而指出:行为的“客观违法性”应该是故意的认识对象之一,因为它是使典型事实成为犯罪的法定条件。[②] 意大利宪法法院的判决只是宣布意大利刑法第5条部分违宪,即只有在不具有知法的可能性的情况下才不得适用刑法第5条。因此,在意大利刑法理论上多数刑法学者自然认为:行为人不知道自己的行为违法,一般都不能作为排除犯罪的理由。因此,在一般情况下,行为人对违法性的认识,不是故意成立的必需的内容。[③] 但是,至少例外的情形已经出现,肯定的观点也有了生存的空间。

(二)德国刑法关于违法性认识的规定

德国刑法典第17条规定:“(法律上的认识错误)行为人行为时没有认识其违法性,如该错误认识不可避免,则对其行为不负责任;如该错误认识可以避免,则对其行为依第49条第1款减轻其刑罚。”这一规定是从法律上的认识错误在何种情况下可以免责为逻辑出发点的。不可避免的法律认识错误可以免责,而可以避免的法律认识错误只能减责。因此,该规定并没有从正面确定违法性认识是否属归责要素,但也不完全等同于不知法律不免责原则。德国著名刑法学家耶赛克在评论这一规定时指出:我们首先可从

---

① 陈忠林:《意大利刑法纲要》,中国人民大学出版社1999年版,第121页。

② [意]杜里奥·帕多瓦尼:《意大利刑法学原理》(注评版),陈忠林译,中国人民大学出版社2004年版,第187页。

③ 陈忠林:《意大利刑法纲要》,中国人民大学出版社1999年版,第121页。

反面推论，该规定已经明确地将不法意识作为完全责任非难的前提。该规定积极肯定了禁止的错误：如果行为人欠缺不法意识，若其不知是不可避免的，他所为的是没有责任的行为（第1句），行为人若能够避免错误，则故意的构成要件所对应的刑罚将根据《刑法典》第49条第1款的规定予以减轻处罚（第2句）。因此，不法意识构成责任非难的核心，因为无论是否充分了解所面临的法律规范而作出行为决意，本身便表明欠缺法律心理，正是由于该欠缺才对行为人进行谴责。法律规范发出的法忠诚呼吁，应当对行为人的意志形成产生直接的作用和影响。有意识反抗法律者，表明一个认真的国民背弃了对受刑法保护的法益的尊重要求。但是，即使行为人欠缺完全的责任非难所必要的不法意识，换句话说，即使存在禁止错误，也同样能够考虑责任非难，当其错误是可以避免的便属于该种情形。[①] 这里存在一个对德国刑法典第17条的正确理解问题，按照耶赛克的观点，该条实际上是确认了违法性认识可能性为责任非难的根据。

（三）日本刑法关于违法性认识的规定

日本刑法第38条第3款规定："不得因不知法律而认为没有犯罪的故意，但根据情节可以减轻刑罚。"这一规定并不以违法性为故意的要素，而只是把不知法律作为减轻刑罚的情节。因此，从法律规定上来看，日本刑法是更接近于违法性认识不要说的。不仅如此，而且日本的判例也一贯地坚持这种立场，认为"为了认为存在犯意，只要认识符合犯罪构成要件的具体事实就够了，不需要认识其行为的违法"。[②] 但在刑法理论上，日本学者大多是坚持违法性认识是责任故意的要件这一观点的。正如大塚仁所言：作为责任故意的要件，不需要违法性意识，这是过去有力的见解，但是，今日的学说几乎不采用它。[③] 尤其是在刑法修改中，存在着违法性认识不要立场软化的趋势。例如，日本1974年的《改正刑法草案》第21条规定："虽不知法律，也不得认为无故意，但根据情节可以减轻其刑（第1项）。不知自己的行为为法律所不允许而犯者，就其事有相当的理由时，不罚（第2项）。"

---

① ［德］汉斯·海因里希·耶赛克、托马斯·魏根特：《德国刑法教科书（总论）》，徐久生译，中国法制出版社2001年版，第538页。

② ［日］大塚仁：《刑法概说（总论）》（第三版），冯军译，中国人民大学出版社2003年版，第391页。

③ ［日］大塚仁：《刑法概说（总论）》（第三版），冯军译，中国人民大学出版社2003年版，第390页。

(四)法国刑法关于违法性认识的规定

法国1810年刑法对违法性认识问题未作规定,但在司法实践中推定公民知法。但1994年法国刑法典对此作出了全新的规定,该法第122-3条指出:"能证明自己系由于其无力避免的对法律的某种误解,以为可以合法完成其行为的人,不负刑事责任"。法国学者在评论这一规定时指出:过去,法国刑事法律有一个始终得到最佳保障的信条,那就是:不考虑(行为人)"对法律的误解"。我们知道,按照最高司法法院原来的意见,所谓"对法律的误解"既不能构成"具有证明行为人不受刑事追究之效力的事实",也不构成"得到法律承认的理由"。这一规则甚至扩张到行为人对法律的"不可克服的误解"(不可避免的误解)。所谓"对法律不可克服的误解"是指:被告不可能通过自己了解情况,或者不可能通过向第三人了解情况来避免其错误(误解)。尽管最高司法法院曾作过一项判决,似乎承认"不可克服的误解"可以看成是行为人不受刑事追究的原因,但是,法院后来的判决作出了更大的限制:在后来的案件判决中,最高法院即使承认"误解具有不可克服性",但仍然排除将这种误解作为"不受刑事追究的原因"。最高司法法院之所以采取这种严厉立场,完全是出于社会生活必要。"推定(公民)知道国法"(任何人都不得推托其不知国法)乃是实施刑事司法的一种必不可少的"假想"(fiction)。然而,理论界却对法院判例采取的这种"不可弯曲的立场"提出了批评,特别是在行为人"对法律产生不可克服的误解"的情况下,这种立场更有待批评。对一个公民来说,要想尽知在《政府公报》上发布的无数法律条文,那可是太困难了。正因为如此,新刑法典最后草案的制定者在第42条中增加了一项条款:"能够证明自己系由于其不可能避免的对法律的误解,以为可以合法完成其行为的人,不负刑事责任。"①从法国刑法规定来看,虽然在立场上确认了不可避免的法律误解可以阻却责任,但对不可避免作过于严格的限制解释,仍然会消解这一规定的意义。

(五)俄罗斯刑法关于违法性认识的规定

俄罗斯刑法是苏联刑法的承续与发展,而苏联刑法对罪过(故意与过失)的规定具有不同于大陆法系国家刑法的特征,即在故意与过失的概念中包含了对社会危害性的认识。例如,1986年《苏俄刑法典》第8条规定:"如

---

① 让·帕拉德尔、贝尔纳·布洛克等:"《新刑法典》总则条文释义",载《法国新刑法典》,罗结珍译,中国法制出版社2003年版,第308~309页。

果犯罪人认识到自己的作为或不作为的社会危害性，并预见到它的社会危害后果，并希望或有意识地放任这种结果发生的，都认为是故意犯罪。”在这一犯罪故意的概念中包含了对社会危害性的认识，那么，社会危害性认识与违法性认识到底是一种什么样的关系呢？对此，苏联学者明确指出：不能把认识行为的社会危害性同认识它的违法性混为一谈。违法性是社会危害性的法律术语。在苏维埃法律中，一切违法行为都具有社会危害性，但是，危害社会行为并不都具有违法性。认识违法性对认定行为是否有直接故意并无意义，因为法律并没有把认识违法性包括在故意的定义中。[①] 但这里存在一个逻辑上的矛盾，既然违法性是社会危害性的法律表征，因而法律规定故意包括社会危害性认识当然也就包括违法性认识。因为按照上述论证：有社会危害性不一定有违法性，有违法性则必然有社会危害性。同理，我们可以得出结论：有社会危害性认识不一定有违法性认识，有违法性认识则必然有社会危害性认识。正是在这个意义上，违法性认识与社会危害性认识具有同一性，要求社会危害性认识必然要求违法性认识。但上述苏联学者在论及法律上的错误时又指出：发生法律上的错误时，某人以为现行立法没有规定他所实施行为的责任，实际上，他所实施的行为已构成犯罪。在这种情况下，要依据法律的规定追究其刑事责任。这是因为，对违法性的认识并不是罪过的组成部分。[②] 这种将违法性认识与社会危害性认识相分离的观点带入了俄罗斯刑法理论，尤其是在俄罗斯刑法明确地规定社会危害性认识错误可以阻却责任的情况下仍不承认违法性认识错误可以阻却责任，真是令人难以理解。俄罗斯刑法第28条第1款规定：“如果实施行为的人没有意识到而且根据案情也不可能意识到自己行为（不作为）的社会危害性，或者没有预见而且根据案情也不应该预见或者不可能预见到可能发生危害社会的后果，则该行为被认为是无罪过行为。”俄罗斯学者在解释这一规定时指出：在无罪过造成损害时，行为人没有意识到而且根据案情也不可能意识到自己行为的有罪性质，或者没有预见而且根据案情也不应该预见到或者不可能预见到可能发生危害社会的后果（第28条第1款）。行为人没有义务（或）预见到有害后果的发生是排除该人罪过的情节，所以无论后果是否发

---

① ［苏］H. A. 别利亚耶夫、M. N. 科瓦廖夫主编：《苏维埃刑法总论》，马改秀、张广贤译，群众出版社1987年版，第149页。

② ［苏］H. A. 别利亚耶夫、M. N. 科瓦廖夫主编：《苏维埃刑法总论》，马改秀、张广贤译，群众出版社1987年版，第165页。

生，行为人都不应该被追究刑事责任。[①] 在此，该学者明确认为行为人没有也不可能意识到自己行为的有罪性质不应被追究刑事责任，这是俄罗斯刑法第28条第1款的题中应有之义。没有意识也不可能意识到自己行为的有罪性质，难道不就是缺乏对行为的违法性认识吗？但该学者又指出：行为人错误地认为行为不违法，但行为却是违法的，那么，这种错误认识不能排除按刑事程序承担责任的可能。[②] 另一俄罗斯学者对这一问题的论述更是前后矛盾，一方面指出：违反刑法禁止规定的人不仅不了解这些规定，也不了解自己违反该禁止性规定时所处的条件。在这种情况下由于不存在罪过而应排除刑事责任。另一方面又认为：犯罪人的法律认识错误既不影响定罪，也不影响法院所处刑罚的种类和大小，因为刑事责任是不以犯罪人的意见为转移的。[③] 由此可见，在俄罗斯刑法中，违法性认识也是一个没有得到科学解决的问题。

（六）我国刑法关于违法性认识的规定

我国刑法是仿摹苏联刑法制定的，其中犯罪故意的概念与苏联刑法的规定极为相似。我国刑法第14条第1款规定："明知自己的行为会发生危害社会的结果，并且希望或者放任这种结果发生，因而构成犯罪的，是故意犯罪。"在这一概念中，犯罪故意包含对行为的社会危害性的认识，但这一社会危害性认识是否等同于违法性认识，是存在争议的。其中，否定说认为：犯罪的故意，只要求行为人对自己行为的社会危害性有认识，并不要求认识自己行为的违法性。因此，在一般情况下，无论行为人是否认识到自己的行为违反法律，都不影响故意犯罪的成立。[④] 在相当长时间内，这一观点也是我国刑法学界的通说。如同苏联刑法理论一样，该观点在承认社会危害性认识与否认违法性认识之间存在着逻辑矛盾。例如，我国刑法教科书在论及违法性认识问题时指出：根据我国刑法规定和司法实践，认识行为的违法性一般说来并不是犯罪故意的内容。我国刑法规定，故意的认识因素是明知自己的行为会发生危害社会的结果，而没有提出明知行为违法性的条件。

---

① ［俄］斯库拉托夫、列别捷夫主编：《俄罗斯联邦刑法典释义》（上册），黄道秀译，中国政法大学出版社2000年版，第58页。

② ［俄］斯库拉托夫、列别捷夫主编：《俄罗斯联邦刑法典释义》（上册），黄道秀译，中国政法大学出版社2000年版，第51～52页。

③ ［俄］Н. ф. 库兹涅佐娃、И. М. 佳日科娃：《俄罗斯刑法教程（总论）上卷·犯罪论》，黄道秀译，中国法制出版社2002年版，第350页。

④ 何秉松：《犯罪构成系统论》，中国法制出版社1995年版，第196页。

同时在司法实践中，对于所谓“大义灭亲”的案件，即使行为人误认为自己的行为为法律所允许，仍然认为其行为构成故意杀人罪，只要行为人明知符合该种犯罪构成要件的一切事实情况就够了。这是因为行为的社会危害性与违法性是互为表里的，认识行为的社会危害性，自然也会知道这种行为是法律所禁止的，不需要把违法性的认识专门列为故意的内容，以免被人借口不懂法律逃避应负的刑事责任。但是在这个问题上，也不能绝对化，不能排除个别例外的情况。例如，如果原来并非法律所禁止的行为，一旦用特别法规定为犯罪，在这个法律实施的初期，行为人不知道有这种法律，从而没有认识到自己行为的违法性，是可能发生的。根据行为人的具体情况，如果行为人确实不知道有这种法律，而认为自己的行为是合法的，那就不应认为具有犯罪故意。[①] 这里存在两个矛盾：首先，既然认识行为的社会危害性，就等于认识行为的违法性，为什么又得出刑法对犯罪故意要求社会危害性认识并不等于要求违法性认识？其次，既然刑法对犯罪故意并不要求违法性认识，为什么行为人在确实没有违法性认识的情况下又不应认为具有犯罪故意？这些问题都是值得研究的。当然，在我国刑法学界，越来越多的学者主张违法性认识是犯罪故意的要素。对此，我将在下文加以探讨。

二、违法性认识的学理分析

关于违法性认识问题，刑法理论显然走在刑事立法的前面。也可以说，刑事立法关于违法性认识是在刑法理论的推动下发展的。因此，在对违法性认识进行立法考察之后，再进行学理上的分析是十分必要的。

在刑法理论上，关于违法性认识是否属于犯罪故意的构成要素问题的讨论，与立法的逻辑是有所不同的。在立法上，除苏联及我国刑法以外，大多数大陆法系国家的刑法典均是以没有认识到自己的行为的违法性，是否免除责任这样一个角度提出来的，因而属于法律认识错误问题。而在刑法理论上，更多的讨论是围绕着犯罪故意的成立是否以违法性认识为必要这样一个角度展开的，因而更为直截了当。正因为在刑法理论上，是从犯罪故意的成立是否以违法性认识为必要切入的，因而对这个问题的肯定或者否定的回答自然就形成了违法性认识必要说与违法性认识不要说。

违法性认识必要说主张违法性认识是犯罪故意的构成要素。这种观点

---

① 高铭暄主编：《中国刑法学》，中国人民大学出版社 1989 年版，第 127 页。

将犯罪故意的认识内容区分为事实的认识与法律的认识。所谓事实的认识,是指对构成事实的认识,而法律的认识是指违法性的认识。事实认识与法律认识对于犯罪故意的成立来说,是缺一不可的。我国学者认为,违法性认识必要说是客观主义的刑法理论从道义责任论的立场出发提出来的。①这种说法大体上是正确的,但尚需具体分析。客观主义刑法理论是指刑法中的古典学派,而古典学派又有前期古典学派与后期古典学派之分。前期古典学派是指贝卡里亚、费尔巴哈、康德、黑格尔等人。这些学者都是主张道义责任论的,但在归责问题上坚持的是心理责任论,即将道义非难归结为一种心理关系,因而大多未深入论及违法性认识问题。事实上,前期古典学派的客观主义立场决定了将违法性当做一个客观评价问题,而主观上的故意,只不过是归责要素。这种故意是纯心理事实,并不包括违法性认识。例如,黑格尔把刑事责任的主观要素区分为故意与意图,其指出:"凡是出于我的故意的事情,都可归责于我。"②这里的故意包括认识的法与意志的法。所谓认识的法,是指对客观事实的表象。黑格尔指出:"它必须具有对定在的表象,才能作出行为;而且仅仅以摆在我面前的定在为我所认知者为限,我才负真实的责任。"③而所谓意志的法,是指某种意志过错。黑格尔指出:"行动只有作为意志的过错才能归责于我。"④至于意图,在黑格尔看来,是指"我不但应该知道我的个别行为,而且应知道与它有关的普遍物。这样出现的普遍物就是我所希求的东西,就是我的意图"。⑤ 因此,黑格尔并没有将违法性认识纳入归责要素之中。违法性认识之成为归责要素,是后期古典学派以规范责任论取代心理责任论而确立的。后期古典学派,又称为新古典学派,经由宾丁、毕克迈耶、贝林、麦耶尔等人的发展,尤其是在20世纪初期威尔哲尔的进一步推动,已经成为刑法理论之主流。新古典学派是从宾丁倡导规范论起始的,规范不仅成为对行为事实的评价要素,而且成为对心理事实的评价要素。根据规范责任论的见解,法律规范分为评价规范和意思决定规范,认为违法性是违反评价规范,与主观的意思或责任能力无关。但对违法行为既要负责任,则违法性当然应以责任的存在为前提。规范责任论

---

① 马克昌主编:《犯罪通论》(根据1997年刑法修订),武汉大学出版社1999年第3版,第334页。

② [德]黑格尔:《法哲学原理》,范扬、张企泰译,商务印书馆1961年版,第118页。

③ [德]黑格尔:《法哲学原理》,范扬、张企泰译,商务印书馆1961年版,第119页。

④ [德]黑格尔:《法哲学原理》,范扬、张企泰译,商务印书馆1961年版,第119页。

⑤ [德]黑格尔:《法哲学原理》,范扬、张企泰译,商务印书馆1961年版,第121页。

在从非难或非难可能性中寻求责任根据时，强调作为责任要素必须有违法性认识或者违法性认识可能性。但这里所谓的违法性认识或者违法性认识可能性并不是指单纯的心理事实，而同时是指作为抑制犯罪意思决定的规范意思，即应以在其形成过程中考虑到反对动机的形成。所以，违法性认识或违法性认识可能性是规范责任的要素。如行为人对行为的违法性缺乏认识的可能性，就不能对此加以非难。作为德、日刑法理论中的通说，规范责任论被视为克服了心理责任论在结构上的缺陷。[①] 在规范责任论成为通说的情况下，违法性认识确立了其在归责要素中的地位。从以心理关系为归责根据到以规范要素为归责根据，道义责任的内涵发生了巨大的变化。对此，日本学者小野清一郎在论述道义责任时指出：道义责任的评价，是对已被客观地、外部地判断为违法的行为进一步去考虑行为人主观的、内部的一面，亦即行为人精神方面的能力、性格、情操、认识、意图、动机等，而来评价其伦理的、道义的价值。这就是说，要以有违法行为为前提，再去追究责任。在这样的场合里，法主要是对行为人为什么做出这种违法行为进行伦理的、道义的评价。作为文化性质的法，这也是必然的。伦理的文化意识愈细腻，道义责任的理念就愈彻底。这种理念，是指行为人是否已经意识到了行为的违法而去行动，或者，如果是无意识的行为的话，那么行为人是不是理应能够意识到违法却没有意识而行动了。[②] 小野清一郎在这里所说的"已经意识到了行为的违法"，就是指违法性认识；"应能意识到违法却没有意识"，则是指违法性认识可能性。由此可见，小野清一郎已经俨然地将违法性认识以及违法性认识可能性视为道义责任的核心。

违法性认识不要说主张违法性认识并非是犯罪故意的构成要素，行为人只要具有构成要件事实的认识，就足以成立故意并具有可归责性。如上文所述，自古罗马以来就有"不知法不赦"的格言，因此违法性认识不要说是有其历史渊源的。当然，形成与建立在道义责任论基础之上的违法性认识必要说对立的是建立在社会责任论基础之上的违法性认识不要说。对此，我国学者指出：违法性认识不要说是主观主义的刑法理论从社会责任论的立场出发提出来的。[③] 社会责任论始于菲利，菲利在承继其师龙勃罗梭关于

---

① 林亚刚：《犯罪过失研究》，武汉大学出版社2000年版，第174～175页。

② ［日］小野清一郎：《犯罪构成要件理论》，王泰译，中国人民公安大学出版社2004年版，第32～33页。

③ 马克昌主编：《犯罪通论》（根据1997年刑法修订），武汉大学出版社1999年修订3版，第334页。

“天生犯罪人”思想的基础上，提出了犯罪饱和论，认为在一个社会里，犯罪是一种必然现象。因此，犯罪并非行为人意志自由的结果，而是一种被决定的现象。在这种情况下，对行为人的道义谴责是毫无意义的，刑罚的真谛在于防卫社会。从社会防卫论中必然引申出社会责任论，社会责任论以行为人的人身危险性为根据，并以此替代道义责任论。行为人只要具有人身危险性，不论年龄如何、精神状态如何，都应当受到防卫社会的处分。因此，违法性认识作为责任要素亦不再要求，这是必然结论。

如上所述，违法性认识必要说与违法性认识不要说的对立实际上是道义责任论与社会责任论之争的表现。当然，随着新旧两派的互相融合与互相妥协，在违法性认识问题上也出现了一些折衷的观点，这里主要涉及两种观点：

一是自然犯与法定犯区分说。这种观点认为：在自然犯中不须具有违法性认识，而在法定犯中必须具有违法性认识。这种观点，按照大塚仁的说法，是站在采取犯罪征表说的近代学派的立场上所提倡的见解，即认为，在自然犯、刑事犯中，如果存在犯罪事实的表象，就当然表明行为人的反社会性格；但是，在法定犯、行政犯中，不知道法律上所禁止的内容的人，就不能承认其反社会性格。[①] 显然，这种观点是建立在自然犯与法定犯相区分的基础之上的，对自然犯与法定犯的违法性认识要与不要提出了不同的要求。自然犯罪的观念来自于近代学派的加罗法洛。加罗法洛指出：在一个行为被公众认为是犯罪前所必需的不道德因素对道德的伤害，而这种伤害又绝对表现为对怜悯和正直这两种基本利他情感的伤害。而且，对这些情感的伤害不是在较高级和较优良的层次上，而是在全社会都具有的平常程度上，且这种程度对于个人适应社会来说是必不可少的。那么，我们可以确切地把伤害以上两种情感之一的行为称为“自然犯罪”。[②] 因此，自然犯罪的实质是对最基本道德的违反，具有明显的犯罪性。在这种情况下，只要认识到是在实施自然犯罪，其违法性认识亦在其中。因此，所谓自然犯不要求违法性认识，实际上是推定自然犯具有违法性认识。从这个意义上来说，自然犯与法定犯区分说，还是倾向于违法性认识必要说的。

二是违法性认识可能说。这种观点又称为限制故意说，主张作为故意

---

① [日]大塚仁：《刑法概说（总论）》（第三版），冯军译，中国人民大学出版社2003年版，第391页。

② [意]加罗法洛：《犯罪学》，耿伟、王新译，中国大百科全书出版社1996年版，第44页。

的要件，违法性认识并非必要，但要求具有违法性认识的可能性。违法性认识可能说又分为两种见解：第一种见解认为，在缺乏违法性的意识上行为人存在过失时（违法性的过失、法律过失），与故意同样对待。第二种见解站在人格责任论的立场上认为，即使行为人不具有违法性意识，只要按照至此的人格形成承认其存在违法性意识的可能性，就可以从中看出行为人直接的反规范的人格态度，可以承认故意。[①] 在上述第一种见解中，提出了法律过失的概念。所谓法律过失，是指行为人应当认识到自己行为的违法性，由于违反注意义务而没有认识的犯罪心理。行为人在法律过失的场合下，对于犯罪事实及构成要件的事实，本身是存在认识的，但对这一事实的违法性缺乏认识，因此有学者又称之为违法性的过失。[②] 关于法律过失是属于故意还是过失，在刑法理论上是有争议的，一种观点认为法律过失应当认定为犯罪故意。根据这种观点，犯罪故意成立不一定必须要有违法性认识，即使具有违法性认识可能性也是可以成立的。但这种观点也同样受到批评，认为是在故意的概念中掺入了过失的内容，存在逻辑上的矛盾。另一种观点则认为，法律过失属于过失，在刑法明文规定处罚过失的情况下，应以过失犯论处。[③] 法律过失概念的提出，并使之与事实过失相对应，是具有一定意义的。那么，法律过失到底是故意还是过失呢？对于违法性认识必要说来说，法律过失只能是过失而非故意。至于从人格责任论角度出发，具有违法性认识可能性的就具有反规范的人格态度，因而应把法律过失承认为故意的观点，也是极为牵强的。判断故意与过失还是应当以一定的主观心理内容为根据，而人格态度之类的内容不太好确定，它只能反映责任程度而不能决定责任形式。

行文至此，实际上已经涉及犯罪过失是否需要违法性认识问题。对于这个问题，即使是故意的违法性认识必要说的主张者，也将行为人缺乏关于违法性的事实的表象，或者缺乏关于其行为的违法性的意识作为责任过失的要件。例如，大塚仁指出：因为是在不成立故意犯的场合才承认过失犯的，所以，必须在缺乏故意犯的成立要件时才能发现过失犯的成立要件。因为关于违法性的事实的表象和违法性的意识是责任故意的要件。所以，缺

---

① ［日］大塚仁：《刑法概说（总论）》（第三版），冯军译，中国人民大学出版社2003年版，第391页。

② 高仰止：《刑法总则之理论与实用》，台北五南图书出版公司1986年第3版，第267页。

③ ［日］木村龟二编：《刑法学词典》，顾肖荣等译，上海翻译出版公司1991年版，第289页。

乏它们时就阻却责任故意,这是承认责任过失的前提条件。[①] 在与故意的对应关系上理解过失,无论是构成要件上的过失还是责任过失,都是不尽妥当的。过失并不等于非故意,过失具有自身的心理内容和规范内容。因此,在过失的情况下,同样存在一个违法性认识问题。

至于在过失的情况下如何理解其违法性认识,在刑法理论上也存在各种观点。日本学者大谷实将违法性认识可能性视为是故意和过失所共有的责任要素。大谷实指出:如果有符合构成要件的客观事实的预见可能性的话,通常,就能间接推定存在违法性认识的可能性。因此,违法性认识的可能性也是过失责任的消极要素。[②] 过失存在疏忽大意过失与过于自信过失之分,前者是无认识的过失,只是具有符合构成要件的客观事实的预见可能性,对此推定为具有违法性认识的可能性,并无不妥。但后者是有认识的过失,行为人已经具有对符合构成要件的结果的预见。在这种情况下,行为人是具有违法性认识还是只具有违法性认识的可能性,这是一个值得研究的问题。我国学者主张在违法性认识问题上,应区分有认识过失与无认识过失。有认识的过失与犯罪故意认识结构一致,其认识要素自然也应包括违法性认识。而无认识过失,则只具有违法性认识可能性。[③] 对于这一观点,我是赞同的。在过失的构成要素中,不仅包含心理事实的内容,而且也包含规范评价的内容。当然,对于过失的违法性认识及其可能性,在论证时也应切忌简单化。例如,我国学者在论证过失应当具有违法性认识或违法性认识可能性时指出:在我国刑法分则具体过失犯罪的规定中,特别是业务过失的犯罪,条文多已明文规定了以违法性认识,即违反注意义务的认识为过失成立的必备要素。例如,刑法第 134 条重大责任事故罪、第 135 条重大劳动安全事故罪、第 137 条工程重大安全事故罪、第 330 条妨害传染病防治罪等,均规定了诸如"违反规章制度"、"违反国家规定"、"违反传染病防治法的规定"等违反注意义务的情况。对这些规定,有的明文规定了必须具有违反规定的意识,这表明在违反注意义务的过失心态中必须具备违法性认识因素。[④] 我认为,刑法分则对某些过失犯罪规定以"违反国家规定"为构成要件,但这是对客观行为的评价要素,表明其行为是违反国家规定的,并不能

---

① [日]大塚仁:《刑法概说(总论)》(第三版),冯军译,中国人民大学出版社 2003 年版,第 401 页。

② [日]大谷实:《刑法总论》,黎宏译,法律出版社 2003 年版,第 258 页。

③ 田宏杰:《违法性认识研究》,中国政法大学出版社 1998 年版,第 68 ~ 69 页。

④ 林亚刚:《犯罪过失研究》,武汉大学出版社 2000 年版,第 181 页。

由此得出结论,认为在此种情形下法律要求行为人对于违反国家规定本身有认识。换言之,客观的规范要素不能直接理解为主观的规范要素。而且,即使在刑法明确规定对违反国家规定有认识的情况下,这种认识也不能等同于违法性认识。这里应当引入纯正的过失与不纯正的过失的概念加以说明。纯正的过失,是指行为人对其行为、行为所引起的结果均持过失态度的情况。由于行为人对其行为以及行为可能引起的结果均持否定态度,均出于过失,在理论上亦可称之为典型的过失。而不纯正的过失,是指行为人实施危害行为是故意的,但对其危害行为可能引起的危害结果却属过失的情况。[①] 在纯正的过失的情况下,行为人对行为与结果均为过失,因此,对其行为违反国家规定这一性质可能也是没有认识到的。而在不纯正的过失的情况下,行为人对其行为是故意的但对结果却是过失的。在行为故意中就包含对其行为违反国家规定的认识,但这一认识并非该行为人过失心理的内容,更不是违法性认识的内容,只有对其结果的过失才是责任的根据。

三、违法性认识的内容辨析

如果是主张违法性认识不要说,也就没有必要再对违法性认识本身作进一步的辨析。而主张违法性认识必要说,为正确地认定违法性认识,就需要对违法性认识的内容加以辨析。这里主要涉及对违法性的界定,它直接关系到对违法性认识的理解。

关于这个问题,大陆法系国家刑法理论中存在以下观点[②]:一是违反前法律规范的认识说,认为只要行为人具有违反前法律规范的意识,就可以认定为具有违法性认识。二是法律不允许的认识说,认为违法性认识是指行为人认识到不被法律所允许,或者是违反了法秩序。三是可罚的违法性认识说,认为违法性认识不仅仅只是限于"违反刑法"的认识,而且以包含具体的可罚性认识的"可罚的刑法违反"的认识为必要。在这三种对违法性理解的观点中,违反前法律规范的认识说对违法性之法界定为前法律规范,这里的前法律规范是指伦理性、条理性以及道义性的规范。在这种情况下,与其说是违法性认识,还不如说是悖德性认识。为此,指责这种违反前法律规范的认识说与违法性认识不要说同流合污,并非言过其实。法律不允许的认

① 胡鹰:《过失犯罪研究》,中国政法大学出版社 1995 年版,第 96~97 页。

② 刘明祥:《错误论》,法律出版社 1996 年版,第 142 页以下。

识说,这里的法律是指刑法,还是指一般秩序,在理论上是有争议的,更多的学者倾向于将法律不允许的认识说之法律理解为整体法规范。因此,这种观点也称为违反整体法规说。[①] 这种观点将违法性认识与违反伦理规范认识加以区分,当然是更符合违法性之原意的,因而较之违反前法律规范的认识说具有更大的合理性。但违反刑法的认识与违反其他法律的认识仍然是有差距的。可罚的违法性认识说,将违法性理解为违反刑法,当然具有妥当性,但将可罚性也纳入违法性认识的范畴,则有过分之嫌。根据上述分析,我主张刑事违法性的认识说。

刑事违法性认识说受到质疑:刑事违法性认识说是否具有可行性以及能否对普通公民提出刑事违法性认识的要求?当我们将这一问题放在中国法治环境下讨论时,出现了两种对立的观点:否定的观点认为,从司法实践的角度来看,刑事违法性说的主张很难付诸实施。如果以刑事违法性认识作为构成犯罪故意的必备要件,必然会因为无法证明许多行为人是否具有刑事违法性认识而不能确认其犯罪故意成立。也就是说,刑事违法性认识的要求在实践中不具备可行性。而且,只有在国民法律素质较高的情况下,才有刑事违法性认识说存在的余地。而在我国现实的条件下,主张刑事违法性认识说的观点是不现实的。[②] 因此,可行性与现实性就成为刑事违法性认识说的重大障碍。肯定的观点则认为,在违法性认识有无的认定上是存在证明困难。但是,证明困难不等于没法证明,可以通过更深入的研究,指出不存在违法性认识的种种具体情形,以解决证明困难的问题。至于法治状态,在法治的历史尚只是人类历史进化过程中一个短短的阶段时,法盲的存在就是世界各国的普遍现象。即便在我国,现实也不是否定论者所忧虑的那样。对于法盲中那些由于教育条件的恶劣、物质生活的贫困等而没能知法、不幸误犯了法律者,有什么理由不把他们排除在故意犯罪之外?[③] 在我看来,违法性认识的证明是一个存在论的问题,而在法治欠发达、法盲较多的情况下能否要求违法性认识则是一个价值论的问题。就证明问题而言,不能以证明困难而否认违法性认识,这样的理由当然是正确的。但违法性认识如果在大多数情况下都无法证明,缺乏可行性的规定是无效果的,这样的判断也言之有理。问题在于:违法性认识的证明真有那么困难吗?这

① 贾宇:《罚与刑的思辨》,法律出版社 2002 年版,第 170 页。

② 贾宇:《罚与刑的思辨》,法律出版社 2002 年版,第 171～172 页。

③ 冯军:《刑事责任论》,法律出版社 1996 年版,第 223～224 页。

要看采用什么方法。一般认为,违法性认识应当采用推定方法加以证明。这里的推定,是指通过已知事实推导出未知事实的一种方法。推定方法通常适用于对行为人主观心理状态的证明,因而是司法实践中常用的一种证明方法。就违法性认识而言,同样也可以采用推定方法。尤其是在大陆法系递进式的犯罪构成体系中,构成要件是前提性的犯罪成立条件,它是一种违法类型,具有构成要件该当的行为,可以推定为具有违法性。从违法性又可以推导出有责性。对于三要件之间的这种逻辑关系,日本学者大塚仁指出:过去的通说认为构成要件符合性与责任之间没有特别的联系。麦耶尔虽然认为构成要件符合性与违法性之间存在上述作为认识根据的关系,但没有论及构成要件符合性与责任之间的关系。迈兹格也是一样,认为构成要件只是违法的类型。但是,也有人认为,构成要件符合性不仅与违法性、也与责任具有关联性,即构成要件是违法性同时也是责任的类型化。① 首倡责任类型论的是日本学者小野清一郎,小野明确指出:构成要件是违法类型,又是责任类型,是违法有责行为的类型,又是其法律的定型。在此意义上,它是不法(行为)类型,又是犯罪类型,并且不是单纯将违法性类型化,而是同时也将道义责任类型化。② 正是在这种情况下,构成要件符合性不仅可以作为违法性的认识根据,而且同样也可以作为有责性的认识根据。换言之,不仅可以从构成要件符合性中推导出违法性,而且可以推导出有责性,包括违法性认识。因为在明知其行为符合构成要件的情况下仍然实施该行为,则不仅可以从客观上推导出违法性,而且可以从主观上推导出违法性认识,一般来说也可以推导出期待可能性,责任能力则无从推导而须另行判明。当然,推定并非绝对正确,这里存在一个反证的问题。在理论上,推定有可反驳性的推定与不可反驳性的推定之分。可反驳性推定根据法律及相关结论要求从没有相反的证据中推出,如果提出相反的证据则这种推定结论即被推翻。而不可反驳性的推定则是不容反证的,一旦推导出某个结论则必然成立。显然,从对构成要件该当性的认识推导出违法性认识,这是一个可反驳的推定。这种反驳,就是一种反证,主要是由被告方承担的。如果被告方的反证成立,就出现了责任阻却的情形。责任阻却被我国学者认为

---

① ［日］大塚仁:《犯罪论的基本问题》,冯军译,中国政法大学出版社1993年版,第39页。

② ［日］小野清一郎:《犯罪构成要件理论》,王泰译,中国人民公安大学出版社2004年版,第38页。

是构成要件推定机能的例外。[①] 至于说在政治发达的国家，公民的法律认知程度高，因而才具备将违法性认识作为归责要素，而在我国这样的法治欠发达的国家，公民的法律认知程度低，因而不宜将违法性认识作为归责要素，对此观点我是不认同的。事实上，我国历来有“不教而诛谓之虐”的古训，这是儒家文化中具有人本涵蕴的政治遗产之一。因此，教，也就是教化，应该是国家的职责。公民对法律的不知乃至于误解均是国家不教之过。在这种情况下，就不应当将其不利后果转嫁给公民个人，至于以为将违法性认识作为归责要素，会大量地放纵犯罪，这未免是危言耸听。事实上，就自然犯而言，从其客观行为中一般都可推导出主观上的违法性认识，而要提出反证几乎是不可能的。至于法定犯，尤其是发生在各个经济领域的经济犯罪，主体均为从事各该特定行业之业内人士，其违法性认识也可直接推定，除非在极个别情形中存在反证。因此，对于归责要素的违法性认识，是必不可少也并非不可证明。尤其是这里涉及一个对于不意误犯的公民是抱一种宽恕的态度还是持一种严苛的立场的价值选择问题。在我国这样公民法律认知程度不高的国家，尤其应当避免不教而诛，应当通过普遍而深入的普法教育，提高公民的法律认知程度。

关于违法性认识的内容，在我国法律语境中，存在一个十分具有中国特色的理论难题：如何界定社会危害性认识与违法性认识之间的关系？这个问题一直纠缠着我国刑法学界关于违法性认识的讨论。对于这个问题，无非存在两种观点：相同说与相异说。相同说主张我国刑法规定的社会危害性认识，就是刑法理论上的违法性认识，因而从刑法规定直接推导出我国刑法将违法性认识规定为犯罪故意的要素之结论。例如，我国学者指出：社会危害性认识与违法性认识是有机联系在一起的，具有相互依存的关系。社会危害性认识是违法性认识的实质内容，违法性认识又是社会危害性认识的法律形式。[②] 相异说则主张我国刑法规定的社会危害性认识不能直接等同于刑法理论上的违法性认识。在这种情况下，到底是要违法性认识还是要社会危害性认识，又有以下两说：一是要违法性认识而不要社会危害性认识。例如，我国学者指出：社会危害性不是法律的规范要素，以此作为犯罪故意的认识内容，要么无法确定某些显而易见的犯罪故意的成立而放纵罪犯；要么无视行为人对社会危害性欠缺认识这一客观事实，而追究行为人故

---

① 邓子滨：《刑事法中的推定》，中国人民公安大学出版社 2003 年版，第 152 页。

② 刘明祥：《刑法中错误论》，中国检察出版社 1996 年版，第 201 页。

意犯罪的刑事责任，既冤枉了无辜，又使得犯罪故意的认定标准形同虚设。所以，社会危害性不是、也不可能是犯罪故意的认识内容。那么，犯罪故意的认识内容是什么呢？这一认识内容，应当是也只能是违法性认识。[①] 二是要社会危害性认识而不要违法性认识。例如，我国学者指出：认定犯罪故意，应该从社会危害性意识出发，不应从违法意识出发，违法意识是社会危害意识的表现形式，不能把二者分割为两个因素。如果要求犯罪故意不仅具有社会危害意识，而且具有违法意识，缺乏法律根据，实践中也不合适。只要行为人具有社会危害意识，即使其没有违法意识，也成立犯罪故意。[②] 以上这些观点之间存在一定的分歧。这里存在着一些值得研究的问题，第一个问题是：如何看待法律规定与刑法理论之间的关系？能否以我国刑法只规定了认识到自己行为的社会危害性而没有规定违法性认识，就得出结论——我国刑法中的犯罪故意不要求违法性认识而要求社会危害性认识。我的答案是否定的。这种对法律的理解有简单化之嫌，使刑法理论完全堕落为一种机械注释的理论。例如，日本刑法第 38 条第 1 项没有对犯罪故意下定义，而且第 38 条第 3 项明文规定“不得因不知法律而认为没有犯罪的故意”，这实际上是违法性认识的排除条款，但这并不妨碍日本学者将违法性认识确认为犯罪故意的要素之一，并且成为刑法理论的通说。因此，我国刑法虽然规定的是社会危害性认识而没有规定违法性认识，但仍然存在解释余地。第二个问题是：如何看待社会危害性认识与违法性认识的关系？我国学者冯军曾经对此问题作了研究。认为两者之间的关系存在以下六种组合形式：(1)认识到社会危害性同时也认识到违法性。(2)认识到社会危害性却没有认识到违法性。(3)没有认识到社会危害性却认识到违法性。(4)认识到违法性同时也认识到社会危害性。(5)认识到违法性却没有认识到社会危害性。(6)没有认识到违法性却认识到社会危害性。[③] 在上述六种组合中，(1)和(4)、(2)和(6)、(3)和(5)实际上是相同的。社会危害性认识与违法性认识主要存在合一与分离两种情形，分离又存在认识到社会危害性却没有认识到违法性与没有认识到社会危害性却认识到违法性两种情形。在社会危害性认识与违法性认识合一的情况下，要求社会危害性认识即是要求违法性认识，这是没有疑义的。那么在分离的情况下怎么选择呢？

---

① 田宏杰：《违法性认识研究》，中国政法大学出版社 1998 年版，第 44 页。

② 姜伟：《犯罪故意与犯罪过失》，群众出版社 1992 年版，第 145 页。

③ 冯军：《刑事责任论》，法律出版社 1996 年版，第 225 页。

我认为认识到社会危害性却没有认识到违法性,或者认识到违法性却没有认识到社会危害性,这只是一种逻辑上的分析,在现实生活中其实并不存在。例如,大义灭亲杀人,经常作为认识到违法性却没有认识到社会危害性的例子加以列举。大义灭亲是一种在封建伦理语境中的话语,在法治社会每一个公民的生命都受到法律的同步保护,因此杀人犯法这一点对于大义灭亲者当然是知晓的。那么,在这种情况下,行为人是否误以为这是大义灭亲的英雄举动而没有认识到其行为的社会危害性呢?我的回答是否定的。社会危害性是依附于行为而存在的。大义灭亲只是行为动机,这种行为动机是不影响行为性质的,是否具有社会危害性认识还是取决于对行为性质的认识。更何况,大义灭亲之类是一种辩解用语,不能成立对其主观故意的掩饰。至于法盲犯罪之人,不能一概而论,要看所犯何罪,然后根据案件实际状况加以分析。总之,这都是一个违法性认识或者社会危害性认识的判断问题。综上,我认为在我国刑法中,应当坚持社会危害性认识与违法性认识相一致的观点。社会危害性认识只不过是我国刑法使用的特定用语,其法理上的含义应当是指违法性认识。就此而言,我国刑法与日本刑法相比,违法性认识作为犯罪故意的要素具有更为充足的法律根据。

最后应当论及违法性认识与违法性认识错误的关系。在大陆法系刑法著作中,违法性认识往往不从正面讨论,而是在违法性认识错误中讨论。为什么会出现这样一种逻辑?我想,这与德日刑法没有规定犯罪故意概念并且有"不得因不知法而免责"的立法例有关。此外,从叙述的逻辑上来说,这也是正与反的关系。例如,日本学者小野清一郎指出:作为记叙的体裁,是否非按"构成要件—违法性—道义责任"的顺序不可,这并不是一定要坚持的问题,但作为体系性思路却是重要的。否则,按纯实证主义的观点,就变成了"构成要件—违法阻却原因—责任阻却原因"。① 从正面说,在道义责任中讨论违法性认识,这是一种体系性思路。但根据实证主义观点,也就是司法实践的观点,径直将违法性认识错误作为责任阻却事由加以讨论,也并非不可以。当然,我认为,违法性认识首先应当作为犯罪故意的规范评价要素加以讨论,这是违法性认识错误阻却责任的逻辑前提。

(本文原载《中国法学》2005 年第 4 期)

---

① [日]小野清一郎:《犯罪构成要件理论》,王泰译,中国人民公安大学出版社 2004 年版,第 39 页。

期待可能性研究

期待可能性是我国刑法理论中的一个重要问题,它对于正确地对行为人进行刑事归责具有重要意义。在我国目前的犯罪构成体系中,归责要件并未从犯罪故意中独立出来,因而对期待可能性缺乏深入研究。本文拟以归责的合理化为基本理念,对期待可能性问题进行学理上的探讨。

一、期待可能性的学说史

论及期待可能性理论的产生,不能不提到德国司法史上著名的癖马案。案情及诉讼过程如下:

被告系驭者,自 1895 年以来受雇驾驭双轮马车。其中一匹名为莱伦芬格的马素有以马尾缠绕并用力以尾压低缰绳的习癖,故称癖马。被告曾要求雇主更换莱伦芬格,而雇主不仅不答应,反而以解雇相威胁。被告乃不得不仍驾驭莱伦芬格。1896 年 7 月 19 日,当被告驾车上街之际,莱伦芬格癖性发作,将尾绕缰用力下压,被告虽极力拉缰制驭,但均无效,因马惊驰,故将某行人撞倒,使其骨折。检察官以上述之事实,对被告以过失伤害罪提起公诉。一审法院宣告被告无罪,检察官以判决不当为由,向德意志帝国法院提出上告,但帝国法院审理后,认为上告无理,维持原判。帝国法院维持原判的理由是:确定被告之违反义务的过失责任,不能仅凭被告曾认识驾驭癖马可能伤及行人,而同时必须考虑能否期待被告不顾自己失去职业而拒绝驾驭癖马,此种期待,对于本案中的被告来说事实上是不可能的。因此,本案被告不能承担过失伤害行为的责任。

癖马案本来是一个普通的案例,但它却引起了当时德国学者的普遍关注。这种关注不是没有缘由的,与当时通行的心理责任论有关。心理责任论是从 19 世纪到 20 世纪初德国刑法中的责任通说,以道义责任论为基础,主张只要有责任能力以及故意、过失这样的心理事实,就具有道义上的责任。显然,心理责任论是将责任视为一种心理关系,正如日本学者大塚仁所言:"心理的责任论(psychologische schuldlehre; pcychologische schuldauffassung)认为责任的实体是行为人的心理关系,基于其心理关系的不同,把责任的形式分为以对犯罪事实的现实认识乃至意欲为内容的故意和以其可能性为要素的过失,除了责任能力之外,具备这种故意或者过失时,就可以追究行为人的责任。"①心理责任论将责任归结为是一个心理的问题,因此也是一个主观的问题,从而将那种虽然客观上造成危害社会的结果但行为人主观上既无故意又无过失的情形从犯罪中排除出去,使刑事责任合理化,这显然是具有进步意义的。在通常情况下,对于本人行为的反社会性已经认识或者可能认识,在此基础上实施一定的危害行为,行为人主观上的罪过也是不言而喻的。对此,黑格尔曾经指出:"我只对属于我的表象的东西承认责任。这就是说,人们只能以我所知道的事况归责于我。"②这就是当时通行的责任观念。根据这种心理责任论,癖马案中的被告是应负过失责任的。因为被告事先已经知道癖马的危险并曾经要求雇主更换莱伦芬格,因雇主执意不从并以解雇相威胁,被告不得不继续驾驭癖马。就此而言,对于癖马肇事伤人,被告是存在过失心理的,因而应以过失犯罪论处。在心理责任论通行的当时德国,这应当是必然的判决结果。但一审却对被告作出无罪判决,由于无罪判决出乎意料,因而检察官上告。二审法院在维持无罪判决的同时对其裁判理由作了阐述,其要旨在于:按照通常心理责任论追究被告的过失责任"不得谓为得当"——请注意,判决理由首先是从一般公正观念出发得出这一结论的,这实际上是对心理责任论的某种否定。然后指出问题实质所在:能否期待被告不顾自己职业之得失而违反雇主之命令拒绝驾驭?判决回答:"此种期待,恐事实上不可能也。"申言之,只有具有这种期待可能性,被告才承担过失责任。在本案中,不存在这种期待可能性,因而不负过失之责任。可以说,法官在作出这一判决的时候,仅仅是从一般的社会公正观念出发的,并没有想到要创立某种学说。著书立说是学者的职责,果然德国学者是敏感的,在这一判决作出以后,围绕着裁判理由展开了学术上的研究,由此促成了从心理责任论向规范责任论的转变。

首先对癖马案作出反应的是德国学者麦耶尔,麦耶尔于 1901 年发表了

---

① [日]大塚仁:《刑法概说(总论)》(第 3 版),冯军译,中国人民大学出版社 2003 年版,第 378 页。

② [德]黑格尔:《法哲学原理》,范扬、张企泰译,商务印书馆 1961 年版,第 121 页。

《有责行为及其种类》一文,认为有责行为,即故意行为与过失行为,均为违反义务的意思活动,而这种违反义务性则是规范的要素。至于行为人认识违法与否的心理要素问题,不过是区别责任种类的标准而已。在此,麦耶尔首度将罪责的内容界定为"违反义务的意思活动",后被称为"违反义务论"。义务违反显然是一个规范的问题而非纯心理问题,这就把规范要素引入责任。这一规范要素的实质是"非难可能性"。因此,麦耶尔主张责任要素除心理的要素外,尚须有非难可能性之存在。在这个意义上说,麦耶尔是规范责任论的首倡者。

在麦耶尔之后,德国学者弗兰克于1907年发表"论责任概念的构成"一文,指出通说将责任的本质理解为心理要素是错误的,认为"责任"除责任能力与心理事实要素之故意、过失外,还存在"附随情状之正常性"要素,这就是"附随情状论"。这里的附随情状是指在某些案件中存在的特殊或者异常状况。弗兰克关于附随情状的论述主要集中在以下4点:第一,心理责任论无视附随情状的差别而判断责任,背离了一般人的日常观念;第二,法院裁判的惯例,应当在裁量之际,考虑附随情形;第三,某些责任减轻事由的实际规定,无论从立法理由还是学说上讲,也是以附随情形为前提的;第四,在刑事诉讼中,也可以发现附随情形的责任要素。在这一论述中,我们可以看出附随情状是一种客观的要素,并且是因案不同的情形,它在定罪量刑,甚至在刑事诉讼中都是应当考虑的要素。在附随情状的基础上,弗兰克提出了"非难可能性"的概念,以此作为责任的共通概念。弗兰克认为:对违法态度的非难,除了要具有故意或过失之外,还必须要求行为人具备责任能力,并且行为之际的周围情形处于正常状态。因此,在判断一个人的责任的时候,"周围情形处于正常状态"也是应当考虑的要素之一。因此,弗兰克的附随情状论也称为"附随情状之正常性论"。当然,在这一理论中,最引起争议的是附随情状作为一种客观存在,何以成为作为主观存在的责任的要素?对于弗兰克来说,这确实是致命一击。为此,弗兰克在《论责任概念的构成》一文发表后不久出版的《注释书》(1911年)里,把具备正常的动机(Normale Motiverung)作为责任概念中不可缺少的因素。他解释说:即使是由于故意或过失而实施的行为,如果在附带情况异常并且缺乏正常的动机情况下,也要阻却责任。附带情况不是在其客观性上,而只是在反映了行为人的意识的限度内才属于责任。① 这样,弗兰克就将附随情状这一客观之物转化为正常

① [日]泷川幸辰:《犯罪论序说》,王泰译,法律出版社2005年版,第70页。

动机这一主观之物。这里涉及对犯罪构成中的客观与主观的正确界定。“违法是客观的,责任是主观的”,这是大陆法系刑法理论中的一句法谚。责任被理解为主观的,在心理责任论的视野中,这一命题是容易理解的。其实,根据心理责任论,责任只是责任能力与责任形式的上位概念,除此以外并无其他。在这个意义上,有责性是具备责任能力与责任形式所导致的一种被否定评价的状态或者称为后果。但从规范责任论看来,责任不再是消极的后果,不是纯外在的东西,而是内在于责任要素本身的东西。因此,麦耶尔提出违反义务问题。违反义务本来是对行为的客观评价,但麦耶尔将其引入责任论,并将违反义务的主观意思活动作为归责事由,从而走出了迈向规范责任论的第一步。而弗兰克提出的附随情状是否正常,实际上只是判断行为人主观上是否具有违反义务的意思活动的客观标准而已。当然,附随情状的客观性何以转化为作为责任的主观要素,这是一个值得商榷的问题。事实上,此后弗兰克也已经意识到这一问题,发觉附随情状的正常性概念有所不妥,从而改为“正常的动机形成”。动机形成就成为一个主观的问题。但如何从动机形成中寻找规范要素,仍然是一个悬而未决的问题。

德国学者戈登修米特在1913年的论文《作为责任问题的紧急避险》和1930年的论文《规范的责任概念》中,对责任问题进行了进一步的探讨,尤其是提出了义务规范论,对期待可能性理论的形成作出了贡献。戈登修米特对弗兰克的附随情状的正常性论进行了批评,认为附随情状的正常性只不过是责任要素存在的表现形式,而不是责任的内在构成要素。在此,戈登修米特区分了责任要素本身与责任要素的表现形式。我理解,这里所谓责任要素表现形式是指判断责任要素是否存在的客观根据。由此,戈登修米特主张以“义务违反性”替代弗兰克的“附随情状的正常性”。戈登修米特将义务规范与法律规范加以区分,认为法律规范是对个人特定的外部态度的要求,义务规范则是人内心的规范。因此,违反法律规范,发生客观违法性;违反义务规范,导致主观责任非难。戈登修米特主张,“除每一个要求具体的人为一定外在行为的法规范外,未讲明还存在一个法规范。它要求具体的人根据需要来调整其内在行为,以适应由法秩序向其外在行为提出之要求”。(《奥地利刑法学杂志》4 第145页)。他将该规范称为“义务规范”(Pflichtnnorm)。根据他的观点,该规范要求人们有规律地朝着符合规范的方向去努力;但也有例外,即所谓的减免罪责事由,“它存在于主观上占优势的被许可的动机之中,在这样一种情况下——如瑞士刑法草案第27条——

不可能期望行为人服从义务规范"。① 义务违反性是一个规范要素,因此戈登修米特又回到了麦耶尔的原点。戈登修米特不同于麦耶尔之处仅仅在于:后者并未将义务违反与法律违反加以区分,作为责任要素的义务违反的意思活动是对客观上义务违反的一种主观决意。而前者则将客观上的法律违反与主观上的义务违反加以区分,法律成为客观的规范要素,义务则成为主观的规范要素。对于戈登修米特的主要观点,我国学者冯军作了以下概括:故意不是违反义务的意欲(Wollen der Pflichtwidrigkeit)而是违反了义务的意欲(pflichtwidriges wollen),不是不应有的事情的意欲(wollen der Nicht-Sein-Sollenden)而是不应有的意欲(Nicht-sein-sollendes Wollen),把故意概念只作为心理的东西来理解的过去的学说是失当的,有必要把规范性要素纳入故意、过失之中。在过失特别是无意识的过失中,虽然不存在故意中那样的直接心理关系,但是,存在行为人应该预见并且曾经能够预见却由于不注意而没有预见这种过失特有的规范性要素。在虽然应该基于预见去打消实施行为的念头却没有打消上,可以看出过失中存在与故意一样的对义务规范的违反。这样,义务规范就是通过故意、过失给责任的规范性要素奠定基础的东西。② 这段话如果不加以解释的话,确实有些令人费解。尤其是"故意不是违反义务的意欲,而是违反了义务的意欲",究竟何意?这里的意欲,是指意志。我们通常说故意包含认识因素与意志因素,意志就是行为人的一种意欲。违反义务的意欲与违反了义务的意欲又存在何种区别?我理解,违反义务的意欲是指对于违反义务的意志。在此,违反义务是意欲所指向的客体。而违反了义务的意欲是指意志本身违反义务。在此,违反义务是意欲本身所具有的性质。基于这一逻辑,我们也可以正确地区分"不应有的事情的意欲"与"不应有的意欲"。这里的"不应有"是一种否定性的评价,前者是意欲的客体不应有;而后者是意欲本身不应有。在这种情况下,违反义务不再是故意与过失以外的要素,而是故意与过失本身的要素。可以说,戈登修米特完成了规范要素对责任的由外而内的工作,因而对于期待可能性理论的形成功不可没。戈登修米特对于疏忽大意过失的双重义务违反的构造是值得我们重视的:疏忽本身是一种注意义务的违反,这是疏忽大意过失特有的规范要素,无此则无疏忽大意过失。但这种过失只是心理责任论意义上的过失而非规范责任论意义上的过失。规范责任论意义上的疏忽大

① [德]李斯特:《德国刑法教科书》,徐久生译,法律出版社 2000 年版,第 254 页。
② 冯军:《刑事责任论》,法律出版社 1996 年版,第 243 页。

意过失的义务违反表现为“基于预见去打消实行行为的念头却没有打消”上。也就是说能够期待行为人打消行为的念头而却没有打消，行为人才应承担过失责任。换言之，如果行为人对结果发生应当预见，但不能期待行为人打消行为的念头则不是规范责任论意义的过失。尤其值得一提的是，戈登修米特的义务规范论将期待可能性理论不仅适用于过失而且适用于故意，这与弗兰克只将其适用于过失是一个重大的理论突破，为期待可能性成为责任的共通要素或者称为一般要素扫清了道路。

德国学者弗洛登塔尔在1922年发表了《责任与非难》一文，将期待可能性界定为“伦理的责任要素”，从而提出了“伦理的责任要素论”。弗洛登塔尔的主要功绩是从伦理上为期待可能性寻求根据，引入了义务履行的可能性概念，以此作为非难可能性的基础，从而进一步充实了戈登修米特的义务规范论。弗洛登塔尔指出：责任是非难可能性乃至违反义务性，因为不可能的东西到底不是义务，所以责任的实体是行为人应该(sollen)采取其他态度而且能够(konnen)采取却竟然违反了该期待实施了行为。作为责任非难的要件，需要行为人存在合法行为的期待可能性，作为伦理的责任要素(ethischer schuldmomet)，期待可能性是不可缺少的。[①] 在此，弗洛登塔尔将期待可能性视为责任非难的要件，使责任具有伦理上的合理性。就强调责任的伦理性而言，心理责任论与规范责任论是共同的，它们都是站在道义责任论的立场，强调责任的道义非难性。当然，心理责任论认为只要具有心理意义上的故意与过失，即可对行为人进行道义非难。而规范责任论则认为，除故意与过失以外，还要求具有期待可能性，这种道义非难才是可能的。而根据弗洛登塔尔的伦理的责任要素论将是否具有义务履行可能性作为判断期待可能性的根据，有其可取之处。当然，由于弗洛登塔尔主张期待可能性是一种超法规的责任阻却事由，如其本人所承认，因而于现行法之外寻找伦理的责任要素，其立场逾越了解释论的界限，由此受到抨击。[②] 期待可能性到底是一种规范的责任要素还是超规范的责任要素，这涉及对期待可能性的正确理解，将在下文加以研究。

德国学者施米特被认为是期待可能性理论的集大成者。施米特是著名刑法学家李斯特的得意学生，并被老师指定为《德国刑法教科书》的修订人，在该书前24版的修订中，他忠实地维持着李斯特的理论思想，但在1927年

---

① 冯军：《刑事责任论》，法律出版社1996年版，第244页。

② 童德华：《刑法中的期待可能性论》，中国政法大学出版社2004年版，第11页。

的第 25 次修订中,他对该书,特别是其中的责任论部分,作了重大修正,正式摒弃了心理责任论,而采用规范责任论的立场。[①] 我国翻译过来的李斯特《德国刑法教科书》系施米特修订的第 26 版,该书中反映的是施米特的观点。如前所述,戈登修米特将客观上法律规范之违反与主观上义务规范之违反加以区分,这对于论证责任的规范要素当然是一种逻辑进路。但这种法律规范与义务规范的二元论同时也带来某些逻辑上的困惑:法律规范与义务规范在性质与内容上能否截然分开?对此,施米特进行了批判,认为它们只不过是同一法规范的不同方面的作用,并根据迈兹格区分评价规范和决定规范(意思决定规范)的立场,认为评价规范是不问行为人是谁而一般来说是妥当的,而决定规范是只在能够根据法的命令作出意思决定的人违反期待作出了违法行为的决意时方成为问题。所以,除了行为人具有责任能力之外,还须具有表象符合构成要件的结果而且能够认识其社会侵害性这种心理的要素和能够期待代替所实现的违法行为实施适法行为这种规范的要素时,才能够期待行为人作出实施适法行为的决意。而且,他通过使用期待可能性这一共同于故意·过失的规范性要素,而把故意·过失作为责任的种类统一起来。故意是由犯罪事实的表象·认容这种心理性要素构成的,而过失的本质不在于行为人的心理一面,毋宁在于行为人应该认识却没有认识这种规范一面。因此,为了把故意和过失理解为并立的责任形式,也需要通过赋予故意一定的规范性要素,而使两者成为一个类概念之下的种概念。基于这种思考,施米特作为统一故意和过失的要素而使用了期待可能性的观念。[②] 由此可见,施米特最终确定了期待可能性理论在责任论体系性的地位。这样,施米特就揭示了心理事实与规范评价之间的逻辑关系,为责任概念奠定了基础。正如施米特指出,在罪责概念中我们能够确认,有责能力之人的心灵深处与法律要求及其价值评价之间存在特点的心理学——规范关系:行为人的行为违反作为社会生活秩序的法律,虽然他应当能够认识其行为的反社会性,且在行为时能够期望他放弃一个与应当规范(sollennorm)相适应的动机过程。[③] 由于施米特以评价规范与决定规范的二元论取代戈登修米特法律规范与义务规范的二元论,尤其强调决定规范对

---

① 童德华:《刑法中的期待可能性论》,中国政法大学出版社 2004 年版,第 11 页。

② [日]大塚仁:《刑法概说(总论)》(第 3 版),冯军译,中国人民大学出版社 2003 年版,第 379 页。

③ [德]李斯特:《德国刑法教科书》,徐久生译,法律出版社 2000 年版,第 261 页。

于期待可能性的意义，因此其学说被称为“决定规范论”。

以期待可能性为核心的规范责任论的最终完成，是德国学者威尔泽尔。威尔泽尔是目的行为论的首倡者，目的行为论是关于行为的一种理论，认为人的行为的存在的本质是目的的行为。根据这种理论，人总是预先确定目标并选择达成此目标的手段，进而使用选择的手段而向达成目标的方向努力，这种目的性才是行为的本质的要素。目的行为论基于其对行为的目的性观念，把故意和在过失犯罪中的违反客观上的谨慎义务，都归入行为构造之中，由此从罪责中基本上抽掉了那些单独形成心理性罪责概念内容的因素。通过这种方式，规范性罪责概念才真正前后一致地得到了贯彻。通过这种方式，主观的因素（评价的对象）从罪责概念中被排除出去了，保留下来的“仅仅是可谴责性的标准”（对象的评价）。毛拉赫和齐普夫称这个由弗兰克和戈登修米特发展起来的意见，是一种“综合的罪责概念”（ein komplexer schuldbegriff），因为这个概念同时包含了心理的和评价的因素；这个概念没有能力“把罪责作为纯粹的价值评价加以掌握”。这一点，只有在目的的行为理论中才得到实现。[①] 尽管目的行为论存在某种缺陷，但它对于规范责任论的贡献是难以磨灭的，尤其是对大陆法系犯罪论体系的重构产生了重大影响。

期待可能性理论的形成，也就是心理责任论向规范责任论转变的历史过程。我们可以看到，较之心理责任论，规范责任论对刑事责任的追究作出了某种更为严格的限制，因而可以看成是一种通过限制国家刑罚权而保障被告人权利的刑法理论。对此，日本学者大塚仁教授曾经对期待可能性理论作出过以下恰当的评价：“期待可能性正是想对在强有力的国家法规范面前喘息不已的国民的脆弱人性倾注刑法的同情之泪的理论。”[②]这一说法并非没有缘由，从期待可能性理论产生的历史背景来看，18 世纪末 19 世纪初的德国，经济较为落后，劳苦大众生活艰难，尤其是失业率高。在这种情况下，癖马案中期待被告坚决违抗雇主的命令，不惜失去职业而履行避免其已预见的伤害行为的结果发生的义务，确实是强人所难。因此，期待可能性理论对于刑法的合理化与正当化都是一种强有力的推动。当然，期待可能性毕竟是一种理论，在对法规范作出柔性解决的同时如果滥用也可能损害法

---

① [德]罗克辛：《德国刑法学总论·犯罪原理的基础构造》（第 1 卷），王世洲译，法律出版社 2005 年版，第 561 页。

② 冯军：《刑事责任论》，法律出版社 1996 年版，第 245 页。

规范本身的确定性，这是必须加以警惕的。

二、期待可能性的理论考察

期待可能性是指在行为当时的具体情况下，能期待行为人作出合法行为的可能性。这里的合法行为，通常也称为适法行为。当然，更确切地说，也可以表述为期待行为人不实施一定的犯罪行为的可能性。换言之，期待适法行为的可能性也就是不期待犯罪行为的可能性。在理解期待可能性的时候，存在以下问题值得研究：

（一）期待可能性的征表

期待可能性之存在与否，需要根据一定的依据加以判断，这种依据就是期待可能性的征表。对于期待可能性的征表，存在两种不同的理解，由此形成广义的期待可能性与狭义的期待可能性。[①] 广义的期待可能性，是指自行为者所为行为之内部的以及外部的一切事情观察，可以期待该犯罪行为者不为犯罪行为，而为其他适法行为。而狭义的期待可能性，是指除上述之内部的事情外，自行为时之四周的外部事情观察，同样的可以期待其不为犯罪行为，而为其他适法行为。在此，涉及期待可能性的征表是内部的与外部的一切事情还是仅指外部的事情的界定。这里首先需要明确的是何谓内部的事情与外部的事情？一般来说，所谓内部与外部是指主观与客观之分。内部事件是指行为人的主观心理事实，外部是指行为时的客观事实。从期待可能性理论的产生来看，其征表是指行为时的客观事实或曰外部事件，例如弗兰克所说的附随情状。这种附随情状当然是客观的，并且相对于行为人的心理来说是外部的事件。因此，外部事件成为期待可能性的征表是不存在争议的。关键在于内部事件也就是行为人的主观心理事实能否成为期待可能性的征表。例如，行为人的责任能力是否是期待可能性的判断根据？对此存在各种不同的观点，我国学者曾经作过归纳，认为主要存在以下各种学说：(1)内外关联论，认为责任能力等其他责任要素与期待可能性，是分别属于责任内部和外部两方面的要素，它们共同构成责任统一体。(2)例外·原则型关联论，认为在责任判断中，责任能力与期待可能性属于原则型与例外型两种表现。(3)无界限关联论，认为在实践中期待可能性与责任能力之

---

① 童德华：《刑法中的期待可能性论》，中国政法大学出版社2004年版，第19页以下。

间难以被区别开，所以它们之间没有界限。[①] 对于上述各种观点，我赞同内外关联论，主张要将责任能力与期待可能性加以界分。责任能力是行为人认识或者控制自己行为的能力，这种能力是否存在，对于责任之有无当然是有重大关系的。刑法对有责任能力与无责任能力以及部分责任能力的法律效果作了明确规定，因此不再对其进行实质判断，而是进行规范的一般性的判断。就此而言，责任能力不能成为期待可能性的征表。期待可能性是在具有责任能力的前提下根据行为时的客观状态所进行的具体判断，这是一种外部的判断，当然不同于责任能力的判断。与此相同，也应当把期待可能性与认识可能性加以区分。认识可能性，尤其是违法性认识可能性与期待可能性的关系，我国学者对有关学者的观点作了专门介绍。[②] 德国学者把期待可能性与认识可能性严格区别开来，日本学者认为两者之间有联系，只是就其联系的紧密程度，相关认识却有所不同。这里的区别与联系，似乎存在对立，其实不然。区别不否认联系，联系也是以区别为前提的。因此，泛泛地论述期待可能性与认识可能性的区别与联系有时会造成误解。但是，在认识可能性是否是期待可能性判断的征表这一问题下考察认识可能性与期待可能性的关系，思路就会明确得多。我的回答是否定的，这种否定恰恰是建立在认识可能性与期待可能性的区分之上的。认识可能性的主体是行为人，而期待可能性的主体是司法者；认识可能性属于认识要素，而期待可能性属于意志要素。没有认识可能性当然不能对其有期待可能性，但不能由此认为认识可能性是期待可能性的征表。实际上，期待可能性是在行为人具备认识可能性基础之上，根据行为当时的客观情状对其是否具有违法性意志的一种判断。根据以上分析，我认为期待可能性的征表只能是外部的事件而不包括内部的事件，因而只能承认狭义的期待可能性的概念。那种将期待可能性作过于宽泛的理解，将其与责任能力、认识可能性的判断混为一谈的见解是不足取的。

（二）期待可能性的性质

期待可能性的征表是客观的外部事件，也就是外部情形的异常性。就此而言，期待可能性的征表具有客观性。但责任是主观的，客观的期待可能性征表何以转化成为主观的责任要素呢？这是一个值得研究的问题。

---

① 童德华：《刑法中的期待可能性论》，中国政法大学出版社2004年版，第135页以下。

② 童德华：《刑法中的期待可能性论》，中国政法大学出版社2004年版，第150页以下。

在此,首先要把期待可能性与期待可能性的判断加以区分。期待可能性之有无,直接关系到责任之有无,在这个意义上说,期待可能性属于责任要素。但期待可能性的有或是无,这是一个判断的结果,其判断根据是附随情状,这种客观的附随情状只不过是期待可能性的征表。因此,我们不能把期待可能性与期待可能性的表征相混同。从期待可能性理论产生过程来看,对于期待可能性的性质存在一个逐渐的认识过程。起初,学者从癖马案中只是发现了某些客观情状对于责任的影响,因而首先论及的是这些附随情状。例如,弗兰克就将这种附随情状的正常性作为责任要素,而附随情状的非正常性则是责任阻却事由。但附随情状本身是客观的,它为什么会成为主观责任的要素,对此弗兰克并没有加以明确。关于这个问题,德国学者克尼格斯曼指出:附随事情的客观存在并不直接左右责任,只有在它作用于行为人的心理、对行为人的精神产生影响时,才能看成是责任的要素。对此,我国学者冯军作出了正确的评价:克尼格斯曼正确地把握了问题的核心,因为有些附随事情并不直接影响行为人的主观,而责任是对行为人主观的非难。因此,能够成为归责要素的,必须是那些与行为人的主观相关联的东西。[①] 由此可见,客观的附随情状之所以能够决定责任之有无,是因为它对人的主观精神,具体地说是意志选择具有某种制约性。在这个意义上,期待可能性问题就是一个意志自由问题。对此,我在《刑法哲学》一书中曾经指出:期待可能性的有无与大小是意志自由有无与大小的外在尺度。只有在行为人具有意志自由的情况下,才具有期待可能性。否则,就根本谈不上期待可能性。[②]

期待可能性与主观要素有关,但它本身并不是一种主观的事实性存在,而是责任之规范要素。因此,我们应当充分认识到期待可能性的规范性。在心理责任论中,责任要素是纯心理事实,包括故意与过失。期待可能性理论的兴起,学者揭示了责任的规范要素。以往,人们将规范判断局限在客观行为上,遂有违法是客观的这一命题。虽然后来发现了主观的违法要素因而兴起主观违法性论,在一定程度上动摇了违法是客观的这一命题,但这种主观违法要素与期待可能性仍然是两个完全不同的问题。主观违法要素本身仍然是一种心理事实,例如目的犯之目的、倾向犯之倾向等。但期待可能性则是对行为人主观意志的一种评价,这种评价虽然是以心理事实的存在

① 冯军:《刑事责任论》,法律出版社 1996 年版,第 242 页。

② 陈兴良:《刑法哲学》,中国政法大学出版社 2004 年修订 3 版,第 60 页。

为前提的,但它不能等同于这种心理事实本身。对此,日本学者泷川幸辰指出:责任是评价,这句话如果换个说法,就是责任不是存在于行为人的头脑之中,而是从他人的头脑中提出来的。这也许是一种奇怪的说法,然而从下述情况来看,是没有什么疑问的:"行为人有责任地实施了符合构成要件的违法行为"的判断,是指"在行为人那里有一定的责任事实关系"的判断,不过它同时也包含着对作为非难行为人的事件的这一事实关系的评价,并且依靠法官的价值判断,这一心理性事件被提高到责任概念的地位上来了。[①]因此,应将事实与评价加以区分。期待可能性是评价性的,因而是规范性的,从而区别于心理性的事实关系。期待可能性既然是评价性的,就有一个评价主体问题。评价主体当然是法官——具体案件的判断者,也是违法行为的非难者。就此而言,被告人是处于被判断、被非难的客体的地位上。这就存在一个主体与客体的关系问题。对此,弗兰克认为:在判断问题上,有必要把判断的主体和判断的客体对立起来。历来,责任都被认为是非难可能性,同时重点只放在非难的客体方面。但是,非难是依据主体评价存在于客体方面的情况才成立的。附带情状对行为人的动机、自由有什么影响,这是问题的中心。然而,行为人确实不能重新再成立其他行为(合法行为),这种判断者方面的价值判断又成了问题。所以被主体化了的附带情状转变成了客观意义上东西。[②] 正因为期待可能性是 种规范评价,使责任的判断成为一种主体的价值评判,苏联学者称为"罪过评价论",并对此进行过批判,斥之为唯心主义。例如,苏联学者指出:唯心主义的罪过评价理论,是为破坏犯罪构成服务的。根据这种理论,法院对被告人行为的否定评价,和对被告人行为的谴责,被认为是罪过。罪过的评价概念是以新康德主义的"存在"和"当为"的对立为前提的。新康德派刑法学者们否认人的罪过是实际现实世界的确定的事实。按照他们的理论,当法院认为某人的行为应受谴责时,法院就可以以自己否定的判断,创造出该人在实施犯罪中的罪过。主观唯心主义的罪过评价理论,使得资产阶级的法官们可以任意对他们认为危险的人宣布有罪。[③] 这一批判当然是具有强烈的意识形态色彩的,撇开这一点不谈,即使在逻辑上也是建立在对规范责任论的误读之上的。规范责

---

① [日]泷川幸辰:《犯罪论序说》,王泰译,法律出版社 2005 年版,第 67 ~ 68 页。

② [日]泷川幸辰:《犯罪论序说》,王泰译,法律出版社 2005 年版,第 71 页。

③ [苏]毕昂特科夫斯基:"社会主义法制的巩固与犯罪构成学说的基本问题",孔钊译,载《苏维埃刑法论文选译》(第 1 辑),中国人民大学出版社 1955 年版,第 77 页。

任论中的评价并非脱离心理事实而是以其为客观前提的。因此,评价并非取代心理事实,而是引入客观的附随状态,使归责评价更为严格。从这个意义上说,以期待可能性为核心的规范责任论恰恰更有利于对被告人的权利保障。它存在的消极作用仅仅在于:如果被滥用则有可能侵蚀法规范的确定性。

(三)期待可能性的标准

期待可能性是一种判断,这种判断必须根据一定的标准,唯有如此才能避免期待可能性被滥用。关于期待可能性的标准,历来就是一个存在争议的问题。我国学者认为,在期待可能性标准问题上,首先存在着立足于客观情形的标准学说与立足于人的标准学说之分。① 前者认为期待可能性的标准不是人,而是行为时的客观情形,尤其是类型化的客观情形;而后者则认为期待可能性判断标准只能是人,因为只有人才是期待可能性的判断客体。我认为:所谓期待可能性的客观情形标准的观点,实际上是混淆了期待可能性的征表与期待可能性的标准这两个问题。期待可能性的征表当然是客观的附随情状,其对于判断有无期待可能性具有重大意义。而期待可能性的标准是指在一定条件下,这种客观的附随情状对于行为人是否具有影响从而确定期待可能性之有无的标准。一定的客观附随情状的存在,当然是期待可能性判断的第一步,但据此还不足以认定期待可能性之有无。因为这种客观的附随情状对每个人的影响是不同的,因而期待可能性的有无也可能具有不同的结果。在这种情况下,就出现了以什么人为标准判断期待可能性的问题。

期待可能性的标准是人而非客观情形,那么是什么人呢?在这一问题上存在以下三种观点的分歧:一是行为人标准说,认为以行为人本人的能力为标准,在该具体的行为情况之下,能够决定期待其适法行为是否可能。二是平均人标准说,认为通常人处于行为当时的行为人的地位,该通常人是否有实施适法行为的可能性。三是国家标准说,认为行为的期待可能性的有无,不是以被期待的方面,而是以期待的方面的国家或法律秩序为标准,因此应当根据国家或法律秩序期待什么、期待怎样的程度来决定。② 在上述三说中,我赞同行为人标准说。国家标准说没有考虑到被判断的具体情状,具

---

① 童德华:《刑法中的期待可能性》,中国政法大学出版社 2004 年版,第 89 页以下。

② 马克昌:《比较刑法原理——外国刑法学总论》,武汉大学出版社 2002 年版,第 506 页以下。

有明显的国家主义立场,无益于期待可能性的正确判断。而一般人标准说虽然从判断者的视角转到了被判断者,但平均人是一个类型化的概念,作为判断标准在掌握上有一定难度,而且它也同样没有顾及行为人的个人特征。只有行为人标准说站在行为人的立场上,设身处地考虑其作出意志选择的可能性,从而使归责更合乎情理。正因为在期待可能性的判断中采用行为人标准说,使期待可能性的判断成为一种个别判断,并且能够顾及行为人的具体情状,纠正刑法的僵硬性,使之具有人情味。正如日本学者大塚仁指出:期待可能性的理论,其意向本来在于对行为人人性的脆弱给予法的救助,判断其存否的标准也自然必须从行为人自身的立场去寻找。刑法中的责任是就所实施的符合构成要件的违法的行为对行为人进行的人格非难,所以,像关于责任故意和责任过失已经说明的那样,必须站在行为人个人的立场上来考虑。期待可能性的判断也应该以行为人为标准。① 诚哉斯言。

(四)期待可能性的错误

期待可能性的错误,是对期待可能性征表的认识错误。在刑法理论上,期待可能性的错误是指决定行为人的期待可能性的认知因素所发生的主观表象与现实情形的不一致。② 这里的现实情形,实际上是指期待可能性的征表,这是一种客观的附随情形。行为人对期待可能性的征表发生错误认识,足以影响期待可能性的存在,对于确定责任的有无也具有重要意义。

期待可能性的错误究竟属于何种性质,这在刑法理论上也是存在争议的。在传统刑法理论中,刑法中的认识错误可以分为事实认识错误与法律认识错误。在这一界分中,期待可能性错误显然不属于法律认识错误,但归入事实认识错误也存在牵强之处。因为这里的事实是指构成要件的事实,而期待可能性的征表当然不可归入构成要件事实。况且,期待可能性错误中既有事实认识错误又有法律认识错误,因而在事实认识错误与法律认识错误的二元区分中具有无法归类性。现在,大陆法系刑法理论中将错误区分为构成要件的错误、违法性的错误和期待可能性错误,分别对应于构成要件该当性、违法性和有责性。由此可见,期待可能性的错误作为一种单独的错误类型加以研究是可取的。

期待可能性的错误可以分为积极错误与消极错误,这是日本学者佐伯

---

① [日]大塚仁:《刑法概说(总论)》(第3版),冯军译,中国人民大学出版社2003年版,第406页。

② 童德华:《刑法中的期待可能性论》,中国政法大学出版社2004年版,第282页。

千仞的分法,具有一定的代表性。[①] 所谓积极错误,是指不存在期待可能性的征表却误认为其存在。所谓消极错误,是指存在期待可能性的征表却误认为其不存在。期待可能性错误,无论是积极错误还是消极错误,又可以分为事实认识错误与法律认识错误。根据佐伯千仞的观点,首先,积极的错误是关于事实的误信时,存在故意,但是,从行为人的精神状态来看缺乏期待可能性,如果在陷入错误上存在过失,就可以认为是过失犯。另外,在法律错误的场合,行为人的精神状态不是迫切的,在法上可以忽略。其次,关于消极的错误,事实的错误和法律的错误原则上都不发生问题。但是,法律规定着不允许反证的责任阻却事由时,就阻却责任。[②] 这种讨论有些烦琐,并且与阻却责任事由是否存在的法律规定有关,在我国刑法中这种讨论尚无理论上的迫切性。

三、期待可能性的适用范围

期待可能性本身是一个理论概念,它对于刑法适用产生了深远的影响。那么,期待可能性理论是如何对刑法适用发生影响的呢?它首先是作为犯罪构成要件对犯罪认定起作用的,因此,我们应当在犯罪构成理论中探讨期待可能性理论的适用。确切地说,应当确定期待可能性在犯罪构成中的体系性地位。

关于期待可能性在犯罪构成中的体系性地位问题,在刑法理论上也是存在争论的,主要有以下三种观点:一是故意、过失的构成要素说,认为故意、过失是责任形式,故意责任、过失责任共同包含非难可能性的要素,欠缺期待可能性时,阻却故意责任、过失责任。二是第三责任要素说,认为作为客观的责任要素的适法行为的期待可能性,是与作为主观责任要素的故意、过失区别开来,是与责任要素并列的积极的要素。三是阻却责任事由说,认为期待可能性的不存在是阻却责任事由,是例外妨碍犯罪成立的情况。[③] 上述三种观点中,第二种观点与第三种观点似乎区别并不大,第三责任要素说

---

① [日]大塚仁:《刑法概说(总论)》(第3版),冯军译,中国人民大学出版社2003年版,第407页。关于期待可能性错误类型的其他观点,参见童德华:《刑法中的期待可能性论》,中国政法大学出版社2004年版,第284页以下。

② [日]大塚仁:《刑法概说(总论)》(第3版),冯军译,中国人民大学出版社2003年版,第407~408页。

③ 马克昌:《比较刑法原理——外国刑法学总论》,武汉大学出版社2002年版,第500页以下。

可以说是一种积极的责任要素说,而阻却责任事由说可以说是一种消极的责任要素说。至于第一种观点,将期待可能性视为故意、过失的构成要素,则要看这里的故意、过失是指心理事实上的故意、过失还是规范评价上的故意、过失。如果是前者显然不妥,若是后者则具有妥当性。关键在于:如何建构犯罪论体系。大陆法系的犯罪论体系存在一个演进的过程,对此日本学者小野清一郎曾经作过具体的描述。① 在贝林那里,构成要件是纯客观的、记叙性的,也就是说,构成要件是刑法法规所规定的行为类型,但这种类型专门体现在行为的客观方面,而暂且与规范意义无关。在这种情况下,基于违法是客观的、责任是主观的命题,在责任这一要件中主要讨论的是责任能力与作为责任形式的故意与过失。在当时心理责任论的支配下,这里的故意与过失是指心理性事实。此后,在违法性中发现了主观违法要素,而责任中随着期待可能性理论的形成也发现了规范要素。在目的行为论的推动下,作为心理事实的故意与过失被纳入构成要件该当性,从而使构要件该当性成为客观与主观的统一体,对行为进行第一次事实判断。违法性论中既包括客观违法要素也包括主观违法要素,对行为进行第二次规范判断。而责任这一要件中不再包含心理性事实要素,而只包括归责的规范要素,即违法性认识及其可能性和期待可能性,由此形成责任的故意与责任的过失,从而区别于存在于构成要件该当性中的构成要件的故意与构成要件的过失。基于以上对犯罪论体系的理解,期待可能性是一种责任的判断,也是犯罪成立的最后一次判断。当然,由于各国刑法规定与犯罪论体系上的差别,对期待可能性在法律适用上存在不同的情形,对此分别加以研究:

德国是期待可能性理论的发源地,但令人难以置信的是,在德国,期待可能性理论恰恰受到冷落,甚至遭受弃用的命运。对此,德国学者指出:期待可能性理论已经变得无足轻重了。刑法在责任领域需要标准,这些标准虽然应当包含对意志形成的评价,但必须被形式化,并从法律上加以规定。不可期待性这一超法规的负责事由,无论是从主观上还是从客观上加以理解,均会削弱刑法的一般预防效果,以至于导致法适用的不平等现象,因为所谓的“不可期待性”,并不是可适用的标准。此外,免责事由根据法律明确的体系表明了例外规定,这些例外规定不能够被扩大适用。甚至在困难的

---

① [日]小野清一郎:《犯罪构成要件理论》,王泰译,中国人民公安大学出版社2004年版,第22页以下。

生活状况下，即使要求当事人作出巨大牺牲，也必须要求社会共同体服从法律。[①] 由此可见，德国刑法中仅在规范的责任阻却事由中采用，作为超规范的责任阻却事由的期待可能性已经被否定。德国刑法学目前的体系中，责任这一要件的要素包括：责任能力、禁止性错误、排除责任的紧急状态和类似案件。例如，德国学者论及德国刑法体系中罪责这一基本概念时指出：符合行为构成和违法性的行为必须是有罪责的，也就是说，行为人必须对这个行为承担责任，这个行为，就像人们常说的那样，必须是能够使行为人"受到谴责的"。对此应当具备的条件是罪责能力和不具有免责根据（Entschuldigung-Sgrunden），例如，像在不可避免的禁止性错误（der unvermeidbare verbotsirrtum）或者在免责性紧急避险（der entschuldigende Notstand）中所表明的那样。[②] 在此，违法性认识与期待可能性均并非责任要素，而违法性认识错误与法定的免责事由才是责任的消极要素。

期待可能性理论在日本有着广泛的影响，以至于给人以"墙内开花墙外香"的感觉，期待可能性理论发起于德国但却兴盛于日本。在日本，期待可能性理论成为一种被广泛认同的思想。正如日本学者指出：期待可能性的理论，在昭和初期被介绍到我国，之后支持者不断增加，实务界也表示了关心，"二战"后完全成为通说，现在以期待可能性理论为基础的规范责任论也已经成为通说。[③] 例如，在大塚仁的犯罪论体系中，责任的要素分为：(1)作为主观的事情，可以举出的有责任能力，关于故意犯具有对犯罪事实以外的与违法性相关联的事实的表象和违法性的意识，关于过失犯具有行为人在缺乏对它们的表象和意识上的不注意。(2)作为客观的事情，可以考虑的是存在适法行为的期待可能性。它影响到责任的存在、强弱，被称为客观的责任要素（Objektive Schuldelemente）。[④] 当然，在日本刑法学界，对于期待可能性是积极的责任要素还是消极的责任要素，如果是消极的责任要素，是一般的超法规的责任阻却事由，还是仅仅限于刑法有规定时才是责任阻却事由等，都是存在分歧的。尽管如此，日本的判例和理论均认同期待可能性，这

---

① ［德］汉斯·海因里希·耶赛克、托马斯·魏根特：《德国刑法教科书（总论）》，徐久生译，中国法制出版社2001年版，第603页。

② ［德］罗克辛：《德国刑法学总论》（第1卷），王世洲译，法律出版社2005年版，第119～120页。

③ ［日］大谷实：《刑法总论》，黎宏译，法律出版社2003年版，第267页。

④ ［日］大塚仁：《刑法概说（总论）》（第3版），冯军译，中国人民大学出版社2003年版，第381页。

是毋庸置疑的。

我国从苏联引入的刑法理论并未论及期待可能性,因而目前我国耦合式的犯罪构成体系中也没有期待可能性的地位。但期待可能性理论引入我国以后,对司法实践与刑法理论都产生了重大影响。

就期待可能性理论对司法实践的影响而言,我国学者开始用期待可能性解释我国刑法的规定,以此影响司法实践。我国学者主要围绕着刑法关于不可抗力而论及期待可能性理论的适用问题。例如,我国学者举例说明期待可能性对罪过心理的影响。王某(女,30 岁)带邻居家的李某(男,5 岁)去河边散步,在嬉闹过程中,李某不听王某劝告和制止,跌入河中。由于王某不会游泳,无法营救,致李某溺死。如果依据刑法的有关理论,王某带小孩外出的行为产生保护小孩安全的义务,当小孩跌入水中时,王某应予救助。但是,本案的王某不会游泳,法律不能期待、更不能强迫不会游泳的人下水救人。正是这种期待不可能表明王某不下水救人不具有罪过心理,因而不对李某的死亡负刑事责任。当然,根据我国刑法(1979 年)第 13 条的规定,王某无能力下水救人的行为(不作为)属于不可抗力事件,也排除主观上的罪过,不负刑事责任。可见,尽管分析的角度不同,但殊途同归,结论一致。① 在此,我国学者试图打通期待可能性的法理与我国刑法中的不可抗力的规定之间的关系,并从而排除主观上的罪过作为期待不可能的法律后果。当然,由于我国传统刑法理论中的罪过并不等同于大陆法系刑法理论中的责任,因而如何借鉴期待可能性理论仍然是一个值得研究的问题。此后,以不具有期待可能性解释不可抗力,几乎成为我国刑法理论中的通说。例如,我国学者明确指出:可以把我国刑法(1979 年)第 13 条解释为是关于期待可能性的规定。② 当然,也有些学者将不可抗力解释为不具备构成要件的行为,认为人在不可抗力作用下的举动,并不表现人的意志,甚至往往是直接违背意志的,因而这种行为即使对社会造成损害,也不能视为刑法中的危害行为。对于不可抗力作用下的举动,我国刑法(1997 年)第 16 条作了明文规定,指出行为在客观上虽然造成了损害结果,但是由于不能抗拒的原因引起的,不是犯罪,其理由正是不可抗力下的举动本身就不足以成为危害行为,不具备犯罪客观方面的必要要件。③ 上述两种对不可抗力不认为是犯罪的

---

① 姜伟:《犯罪故意与犯罪过失》,群众出版社 1992 年版,第 80 页。

② 冯军:《刑事责任论》,法律出版社 1996 年版,第 240 页。

③ 高铭暄、马克昌主编:《刑法学》,北京大学出版社、高等教育出版社 2000 年版,第 69 页。

法理根据的解读当然是不同的：前者认为是不可归责，后者认为是没有行为。从刑法规定来看，不可抗力和意外事件是作为“不是出于故意或过失”的行为加以规定的，因而拟应理解为在具有行为的基础上没有故意与过失的情形。对于不可抗力来说，是无故意的行为，意外事件则是无过失的行为。那么，不可抗力的无故意能否理解为缺乏期待可能性呢？关键在于如何理解这里的不可抗拒的原因。如果这种不可抗拒的原因是指物理上的强制，就不需要采用缺乏期待可能性的解释，而可以直接采用缺乏行为的解释，因为在物理强制下的举动确实不应包括在行为的范畴内。只有当这种不可抗拒的原因是精神上的强制时，才可适用缺乏期待可能性的解释。因为期待可能性是以这种可能性存在为前提的，但在物理强制的情况下连这种可能性也不存在，谈何期待。只有在精神强制的情况下，存在这种可能性，才能提出期待的问题。当然，正如我国学者冯军所言，我虽然主张把不能抗拒之不可罚的理由解释为缺乏期待可能性，但是，我只认为可以如此解释，甚或说学理上如此解释才合理，至于立法者的原意是否如此，值得怀疑。[①] 如果我们坚持客观解释论而非主观解释论的立场，我认为还是有解释余地的。这样，我们就可以把不可抗力界定为法定的免责事由。当然，期待可能性也可用于防卫过当和避险过当的归责问题。对于那种由于惊恐或者惶恐而引起的过当，因其缺乏期待可能性也不应追究刑事责任。由此可见，建立在期待可能性理论基础之上的不可抗力的解释能大有发挥的余地，可以使之成为一般性的免责事由。

就期待可能性理论对刑法理论的影响而言，也有一个从个别性解释到纳入我国犯罪构成体系这样一个演变过程。开始，我国只是个别学者论及期待可能性，并没有将其置于犯罪构成体系中加以思考。此后，我国学者在刑事责任研究中，明确地提出不能把期待可能性理解为例外的责任要素或消极的责任要素，而应该理解为是与责任能力、事实性认识、违法性认识一样的普遍的或积极的责任要素。[②] 当然，要把期待可能性作为独立的责任要素，必然涉及对我国犯罪构成体系的改造。在我国传统的耦合式的犯罪构成体系中，尤其是故意的心理事实与规范要素未加界分的情况下，是无法确定期待可能性的体系性地位的。在《本体刑法学》一书中，[③]我建立起罪体与

① 冯军：《刑事责任论》，法律出版社 1996 年版，第 240 页。
② 冯军：《刑事责任论》，法律出版社 1996 年版，第 253 页。
③ 陈兴良：《本体刑法学》，商务印书馆 2001 年版。

罪责的二元体系。在罪责的一般原理中论及期待可能性，我在该书中讨论的故意责任和过失责任，都是心理事实与规范评价的统一。例如，故意具有心理构造与规范构造，心理构造讨论的是心理的故意，规范构造讨论的是责任的故意。在责任的故意中，分为违法性认识与违法性意志。在我看来，违法性意志，就是一个期待可能性的判断问题。由此可见，我也是将期待可能性作为一种积极的责任要素加以确立的。当然，如何在期待可能性理论基础之上建立起开放性的宽恕事由体系或者免责事由体系，①仍然是一个需要深入研究的问题。

（本文原载《法律科学》2006 年第 3 期）

---

① 对这一问题的初步探讨，参见邱传忠："期待可能性宽恕根源的刑法解读"，载陈兴良主编：《刑事法评论》（第 16 卷），中国政法大学出版社 2005 年版，第 457 页以下；孙立红："罪责与开放性的犯罪构成"，载陈兴良主编：《犯罪论体系研究》，清华大学出版社 2005 年版，第 335 页以下。

间接正犯:以中国的立法与司法为视角

一、引言:从一个基层法院的案例开始

被告人张文俊,男,51岁,系北京汇众公司下属汇众金属表面合金化工厂厂长。被告人修启新,男,52岁,系北京汇众公司下属汇众金属表面合金化工厂副厂长。1995年年底,汇众公司出资60万元设立汇众金属表面合金化工厂,该厂为独立法人实体,由张文俊任厂长、法人代表,修启新任副厂长。该厂为股份制企业,张文俊、修启新等人以技术入股,占有25%的股份。1996年,汇众公司购买了一辆切诺基汽车,配发给汇众金属表面合金化工厂使用,产权属汇众公司,购车后向中国人民保险公司海淀支公司办理保险,投保人和受益人均为汇众公司。1996年12月26日,朝阳区三建东宝建筑公司工程队负责人万雨平因汇众金属表面合金化工厂拖欠其工程费4万余元,本人到该厂将切诺基汽车强行开走。张文俊随即向青龙桥派出所报案,该所因此事属于经济纠纷,未予受理。张文俊遂伙同修启新,于当晚向海淀分局刑警队报案,谎称汽车当天放在工厂院内时丢失,后又向汇众公司谎报。汇众公司遂向中国人民保险公司海淀支公司索赔。1997年6月,保险公司向汇众公司支付理赔款12万元。在这个案件处理中,司法机关存在以下三种意见:第一种意见认为,张文俊、修启新的行为构成保险诈骗罪。理由是:张文俊、修启新以非法获取保险金为目的,利用保险进行诈骗活动,向保险人骗取保险金,数额较大,符合保险诈骗罪的特征,应认定为保险诈骗罪。第二种意见认为,张文俊、修启新的行为构成诈骗罪。理由是:保险诈骗罪的主体是特殊主体,即投保人、被保险人和受益人。本案中张文俊、修启新二人不属上述三种人的任何一种,不符合保险诈骗罪的主体要件,故不构成保险诈骗罪,而构成诈骗罪。第三种意见认为,张文俊、修启新的行为不构成犯罪,理由是:向保险公司索赔是由汇众公司进行的,张文俊、修启新

并未参与,没有实施诈骗行为,从而不构成犯罪。[①] 以上三种意见似乎各有其理,但又都不能从根本上解决被告人张文俊、修启新的定罪根据问题。其实,在此引入间接正犯的概念,定罪问题就迎刃而解了。张文俊、修启新诈骗案,如果不借助于间接正犯的概念,就难以得出正确的定罪结论。因为就向保险公司诈骗而言,两被告人并未参与,没有保险诈骗行为。而普通诈骗罪,两被告人只是向汇众公司谎报汽车丢失,并未诈骗汇众公司的财物。就此而言,似乎两被告人的行为不构成犯罪。但实际情况是,在本案中,保险公司的保险金被诈骗,其财产受到损失。两被告人是利用汇众公司诈骗保险公司,这是一种间接实行的诈骗犯罪,应以间接正犯论处。但在间接正犯的情况下,到底是保险诈骗罪还是诈骗罪呢?保险诈骗罪虽然是身份犯,但无身份者与有身份者实施诈骗行为均可构成犯罪,只是构成不同的犯罪而已。在这种情况下,我认为,利用者可以构成这种不纯正身份犯的间接正犯。因此,两被告人应定保险诈骗罪。由于中国目前司法实践中间接正犯尚是一个陌生的概念,因而北京市海淀区法院对于本案被告人张文俊、修启新分别以诈骗罪判处有期徒刑各 1 年,并处罚金 1 万元。

二、间接正犯的概念

中国刑法中并无间接正犯的概念,在中国刑法理论上,间接正犯的研究也是晚近才开始的。但在大陆法系的刑法理论与刑事立法上,间接正犯却有着悠久的历史。

近代刑法理论中的间接正犯的概念,据说产生于主观主义未普遍发达时代的德国刑法学。一般认为,间接正犯是客观主义的共同犯罪理论为弥补其共犯从属性说之不足而推衍出来的一个范畴。正如德国学者指出:在教义学史上,间接正犯原本只扮演了“替补者”的角色。人们当时想将那些由于顾及共犯的严格的从属性因而教唆不可能处罚的案件包括进去。[②] 按照主观主义的共同犯罪理论,只要具有共同犯罪行为,即使是具有刑事责任能力的人与没有刑事责任能力的人或者达到刑事责任年龄的人与没有达到刑事责任年龄的人也可以构成共同犯罪,这就是所谓共犯独立性说。按照此说,间接正犯显系正犯,在理论上毫无承认之必要。而按照客观主义的共

① 陈兴良主编:《刑法疑案研究》,法律出版社 2002 年版,第 67 页以下。

② [德]汉斯·海因里希·耶赛克、托马斯·魏根特:《德国刑法教科书(总论)》,徐久生译,中国法制出版社 2001 年版,第 801~802 页。

同犯罪理论,共犯具有从属性,即教唆犯和帮助犯系从属于正犯的犯罪,又称从属犯。在一般情况下,如果正犯不构成犯罪,就没有处罚教唆犯和帮助犯的理由。但是,具有刑事责任能力的人或者达到刑事责任年龄的人,教唆或者帮助没有刑事责任能力的人或者没有达到刑事责任年龄的人实施犯罪行为,无异于利用工具犯罪。在这种情况下,如果仍然坚持以正犯构成犯罪作为教唆犯或者帮助犯承担刑事责任的前提,那么,该教唆犯或者帮助犯就难以依法论处,这显然不合乎情理。在这种情况下,为调和客观主义共同犯罪理论的矛盾,则将这种教唆犯和帮助犯名之曰间接正犯,使之对被利用者的犯罪行为承担完全的罪责。这就是大陆法系国家刑法理论中间接正犯的由来。

间接正犯的概念产生虽早,但在立法上承认间接正犯,却始于1919年的德国刑法草案。该草案第26条明文规定了间接正犯的概念,指出:"对于非依犯意而行为之他人,或无责任能力之他人,以犯意教唆其为犯行之实施者,是为间接正犯。"现行的德国刑法典第25条第1项规定:"假手他人以实行之者,依正犯处罚之。"这被认为是对间接正犯的典型规定。在意大利刑法中,第86条(为了让人犯罪目的而使其丧失责任能力)规定:"使他人陷于无辨别及无意思能力之状况,而利用其为犯罪行为者,应负该项犯罪行为之刑事责任。"对于这一规定以及第111条(利用无责任能力和不可罚的人犯罪)、第48条(因他人欺骗而产生的错误)、第51条第2款(犯罪性命令)、第54条(因他人威胁而形成的紧急避险状态)、第46条(身体强制)等,意大利刑法学界多数人坚持认为都是有关间接正犯的规定,因为在这些情况下法律规定了应由造成他人无能力状态或实施了欺骗等行为的主体承担刑事责任。但也有意大利刑法学家认为,在他们的制度中,间接正犯的概念没有任何实际意义。因为这种情况,"不论从法律规定还是从刑法理论的角度看,都完全应该属于刑法规定的共同犯罪的范畴;如果将支配犯罪实施的人称为正犯,就意味着对这种情况不能适用有关共同犯罪的规定"。① 由此可见,在意大利刑法学界,对于间接正犯的性质还是存在严重分歧的。尽管如此,在大陆法系刑法理论中,间接正犯是一个通用的刑法概念,在共同犯罪理论中占有一席之地。

在中国刑法理论中,间接正犯是一个外来语,但正犯一词则古已有之。

---

① [意]杜里奥·帕多瓦尼:《意大利刑法学原理》,陈忠林译,法律出版社1998年版,第337~338页。

正犯是中国古代刑法中的一个概念,严格地说,中国古代刑法中没有共犯的概念,而只有共犯罪的概念,共犯罪就是共同正犯。因此,中国古代刑法是以正犯为基础构造的,采用的是严格意义上的犯罪共同说。清末继受外国法制以后,引入大陆法系的共犯概念,从而区分正犯与共犯。在这当中,由于清末刑律修订,主持人沈家本聘请日本刑法学家冈田朝太郎参与起草刑法典。因此,共犯部分,尤其教唆犯、从犯之规定,最初几乎完全仿效日本刑法典之立法例。[①] 在上述正犯与共犯相区分的立法例中,间接正犯自有其存在的余地。

中华人民共和国自1949年成立以后,直至1979年才制定第一部刑法典。此前,中华人民共和国刑法草案经历了共33稿,此间变动最大的就是关于共同犯罪人的分类问题。在最初的数稿中,都是以共同犯罪人在共同犯罪中所作的分工进行分类的,因而基本上是以正犯与共犯为线索的。但在用语上,到底是称正犯还是称实行犯,前后存在反复。1950年刑法大纲草案称为正犯,1954年刑法指导原则草案改称实行犯,1957年刑法草案第22稿又恢复正犯的概念,规定:直接实行犯罪的,是正犯。对于正犯,根据他在犯罪中所起的作用处罚。对此,立法者解释说:为什么在草案中用正犯这一名称而不用实行犯,是因为实行犯这一名称不科学,实际上不但实行犯去实行犯罪,其他共犯也是实行犯罪的,而用实行犯这一名称就意味着其他的共犯好像坐在那里什么都不干,这与实际情况是不符的。同时,正犯是共犯中的主体,是共同犯罪中对犯罪起决定作用的人,因此,用正犯更能表现出他在共同犯罪中的作用。[②] 在这一说明中,将正犯界定为直接实行犯罪的人,似乎就已经在逻辑上排斥了间接正犯存在的可能性。但实际上,这里的直接实行并非与间接实行相对应,而是要与共犯相区分,但将共犯也理解为是实行犯罪的,则已经在相当程度上模糊了正犯与共犯的区分。及至1963年刑法草案第33稿,抛弃了正犯与共犯相区分的立法例,对共同犯罪人的分类改为以作用分类法为主,以分工分类法为辅,即分为主犯、从犯、胁从犯、教唆犯。这一分类法继承了中国古代刑法共犯罪分首从的精神。由于未考虑到中国古代刑法中的共犯罪只指共同正犯,不包括共犯,因而中国刑法中的这

---

① 陈子平:《共同正犯与共犯论:继受日本之轨迹及其变迁》,台北五南图书出版公司2000年版,第3页。

② 李琪:“有关草拟中华人民共和国刑法草案(初稿)的若干问题”,载《中国刑法立法资料汇编》,1980年印行,第124页。

种分类法的合理性大可质疑。[①] 1997 年刑法修订当中,虽然又有学者对于共同犯罪人的分类问题提出修改意见,但并未采纳,仍然保留了 1979 年刑法关于共同犯罪人分类的规定。

对中国刑法关于共同犯罪的规定进行这样一种沿革的描述,主要是因为间接正犯概念的存在以及它的地位与一个国家关于共同犯罪的立法是有着密切联系的。从以上中国刑法关于共同犯罪人的分类来看,没有采用大陆法系的分工分类法,即正犯与共犯的区分,而是主要采用作用分类法,即分为主犯、从犯与胁从犯,教唆犯只是一种补充。在这种情况下,在中国刑法中既然没有正犯的概念,当然也就没有间接正犯的概念。不仅在立法上没有间接正犯的概念,而且在解释论上也往往否认间接正犯的概念。例如,利用没有达到法定刑事责任年龄的人为工具犯罪,在大陆法系刑法理论上,这种情况是典型的间接正犯。但在中国刑法学界,个别学者主张,由于被教唆者不具备犯罪主体资格而不能认为是教唆犯的共犯,对教唆犯应单独按所教唆的罪定罪,按照刑法中的主犯从重处罚。[②] 这一观点虽然看到了在这种利用没有达到法定刑事责任年龄的人为工具犯罪的情况下,利用者与被利用者不构成共同犯罪,但又认为,对于利用者应当按照独立的教唆犯以主犯从重处罚,这实际上未对间接正犯作出科学的定位。此外,中国还有学者主张对于教唆未满 14 周岁的无责任能力人犯罪的,可以从间接正犯的概念中分离出来,作为一种例外,按教唆犯从重处罚,理由在于:中国刑法有关于教唆不满 18 周岁的人犯罪的,应当从重处罚的规定。如果在这里不满 18 周岁的人不包括不满 14 周岁的人,那就出现了一个矛盾:教唆已满 14 周岁未满 18 周岁的人犯罪的,应当从重处罚;教唆 14 周岁以下的人的犯罪比前者更为恶劣,反倒没有从重处罚。这在理论上是难以自圆其说的,在司法实践上对于打击教唆未满 14 周岁的人的犯罪,也是有百害而无一利。[③] 在这种理解当中,间接正犯的概念在法理上也就没有存在的余地。由于刑法理论上对间接正犯研究的极度缺乏,在司法实践中将间接正犯按照教唆犯处理的不乏其例。例如,在 20 世纪 80 年代初,某地法院对一个教唆不满 14 周岁的人盗窃公私财物者定为盗窃(教唆)罪,这就把间接正犯与教唆犯混为一

---

① 关于分工分类法与作用分类法的比较,参见拙著:《共同犯罪论》,中国社会科学出版社 1992 年版,第 173 页。

② 石划:“刍议教唆犯成立共同犯罪的要件和单独论处”,载《法学与实践》1985 年第 6 期,第 44 页。

③ 吴振兴:《论教唆犯》,吉林人民出版社 1986 年版,第 74～77 页。

谈了。有感于此,我在1984年初撰写了《论我国刑法中的间接正犯》一文,①这是在我国1979年刑法颁行以后,第一篇论述间接正犯的论文。在论文中,我对间接正犯作出了以下界定:间接正犯,即把一定的人作为中介实施其犯罪行为,其所利用的中介由于具有某些情节而不负刑事责任或不发生共犯关系,间接正犯对于其通过中介所实施的犯罪行为完全承担刑事责任。在我看来,这种实施犯罪行为的间接性和承担刑事责任的直接性的统一就是间接正犯。

三、间接正犯的性质

间接正犯的性质是指间接正犯的正犯性问题。在间接正犯的理论中,间接正犯的正犯性是一个核心问题,即间接正犯并未亲手实行犯罪,又为什么要将其视为正犯?对此,在刑法理论上存在下述观点:(1)工具说,认为间接正犯是利用他人犯罪,被利用者只不过是间接正犯的工具而已。(2)因果关系中断说,此说将间接正犯视为因果关系中断的一种排除情形,即指在因果关系进行中,介入一定的自然事实或他人的意思自由行为,而使原有的因果关系中断。而利用无责任能力人或无故意者,因果关系并不中断而成立间接正犯。(3)原因条件区分说,认为与结果发生具有一定关系的先行行为原因,具有原因力,利用者应负正犯之责。(4)主观说,认为间接正犯是以自己犯罪的意思而利用他人犯罪,所以,虽然利用者没有直接实施犯罪,亦应视同正犯。(5)国民道德观念说,认为根据国民道德观念,应将利用他人犯罪者视为正犯。(6)构成要件说,认为实行符合构成要件定型性的行为均为正犯行为,间接正犯只不过是实行的方式而已。(7)行为支配说,认为间接正犯在利用他人犯罪中,起着支配作用,即间接正犯在整个犯罪过程中都居于支配的地位。② 在上述诸说中,工具说是对间接正犯性质最为有力的说明。正是通过对工具或曰道具的支配,使利用者获得了正犯的性质。正如德国学者指出:间接正犯是指,为了实施构成要件该当行为,以利用他人作为"犯罪工具"的方式来实现犯罪构成要件者。在间接正犯情况下,行为支配的先决条件是,整个事件表现为幕后操纵意志的杰作,幕后操纵者通过其

---

① 参见拙作:"论我国刑法中的间接正犯",载《法学杂志》1984年第1期。

② 林维:《间接正犯研究》,中国政法大学出版社1998年版,第62页以下。

影响力将行为媒介(Tatmittle)控制在手里。① 其他学说对于阐明间接正犯的性质也都具有一定的意义,它们或者从客观方面或者从主观方面,或者从利用者方面或者从被利用者方面,还有从社会一般违法观念方面,对间接正犯的正犯性作了论证。尤其值得注意的是,日本学者小野清一郎从伦理评价的角度论证了间接正犯的正犯性。小野指出:“所谓间接正犯,也是伦理性的,因而也成为构成要件行为的问题。这是一种自己不下手,而通过利用他人——然而并不是教唆他人去实行犯罪——来实行自己的犯罪的情形。例如,唆使精神病人去放火的行为;让不知道的护士给患者服下毒药的行为等,即可认定为等于是自己放火和杀人。这些行为的构成要件,尽管是以物理的行为(身业)为其内容的,但又是以智能地使动他人的行为(语业)为内容的,并且在具体事件中从伦理评价中认定其符合构成要件行为即为实行的。这是间接正犯的特点。”②我认为,对于间接正犯的正犯性,应当坚持主观与客观相统一的原则,从利用者与被利用者两个方面予以展开。

间接正犯在主观上具有利用他人犯罪的故意,也就是指行为人明知被利用者没有刑事责任能力或者没有特定的犯罪故意而加以利用,希望或者放任通过被利用者的行为达到一定的犯罪结果。因此,间接正犯与被利用者之间不存在共同犯罪故意。这种利用他人犯罪的故意不同于直接正犯自己犯罪的故意,因而有别于直接正犯。同时,这种利用他人犯罪的故意也不同于教唆故意与帮助故意。教唆故意是唆使他人犯罪的故意,帮助故意是帮助他人犯罪的故意,这是一种共犯的故意,以明知被教唆人或被帮助人的行为构成犯罪为前提,具有主观上的犯意联络。而在间接正犯的情况下,行为人明知被利用者的行为不构成犯罪或者与之不存在共犯关系,因而具有单独犯罪的故意,即正犯的故意。

间接正犯在客观上具有利用他人犯罪的行为,也就是指行为人不是亲手犯罪,而是以他人作为犯罪工具而实施犯罪。正是利用他人犯罪这一特征将间接正犯与直接正犯加以区别。直接正犯是本人亲手实施犯罪,当然,在这种实施犯罪过程中,也未必见得都是直接使用肢体,而是可以利用机械、自然力或者动物,由于这些被利用对象不具有人的主体性,因而只是纯

---

① [德]汉斯·海因里希·耶赛克、托马斯·魏根特:《德国刑法教科书(总论)》,徐久生译,中国法制出版社 2001 年版,第 801 页。

② [日]小野清一郎:《犯罪构成要件理论》,王泰译,中国人民公安大学出版社 1991 年版,第 53 页。

粹的客体——犯罪工具,因而自然属于直接正犯的范畴。这种利用他人犯罪的行为也不同于教唆行为与帮助行为,后者是一种共犯行为,存在着对于实行行为的客观联结,因而形成共同的犯罪行为。而间接正犯的利用行为是单独的犯罪行为,被利用者的行为只是间接正犯实行犯罪的一种中介。从因果关系上说,共同犯罪行为是犯罪结果发生的共同原因,因而教唆行为与帮助行为与犯罪结果之间存在多因一果的关系。当然,将教唆行为与帮助行为单独加以考察,一般认为教唆行为与犯罪结果之间具有间接的因果关系,而帮助行为则只是犯罪结果发生的条件而非原因。在间接正犯的情况下,行为人与犯罪结果之间具有因果关系,这种因果关系具有包容性的特征。

间接正犯的正犯性,使之区别于共犯。间接正犯与教唆犯的区别在于:间接正犯是在利用他人犯罪的故意的支配下将他人作为实现本人犯罪意图的工具,而教唆犯是在教唆他人犯罪的故意的支配下以共同犯罪的形式实现本人的犯罪意图。间接正犯与帮助犯的区别在于:由于间接正犯和被利用者的行为之间不发生共同犯罪关系,或者被利用者的行为不认为是犯罪,所以间接正犯从外表上好像是帮助他人犯罪,实质上则对于他人的行为具有支配性,是在利用他人犯罪。正是由于间接正犯与共犯之间形同而实异,因而使之区别于共犯而归入正犯的范畴。正因为如此,如日本学者所指出,近来,间接正犯不被放在共犯论里面,而是作为构成要件行为的解释问题在构成要件该当性中论述,并且与利用自己酒醉等状态完成犯意的"基于某种原因的自由行为"一起说明的人增多起来了。在区别正犯与共犯之际,曾经有过共犯概念优劣之争的具有一种试金石感的"间接正犯"概念,在刑法上的评价态度已从自然主义的考察向规范主义的考察发展,从而带来了上述那种体系的变动。[①] 我认为,正犯是与共犯相对应的概念,无正犯也就无所谓共犯。因此,作为正犯之一种特殊类型,在共同犯罪的理论中论及是恰当的,何况,像德国刑法典那样规定间接正犯的国家,也是在共犯当中规定的。

这里还应当指出,间接正犯与间接共犯是有区别的,间接共犯是指共犯之共犯,例如,间接教唆犯与间接帮助犯等。间接教唆犯是指教唆犯的教唆犯,这是一种辗转教唆的情形。间接帮助犯是指帮助犯的帮助犯。间接共犯仍属共犯的范畴,是共犯之共犯,它不同于间接正犯。

---

① [日]福田平、大塚仁:《日本刑法总论讲义》,李乔等译,辽宁人民出版社 1986 年版,第 161 页。

四、间接正犯的形式

间接正犯存在各种形式,正确地理解间接正犯的形式,对于间接正犯的认定具有重要意义。间接正犯根据利用他人犯罪的情形不同,可以区分为下列形式:

(一) 利用未达到刑事责任年龄的人实施犯罪

构成犯罪,对于犯罪主体具有一定年龄的规定,没有达到法定刑事责任年龄的人,依法不构成犯罪。利用这种未达到刑事责任年龄的人为工具实施犯罪的,无论其是否具有识别能力,利用者均应以间接正犯论处。在中国刑法中,利用不满 14 周岁的人为工具实施犯罪以及利用满 14 周岁不满 16 周岁的人实施刑法第 17 条第 2 款规定的故意杀人、故意伤害致人重伤或者死亡、强奸、抢劫、贩卖毒品、放火、爆炸、投毒罪以外的犯罪的,构成间接正犯。

(二) 利用精神病人实施犯罪

精神病人,如果根据生物学标准和心理学标准,丧失了辨认能力和控制能力,系刑法上的无责任能力人。利用这种无责任能力人实施犯罪,只不过是利用工具而已,利用者构成间接正犯。如果唆使限制刑事责任能力的精神病人实施犯罪,由于限制责任能力人依法应负刑事责任,只是可以从轻或者减轻而已。因而唆使者与限制责任能力人属于共同犯罪,唆使者不构成间接正犯,而应以教唆犯论处。

(三) 利用他人无罪过行为实施犯罪

这里的无罪过行为是指不可抗力和意外事件。根据中国刑法第 16 条规定,行为在客观上虽然造成损害结果,但是不是出于故意或者过失,而是由于不能抗拒或者不能预见的原因所引起的,不是犯罪。在这种情况下,行为人在客观上造成了一定的法益侵害结果,但其主观上既无故意又无过失,依法不负刑事责任,类似于英美刑法中的无罪之代理人(Innocent agent),对于利用者,则应以间接正犯论处。

(四) 利用他人合法行为实施犯罪

这里的合法行为并非指通常意义上的合法行为,而是指排除犯罪性的违法阻却事由,即正当防卫和紧急避险等。这种行为依法不负刑事责任,是合法行为。但利用者却是非法的,其利用行为构成间接正犯。正如德国学者指出:犯罪工具在这种情况下虽然客观上和主观上都是合法的,但并不取决于他的合法行为,而是取决于幕后操纵者的不法行为。① 因此,如果利用他人的正当防卫行为或者紧急避险行为实施犯罪,被利用者不负刑事责任,利用者应以间接正犯论处。

(五)利用他人过失行为实施犯罪

刑法中的共同犯罪是共同故意犯罪,不仅不存在共同过失犯罪,而且在故意犯罪与过失犯罪之间亦不存在共同犯罪,而应分别以犯罪论处。因此,利用他人的过失行为实施犯罪,被利用者应承担过失犯罪的刑事责任,利用者则应以间接正犯论处。

(六)利用有故意的工具实施犯罪

在刑法理论上,所谓有故意的工具,是指被利用者具有刑事责任能力并且故意实施某一犯罪行为,但缺乏目的犯中的必要目的(无目的有故意的工具),或者缺乏身份犯中的特定身份(无身份有故意的工具)。由此可见,利用有故意的工具可以分为两种情形:一是在目的犯的情况下,利用有故意无目的的工具。被利用者由于无特定目的而不构成法律要求特定目的之犯罪,但因有故意而构成一般故意犯罪。基于共同犯罪是共犯一罪之理念,利用者与被利用者并非共犯一罪的关系,利用者是利用他人的故意犯罪行为实施其具有特定目的才构成之犯罪,应以间接正犯论处。二是在身份犯的情况下,利用有故意无身份的工具。被利用者由于无特定身份而不构成法律要求特定身份之犯罪,但因有故意而构成一般故意犯罪。有身份者与无身份者分别构成不同犯罪,不属于共同犯罪。对于有身份者来说,是利用他人的故意犯罪行为实施其具有特定身份才能构成之犯罪,应以间接正犯论处。

五、间接正犯的认定

在认定间接正犯的时候,应当注意以下三个问题:

(一)间接正犯与亲手犯的区别

在认定间接正犯的时候,我们必须明确:间接正犯的存在不是绝对的与

---

① [德]汉斯·海因里希·耶赛克、托马斯·魏根特:《德国刑法教科书(总论)》,徐久生译,中国法制出版社2001年版,第708页。

无条件的。当然，对于这个问题在刑法理论上尚有争论。例如，在身份犯的情况下，没有特定身份的人不可能直接实行这种犯罪，但是否可以利用具有特定身份的人而成为间接正犯呢？对此，刑法理论上存在三种观点：一是肯定说，认为一切犯罪莫不可以成立间接正犯，纵属以一定的身份为成立要件的犯罪，若没有身份的人，利用有身份而无责任能力的人实施犯罪，该无身份的人仍为间接正犯。二是否定说，认为以一定身份为成立要件的犯罪，没有这种身份就与要件不合，纵利用有身份而无责任能力的人实施犯罪，其自身亦不能成立该罪。三是折衷说，认为以一定的身份为成立要件的犯罪，无身份者对此可否成立间接正犯，应视身份对于犯罪的性质而决定。凡依法律的精神，可推知该项处罚规定是专对具有一定身份的人而设的，则无此身份的人不能成为直接正犯，亦不得成为间接正犯。反之，以身份为要件的犯罪，其身份仅为侵害法益事项发生的要件的，则无身份的人仍可利用有身份的人以完成侵害法益的事实，而无碍于犯罪的成立，应认为可以成立该罪的间接正犯。①

我认为，在上述三说中，肯定说认为一切犯罪都存在间接正犯，无疑是不适当地扩大了间接正犯的范围。例如，受贿罪的主体是国家工作人员，如果非国家工作人员在国家工作人员不知情的情况下，利用国家工作人员职务上的便利为第三者谋利益并收受财物，按照肯定说，该非国家工作人员应以受贿罪的间接正犯论处。而受贿罪是渎职犯罪，那么，该非国家工作人员无职可渎，焉能以渎职论罪？显然，在认定间接正犯的时候，如果根据肯定说，就会混淆罪与非罪的界限，因而是不妥的。否定说认为在身份作为构成要件的犯罪中一概没有间接正犯存在的余地，可以说是不适当地缩小了间接正犯的范围。例如，强奸罪的主体是男子，如果女子教唆丧失辨认和控制能力的男子强奸妇女，按照否定说，该女子不能构成强奸罪的间接正犯，因而不以犯罪论处。而这种情况下，该女子主观上具有利用他人强奸妇女的犯罪故意，客观上使被害妇女遭到强奸，其行为的社会危害性已经达到犯罪的程度，应以犯罪论处。所以，将该女子解释为强奸罪的间接正犯，使之承担强奸罪的刑事责任是合适的。显然，在认定间接正犯的时候，如果根据否定说，也会混淆罪与非罪的界限，因而是错误的。在我看来，对于以身份作为构成要件的犯罪能否成立间接正犯，应该区别对待。在身份犯之身份是法定身份的情况下，又可以分为以下两种情形：一是无身份者不仅不能构成

---

① 韩忠谟：《刑法原理》，台北“国立”台湾大学法学院1981年增订第14版，第295～296页。

身份犯之罪,而且也不能构成其他犯罪,则无身份者不可能利用有身份者而构成身份犯的间接正犯。二是无身份者与有身份者实施相同行为均可构成犯罪,只是构成不同的犯罪而已。例如,普通诈骗与保险诈骗,有特定身份者构成保险诈骗,无特定身份者构成普通诈骗。在这种情况下,无身份者利用有身份者实施犯罪的,可以构成身份犯的间接正犯。而在身份犯是由自然身份构成的情况下,没有特定身份的人可以利用具有特定身份的人实施这种犯罪而构成间接正犯。因此,我认为折衷说是可取的。

由上观之,间接正犯的存在是有一定限制的。在刑法理论上,为了将间接正犯限制在一定范围内,须把不能构成间接正犯的各种犯罪涵括在一定的概念之内加以理解,亲手犯就是为适应这一需要而出现的一个概念。因此,亲手犯是以承认间接正犯为前提的,所以否认间接正犯的刑法学家对亲手犯当然是持排斥态度的。同时,亲手犯还以限制间接正犯为己任,所以认为在一切犯罪中都存在间接正犯的刑法学家,对亲手犯也持否定的态度。我认为,亲手犯的概念还是具有一定积极意义的,在刑法理论上有存在的必要。

那么,什么是亲手犯呢?所谓亲手犯,是指以间接正犯的形式不可能犯的犯罪。换言之,它的实现以行为人亲自实行为必要,利用他人不可能实现的犯罪。亲手犯与间接正犯是此消彼长的,如果扩张亲手犯的范围,必然缩小间接正犯的范围;反之亦然。在刑法理论上,一般认为亲手犯存在于下列各种犯罪之中:(1)身份犯。身份犯有纯正身份犯与不纯正身份犯之别。在不纯正身份犯的情况下,身份是刑罚轻重的事由,因此,仍然可以成立间接正犯,而不属于亲手犯。纯正身份犯是否属于亲手犯也不能一概而论。如前所述,只有由法定身份构成的纯正身份犯才是亲手犯,由自然身份构成的纯正身份犯不是亲手犯。(2)目的犯。目的犯是指以行为人主观上的特定目的为构成犯罪的要件的犯罪。没有这种特定目的,就不可能构成该罪。在目的犯的情况下,具有特定目的的人可以利用没有特定目的的人实施犯罪而构成间接正犯。但如果是没有特定目的的人就不可能利用他人构成目的犯的间接正犯。因此,在这种情况下,目的犯是亲手犯。(3)不作为犯。不作为犯是指以一定的作为义务作为构成犯罪的要件的犯罪。没有这种特定义务,就不可能构成犯罪。在不作为犯的情况下,没有特定义务的人可以利用具有特定义务的人实施不作为犯罪而构成间接正犯。例如,没有特定义务的甲利用谎言欺骗扳道工乙,使其未能履行职责,致使火车颠覆,甲就是间接正犯。但如果是具有特定义务的人就没有必要利用他人实施犯罪,因为只要其本人身体状态之静止，就足以构成犯罪。因此，在这种情况下，不作为犯就是亲手犯。

（二）间接正犯的着手标准

在直接正犯的情况下，以本人的实行行为的着手为犯罪的着手，不会发生任何疑问。例如，以刀杀人，犯罪分子举刀向被害人砍去的这一时刻，就是犯罪着手。而在间接正犯的情况下，犯罪分子不是直接向被害人下手，而是利用他人加害于被害人。在这种情况下，如何认定间接正犯的着手，就成为一个值得研究的问题。

在刑法理论上，关于间接正犯的着手标准，存在以下三种观点：第一种观点认为，被利用者行为的着手就是间接正犯的着手。第二种观点认为，利用者行为的着手是间接正犯的着手，而不以被利用者的行为为转移。第三种观点认为，间接正犯的着手不可一概而论，应区别对待：在一般情况下应以利用者行为的着手为间接正犯的着手，但在利用有故意的工具的情况下，则应以被利用者的着手为间接正犯的着手。[①] 上述三说，第一种观点被认为是客观说，此说认为被利用者的行为就是间接正犯的犯罪行为，因此，间接正犯的着手标准应求诸被利用者的行为。第二种观点被认为是主观说，此说认为间接正犯在利用他人犯罪的故意的支配下开始实施利用他人的行为，是间接正犯的着手。至于第三种观点，被认为是折衷说，主张以主观说为主，客观说为辅。上述三种观点对间接正犯着手标准认识上的差别，可能导致对同一行为得出截然相反的结论。例如，在利用者已经着手，被利用者尚未着手而未得逞的情况下，根据客观说，这是间接正犯的预备犯，而根据主观说，这是间接正犯的未遂犯。又如，利用有故意的工具的间接正犯，如果利用者已经着手，被利用者尚未着手而未得逞的情况下，根据主观说，这是间接正犯的未遂犯，而根据折衷说，这是间接正犯的预备犯。

那么，在认定间接正犯的着手时，到底以什么为标准呢？我认为，间接正犯是实行犯的特殊形态，因此，间接正犯的着手无异于实行行为的着手，由此可以得出结论：在利用他人犯罪的故意的支配下，开始实施利用他人犯罪的行为，就是间接正犯的着手。在这个意义上说，我主张主客观统一说。间接正犯的着手应以利用者行为的着手为标准，我们的结论与主观说相同，但出发点却完全不同。主观说将被利用者的行为视为间接正犯的行为，因

---

① 马克昌：“日、德刑法理论中的间接正犯”，载《法学评论》1986年第2期，第67页。

而从利用者的主观上寻找着手的标准。在将被利用者的行为视为间接正犯的行为这一点上，主观说与客观说并无二致，而我认为这是违背间接正犯的构成原理的。间接正犯是独立的正犯，它对于被利用者没有任何从属性，只有利用行为才是间接正犯的构成要件的行为，至于被利用者的行为，正如有的刑法学家指出，不过是利用行为与结果间之中间现象而已，①简单地说，就是利用者实现犯罪结果的“中介”。所以，主观说的结论虽然正确，前提却不妥；客观说则前提与结论都错误。折衷说对不同的间接实行犯的形态采取不同的着手标准，其具体理由尚未见阐述，而放弃间接正犯着手的统一标准，受到一些刑法学家的非难，②但论据也不够充分。我理解，折衷说主张在利用有故意的工具的情况下，间接正犯的着手应以被利用者的行为为标准，就是因为被利用者的行为是故意犯罪行为，相当于共同犯罪中的正犯。而根据客观主义的共犯从属性理论，应以正犯的着手为共同犯罪的着手。我认为，根据中国刑法理论，这种观点是不能成立的。因为中国刑法摒弃了共犯从属性理论，坚持主观与客观相统一的原则。因此，即使是教唆犯，也应以教唆犯的教唆行为的着手为教唆犯着手的标准，而不以正犯的着手为转移。间接正犯与教唆犯相比，对被利用者具有完全的独立性，那就更没有理由将被利用者的行为的着手作为间接正犯着手的标准。

（三）间接正犯的认识错误

间接正犯的认识错误，主要是指对被利用者的认识错误，即以间接正犯的故意，将具有刑事责任能力的人认为没有刑事责任能力的人，或将达到法定刑事责任年龄的人认为没有达到法定刑事责任年龄的人予以利用。在这种情况下，发生了主观与客观的矛盾：从主观上说，应属于间接正犯；从客观上说，起教唆犯的作用，应以教唆犯论处。那么，究竟应如何定性呢？关于这个问题，在刑法理论上主要存在以下三说：一是主观说，认为应以行为人的意思为准，以决定利用者究竟应负教唆罪责，抑或应负间接正犯的罪责。二是客观说，认为应以实际上所发生的侵害事实为基准，判断行为人有无与此事相符的犯意，因而认为间接正犯的错误，应依其行为的客观意义对利用者定性。三是折衷说，主张应一并考虑利用者行为之主观面与客观面，认为利用者基于间接正犯的意思，使行为适合于教唆犯之事态，应以教唆犯

---

① 韩忠谟：《刑法原理》（增订第14版），台北台湾“国立”大学法学院1981年版，第295页。

② ［日］大塚仁：《注解刑法》（日文版），青林书院1977年增补2版，第298页。

论处。①

我认为,在一般情况下,行为人对其行为的法律性质的认识错误并不影响其行为的社会危害性的有无以及应否对其追究刑事责任。而行为人对其行为的事实认识错误,则可能影响行为的性质。间接正犯的错误属于对事实的认识错误中的对象错误,或者说是一种特殊形态的对象错误。那么,这种对象错误是否影响行为的性质呢?从行为的后果上看,利用行为使他人产生了犯意而去实施了犯罪,因而这种行为还是具有社会危害性的,应以犯罪论处。但到底是以间接正犯论处还是以教唆犯论处,则需要根据行为的性质加以判断。我认为,在这种情况下,对行为人应以间接正犯论处,因而主观说是可取的。但在具体论证上,我们还是应该坚持主观与客观相统一的原则。也就是说,在间接正犯对被利用者发生了错误认识的情况下,利用者主观上具有利用他人犯罪的间接正犯的故意,客观上实施了利用行为,尽管其行为客观上所起的是教唆作用,也不影响行为的性质。客观说与折衷说都认为应以教唆犯论处,但教唆犯的成立除未遂以外是以教唆者与被教唆的人具有共同故意为前提的。那么,在间接正犯认识错误的情况下,利用者与被利用者之间是否存在共同故意呢?回答是否定的。由此可以得出结论:在间接正犯认识错误的情况下,对利用者应以间接正犯论处,被利用者构成犯罪的,依法单独论处。

六、结语:以一个最高法院的案例结束

被告人刘某因与丈夫金某不和,离家出走。一天,其女(时龄 12 周岁)前来刘某住处,刘某指使其女用家中的鼠药毒杀金某。其女回家后,即将鼠药拌入金某的饭碗中,金某食用后中毒死亡。因其女没有达到刑事责任年龄,对被告人刘某的行为如何定罪处罚,有不同意见:一种意见认为,被告人刘某授意本无犯意的未成年人投毒杀人,是典型的教唆杀人行为,根据刑法第 29 条"教唆不满十八周岁的人犯罪的,从重处罚"的规定,对被告人刘某应按教唆犯的有关规定来处理;另一种意见认为,被告人刘某授意未成年人以投毒的方法杀人,属于故意向他人传授犯罪方法,同时,由于被授意人未达到刑事责任年龄,不负刑事责任,因此对被告人刘某应单独以传播犯罪方法罪论处。这是一个刊登在最高人民法院刑一庭、刑二庭主编的《刑事审判

① 陈朴生、洪福增:《刑法总则》,台北五南图书出版公司 1982 年版,第 253 页。

参考》2001 年第 5 辑上的一个案例。这个案例由于属于审判工作中遇见的典型问题,因而在审判长会议上进行了讨论。经过讨论以后,得出的结论认为:构成教唆犯必须要求教唆人和被教唆的人都达到一定的刑事责任年龄,具备刑事责任能力。达到一定的刑事责任年龄,具备刑事责任能力的人,指使、利用未达到刑事责任年龄的人(如本案刘某的女儿)或精神病人实施某种犯罪行为,是不符合共同犯罪的特征的。因为在这种情况下,就指使者而言,实质上是在利用未达到刑事责任年龄的人或精神病人作为犯罪工具实施犯罪。就被指使者而言,由于其不具有独立的意志,或者缺乏辨别能力,实际上是教唆者的犯罪工具。有刑事责任能力的人指使、利用未达到刑事责任年龄的人或者精神病人实施犯罪,在刑法理论上称为“间接正犯”或“间接的实行犯”。“间接正犯”不属于共同犯罪的范畴。因被指使、利用者不负刑事责任,其实施的犯罪行为应视为指使、利用者自己实施,故指使、利用者应对被指使、利用者所实施的犯罪承担全部责任,也就是说,对指使、利用未达到刑事责任年龄的人或精神病人犯罪的人,应按照被指使、利用者实行的行为定罪处罚。本案被告人刘某唆使不满 14 周岁的人投毒杀人,由于被教唆人不具有刑事责任能力,因此唆使人与被唆使人不能形成共犯关系,被告人刘某非教唆犯,而是“间接正犯”,故对刘某不能直接援引有关教唆犯的条款来处理,而应按其女实行的故意杀人行为定罪处刑。[①] 在最高法院审判长会议对这个案件的分析意见中,引入了间接正犯这一概念,从而使刘某利用其不满 14 周岁的女儿投毒杀人一案得以正确定性。因此,尽管在目前中国的刑法和司法解释中尚未使用间接正犯这一概念,但间接正犯的理论已经进入最高法院法官的视野,并在司法活动中发挥了实际的作用。

（本文原载《法制与社会发展》2002 年第 5 期）

---

① 南英、张军主编:《刑事审判参考》(2001 年第 5 辑),法律出版社 2001 年版,第 75 页。

刑法竞合论

刑法中的竞合理论即我国现在刑法理论中的罪数论，关系到定罪与量刑。正如意大利学者所言，罪数问题是很多刑法制度的交合点。[①] 罪数是刑法学体系中理论性最强的一个问题，尤其是在我国刑法未对罪数问题作出具体规定的情况下，如何构建罪数论体系，确实是一个值得探讨的问题。本文拟引入大陆法系刑法理论中关于刑法竞合的学说，结合我国的刑事立法与刑事司法加以阐述。

一、罪数论框架的考察

罪数理论是对刑法规定的犯罪现象的某种理论概括。我国刑法与外国刑法，在罪数论问题上，存在着一个重大差别，就是我国刑法未对各种罪数形态本身作出规定，只是对数罪并罚制度作出了规定，例如，我国刑法第 89 条第 1 款规定："追诉期限从犯罪之日起计算；犯罪行为有连续或者继续状态的，从犯罪行为终了之日起计算。"在刑法理论上，我们将这里的"犯罪行为有连续状态的"，称为连续犯；"犯罪行为有继续状态的"，称为继续犯，但这并非是刑法对连续犯与继续犯的概念性界定以及处理原则的统一规定。相比之下，我国刑法对未完成罪、共同犯罪和单位犯罪都有明确的法律规定，为刑法理论研究提供了法律基础。尤其值得指出的是，大陆法系国家刑法，大多对罪数问题作出了具体规定，并在此基础上构建了罪数理论体系。

《德国刑法典》在第三章"行为的法律后果"中专设第三节"侵害数个法律时的刑罚量定"，专门对行为单数和行为复数作了规定。第 52 条行为单数规定：(1)如果同一行为侵犯数个刑罚法律或者数次侵犯同一刑罚法律，

① [意]杜里奥·帕多瓦尼：《意大利刑法学原理》，陈忠林译，法律出版社 1998 年版，第 407 页。

那么,只科处一个刑罚。(2)如果数个刑罚法律被侵犯,那么,根据规定最重的刑罚的法律确定刑罚。不允许轻于其他可适用的法律所允许的刑罚。第53条行为复数规定:如果某人实施了被同时判决的数个犯罪行为,并且因此引起数个自由刑或者数个金钱刑,那么,科以一个总和刑罚。在此,《德国刑法典》是在刑罚关于数罪并罚中对行为单数与行为复数加以规定的。因此,罪数区分作为数罪并罚的前提,在刑法典中属于刑罚的范畴。但在德国刑法教科书中,罪数问题却被纳入犯罪论而不归属于刑罚论,因此数罪并罚也是在罪数论中作为数罪的法律后果而论述的。根据德国刑法的规定,德国学者以"同时违反数个法律"为前提展开其罪数理论,而行为单数与行为复数是这一理论的前提。德国学者指出:如果同时违反数个法律,就提出了这样一个问题,法律后果是单独测量并在其后相加呢,还是适用一个较为宽松的制度?在此基础上,德国刑法理论提出了刑法竞合的概念,包括以下三种竞合:(1)想象竞合(Idealkonkurrenz),即指一行为数次违反同一刑法法规或者数次触犯同一刑法法规的情形。(2)实质竞合(Reclkonkurrenz),即指行为人实施了数个独立的将在同一诉讼程序中受审判的犯罪的情形。(3)法条竞合(Gesetzeskonkurrenz),即数个刑法法规只是表面上相竞合,但实际上是一个刑法法规排除了其他刑法法规的情形。① 尽管这一理论是根据德国刑法的规定而展开的,但它大大地简化了传统的罪数理论,尤其是改变了罪数理论的体系性框架,因而具有一定的启迪性。

《意大利刑法典》在第三章"犯罪"中专设第三节"数罪",其中第71条至第80条对数罪并罚作了规定,第81条对形式竞合和连续犯罪作了规定:"对于以单一的作为或者不作为触犯不同的法律条款或者实施违反同一法律条款的多次侵害行为的人,按照对其最严重的侵害行为本应科处的刑罚处罚,并且可在3倍的幅度内增加刑罚。对于为执行同一犯罪计划,以数个作为或者不作为实施包括在不同的时间中实施数项触犯同一或不同法律条款的人,依照第一款规定的方式处罚。"值得注意的是,《意大利刑法典》不是在第三章"犯罪"中而是在第一章"刑事法律"中专门对法条竞合作了规定,第15条对数项刑事法律或者同一法律的数项规定调整同一问题的规定:"当数项刑事法律或者同一法律的数项规定调整某一相同的问题时,特别法律或法律的特别规定变通一般法律或者法律的一般规定,但另有规定者除

---

① [德]汉斯·海因里希·耶赛克、托马斯·魏根特:《德国刑法教科书(总论)》,徐久生译,法律出版社2001年版,第860页。

外。”因此,正如我国学者所说,意大利刑法理论一般主张把数罪(数罪竞合)问题同“规范的表面竞合或冲突”区别开来,后者是指同时存在数个表面看来可适用于同一事实的罪状条款的情况。对于这种法规竞合情况,不适用并罚制度,而是根据《意大利刑法典》第15条关于特别规定变通一般规定的原则处理。[①] 由此可见,在意大利刑法理论中,狭义上的罪数问题是指犯罪竞合,包括实质竞合与形式竞合,我国学者亦译为实质数罪与形式数罪。所谓实质竞合是指行为人用多个行为触犯了多个刑法法规;而形式上的竞合则是指行为人因一行为而触犯了多个刑法法规。[②] 广义上的罪数包括法条竞合,《意大利刑法典》之所以将法条竞合作为法律适用问题加以规定,而未将其规定在罪数中,根据意大利学者的解释,从抽象教条的角度讲,法条竞合的理论应属于更为广泛的刑法适用范围的问题。因为,这实际上要解决的是某一法条的适用范围因其他法条的存在而受到限制的问题。[③] 由于罪数理论既涉及犯罪论又涉及刑罚论,放在哪一部分都会使其受到肢解并难以避免重复。在这种情况下,意大利刑法学家将罪数问题作为犯罪论与刑罚论之外的问题独立地加以讨论,可谓别出心裁。不过,如果按照这种逻辑,那么犯罪的未完成形态与共同犯罪都涉及定罪与量刑两个方面,似乎也都应像罪数理论那样独立于犯罪论与刑罚论。因此,这一对罪数在刑法体系中地位的安排是存在缺陷的。

《日本刑法典》第9章规定了并合罪,指的是实质数罪,因而是数罪并罚的规定。但第54条对想象竞合和牵连犯作了规定:“一个行为同时触犯二个以上的罪名,或者作为犯罪的手段或者结果的行为触犯其他罪名的,按照其最重的刑罚处断。”第55条是对连续犯的规定,但现已删除。在日本刑法理论中,罪数也是作为犯罪论的内容专门加以讨论的。在日本刑法教科书中,罪数论除讨论一罪与数罪的区分标准以外,还讨论本来的一罪、科刑的一罪和并合罪。本来的一罪中涉及法条竞合,科刑的一罪涉及想象竞合和牵连犯,并合罪就是指实质数罪。[④] 因此,大体上与德国、意大利刑法理论中

---

① 黄风:“意大利刑法引论”,载《意大利刑法典》,中国政法大学出版社1998年版,第25页。

② [意]杜里奥·帕多瓦尼:《意大利刑法学原理》,陈忠林译,法律出版社1998年版,第406页。

③ [意]杜里奥·帕多瓦尼:《意大利刑法学原理》,陈忠林译,法律出版社1998年版,第407页。

④ [日]大塚仁:《刑法概说(总论)》(第三版),冯军译,中国人民大学出版社2003年版,第414页以下。

讨论的范围相当。

在苏联刑法中未对罪数问题作出专门规定，而只有数罪并罚的规定，例如，《苏俄刑法典》第40条规定："如果犯罪人被认为犯有本法典分则不同条文所规定的两个或两个以上的罪行，而且对其中任何一个都没有处刑时，法院应先就每个罪行分别处罚，然后采取以较重的刑罚吸收较轻的刑罚的方法，或者在规定着较重刑罚的条文所规定的限度内，把判处的各刑全部或部分合并，最后确定总和的刑罚。"这一规定明确地将数罪并罚的适用范围限制在异种数罪（"本法典分则不同条文所规定的两个或两个以上的罪行"）之内，从而排除了对同种数罪的并罚，这对罪数理论带来深刻的影响。在苏联刑法教科书中，罪数被称为多罪，我国学者也有译为复数犯罪，①是指同一个人犯了几个按照刑法规定都是独立犯罪的违法行为。② 苏联刑法中的多罪可以分为以下两种：再次犯罪（再犯、累犯）和犯罪合并。由此可见，苏联刑法中的罪数理论是相对贫乏的。

我国刑法及刑法理论都是从苏联引进的，因而刑法中亦未对罪数问题作出专门规定，只是在刑罚适用一章中规定了数罪并罚制度。1979年刑法颁行初期出版的刑法教科书中，囿于对刑法典的解释，并未在犯罪论中设专章讨论罪数问题，即使在数罪并罚中讨论罪数，也只作简单论述。尤其是在学理上将同种数罪排斥在数罪并罚适用范围之外，指出：从建国以来的刑事立法和审判实践来看，对于判决宣告前犯同种的数罪，一般是作为该种犯罪的从重情节加以处罚，而不按数罪并罚处理。③ 对罪数问题较为详细的研究，也是放在数罪并罚中，作为非数罪并罚的几类情况加以讨论的，涉及以下三类情况：一是一行为在刑法上规定为一罪或处理时作为一罪的情况，包括继续犯、想象竞合犯；二是数行为在刑法上规定为一罪的情况，包括惯犯、结合犯；三是数行为在处理时作为一罪的情况，包括连续犯、牵连犯、吸收犯。④ 及至20世纪80年代后期的刑法教科书，才在犯罪论中设专章讨论罪数问题，指出：一罪与数罪属于犯罪的单复数问题，它是犯罪的形态之一。我们之所以把这个问题放在犯罪论里加以研究，就因为它首先是一种犯罪

---

① 赵微：《俄罗斯联邦刑法》，法律出版社2003年版，第156页。

② ［苏］H. A. 别利亚耶夫、M. N. 科瓦廖夫：《苏维埃刑法总论》，马改秀、张广贤译，群众出版社1987年版，第248页。

③ 杨春洗等：《刑法总论》，北京大学出版社1981年版，第257页。

④ 高铭暄主编：《刑法学》（修订本），法律出版社1984年版，第276页以下。

的现象形态。[①] 随着罪数论研究的深入,我国亦出版了罪数论的专著,例如,顾肖荣:《刑法中的一罪与数罪问题》(学林出版社 1986 年版)、吴振兴:《罪数形态论》(中国检察出版社 1996 年版)等。但是,从目前我国罪数论研究的现状来看,理论与实践脱节的现象较为严重,因而需要对我国目前的罪数理论进行反思。

一罪与数罪的区分被认为是罪数理论的核心内容,因而我国学者关于罪数的讨论都是从一罪与数罪的区分标准着手的。也就是说,我国刑法理论中讨论的是犯罪的单数和复数,但在德国刑法理论中,除讨论行为单数与行为复数以外,还讨论法条单数与法条复数。在行为之单复与法条之单复之间存在着以下对应关系:(1)一行为触犯一法条;(2)一行为触犯数法条;(3)数行为触犯数法条;(4)数行为触犯一法条。一行为触犯一法条是单纯一罪,数行为触犯数法条是异种数罪,数行为触犯一法条是同种数罪,因其典型而不须专门讨论。在一行为触犯数法条中,又可以分为想象竞合与法条竞合两种情形。由此可见,只有把法条的因素考虑进来,才能对罪数现象从本质上正确加以把握。而我国目前单纯地考虑罪之单复数,存在不周延之处,按照这种逻辑,法条竞合问题往往不能得到合理兼顾。

在我国目前同种数罪不并罚的情况下,某些罪数形态概念丧失了其存在的价值或者实质意义大打折扣。例如,我国较为权威的刑法理论著作中,罪数形态中包括以下作为一罪的犯罪形态,[②]下面逐一加以说明:(1)继续犯。继续犯是一个行为的持续性问题,属于一行为触犯一罪名的单纯一罪,它与追诉时效的起算有关,与罪数无关,将继续犯纳入罪数论研究有所不当,它可以放在行为形态或者追诉时效理论中考察。(2)想象竞合犯。想象竞合犯是一行为触犯数法条。究竟是定一罪还是定数罪容易发生争议,属于罪数论应当研究的问题,并且也是各国刑法理论所研究的内容。(3)结合犯。结合犯是原为刑法上的数罪而被规定为一罪的形态,这是一个法律规定问题,属于法条竞合现象。然而,由于我国刑法中并不存在典型的结合犯,因而结合犯仅有知识论价值,而在法律适用上并无意义。(4)惯犯。惯犯是指以某种犯罪为常业,或以犯罪所得为主要或腐化生活来源,在较长时间内反复多次实施同种犯罪行为,刑法明文规定对其作为一罪论处。惯犯可以分为犯罪学上的惯犯与刑法学上的惯犯。我国刑法中没有惯犯的规

---

① 王作富主编:《中国刑法适用》,中国人民公安大学出版社 1987 年版,第 195 页。

② 高铭暄主编:《刑法学原理》(第二卷),中国人民大学出版社 1993 年版,第 505 页以下。

定,因而不属于刑法学上的惯犯。而且将惯犯纳入罪数理论研究,是以同种数罪并罚为前提的,惯犯具有限制同种数罪并罚之功能。当然,由于刑法已规定为一罪则在司法上并无选择之余地。我国刑法中对同种数罪不并罚,因而惯犯对于罪数区分并无意义。在我国刑法中即使规定惯犯,也只是在刑法总则中作为法定从重处罚情节加以规定。(5)连续犯。连续犯是指行为人基于同一的或者概括的犯罪故意,连续多次实施数个性质相同的犯罪行为,触犯同一罪名的情形。因此,连续犯是多次触犯同一法条,属于行为复数但法条单数。连续犯实际上是同种数罪,在同种数罪并罚的情况下,连续犯具有限制并罚范围之功能,即德国学者所说的避免强制对所有具体的行为进行确认和避免强制适用实质竞合的有关规定。[①] 从连续犯概念的产生来看,连续犯的概念最先是由中世纪的法律实践家提出来的。由于当时对犯罪竞合实行极其严厉的并科制度(例如,对盗窃罪数罪并罚就可处死刑),他们试图通过对各种犯罪实质竞合的研究,概括出一些不应该实行并科的情况,连续犯的概念应运而生。[②] 但在我国刑法不实行同种数罪并罚的情况下,连续犯概念可以说毫无法律上的意义。因为在我国即使不认定为连续犯,而视为同种数罪,也不存在并罚问题。在同种数罪中区分连续犯与非连续犯又有何价值可言?更何况连续犯的连续性的界定本身就十分费力,因而日本刑法取消连续犯的规定也就不足为奇。(6)牵连犯。牵连犯是指行为人为实施某种犯罪,其手段行为或者结果行为又触犯其他罪名的情形。牵连犯本身是实质数罪,但由于目的行为与手段行为或者原因行为与结果行为之间存在牵连关系,从而区别非牵连犯的异种数罪,为限制数罪并罚的范围,规定对牵连犯不实行数罪并罚。但在我国刑法中,牵连犯存在着从不并罚到并罚的发展趋势,刑法与司法解释中规定了某些并罚的牵连犯,在这种情况下,牵连犯的价值也大打折扣。可以想见,一旦牵连犯都实行并罚,牵连犯存在的法律意义也就丧失殆尽,那也将是牵连犯的概念没落之时。就此而言,牵连犯目前在我国刑法中还有部分价值,但意义已经十分有限。(7)吸收犯。吸收犯是指行为人实施数个犯罪行为,因其所符合的犯罪构成之间具有某种依附与被依附关系,从而导致其中一个犯罪被另一犯罪

---

① [德]汉斯·海因里希·耶赛克、托马斯·魏根特:《德国刑法教科书(总论)》,徐久生译,中国法制出版社2001年版,第868页。

② [意]杜里奥·帕多瓦尼:《意大利刑法学原理》,陈忠林译,法律出版社1998年版,第421页。

所吸收,只对吸收之罪论处的情形。吸收犯是我国刑法所特有的一个概念,在外国刑法中较为罕见。吸收犯与牵连犯之间存在交叉,两个概念有时不好区分,因此吸收犯的命运与牵连犯大体相同。除上述概念之外,在有关论著中还涉及接续犯、徐行犯、结果加重犯、转化犯等概念,这些概念作为知识论存在是有其意义的,但对于罪数区分来说则意义不大。尤其在我国同种数罪不并罚的情况下更是如此。

经过以上辨析,在刑法中真正属于罪数论的也只有想象竞合、法条竞合和实质竞合这样一些基本概念,因此可以在刑法竞合论的框架内加以讨论。刑法竞合论(Konkurrenzlehre),正如台湾学者指出:向来都是刑法问题中最复杂且棘手的部分,不仅其在定位上有所争议,而且在竞合问题的内容上,也是意见分歧,究竟竞合论所处理的问题,系“罪数”的问题,或是“行为数”的问题在见解上仍存在分歧。我们向来均将竞合论问题,视为“罪数”的问题,从而所发展出的架构,则完全属于判断罪数的问题,即决定“一罪”(Verbrechenseinheit)与“数罪”(Verbrechensmehrheit)的理论体系。① 此言极是。我们看到,我国台湾地区学者林山田教授的刑法教科书将罪数论改为竞合论,在论及这一变动时林山田教授指出:“本书在竞合论之论述直至第三版,均承袭国内传统学说与实务之见解,从一罪与数罪之概念着手,认为一罪有:单纯一罪、包括一罪(含结合犯、双行为犯、常业犯、继续犯与接续犯)与处断上一罪(含想象竞合、牵连犯与连续犯),而数罪则指实质竞合之数罪并罚。至第四版虽引进竞合论中行为单数与行为复数之概念,但为顾及跟刑法实务之配合,在论述体系上除扩张法律竞合(法律单数)与不罚之前行为与后行为之部分外,大体依然维持原来之旧体系,致未能贯彻竞合论之体系,以解决国内刑法学说与刑法实务之乱象与问题。为了除上述之弊,本书在本版(第六版)之论述即以竞合论之内涵为主,首先论述行为单数与行为复数(第二节)、法律单数(第三节);以及不罚之前行为与不罚之后行为(第四节)。其次,再论述属于犯罪单数之想象竞合(第五节)与现行法特有之牵连犯(第六节),以及现行法规定之连续犯(第七节)。最后,论述属于犯罪复数之实质竞合(第八节),检讨国内学说与判例之吸收与吸收犯(第九节),并提出竞合论之判断体系。”②但林山田教授的这一竞合论体系中,为顾及“台湾刑法”规定,仍包含了牵连犯、连续犯等并不属于竞合犯的内容。按

---

① 柯耀程:《变动中的刑法思想》,中国政法大学出版社 2003 年版,第 270 ~ 271 页。

② 林山田:《刑法通论(下册)》(增订六版),台北 1998 年版,第 570 ~ 571 页。

照林山田教授的理想体系,竞合论应首先对行为人之行为单数与行为复数加以区隔,行为单数中分为不纯正竞合,即法条竞合与纯正竞合,即想象竞合。法条竞合是法律单数而想象竞合是犯罪单数。行为复数分为不纯正竞合,即不罚之前行为与不罚之后行为与纯正竞合,即实质竞合,实质竞合是犯罪复数。应该说,这一竞合论体系内在逻辑是十分清晰的。关于竞合论,我国学者也开始有所涉足。例如,我国学者刘士心博士出版了《竞合犯研究》(中国检察出版社 2005 年版)一书,虽然该书所称竞合犯,只包括大陆法系刑法理论中的形式竞合(法条竞合与想象竞合),不包括实质竞合,但这一研究对于推动我国罪数论向竞合论转变是具有积极意义的,对此应当予以肯定。

我对于罪数理论一直十分关注,但基本上是在单复数罪的意义上讨论,未能跳出罪数论的旧窠。在《本体刑法学》(商务印书馆 2001 年版)一书中,我将犯罪分为单数犯罪与复数犯罪,在单数犯罪中将犯罪分为单纯的一罪(包括继续犯、接续犯、徐行犯);法定的一罪(包括转化犯、惯犯、结果加重犯、结合犯);处断的一罪(包括想象竞合犯、连续犯、牵连犯、吸收犯)。在复数犯罪中将犯罪分为同种数罪与异种数罪。[1] 这一分类法虽然从罪数判断到法律规定判断,再到法律适用判断,具有一定的内在逻辑性,但其中涉及的概念大多具有知识价值而缺乏法律意义。在《规范刑法学》(中国政法大学出版社 2003 年版)一书中,也沿袭了上述分类法。如果说,作为超法规的《本体刑法学》一书中采用与现行刑法无关的知识性概念还有其合理性;那么,在《规范刑法学》一书中采用这种与规范无关的分类法就有所缺憾。因此,我认为,在规范刑法学视域中,更应引入刑法竞合论。

二、法条竞合

法条竞合,又称为法规竞合,属于行为单数而法律复数的情形。但德国刑法理论中又将其称为法条单一,之所以如此,如同德国学者所指出:在法条竞合的情况下,数个刑法法规只是表面上相竞合,但实际上是一个刑法法规排除了其他刑法法规(非真正的竞合)。该非真正的竞合的共同的基本思想在于:犯罪行为的不法内容和罪责内容能够根据可考虑的刑法法规之一被详尽地确定。由于只适用这一主要的刑法法规,且被排除的法律并不出

---

① 陈兴良:《本体刑法学》,商务印书馆 1991 年版,第 581 页以下。

现在有罪判决中,用"法条单一"(Gesetzeinheit)来替代传统的、误导性的表述"法规竞合"(Gesetzeskonkurrenz),看起来似乎是适当的。[①] 但由于法条竞合的称谓已经约定俗成,改称法条单一反而生涩。

法条竞合是大陆法系刑法中的一种重要理论,它表明了刑法规范之间的复杂关系,因而对于正确地适用刑法具有重大意义。但是,在其他国家刑法中,法条竞合主要是法条之间的逻辑关系,因而更多的是一种逻辑性的法条竞合。而在我国刑法中,法条竞合主要是法条之间的交错关系,因而更多的是一种评价性的法条竞合。日本学者泷川幸辰把法条竞合分为逻辑性的法条竞合与评价性的法条竞合。在特别关系中,特别规定要比一般规定优先适用的情况,是从逻辑上决定的,是从事物的性质产生出来的当然的逻辑,因而是逻辑性的法条竞合。在其他关系的法条竞合中,则要一边把具体情况考虑进去,一边要把价值判断的结果加以比较后再行确定。[②] 在一般情况下,逻辑性的法条竞合要比评价性的法条竞合更容易处理,因为后者要考虑具体情况因而较为复杂。在大陆法系国家刑法中,分类标准十分明确:在宏观上是以侵犯法益为标准,将犯罪分为侵犯个人法益的犯罪、侵犯社会法益的犯罪和侵犯国家法益的犯罪。在这三者之间,往往很少出现犯罪的重复,在微观上是以行为特征为标准,分为各种具体的犯罪。但在我国刑法中,所谓犯罪客体是犯罪分类的重要标准,在客体之外,行为标准和主体标准掺杂采用,因此存在这三种犯罪分类标准的错综关系,使得犯罪之间的关系十分复杂。尤其是以主体身份为标准对犯罪的分类,例如贪污罪、职务侵占罪与侵占罪、受贿罪、商业受贿罪等,这样就势必出现大量法条竞合现象。因此,在我国刑法中法条竞合的重要性远远超过外国,更应加强对法条竞合的研究。

法条竞合研究中,最重要的是法条竞合类型,对此各国刑法理论各有自己的分类,关键在于何种分类更能对刑法规定作出科学的解释。我国刑法理论中,法条竞合类型主要有以下四种:

(一)普通法与特别法的竞合

普通法与特别法的竞合,在刑法理论中称为特别关系,这是一种逻辑性的法条竞合,也是最为常见的法条竞合。德国学者指出:如果一个刑法规定

---

① [德]汉斯·海因里希·耶赛克、托马斯·魏根特:《德国刑法教科书(总论)》,徐久生译,中国法制出版社 2001 年版,第 892 页。

② [日]泷川幸辰:《犯罪论序说》,王泰译,法律出版社 2005 年版,第 169 页。

具备了另一个刑法规定的所有要素,且它只能通过具有将案件事实以特殊的观点来理解的其他要素而与该刑法规定相区别的,即存在特别关系。在特别关系情况下,也就产生了从属的逻辑上的依赖关系,因为实现特有犯罪构成要件的每一个行为,还同时实现一般犯罪的构成要件,否则的话不构成特别关系。在此等情况下,一般性法律不被适用:“特别法优于一般法适用(Les specialis derogat legi generali)。”[①]应该说,这一论述深刻地揭示了普通法与特别法的竞合之法律的与逻辑的特征。在所有法条竞合类型中,普通法与特别法的竞合是最具逻辑性的竞合。

普通法与特别法的竞合,被认为是一种特别关系。相对于普通法的规定而言,特别法的规定就是一种特别规定。正是这种特别规定,使其从普通法规定中分离出来。但在刑法理论上,对于特别规定却存在着理解过于宽泛的倾向。例如,过失致人死亡罪往往与其他犯罪发生牵涉,例如,交通肇事罪中往往包含过失致人死亡的内容,在这种情形下,两者之间是否属于普通法与特别法之间的关系呢?换言之,刑法关于交通肇事罪中的过失致人死亡的规定,是一种特别规定吗?对此,我国学者往往认为两者之间存在特别关系。例如,我国学者在论及过失致人死亡罪与刑法另有规定的过失致人死亡时指出:现代社会,伴随着科学技术水平的提高与危险源的增多,各种过失事故(交通事故、医疗事故、劳动灾害、食品事故等)层出不穷,刑法存在专门的立法规定。例如,汽车司机、航空器驾驶员、执业医师、工矿企业的从业者的业务过失致死行为等,都有相应罪名。本罪规定的过失致人死亡,是普通的过失致人死亡犯罪。在法条竞合的情况下,按照特别法优于普通法的原则,应当适用业务上过失致人死亡的特别规定。[②] 我认为,这种对特别规定的理解是过于宽泛的,它将普通法与特别法之间的竞合关系和部分法与整体法之间的竞合关系相混淆了,因而有所不妥。当然,在一定意义上,我们也可以将刑法中其他法条中关于过失致人死亡罪的规定视为一种特殊规定,但这并非是普通法与特别法的法条竞合中的特别关系。这里涉及我国刑法中“本法另有规定的,依照规定”一语中“另有规定”的理解。刑法第233条中的“另有规定”,根据立法者的解释,是指过失致人死亡,除本条的一般规定外,刑法规定的其他犯罪中也有过失致人死亡的情况,根据特

① [德]汉斯·海因里希·耶赛克、托马斯·魏根特:《德国刑法教科书(总论)》,徐久生译,中国法制出版社2001年版,第894页。

② 屈学武主编:《刑法各论》,社会科学出版社2005年版,第253页。

殊规定优于一般规定的原则，对于本法另有规定的，一律适用特殊规定，而不按本条定罪处罚。如本法第115条关于失火、过失决水、爆炸、投毒或者以其他危害方式致人死亡的规定，第133条关于交通肇事致人死亡的规定，第134条关于重大责任事故致人死亡的规定等。[①] 将"另有规定"界定为特殊规定，是可取的，特殊规定既可能是普通法与特别法竞合中的特别法的规定，也可能是部分法与整体法竞合中的整体法规定。就刑法第237条的过失致人死亡罪而言，"另有规定"并非是特别法的规定而是整体法的规定。在某些法条中，"另有规定"既包括特别法规定又包括整体法规定。例如，刑法第266条诈骗罪中的"另有规定"，包括以下特别法规定：第192条集资诈骗罪、第193条贷款诈骗罪、第194条第1款票据诈骗罪、第194条第2款金融凭证诈骗罪、第195条信用证诈骗罪、第196条信用卡诈骗罪、第197条有价证券诈骗罪、第198条保险诈骗罪、第204条第1款骗取出口退税罪、第224条合同诈骗罪等。此外，还包括整体法规定，即刑法第205条第2款："有前款行为骗取国家税款，数额特别巨大，情节特别严重，给国家利益造成特别重大损失的，处无期徒刑或者死刑，并处没收财产。"这里的前款行为是指虚开增值税专用发票、用于骗取出口退税、抵扣税款发票行为。因此，刑法第205条虚开增值税专用发票、用于骗取出口退税、抵扣税款发票罪相对于刑法第266条诈骗罪来说，是一种整体法规定。由此可见，只有正确地理解特别规定，才能对普通法与特别法的竞合作出科学的界定。

普通法与特别法的竞合，在某些情况下是简单的竞合。例如，刑法第397条滥用职权罪与刑法第399条第1款徇私枉法罪之间就是一种简单的特别关系。因为刑法第397条规定的是国家机关工作人员的滥用职权行为，而刑法第399条第1款规定的是司法工作人员的滥用职权行为，两者之间的竞合关系十分明显。但在某些情况下，竞合关系较为复杂。例如，刑法第193条贷款诈骗罪、刑法第224条合同诈骗罪相对于刑法第266条诈骗罪而言，都属于特别规定。但这两个特别规定之间又存在竞合：当行为人采用签订贷款合同的手段骗取银行或者其他金融机构贷款的情况下，既符合贷款诈骗罪的特征又符合合同诈骗罪的特征。在这种情况下，两罪之间的关系是法条竞合还是想象竞合？我认为属于想象竞合，应按重罪处断。当然，虽然骗取的是银行贷款，但不构成贷款诈骗罪的，则应以合同诈骗罪论处。对此，2001年1月21日《全国法院审理金融犯罪案件工作座谈会纪要》指出：

---

① 胡康生、李福成主编：《中华人民共和国刑法释义》，法律出版社1997年版，第327页。

“根据刑法第30条和第193条的规定，单位不构成贷款诈骗罪。对于单位实施的贷款诈骗行为，不能以贷款诈骗罪定罪处罚，也不能以贷款诈骗罪定罪追究直接负责的主管人员和其他直接责任人员的刑事责任。但是，在司法实践中，对于单位十分明显地以非法占有为目的，利用签订、履行借款合同诈骗银行或者其他金融机构贷款，符合刑法第224条规定的合同诈骗罪构成要件的，应当以合同诈骗罪定罪处罚。”我认为，这一规定是可取的。因此，对于特别规定之间的竞合应当正确地加以认定。

（二）部分法与整体法的竞合

部分法与整体法的竞合，在我国刑法理论中称为包容竞合，并将整体法规定的犯罪称为包容犯。但在大陆法系刑法理论中则把部分法与整体法的竞合称为吸收关系。例如，德国学者指出：吸收关系是指，如果一个构成要件该当行为的不法内容和罪责内容包容了另一行为或另一构成要件，以至于一个法律观点下的判决已经完全表明了整体行为的非价（Unwert）：“吸收法优于被吸收法”（Lex consumens derogat legi consumptae）。① 德国学者将吸收关系界定为是吸收法与被吸收法之间的竞合关系，而日本学者则将其界定为是完全法与不完全法之间的竞合关系。例如，日本学者指出：可以认为适用于一个行为的数个构成要件中，某个构成要件比其他构成要件具有完全性时，“完全法拒绝不完全法”（Lex consumens deerogat legi consumptae）。② 从所附德文来看，完全法与不完全法之间的竞合只不过是吸收法与被吸收法之间的竞合的另一种译法。在我看来，采用部分法与整体法之间的竞合这一命题更为确切，也更能揭示两者之间的逻辑关系：这是一种包容与被包容的关系。

在外国刑法中，包容竞合的情形并不常见，因为个罪设立的标准明确，罪名之间的重合也被竭力避免。但在我国刑法中，包容竞合则大量存在，以至于成为一种最为常见的竞合类型。其原因有二：一是按照犯罪所侵害的客体对犯罪进行分类，从而导致在罪名之间发生重合。例如，危害公共安全罪中包容了普通侵犯人身权利罪的内容，两者之间发生包容竞合。二是过多地设置加重构成，将他罪作为本罪的加重构成，从而导致罪名之间发生重合。例如，刑法第239条规定的绑架罪，将“致使被绑架人死亡或者杀害被

---

① ［德］汉斯·海因里希·耶赛克、托马斯·魏根特：《德国刑法教科书（总论）》，徐久生译，中国法制出版社2001年版，第897页。

② ［日］大塚仁：《刑法概说（总论）》（第三版），冯军译，中国人民大学出版社2003年版，第419页。

绑架人”作为加重处罚事由，规定了死刑，从而使我国刑法中的绑架罪与过失致人死亡罪和故意杀人罪发生部分法与整体法之间的竞合。

我国刑法中部分法与整体法之间竞合的设置，存在一些值得商榷之处。首先，包容犯与转化犯的设置缺乏客观标准，存在一定的任意性。转化犯是我国刑法中的一种法律现象，是指实施一个较轻之罪，由于连带的行为又触犯了另一较重之罪，法律规定以较重之罪论处的情形。例如，我国刑法第292条第2款规定，“聚众斗殴，致人重伤、死亡的，依照故意伤害罪、故意杀人罪定罪处罚”，就是转化犯的适例。转化犯之名是我国学者的独创，与之相近的概念，我国台湾地区学者称为追併犯，指原罪依法律之特别规定，因与犯罪后之行为合併，变成他罪的情形。[①] 我国刑法中存在着广泛采用转化犯的立法方式，转化犯与包容犯均以一罪论，转化犯是以他罪论，包容犯则是以本罪论，两者在逻辑关系上正好相反。但在何种情形下以他罪论因而采用转化犯的立法方式，在何种情形下以本罪论因而采用转化犯的立法方式，缺乏科学界定，存在一定的随意性。其次，包容犯应当是重罪包容轻罪，以整体法为重罪、部分法为轻罪，在这种情况下适用整体法是较为合理的。但在我国刑法中大量存在轻罪包容重罪，从而使轻罪变成重罪，使包容犯的设置丧失了合理性。例如，刑法第205条虚开增值税专用发票、用于骗取出口退税、抵扣税款发票罪，本来是轻罪，但立法者将虚开以后的骗取税款的行为也包含进来，从而轻罪包容了重罪。本来，虚开行为与诈骗税款行为之间存在牵连关系，或者以重罪论，或者实行并罚，都比规定为包容犯合理。此外，故意杀人罪应是刑法中最重之罪，但它也广泛地被包容在其他犯罪之中，例如，危害公共安全的部分罪名、绑架罪、抢劫罪等，从而使这些罪名均不得不挂死刑，从而加重了刑法分则法定刑。第三，正因为如此，包容犯大大地限制了数罪并罚的适用范围。包容犯大多是行为人犯有两罪或者两罪以上，本来可以通过数罪并罚使行为人受到较重处罚，但由于过多地采用包容犯的立法方式，通过加重刑法分则法定刑的方式使行为受到较重处罚，使数罪并罚制度未能发挥其应有的作用。基于以上思考，我认为应当严格限制包容犯的立法方式，减少部分法与整体法的竞合，尤其是应当竭力避免轻罪包容重罪的现象。

（三）轻法与重法的竞合

轻法与重法的竞合，在我国刑法理论中称为交互竞合，指两个罪名概念

① 陈朴生：《刑法总论》，台北中正书局1969年第6版，第168页。

之间各有一部分外延竞合的情形。在德国刑法理论中称为择一关系(Alternativitaet),例如,德国学者指出:"如果两个犯罪构成要件对行为的描述彼此矛盾,因此必须彼此排除,即存在择一关系。因为法条单一——不受处罚的犯罪前行为和犯罪后行为除外——至少以构成要件行为的部分重叠为先决条件,出于逻辑的原因,择一关系作为法条单一的亚群(Untergrappe)被予以排除。"①在此,德国学者强调择一关系是以构成要件的部分重叠为前提的,因而它区别于全部重叠的包容竞合。当然,部分重叠与全部重叠如何区分,是一个值得研究的问题。择一关系是德国学者宾丁最早提出的,他认为只要数个法条基于不同的法律观点对同一行为加以处罚,则有择一关系的存在。如果不同的法条科以相同的刑罚,无论使用哪一条都可以,但是刑罚不同时,则适用在具体案例中对行为人最不利的法条。② 例如,我国刑法中既有诈骗罪的规定,又有招摇撞骗罪的规定,当招摇撞骗财物数额较大时,就同时符合上述两罪之规定,存在一个选择法条适用的问题,是择一关系的适例。对于择一关系是否属于法条竞合,德日理论都存在争论。有的学者甚至指出:德国通说已经不再认为择一关系是法条竞合。③ 但笔者手头两本德国刑法教科书李斯特的《德国刑法教科书》和耶赛克、魏根特的《德国刑法教科书(总论)》都论及择一关系,并未将其从法条竞合类型中剔除。这种争论,在日本同样存在。有的日本学者并不认为择一关系是法条竞合。例如,日本学者大塚仁指出:在发生所谓择一的关系时,对具体的事案应该适用哪一法条,实际上只不过是事实认定的问题,并非是各法条本身的竞合。因此,把择一关系看成法条竞合的一种并不妥当。④ 日本学者野村稔虽对此正面论及,只是在注中提及法条竞合还有二者择一的关系,并没有正式作为法条竞合类型加以确立,⑤表明野村稔也是不承认择一关系为法条竞合的。也有日本学者认为择一关系属于法条竞合的,如大谷实。⑥ 我认为,择一关系是法条之间的逻辑关系,是一种法律竞合而非事实问题。

---

① [德]汉斯·海因里希·耶赛克、托马斯·魏根特:《德国刑法教科书(总论)》,徐久生译,中国法制出版社2001年版,第895页。

② 陈志辉:《刑法上的法条竞合》,台北1998年版,第121页。

③ 陈志辉:《刑法上的法条竞合》,台北1998年版,第120页。

④ [日]大塚仁:《刑法概说(总论)》(第三版),冯军译,中国人民大学出版社2003年版,第419页。

⑤ [日]野村稔:《刑法总论》,全理其、何力译,法律出版社2001年版,第448~449页。

⑥ [日]大谷实:《刑法总论》,黎宏译,法律出版社2003年版,第357页。

对于择一关系,在法条适用上实行的是重法优于轻法原则。正如日本学者指出:“在择一关系中,在不能并存的两个规定的关系中,只适用规定着重刑的那一个。”①在这个意义上,择一关系是轻法与重法的竞合。当然,轻法与重法的竞合这样一种命题是容易引起争议的。因为竞合是一个犯罪论问题,轻法与重法是一个刑罚论问题,为什么不要犯罪特征而以刑罚特征描述择一关系中相竞合的两个法条呢?这是因为在择一关系的情况下,竞合的两个法条规定的犯罪处于对立的逻辑关系之中,互相排斥,难以用犯罪特征对其加以描述。所谓择一,就是在立法上以何者论罪并未规定,任由司法者加以裁量。但这种裁量又不是随意的,应以重者论,因为在交互竞合中,两个不同法律规定的犯罪构成要件概括的是对同一法益侵害的不同类型行为,显示了对同一法益的平行式保护。因此,从法益保护的有效性出发,重法是优位法,应适用重法。

在法条竞合中,能否实行重法优于轻法,这是一个存在重大分歧的问题。我国刑法理论中的重法能否优于轻法的争论,发生在1984年冯亚东与肖开权之间。冯亚东提出了法条竞合的从重选择之命题,②是我国刑法学界倡导重法优于轻法之肇始。肖开权则从罪刑法定原则出发否定重法优于轻法。③ 当时之所以引发争论,是由于随着犯罪态势的变化,个别犯罪按照特别法优于普通法原则处理,不能实现罪刑均衡,由此提出了法条的从重选择问题。我在较早的论述中,是赞同重法优于轻法的,例如,我曾经指出:在个别情况下出现特别法规定的犯罪十分严重难以做到罪刑相适应时,可以根据重法优于轻法的原则适用普通法,使之得以补救。④ 当然,当时界定的法条竞合类型是实害法和危险法的竞合、基本法和补充法的竞合、特别法和普通法的竞合,尚未论及交互竞合(择一关系)。在这种情况下,我是把重法优于轻法视为特别法优于普通法的补充原则。后来,随着对法条竞合研究的逐渐深入,尤其是确认交互竞合以后,对重法优于轻法原则进行了重新界定,指出:“在特别法与普通法的竞合关系上再赋予重法与轻法关系,主张法条竞合中存在重法与轻法竞合的观点,以及有关刑事司法解释中对于特别

---

① [日]泷川幸辰:《犯罪论序说》,王泰译,法律出版社2005年版,第160页。

② 冯亚东:“论法条竞合的从重选择”,载《法学》1984年第4期,“法条竞合可以从重选择——与肖开权同志再商榷”,载《法学》1984年第12期。上述二文收入冯亚东:《罪与刑的探索之道》,中国检察出版社2005年版。

③ 肖开权:“法条竞合不能从重选择——与冯亚东同志商榷”,载《法学》1984年第8期。

④ 陈兴良:《当代中国刑法新理念》,中国政法大学出版社1996年版,第484页。

法与普通法竞合而在法条的适用上作出从重选择的解释,都是缺乏立法和理论根据的。我们认为,在特别法与普通法竞合的情形下,在法条的适用上只能依特别法优于普通法的原则,优先适用特别法。当然,我们主张在特别法与普通法竞合关系中不存在重法优于轻法原则,并不是一概排斥重法优于轻法的存在。事实上,在法条交叉中就存在择一重法条适用的原则。"[1]这里的法条交叉,是指交互竞合。对于这一观点,我现在仍然坚持。但需作一补充,对于特别关系不适用重法优于轻法原则只应限于法无明文规定的场合。在法有明文规定的情况下,普通法与特别法竞合也可适用重法优于轻法原则。例如,我国刑法第149条第2款规定:"生产、销售本节第一百四十一条至第一百四十八条所列产品,构成各该条规定的犯罪,同时又构成本节第一百四十条规定之罪的,依照处罚较重的规定定罪处罚。"这就是对特别关系竞合的情况下采用重法优于轻法原则的明文规定,对此应依照规定适用重法。

(四)基本法与补充法的竞合

基本法与补充法的竞合,在我国刑法理论中称为偏一竞合,在大陆法系刑法理论上称为补充关系。关于补充关系,德国学者指出:补充关系意味着,一个刑法规定只是辅助地适用于不适用其他刑法规定时的情况。被理解为兜底构成要件的法律退到原本要适用的法律之后:"原本法优于补充法"(Lex primaria derogat legi cubsidiariae)。补充关系的逻辑结构不是从属的结构,而是交叉(Veberschneidung,或 interferenz)的结构。[2] 这里所谓交叉,和择一关系中的重叠是有所不同的,重叠是处于对立关系之中互相排斥。而交叉是指在递进关系中的包含。因此,德国学者 Honig 将补充关系定义为,如果数个法条以不同的侵害阶段(In verchiedenen Angriffsstadien)来保护同一法益,则数法条之间相互处于补充关系。适用主要规范,不适用补充规范,因为主要法的实现必然会贯穿补充法,所以较低危险的侵害阶段被视为较不重要,不被考虑在内。[3] 例如,我国刑法中拐骗儿童罪与拐卖儿童罪,拐卖以拐骗为前提又超出了拐骗,当行为人实施拐卖儿童行为时,两者之间存在偏一竞合。拐骗儿童罪是补充法规定,拐卖儿童罪是基本法规定。根据

① 陈兴良等:《法条竞合论》,复旦大学出版社1993年版,第159页。

② [德]汉斯·海因里希·耶赛克、托马斯·魏根特:《德国刑法教科书(总论)》,徐久生译,中国法制出版社2001年版,第895页。

③ 陈志辉:《刑法上的法条竞合》,台北1998年版,第57页。

基本法优于补充法的原则，应以拐卖儿童罪论处。在我国刑法中，偏一竞合是个别的，当然在刑法理论上如何界定也还存在深入探讨的余地。

三、想象竞合

想象竞合，又称为犯罪竞合，指一行为触犯数罪名的情形。从客观上来说，想象竞合是行为单数而非行为复数，这是成立想象竞合的前提。这里的行为既可以是作为也可以是不作为。正如意大利学者指出：在形式的异种数罪竞合中，从根本上说，是指一个单独的行为可同时作为多个犯罪构成的构成要件的行为，即能使不同犯罪构成相互重合的行为。这种行为表现为由主体实施的一系列有内在联系的举动（即作为），或主体没有履行自己承担的多重法律义务。[①] 从主观上来说，想象竞合既可以是故意犯之间的竞合，也可以是过失犯之间的竞合，或者是故意犯与过失犯之间的竞合。[②] 这要根据各国刑法的规定加以认定。以上客观与主观两个方面的情形，是就想象竞合的事实结构而论。触犯数罪名，则是想象竞合的法律特征。这里的数罪名，既可以是同种类的罪名也可以是异种类的罪名。前者称为同种类的想象竞合，后者称为异种类的想象竞合。从逻辑上说，上述区分是能够成立的。但在我国刑法理论中往往讨论同种类想象竞合是否属于想象竞合的问题，我以为这种讨论不是逻辑意义上的，而是法律意义上的。在刑法对同种数罪实行并罚的情况下，同种类的想象竞合的概念是有意义的，可以排除并罚之适用。但在对同种数罪不实行并罚的情况下，同种类的想象竞合概念是无意义的，因为实质的同种数罪都不并罚，更何况想象的同种数罪。当然，这里的有意义与无意义，是就区分一罪与数罪而言的。至于在量刑上，同种类的想象竞合当然是有意义的，对于同种类的想象竞合比单一罪应从重处罚。

在想象竞合的讨论中，最为复杂的还是想象竞合与法条竞合之间的区分。应该说，这个问题是较为疑难的。在刑法理论上，关于想象竞合存在各种观点，这个问题涉及对两者性质的根本界分。从我国的情况来看，存在着扩张想象竞合而限缩法条竞合的倾向。例如，我国学者指出：关于想象竞合与法条竞合的区分，或许存在这样的标准：触犯一个法条便必然触犯另一法

---

① ［意］杜里奥·帕多瓦尼：《意大利刑法学原理》，陈忠林译，法律出版社1998年版，第418页。

② 刘士心：《竞合犯研究》，中国检察出版社2005年版，第135～136页。

条时,属于法条竞合;触犯一个法条并不必然触犯另一法条时,属于想象竞合犯。例如,军人故意泄露军事秘密触犯刑法第432条,必然触犯第398条,因而这两个法条之间具有竞合关系。再如,行为人交通肇事触犯第133条时,并不必然触犯第233条,因为并非任何交通肇事必然导致他人死亡因而这两个法条之间不具有竞合关系。果真如此,法条竞合的范围将大量减少。[①] 但是按照这种是否必然与不必然(也就是无条件与有条件)触犯不同罪名作为区分想象竞合与法条竞合的观点,只适用于特别关系的法条竞合,并不适用于其他关系的法条竞合。在此,涉及对各种法条竞合类型之间在性质上的区分。如前所述,日本学者泷川幸辰将法条竞合分为两种:第一种是逻辑性的法条竞合,第二种是评价性的法条竞合。[②] 特别关系的竞合是逻辑性的法条竞合,因而是一种无条件的竞合,其特征是实施一个行为必然触犯两个法条的规定。而其他关系的竞合是评价性的法条竞合,在认定这种法条竞合的时候,要把具体情况考虑进去,因而是一种有条件的竞合,其特征是实施一个行为并不必然触犯两个法条的规定,而是要看是否具备一定条件。在具备一定条件下即发生竞合关系,反之则不然。例如交通肇事,当发生致人死亡结果时存在竞合;当没有发生致人死亡结果时则不存在竞合。由此可见,不能以是否必然触犯两个法条作为想象竞合与法条竞合的区分标准。

想象竞合与法条竞合的根本区分,在我看来应从事实与法律的关系入手。想象竞合是一种犯罪竞合,因而是一个事实问题。而法条竞合是一种法律竞合,因而是一个法律问题。确切地说,当一行为触犯的两个法条之间存在罪名之间的从属或者交叉的逻辑关系时,为法条竞合;如果不存在这种逻辑关系,则为想象竞合。关键问题在于:对某一行为是否在法律上有规定的正确界定。

四、实质竞合

实质竞合,也就是实质数罪或称为实际数罪,以与作为形式数罪的想象竞合相对应。[③] 德国学者指出:如果行为人实施了数个独立的将在同一个诉

---

① 张明楷:《刑法分则的解释原理》,中国人民大学出版社2004年版,第285页。

② [日]泷川幸辰:《犯罪论序说》,王泰译,法律出版社2005年版,第169页。

③ 黄风:"意大利刑法引论",载《意大利刑法典》,中国政法大学出版社1998年版,第24~25页。

讼程序中受审判的犯罪，即存在实质竞合。实质竞合（Realkonkurrenz）的先决条件首先是存在数个行为，其次存在同时受审判的可能性。[①] 值得注意的是，日本刑法理论中，将实质竞合称为并合罪，指没有经过裁判的数罪。并合罪也被称为和观念竞合相对的实在竞合。[②] 由于实质竞合是以并罚为前提的，因此在德日刑法理论中，都以讨论实质竞合如何处理为主，相当于我国刑法理论中的数罪并罚。在我国刑法理论中，数罪并罚制度是在刑罚论中讨论的，因而在罪数论中的实质竞合实际上是对数罪的讨论。例如，我国学者在数罪的类型中讨论实质数罪与想象数罪、异种数罪与同种数罪、并罚数罪与非并罚数罪、判决宣告以前的数罪与刑罚执行期间的数罪。[③] 在这些数罪的分类中，想象竞合已经单列一类讨论，在实质竞合讨论中当然不再涉及。在我国刑法中，同种数罪并不并罚因而对其讨论也无意义。至于判决宣告以前的数罪与刑罚执行期间的数罪也主要与并罚制度有关，其在罪数论中讨论没有必要。唯有并罚数罪与非并罚数罪讨论是有所价值的，我国学者指出，一般情况下的同种数罪、处断一罪中的牵连犯、吸收犯等，都是非并罚数罪。牵连犯、吸收犯在我国刑法理论中被认为本来是数罪，因其形态上的特殊性，在运用刑罚上按一罪处理，称为处断的一罪，不实行数罪并罚。[④] 如果这样的话，牵连犯就应当在数罪中讨论而不是在一罪中讨论。由于实质竞合是并罚的数罪，它是以数罪为前提的，因而在实质竞合中讨论牵连犯也是符合逻辑的。在我国刑法中，有些牵连犯法律和司法解释规定并罚，有些牵连犯则法律和司法解释规定不并罚，对于法律和司法解释没有规定的牵连犯则刑法理论通说认为不并罚，而是采用从一重罪从重处断的原则。因此，我认为牵连犯可以成为实质竞合中讨论的内容。当然，如果将来法律规定牵连犯一概并罚，那么牵连犯就成为实质竞合，对其讨论的意义也就不复存在。

（本文原载《法商研究》2006 年第 2 期）

---

① ［德］汉斯·海因里希·耶赛克、托马斯·魏根特：《德国刑法教科书（总论）》，徐久生译，中国法制出版社 2001 年版，第 884 ~ 885 页。

② ［日］大谷实：《刑法总论》，黎宏译，法律出版社 2003 年版，第 369 页。

③ 高铭暄、马克昌主编：《刑法学》，北京大学出版社、高等教育出版社 2000 年版，第 204 ~ 206 页。

④ 高铭暄、马克昌主编：《刑法学》，北京大学出版社、高等教育出版社 2000 年版，第 205 页。

Part 3

第三编

刑罚本体研究

从威吓到忠诚:一般预防的话语转换

刑法的一般预防目的,尽管尚须某种理论上的辩护,承认其存在大体上已成共识。关键在于:如何实现一般预防?本文认为,从专制社会到法治社会,一般预防的内涵发生着重大的变化。从威吓到忠诚,勾勒出从消极的一般预防向积极的一般预防的转化。

一、刑罚威吓理念的根源

威吓是借助于刑罚的惩罚性对社会成员产生的一种威慑阻吓效应。威吓作为刑罚所内含的一种属性早已被统治者所认识,并为追求威吓效应的最大化而极尽能事。可以说,古代社会的刑罚史,就是一部威吓史。当然,古代社会刑罚的威吓是建立在恐怖之上的,并以人的肉体为祭坛,此可谓感性的威吓。近代以降,刑罚的威吓发生了一场革命性的变化,这就是从肉体的威吓到心理的威吓的转换,此可谓理性的威吓。肉体的威吓和心理的威吓,尽管在形式上存在差别,但注重刑罚的威吓性是其所共有的性质。

中国古代刑法的残酷是人所共知的,尤其是法家所阐述的以"以杀去杀,以刑去刑"为核心的功利主义刑罚观,更是为这种刑罚威吓涂上了一层理论的色彩。法家代表人物韩非云:"刑盗,非治所刑也。治所刑也,是治胥靡也。故曰重一奸之罪而止境内之邪,此所以为治也。重罚者,盗贼也;而悼惧者,良民也。欲治者奚疑于重刑。"此言可以说是为刑罚威吓提供了理论根据,并成为中国古代刑法的原则。中国古代刑法中的种种酷刑:弃市、枭首和凌迟等,无不以人的肉体为道具,上演了一幕幕以恐怖为内容,以追求威吓效果为目的的刑罚戏剧。在欧洲大陆的封建专制社会,刑罚的恐怖同样笼罩着社会。在当时经常使用的死刑执行方式有火刑(即把人绑在火刑柱上烧死)、绞刑、砍头、轮刑(即把人绑在车轮上压死),等等。统治者为了加强刑罚的威吓性,不断变换着花样,竭力把死刑搞成一种残酷的、令人毛骨悚然的表演。[①] 刑罚成为一种恐怖的表演景观，如同罗伯斯比尔所说，死刑是整个民族进行的隆重的谋杀行为。在我们今天听来，颇有些骇人听闻，但却是活生生的历史真实。

以恐怖为特征的刑罚威吓是专制社会的性质所决定的。专制是少数人对多数人的统治，这种统治需要以恐怖来维持。孟德斯鸠精辟地将恐怖视为专制政体的原则。因为在专制之下，君主把大权全部交给他所委任的人们。那些有强烈自尊心的人们，就有可能在那里进行革命，所以就要用恐怖去压制人们的一切勇气，去窒息一切野心。一个宽和的政府可以随意放松它的权力，而不致发生危险。它是依据它的法律甚至它的力量，去维持自己的。但是在专制政体之下，当君主有一瞬间没有举起他的手臂的时候，当他对那些居首要地位的人们不能要消灭就消灭的时候，那一切便都完了，因为这种政府的动力——恐怖——已不再存在，所以人民不再有保护者了。[②] 当这种专制社会需要以恐怖来维持的时候，刑罚就成为制造恐怖的合法工具，刑罚就成为残酷、血腥、镇压的代名词。刑罚之恶远远超过犯罪之恶，使专制政权成为一种暴政。

专制不仅是少数人对多数人的统治，而且以使人不成其为人为特征。在专制社会里，专制者的意志就是国家意志，具有至高无上的绝对权威，而其他人则都是没有意志的生物。孟德斯鸠指出：在专制的国家，绝无所谓调节、限制、和解、条件、等值、商谈、谏诤这些东西；完全没有相等的或更好的东西可以向人建议；人就是一个生物服从另一个发生意志的生物罢了。在那里，人们不得把坏的遭遇归咎于命运之无常，也不得不表示对将来厄运的畏惧；在那里，人的命运和牲畜一样，就是本能、服从于惩罚。[③] 刑法成为使人屈从的工具，为了达到这一目的，刑罚以极其暴虐的形式表现出来。其中，死刑之残酷最甚。法国学者指出：一直以来，我们都从政治、宗教的、世俗的、经济的或者别的什么角度去研究死刑——研究穷极人类想象的最可怕、最残忍、最恐怖的种种行刑手段，并且这类研究与探索从未曾中断过。这种研究往往与死刑的主要目的紧密相连，亦即刑罚的杀一儆百性，对胆敢超越权力与秩序的人进行警告。人类几乎将所有的科学与智慧都用于这类致死的艺术中。的确，这是一种真正的艺术，有规则、技术、发明、革新和各

---

① 黄风：《贝卡里亚及其刑法思想》，中国政法大学出版社 1987 年版，第 17 页。

② ［法］孟德斯鸠：《论法的精神》（上册），张雁深译，商务印书馆 1961 年版，第 26 页。

③ ［法］孟德斯鸠：《论法的精神》（上册），张雁深译，商务印书馆 1961 年版，第 27 页。

种各样的方式,独树一帜、花样迭出。各族人民的创造天赋被充分运用到对个人的侮辱、损毁和破坏上。死刑,这是一种惩罚,但同时也是上千种巧妙的折磨,一种比一种可怕。人类天生的残忍从未得到过这般广泛的运用,而数世纪以来,它却被称为“合法死亡”。[①] 在这种刑罚暴虐面前,人类丧失了尊严,丧失了主体性,而只是刑罚威吓的客体。

专制社会刑罚的暴虐是以人的肉体为施展对象的,肉体是人的生物性的载体,肉体具有疼痛性,而刑罚就是要创造这种生理上的疼痛,将其发挥到超越忍受的限度。人均具有惧怕疼痛、排拒疼痛的本能。对犯罪人的疼痛性的展示,使人产生一种恐惧感,从而通过同病相怜的示范作用,使他人形成对刑罚的畏惧心理。因此,专制社会的刑罚威吓性是通过肉体这一中介而达到的。福柯提出了“以肉体史为背景来撰写一部惩罚史”的命题,指出:酷刑是以一整套制造痛苦的量化艺术为基础的。不仅如此,这种制造痛苦的活动还是受到调节的。酷刑将肉体效果的类型、痛苦的性质、强度和时间与罪行的严重程度、罪犯的特点以及犯罪受害者的地位都联系起来。制造痛苦有一套法律准则。在用酷刑进行惩罚时,绝不会不加区别地同等地对待肉体。人们会根据具体的规则进行计算:鞭笞的次数、打烙印的位置,在火刑柱或轮刑上制造死亡痛苦的时间(由法庭决定,罪犯应被即刻处死还是慢慢处死,在何处表现恻隐之心),戕残身体的方法(断手或割嘴、割舌)。这些各种不同的因素扩大了惩罚方式,并根据法庭情况和罪行而加以组合。总之,这是肉体刑罚知识中一门需要长期学习的课程。[②] 对肉体施展的这种暴虐不仅贯穿在刑法惩罚当中,而且扩展到整个刑事追诉过程,这就是刑讯,贝卡里亚称之为一种合法的暴行。刑讯使作为犯罪后果的刑罚痛苦提前到发现犯罪的刑事追诉活动,从而使整个刑事司法活动弥漫着血腥。贝卡里亚指出:刑讯想让痛苦成为真相的熔炼炉,似乎不幸的筋骨和皮肉中蕴藏着检验真相的尺度,其结果是使强壮的罪犯获得释放,并使软弱的无辜者被定罪处罚。因为每一个人的气质和算计都随着本人体质和感觉的差异而各不相同,刑讯的结局正体现着个人气质和算计的情况。因此,一位数学家大概会比一位法官把这个问题解决得更好:他根据一个无辜者筋骨的承受力和皮肉的敏感度,计算出会使他认罪的痛苦量。[③] 因此,刑事司法活动就

---

① [法]马丁·莫内斯蒂埃:《人类死刑大观》,袁筱一等译,漓江出版社1999年版,第14页。

② [法]福柯:《规训与惩罚》,刘北成、杨远婴译,三联书店1999年版,第37页。

③ [意]贝卡里亚:《论犯罪与刑罚》,黄风译,中国大百科全书出版社1993年版,第32、33页。

成为一种利用肉体的艺术。

专制社会建立在肉体痛苦之上的刑罚威吓理念表现出来的残暴性，似乎并非以简单的道德评价就可以得到清算。我认为，这种刑罚威吓理念的根源还是要到专制社会的权力结构中去寻找。至少，有以下几点可以作为我们分析的切入点：

其一，君权的神圣性。专制政权并非来自民选，因而不具备建立在民主之上的权力的合法性。在这种情况下，专制政权的合法性往往追溯到神意。神授的观念使君权披上了一层神圣的外衣。刑罚，作为君主的重要权力之一，同样在神的名义下行使。世俗的秩序与神界的秩序视同一体，前者只不过是后者的摹本，因而前者具有了后者的性质。正如苏联学者指出的：世间的法律秩序是世界的、宇宙的秩序的组成部分，个别人对规则、礼仪、法律的任何违反，都会使天地间的和谐受到损害，并且孕育着世界性的灾难。因此也就产生了关于人类行为的十分详尽的规定，出现了众多的宗教伦理的禁忌和对违禁行为（不管是在世间还是阴间）的严厉惩罚。既然现在的秩序和法律是来源于神并且是不可侵犯，所以破坏它们就被看做是对神的挑衅。① 在这种情况下，犯罪被视为是对圣物的亵渎，是违反神意的行为。对犯罪的惩罚，是所谓替天行罚，是神意的显现。因此，刑罚被赋予了某种神圣性。

其二，君权的至上性。专制社会中，君主的权力是至高无上的。犯罪，作为法律所禁止的行为，不仅侵害了直接受害者而且还冒犯了君主，侵犯了君权。对犯罪的惩罚，按照福柯的表述，是重建一时受到伤害的君权的仪式。以公开形式进行了行刑场面，通过展现君权最壮观时的情景来恢复君权，因而是一种表现权力失而复得的重大仪式。② 在这种情况下，刑罚就成为显示与炫耀君权的最佳场景，因而君主不会放过任何一个这样的机会。

其三，君权的唯一性。在专制社会，君权是权之本源，是社会中所有权力的终极渊源。刑罚权被视为是君主个人的权力，一切惩罚都是以君主的名义实施的。尽管在某些专制社会，刑罚权的实际行使者——法官，会滥用这种权力，享有独断专行的权力。但这种司法权仍然只是君权的象征，它不可能替代君权。

上述君权的神圣性、至上性、唯一性，表明在专制社会，君权是一种不受限制的绝对权力，刑罚威吓只不过是这种君权行使所追求的实际效果而已。

---

① ［苏］涅尔谢相茨：《古希腊政治学说》，蔡拓译，商务印书馆 1991 年版，第 7 ~ 8 页。

② ［法］福柯：《规训与惩罚》，刘北成、杨远婴译，三联书店 1999 年版，第 53 页。

当然，君权的这种专断性的形成，是有社会历史经济原因的。但无论如何，专制政治对刑罚的残酷性是负有主要责任的。因为，在专制社会，统治的合法性并不来自社会的赋予，宗教神学、道德禁忌、风俗习惯虽然在维持这种合法化方面具有一定的作用，但主要还是采用暴力加以维持。当有权者陷入绝境时，他们的特征就是求助于压制机制。[①] 在这种情况下，刑罚残暴是必然的，刑法只能是政治维护的柔顺工具。

二、从肉体威吓到心理威吓

以肉体威吓为特征的专制社会刑罚的一般预防目的，在18世纪经由启蒙运动的努力，转变为以心理威吓为特征的法治社会刑罚的一般预防理念。

对于专制社会的刑罚残酷，启蒙学者进行了深刻的批判与猛烈的抨击。其中，以贝卡里亚最具代表性。贝卡里亚在论及封建专制的残酷刑罚时指出：纵观历史，目睹由那些自命不凡、冷酷无情的智者所设计和实施的，野蛮而无益的酷刑，谁能不触目惊心呢？目睹帮助少数人欺压多数人的法律，有意使或容忍成千上万的人陷入不幸，从而使他们绝望地返回到原始的自然状态，谁能不毛骨悚然呢？目睹某些具有同样感官、因而也具有同样欲望的人在戏弄狂热的群众，他们采用刻意设置的手续和漫长残酷的刑讯，指控不幸的人们犯有不可能的或可怕的愚昧所罗织的犯罪，或者仅仅因为人们忠实于自己的原则，就把他们指为犯罪，谁能不浑身发抖呢？[②] 在抨击专制刑法的残酷性的同时，启蒙运动解构了专制权力，将一种人道的精神注入到法治社会的刑罚之中，由此导致以罪刑法定主义为基础、以心理威吓为特征的一般预防主义的诞生。在此，我们同样以权力作为分析框架，审视启蒙学者视野中的刑罚权的理念：

其一，刑罚权的世俗性。将权力从宗教神学中解放出来，恢复其世俗的本来面目，这是启蒙学者的重要努力之一。在贝卡里亚那里，虽然没有完全否定宗教神学，但他明显地将神明启迪与自然法则和社会契约相区分，认为前者与后二者之间是不可比拟的。贝卡里亚指出：宗教、自然、政治，这是善与恶的三大类别。这三者绝不应相互对立。然而，并不是由一者所得出的所有结论和义务，也同样由其他两者那里得出。并非神明启迪所要求的一

---

① [美]诺内特、塞尔兹尼克：《转变中的法律与社会》，张志铭译，中国政法大学出版社1994年版，第36页。

② [意]贝卡里亚：《论犯罪与刑罚》，黄风译，中国大百科全书出版社1993年版，第42页。

切，自然法同样要求；也并非自然法所要求的一切，纯社会法也同样要求。不过，把产生于人类契约，即人们确认或默许的公约的东西分离出来，倒是极为重要的，因为，它的力量在不肩负上天特别使命的情况下，足以正当地调整人与人之间的关系。① 在这种情况下，世俗权力的正当性不再是由神所赋予的，刑罚权也只是根据社会契约设定的一种权力，它的基础是现实的而非神学的。推翻神授法以后，需要为法重新寻找本源。这一本源被认为是社会契约，它同样是刑罚权的根据。

其二，刑罚权的合理性。启蒙学者力图将野蛮的刑罚改造成为合理的刑罚。这种合理的刑罚是建立在理性与科学的基础之上的，其中犯罪与刑罚之间的比例关系的确定是核心命题之一。孟德斯鸠指出：刑罚的轻重要协调，这是很重要的，因为我们防止大罪应该多于防止小罪，防止严重破坏社会的犯罪应该多于防止对社会危害较小的犯罪。② 犯罪与刑罚之间的比例性，在贝卡里亚的罪刑阶梯概念中得以更加充分的表现。贝卡里亚指出：如果说，对于无穷无尽、暗淡模糊的人类行为组合可以应用几何学的话，那么也很需要有一个相应的、由最强到最弱的刑罚阶梯，我们就有了一把衡量自由和暴政程度的潜在的共同标尺，它显示着各个国家的人道程度和败坏程度。③ 这里的罪刑阶梯，就是根据理性原则而设计的犯罪与刑罚的比例关系，它具有刑事政策的意蕴。

其三，刑罚权的分立性。权力的分立，是启蒙思想家为防止没有限制的权力的专制政权的出现而提出的一个重要的政治原理，其中以孟德斯鸠的三权分立最为著名。基于这种分权的理念，贝卡里亚将刑罚权分解为立法权与司法权，分别由立法机关与司法机关行使，从而为罪刑法定主义奠定了政治理论基础。按照贝卡里亚的构想，立法机关只能制定约束一切成员的普遍性法律，即规定犯罪与设置刑罚，但不能判定某一成员的行为是否构成犯罪并处以刑罚。这一使命只能由司法机关来承担，法官只能严格遵守法律，其唯一使命就是判定公民的行为是否符合成文法律。④ 只有这样，才能使公民免受专制的统治。

可以说，启蒙学者，尤其是贝卡里亚为法治社会的刑法设计了蓝图，从

---

① ［意］贝卡里亚：《论犯罪与刑罚》，黄风译，中国大百科全书出版社 1993 年版，第 2～3 页。

② ［法］孟德斯鸠：《论法的精神》（上册），张雁深译，商务印书馆 1961 年版，第 91 页。

③ ［意］贝卡里亚：《论犯罪与刑罚》，黄风译，中国大百科全书出版社 1993 年版，第 66 页。

④ ［意］贝卡里亚：《论犯罪与刑罚》，黄风译，中国大百科全书出版社 1993 年版，第 13 页。

而使专制刑法转变为法治刑法。不过,仔细分析贝卡里亚的刑法思想,在一般预防这一刑罚目的上,关注的仍然是威吓。贝卡里亚指出:什么是刑罚的政治目的呢?是对其他人的威慑。[①] 这种威吓是建立在对人的本性的心理分析之上的。根据贝卡里亚的观点,欢乐和痛苦是支配感知物(这里的感知物指人——引者注)的两种动机。因此,立法者可以利用奖赏和刑罚来支配人的行为。刑罚显然是一种痛苦,它使人们远离犯罪。贝卡里亚指出:促使我们追求安乐的力量类似重心力,它仅仅受限于它所遇到的阻力。这种力量的结果就是各种各样的人类行为的混合;如果它们互相冲突、互相侵犯,那么我称之为"政治约束"的刑罚就出来阻止恶果的产生,但它并不消灭冲突的原因,因为它是人的不可分割的感觉。立法者像一位灵巧的建筑师,他的责任就在于纠正有害的偏重方向,使形成建筑物强度的那些方向完全协调一致。[②] 贝卡里亚认为,刑罚对人的行为的纠偏功能,就是通过刑法规诫其他人,使之不去犯罪。刑罚对于犯罪的这种威吓性,仍然是刑罚存在的根据,它与专制刑法的刑罚威吓性的区别仅仅在于:前者只追求威吓的效果而后者追求威吓的效益。威吓效果主要体现在行刑上,通过行刑的残酷场景渲染犯罪的下场,从而烘托刑罚的威慑力。并且,一切能够产生刑罚威吓效果的手段都被认为是正当的,从而导致刑罚的滥用。而在威吓效益中,包含着某种功利性的考虑。例如,贝卡里亚指出了刑罚的残酷造成同预防犯罪的宗旨相违背的有害结果,而应当适用什么样的刑罚预防犯罪,这是一个可以用几何学的精确度来解决的问题。[③] 而边沁更是基于功利主义原理,将刑罚视为一种必要的恶,排除滥用之刑、无效之刑、过分之刑与昂贵之刑,以获取刑罚遏制犯罪的最大效益。[④] 这种刑罚效益原则,被福柯认为是一种精心计算的惩罚权力经济学。福柯认为,这些原则引起了权力(刑罚权——引者注)作用点的变化:不再是通过在公开处决中制造过度痛苦和公开羞辱的仪式游戏运用于肉体,而是运用于精神,更确切地说,运用于在一切人脑海中

---

① [意]贝卡里亚:《论犯罪与刑罚》,黄风译,中国大百科全书出版社 1993 年版,第 31 页。

② [意]贝卡里亚:《论犯罪与刑罚》,黄风译,中国大百科全书出版社 1993 年版,第 66 页。

③ [意]贝卡里亚:《论犯罪与刑罚》,黄风译,中国大百科全书出版社 1993 年版,第 7 页。

④ [英]边沁:《立法理论——刑法典原理》,孙力等译,中国人民公安大学出版社 1993 年版,第 66 页以下。

谨慎地但也是必然地和明显地传播着的表现和符号。[①] 从运用犯罪人的肉体进行威吓，到通过心理强制进行威吓，从而使刑罚不再专注于对犯罪人的肉体摧残和折磨，而是注重对社会上一般公民的精神上的威吓，刑罚威吓论完成了从古代到现代、从专制到法治的历史性转变。

对于以心理强制为特征的一般预防主义贡献最大的当推费尔巴哈，以至于其刑法学被称为心理强制主义的刑法学。费尔巴哈以威吓解读刑罚，认为市民刑罚是因为侵害了权利而由国家所加用刑法予以威吓的感性的恶害。因此，威吓是刑罚的题中之义。费尔巴哈将人视为自然的存在者，具有趋利避害的本能。人不仅追求快乐而逃避痛苦，而且为获得较大的快乐而放弃较小的快乐，为避免较大的痛苦而忍受较小的痛苦。这就是所谓两利相衡取其重，两害相权取其轻。将这一原理适用于刑法，就必然得出结论：为了防止犯罪，必须抑制行为人的感性的冲动，即科处作为恶害的刑罚，并使人们预先知道因犯罪而受刑的痛苦，大于因犯罪所能得到的快乐，才能抑制其心理上萌发犯罪的意念。[②] 因此，费尔巴哈提出了"用法律进行威吓"这句名言。用法律而不是用行刑的恐怖场面进行威吓，这也正是费尔巴哈的立法威吓论与费兰基里（Filangieri）、格麦林（Gmelin）等人的司法威吓论的主要区别。司法威吓论，又称行刑威吓论，主张利用刑罚的执行，使社会上一般人知道刑罚的恐怖而不敢犯罪，即凭借对犯罪人行刑威吓未犯罪的人以预防犯罪。这种司法威吓论是为酷刑进行辩护的一种学说。正如福柯指出：他们对法律规定的刑罚的肉刑残酷性作了一种限制性的"现代派的"解释。他们认为，严刑峻法之所以必要，是为了杀一儆百，使人铭记在心。福柯明确地将这种理论与启蒙思想加以区别，指出：实际上，维持着这种酷刑实践的并不是示范经济学——后者是在"启蒙思想家"（Idéologues）的时代所理解的那种经济学（即刑罚表象应该大于犯罪兴趣）——而是一种恐怖政策，即用犯罪的肉体来使所有的人意识到君主的无限存在。公开处决并不

---

① ［法］福柯：《规训与惩罚》，刘北成、杨远婴译，三联书店 1999 年版，第 111 页。福柯将痛苦与痛苦的观念加以区分，由此提出充分想象原则，指出：如果说犯罪的动机是为了从中获取好处，那么刑罚的有效性就在于它会造成痛苦。这就意味着，处于刑罚核心的"痛苦"不是痛苦的实际感觉，而是痛苦、不愉快、不便利的观念，即"痛苦"观念的痛苦。惩罚应该利用的不是肉体，而是表象（REPRESENTATION）。更准确地说，如果它利用肉体的话，那么肉体主要是某种表象的对象而不是痛苦的对象。痛苦的记忆应该能够防止罪行重演。因此，应该尽量扩展惩罚的表象，而不是刑罚的现实。同上书，第 104 页。

② 马克昌主编：《近代西方刑法学说史略》，中国检察出版社 1996 年版，第 83 页。

是重建正义,而是重振权力。[①] 费尔巴哈的心理强制说,是基于法律的一种威吓,这种威吓是通过实行罪刑法定主义,为公民提供一张罪刑价目表而实现的。为使这种威吓现实化,需要强化的不是行刑的血腥场面而是法律规定的明确性和必然性,法律禁止性规范的完善。正如挪威学者安德聂斯指出:当揭露出的犯罪危险性和罪刑的可能性超过犯罪的诱惑性时,一般预防就取决于刑罚的恫吓及遏制作用。这也正是费尔巴哈所建立的著名理论,即刑罚是针对公民的心理强制的理论。此后,他的理论开始去注意刑法在建立或加强另一种禁令时的效能。[②] 这样,刑罚的威吓就被限制在法律规范之内,具有充分的法律根据,因而获得了某种法的正当性。可以说,费尔巴哈以法治的精神重新建构了刑法威吓的一般预防主义。

三、心理强制说的诘难

以心理强制为特征的一般预防主义,相对于封建专制以肉体威吓为特征的一般预防主义而言,其历史进步意义是不言而喻的。从残暴到人道,从无限制到有节制,从愤怒发泄到理性安排,体现了刑罚文明的进化。当然,以心理强制为特征的一般预防主义也受到某种诘难,这种诘难大体表现在以下三个方面:

其一,心理根据。以心理强制为特征的一般预防主义借助的是某种心理上的强制作用,因而必然有其心理根据,这种心理根据就是18世纪流行于欧洲大陆的联想主义心理学。联想主义心理学把人的一切心理现象都归结为"观念的联想",它把观念分为简单观念和复杂观念,复杂观念是由简单观念联合而成的,观念联合的纽带被解释为"吸引力"。因此,在联想主义心理学看来,心理现象同样是力的相互作用的结果,寻找人心理活动的规律就是寻找观念之间相互吸引的特殊的力学规则。例如,休谟在论述简单观念之间的连接或结合时指出:这是一种吸引作用(Attraction),这种作用在精神界中正像在自然界中一样,起着同样的奇特作用,并表现于同样多的、同样富于变化的形式中。[③] 休谟把产生观念间联想的规律总结为三条:(1)相似律(Law of Similarity),指我们的思维过程很容易从一个观念转到任何一个和它

---

① [法]福柯:《规诫与惩罚》,刘北成、杨远婴译,三联书店1999年版,第53页。

② [挪威]约翰尼斯·安德聂斯:《刑罚与预防犯罪》,钟大能译,法律出版社1983年版,第4~5页。

③ [英]休谟:《人性论》(上册),关文运译,商务印书馆1980年版,第24页。

类似的观念。(2)时空接近律(Law of Space-time Contiguity),指由于感官在变更它们的对象时必须作有规律的变更,根据对象的互相接近的次序加以接受,所以想象时必须作有规律的变更,根据对象的互相接近的次序加以接受,所以想象也必然因在长期习惯之力获得同样的思想方法,并在想它的对象时依次经过空间和时间的各个部分。(3)因果律(Law of Causality),指由一种事物观念想到与它有因果关系的另一种事物观念。① 以心理强制为特征的一般预防主义就是建立在这种联想主义心理学之上的,正如我国学者指出:要想发挥刑罚的心理威慑作用,关键是要让人们一想到犯罪就自然而然地联想到刑罚,也就是让犯罪和刑罚成为一对相互联系、不可分割的统一观念。② 然而,这种理论是以"心理的即意识的"命题为基础的,具有强烈的理性主义性质。因此,这种理论容易忽略犯罪动机中的非理性因素,而在心理学上作出肤浅表面的解释。③ 实际上,人的犯罪动机是十分复杂的,尤其是冲动性犯罪与突发性犯罪,其中非理性的、无意识的心理因素起到了很大的作用。如果无视这些心理因素,从"人是具有意志自由的理性动物"这样一个简单的前提出发,论证刑罚威吓的有效性,缺乏充分的心理根据。

其二,人性解释。刑罚威吓的对象是人,因而威吓论包含着对人性的理解。专制社会的刑罚威吓是以对人的肉体摧残为手段的,具有使人不成其为人的性质。那么,以心理强制为特征的一般预防主义是否尊重人之为人的尊严了呢?费尔巴哈曾经批评司法威吓论,指出:按照这种威吓论,把人只是当做事物对待,违反人的权利。即引用康德的"法哲学"说:"犯罪人也是人"。④ 言下之意,费尔巴哈本人的心理强制说是建立在"犯罪人也是人"的原则之上的。然而,黑格尔对此予以了断然的否定,指出:费尔巴哈的刑罚理论以威吓为刑罚的根据,他认为不顾威吓而仍然犯罪,必须对罪犯科以刑罚,因为他事先已经知道要受罚的。但是怎样说明威吓的合法性呢?威吓的前提是人不是自由的,因而要用恶害这种观念来强制人们。然而法和正义必须在自由和意志中,而不是在威吓所指向的不自由中去寻找它们的根据。如果以威吓为刑罚的根据,就好像对着狗举起杖来,这不是对人的尊严和自由予以应有的重视,而是像狗一样对待他。威吓固然终于会激发人

---

① 车文博:《西方心理学史》,浙江教育出版社 1998 年版,第 107 页。

② 黄风:《贝卡里亚及其刑法思想》,中国政法大学出版社 1987 年版,第 121 页。

③ [挪威]约翰尼斯·安德聂斯:《刑罚与预防犯罪》,钟大能译,法律出版社 1983 年版,第 4 页。

④ 马克昌主编:《近代西方刑法学说史略》,中国检察出版社 1996 年版,第 84 页。

们,表明他们的自由以对抗威吓,然而威吓毕竟把正义摔在一旁。心理的强制仅仅跟犯罪在质和量上的差别有关,而与犯罪本身的本性无关,所以根据这种学说所制定的法典,就缺乏真正的基础。[①] 黑格尔从报应主义出发,抨击费尔巴哈的心理强制说否定了人的尊严和自由。确实,单纯的强制并不能为刑罚提供正当性根据,刑罚的正当性根据还是应当到人的自由中去寻找。

其三,国家立场。刑罚威吓论,无论是肉体威吓还是心理强制,都是将公民当做威吓的客体,因而具有一种明显的国家主义立场,即基于国家本位的立场,对刑罚威吓功能的实现加以论证。在“朕即国家”的专制社会,国家立场具有明显的私人性。正如福柯指出:在中世纪以来的西方社会里,法律思想的研究主要围绕着王权来进行。正是应王权的要求,为了它的利益,作为它的工具或为它辩护,建立起了我们社会的法律大厦。西方社会的法律是满足国王要求的法律。[②] 在这种情况下,法律是独断的,刑法是恣意的。随着启蒙运动的勃兴,民主观念的推行,一种人的联合体——国家取代了君主。君主的法律转变为国家的法律,王权转变为国家权力。在这种情况下,统治权发生了根本性的变化。福柯指出:法律体系,无论它是理论还是法典,都应允了统治权的民主化,以及与集体统治权联接在一起的公共权利的实现,同时也因为惩戒强制的机制深深地进入了这种统治权的民主化。以一种更紧凑的方式,我们可以这样说:从惩戒约束作为统治机制运转,并作为权力的实际运用隐藏自己开始,就需要在法律机器中加入统治权理论,并通过法律规则使其复兴和完成。这样,从 19 世纪到当今的现代社会里,人们一方面有了公共权利的合法化、话语和组织,他们紧密围绕着社会实体至高无上的原则,每个人的最高权利通过国家的代表来实现;同时另一方面,人们有了惩戒强制严格的区分控制,它事实上保证这一个社会的内聚力。[③] 在这种情况下,国家权力具有公共性,权力是有限制的,法律是规范化的。在刑法领域,从罪刑擅断走向罪刑法定。然而,以国家法律面貌出现的刑罚规范,其国家立场不仅没有弱化而且得以强化。在国家立场的关照下,片面强调刑法威吓。在这种情况下,刑罚威吓是形式上合法的却未必是实质上合理的。

---

① [德]黑格尔:《法哲学原理》,范扬、张企泰译,商务印书馆 1961 年版,第 102 页。

② [法]福柯:《必须保卫社会》,钱翰译,上海人民出版社 1999 年版,第 34 页。

③ [法]福柯:《必须保卫社会》,钱翰译,上海人民出版社 1999 年版,第 34 页。

古典的刑罚威吓论存在如上缺憾，以后发展起一种多元遏制论，被认为是一般预防的当代形态。[①] 多元遏制论不再把刑罚威吓当作一般预防的唯一手段，而是追求多元的一般预防作用。例如，挪威学者安德聂斯就认为，刑罚的一般预防作用有三：恫吓；加强道德禁忌（道德作用）；鼓励习惯性的守法行为。安德聂斯指出：必须强调后者，因为，不少怀疑一般预防的人只看到恫吓效果。此外，即使有时不存在对刑罚的恐惧心理，也不能认为刑罚的次要作用是无足轻重的。对立法者来说，最重要的不仅要达到恫吓目的，而且要树立道德禁忌和习惯。[②] 这种多元遏制论，看到了道德与习惯在预防犯罪中的作用，论述了刑罚不仅在于通过威吓获得预防犯罪的直接效果，更重要的是通过支持道德、强化习惯获得预防犯罪的效果。这种效果也许是间接的，但效应是更为持久的。多元遏制论虽然在使一般预防合理化方面作出了巨大的努力，但由于它以遏制为特征的一般预防基点未变，仍然属于一种消极的一般预防主义。

四、从消极的一般预防到积极的一般预防

英国学者赫伯特·斯宾塞指出：强制性的约束是消极的，而不是积极主动的。斯宾塞表达的是一种自由主义的理念，即使为了使公民自由，也不能实行强制，否则奴役就将来临。斯宾塞指出：一个公民享有的自由不是由他生活下的国家机器的本质决定——无论是代议制的还是其他的，而是由强加于他之上的限制数量决定的。而且，无论这种机器是不是他曾参与组织的，除了为防止该机器或直接或间接地侵犯国民——即维护国民的自由，防止其受到侵略——所必需外，只要它使人民受到更多的约束，其行动就不合乎自由主义的精神。[③] 在刑法中也是如此，单纯追求外在强制效果的一般预防仍然是消极的，那么，什么是积极的一般预防呢？德国学者格吕恩特·雅科布斯提出了积极的一般预防（Positive Generalpravention）的命题。雅科布斯指出：刑罚清楚地并且高度地使刑罚后果所归属的行动承受了一种可能性，一种必须普遍地把这种行动作为不值一提的行动选择来学习的可能性。

---

① 邱兴隆：《关于惩罚的哲学——刑罚根据论》，法律出版社 2000 年版，第 88 页以下。

② ［挪威］约翰尼斯·安德聂斯：《刑罚与预防犯罪》，钟大能译，法律出版社 1983 年版，第 5 页。

③ ［英］赫伯特·斯宾塞：《国家权力与个人自由》，谭小勤等译，华夏出版社 2000 年版，第 17 页。

这种选择的无价值性是如此理所当然,以致它要作为不可经历的选择而被排除掉。这不是威吓意义上的一般预防,而是学会对法律的忠诚意义上的一般预防。① 在雅科布斯看来,这种积极的一般预防与消极的一般预防是存在区别的:在积极的一般预防这里,刑罚与在消极的一般预防那里(Negative Generalpavention)不同——不是指向被认为是必须被威吓的作为潜在的未来的犯罪人的生产源的群体,刑罚更多地要以忠诚于法的市民为对象。② 由此可见,积极的一般预防是以确立公民对刑法的忠诚为特征的,我国学者称之为忠诚论。③ 积极的一般预防概念的提出,我认为是具有重大意义的。它表明刑罚观念上的一个重大转折。积极的一般预防具有以下内容:

其一,社会立场。消极的一般预防主义由其国家立场所决定,都"先验地"将刑法确定为是正当的,由此形成对犯罪行为的评判标准。质言之,刑法的权威来自某种政治权力的赋予,刑罚权是从国家权力派生出来的,不具有可考量性。专制社会的刑法具有宗教的神圣性,是君主意志的显现,臣民只能臣服,处于绝对的受支配的地位。而法治社会的刑法是以社会契约作为刑罚权来源的,因而不同于专制刑法。在社会契约论的理论框架中,包含着公民的意志。刑法是以保障人权为宗旨的,但建立在社会契约之上的国家具有其独立的意志,这种国家意志是凌驾于个人与社会之上的。刑法作为国家权力机关制定的法律规范,其权威性也是绝对的,公民以服从为义务。在上述情况下,都谈不上对刑法本身的批评。而积极的一般预防主义,通过刑罚适用确立对刑法的忠诚,这种刑法应当具有可接受性。这里的可

① [德]格吕恩特·雅科布斯:《行为 责任 刑法——机能性表述》,冯军译,中国政法大学出版社 1998 年版,第 10 页。

② [德]格吕恩特·雅科布斯:《行为 责任 刑法——机能性表述》,冯军译,中国政法大学出版社 1998 年版,第 39 页。

③ 周光权博士指出:德国当代有影响的机能主义刑法学派代表人物雅科布斯指出:刑罚的运用应当有助于确立公民对法律的忠诚。因此,合理的刑法正当根据应当是确立公民对刑法的忠诚。循此思路,我们完全可以说刑法的正当性既不在于满足报应,也不在于实现功利,而在于确立忠诚。能够确立公民的忠诚信念的刑法是正当的刑法;一部足以动摇公民对刑法的忠诚信念而只会导致恐惧心理和厌恶情绪的刑法则是不正当、不合理的。这种解说刑法正当根据的理论可以称为忠诚论。参见周光权:《刑法诸问题的新表述》,中国法制出版社 1999 年版,第 28 页。我认为,忠诚论是否是一种超越报应与功利的刑法正当性根据尚可探讨。按照雅科布斯本人的表述,这是一种积极的一般预防,因此,仍可在一般预防语境中找到其理论定位。

接受性是指它是以公众认同为基础。[①] 刑法不是异己的力量，而是社会的一部分，建立在维持社会同一性的需要之上的。雅科布斯指出：通过刑罚来解决社会问题，无论如何要通过作为社会的部分系统的法系统来实现。这就是说，问题的解决是在社会中进行的，应当排除使刑法和社会相分离的做法。刑法给社会制作了一张非常有说明力的名片，正如也可以从社会的其他部分相当可靠地逆推出刑法一样。[②] 这种从刑法的国家立场向社会立场的转变，表明刑法不再是社会的对立物，而是社会进化本身的产物，使刑法获得一种社会的定位，一种非国家的立场。在这种情况下，刑法的恐怖感与疏远感逐渐消退，其亲和力日益增加。

其二，规范确证。基于机能主义的刑法理论，[③]雅科布斯指出，刑罚的功能在于，从另一方面与对具有同一性的社会规范的对抗相对抗。刑罚确证了社会的同一性，也就是说，犯罪既不能被视为一种进化的开始，也不能被归结为一种认识上就能消除的结果（Kognitiv Zu Erledigencles Ereignis），而是应被视为一种有缺陷的交往，并且，这种缺陷要作为其罪责归于行为人，换句话说，社会坚持这些规范，而且拒绝自己被重新理解。根据这种认识，刑罚不只是一种维持社会同一性的工具，而已经是这种维持本身。尽管可以把对社会的或者个人心理的结果的种种希望，例如，维护或者确证对法的忠诚，与刑罚联系起来，但是，刑罚已经不依赖这些结果，而意味着一种自我确认。[④] 根据雅科布斯的观点，规范是在社会交往中产生的，法的构造是通过规范实现的。因此，在这样的社会里，社会同一性是建立在规范之上的。而犯罪是对规范的违反，刑罚通过惩罚犯罪，以获得规范确证，从而维持社会同一性。因此，刑罚的一般预防就不再是消极的威吓，使人不得不服从规范；而是通过排除违反规范的行为，确证规范的有效性，使人学会对法律的

---

① 这里的认同是以理解为基础的。德国学者哈贝马斯指出：达到理解（Verstardigung）的目标是导向某种认同（Einverstandnis）。认同归于相互理解、共享知识、彼此信任、两相符合的主观相互依存。认同以对可领会性、真实性、真诚性、正确性这些相应的有效性要求的认可为基础。参见［德］哈贝马斯：《交往与社会进化》，张博树译，重庆出版社 1989 年版，第 3 页。

② ［德］格吕恩特·雅科布斯：《行为　责任　刑法——机能性描述》，冯军译，中国政法大学出版社 1998 年版，第 105 页。

③ 雅科布斯指出：刑法的机能主义（Strafrechtlicher Funktionalismus）在此指的是这样一种理论，即刑法要达到的效果是对规范同一性的保障、对宪法和社会的保障。参见［德］格吕恩特·雅科布斯：《行为　责任　刑法——机能性描述》，冯军译，中国政法大学出版社 1998 年版，第 101 页。

④ ［德］格吕恩特·雅科布斯：《行为　责任　刑法——机能性描述》，冯军译，中国政法大学出版社 1998 年版，第 103 页。

忠诚。这里的忠诚,也可以理解为信仰。在这种情况下,服从法律不再是外在强制的产物,而是内心信仰的结果,刑法也不再是强迫的工具,而具有了某种终极的目的的意义。对此,美国学者伯尔曼提出这样一个问题:一种不可能唤起民众对法律不可动摇的忠诚的东西,怎么可能有能力使民众普遍愿意遵从法律?如果法律仅仅是一种试验,如果司法判决也不过是执法者种种预觉(Hunches),为什么个人或者团体应该遵守与他们的利益相悖的法律条文或命令?对于这个问题,会有不同的回答。伯尔曼介绍了工具论的回答:人们一般要服从法律,因为他们害怕不这样做就会招致司法当局的强力制裁。显然,伯尔曼是不同意这样的答案的,认为这个回答绝不能令人信服。正如心理学研究现在已经证明的那样,确保遵从规则的因素如信任、公正、可靠性和归属感,远较强制力更为重要。伯尔曼指出:法律只在受到信任,并且因而并不要求强力制裁的时候,才是有效的;依法统治者无须处处都仰赖警察。今天,这一点已为一有力的证据所证实:在我们的城市里,惩罚最为严厉的那部分法律,也就是刑法,在它以其手段不能引人尊敬的地方,也没有办法让人畏惧。如今,每个人都知道,没有任何警察可以夸耀的力量能够制止城市的犯罪。总之,真正能阻止犯罪的乃是守法的传统,这种传统又根植于一种深切而热烈的信念之中,那就是,法律不仅是世俗政策的工具,而且还是生活终极目的和意义的一部分。[①] 因此,刑法不能仅靠威吓使人遵从,而是要通过对规范有效性的确证,使人学会忠诚,刑罚的有效性应当建立在信仰之上。

其三,责任归属。一种能够使人产生信仰的刑法,本身应当是公正合理的。为此,雅科布斯提出责任刑法(Schuldstrafrecht)的概念,使责任与刑罚目的相联系。雅科布斯指出:责任与目的的联系表现为,目的使责任变成有色的。因为责任刑法不应是无目的的刑法而应该是有益于维持秩序的刑法,需要长期存在,为此也需要这种性质的责任,使它即使考虑到责任时也能够长期存在。假如在目的充足和责任量定之间存在一种先天稳定的和谐,责任刑法也将长期存在,那么,它就不再需要为提供根据和划定界线而存在的责任。[②] 责任概念之引入刑法,使刑罚的分配正当化,从事使刑罚目的与刑事责任保持一种合理的关系。关于刑罚目的与刑事责任的关系,大

---

① [美]伯尔曼:《法律与宗教》,梁治平译,三联书店1991年版,第43页。

② [德]格吕恩特·雅科布斯:《行为 责任 刑法——机能性描述》,冯军译,中国政法大学出版社1998年版,第6页。

多是将两者分离,或者以目的确定责任,或者以责任限定目的。雅科布斯则将目的与责任贯通,指出:进入到责任之中的目的不可能被责任来限定,只有目的进入到责任中才能给刑罚奠定根据。但是,被充分符合目的地确定的责任可以限定为实现没有进入到责任中去的目的所要求的东西。作为一般预防派生物的责任限定了为实现特殊预防所要求的刑罚,并且,责任只有作为与目的相联系的因素才提供一个尺度,才首先适合于发挥限定刑罚的作用。[①] 一般预防的目的如果脱离了责任的限定,就会成为无限制地发动刑罚的驱动力,以目的的正当性证明手段的正当性。而责任如果没有一般预防目的引导,又会变成机械的与盲目的。唯有贯彻了目的的责任,刑法才是合理的,才能为刑罚提供当然的界线。

积极的一般预防建立在使公民学会忠诚的基础之上,公民不再是威吓的客体,而获得了某种人格体的存在。雅科布斯认为,刑法的行动者是人格体(Personen)——主体的人格化(Personalisierung Der Subjekte)。[②] 雅科布斯区分了两种交往的形态:工具性交往与人格性交往。工具性交往意味着,交往可能是符合目的的或者不是,无论如何,参加者不与任何东西发生联系(因此在这种交往中也不是人格体),正如同与机器的交往:机器没有被正确地使用的权利。在人格性交往中,他人不只是一个战略性谋算的对象物,也是一个平等者——因为他被爱,在法的交往中因为他作为理性者或者参入了社会契约的缔结或者出于一个其他的原因——必须有一个什么原因——是法律上的人格体(Person in Recht)。[③] 在消极的一般预防视野中,公民处于被威吓的客体地位,因而刑罚与公民是一种工具性交往。而在积极的一般预防理念中,公民因责任而被刑罚处罚,法律把公民当做一个人格体来看待。通过这种处罚,激发公民对法律的忠诚,因而刑罚与公民是一种人格性交往。刑法只有从工具性交往发展到人格性交往,它才能得到自觉的遵从。

---

① [德]格吕恩特·雅科布斯:《行为　责任　刑法——机能性描述》,冯军译,中国政法大学出版社 1998 年版,第 34 ~ 35 页。

② 雅科布斯指出:人格体就意味着必须表演一个角色。人格(Persona)是一个面具,不只是戴有该面具者主体性的表现,更是一个社会能够理解的能力(Kompetenz)的描述。参见[德]格吕恩特·雅科布斯:《行为　责任　刑法——机能性描述》,冯军译,中国政法大学出版社 1998 年版,第 123 页。

③ [德]格吕恩特·雅科布斯:《行为　责任　刑法——机能性描述》,冯军译,中国政法大学出版社 1998 年版,第 135 页。

五、刑罚威吓效应的合法获得

美国学者诺内特、塞尔兹尼克将我们社会中的法律区分为三种类型:(1)压制型的法律:作为压制性权力的工具的法律;(2)自治型的法律:作为能够控制压制并维护自己的完整性的一种特别制度的法律;(3)回应型的法律:作为回应各种社会需要和愿望的一种便利工具的法律。[①] 上述三种法律类型的区分,为我们建立了一种法律的分析框架。

刑法是一个基本法律部门,在任何社会中都存在。而且,刑法的法律强制性是其他法律所不能比拟的。然而,刑法的这种强制性,在不同类型的法律中表现形态是各不相同的。对此,美国学者诺内特、塞尔兹尼克指出:虽然强制存在于所有三种类型的法律中,但其意义却不一样:它在压制刑法中是居支配地位的,在自治刑法中是有节制的,而在回应刑法中是潜在的。[②] 确实,在专制社会,法是压制型的,刑法威吓是以肉体为中介实现的,具有赤裸裸的暴力性。而在法治社会,法是自治型的,刑罚威吓是以心理强制为特征的,具有节制性。法治社会发展到一定程度,从自治型的法向回应型的法转变,强制更退居幕后,刑罚是以忠诚与信仰来维持的。如果说,上述三种刑法类型的区分,虽然不是简单的历史发展的描述,而是按照理想型(Idealtypus)的方法建立的用以分析和判断同一社会的不同法律现象的工具性框架。[③] 但我们还是可以根据这三种法的类型在一个社会中的支配性地位,勾勒出法的历史演变过程。

中国是一个具有漫长的封建专制传统的国家,刑罚之严酷举世闻名。中国古代的刑罚主要是由肉刑与死刑构成的,这两种刑罚都是以肉体强制为特征。在中国历史上,肉刑废除得较早,汉文帝下诏废除肉刑,此后虽然不断发生肉刑的废复之争,但肉刑始终没有在法律上恢复。[④] 但死刑则一直在中国的刑罚体系中占据主要地位。至清末,根据沈家本的统计:死罪凡八百四十余条。不惟外人所骇闻,即中国数千年来亦未有若斯之繁且重也。[⑤]

---

① [美]诺内特、塞尔兹尼克:《转变中的法律与社会》,张志铭译,中国政法大学出版社 1994 年版,第 16 页。

② [美]诺内特、塞尔兹尼克:《转变中的法律与社会》,张志铭译,中国政法大学出版社 1994 年版,第 16 ~ 17 页。

③ 季卫东:《法治秩序的建构》,中国政法大学出版社 1999 年版,第 297 页。

④ 参见拙著:《刑法的价值构造》,中国人民大学出版社 1998 年版,第 450 页以下。

⑤ 李贵连:《沈家本与中国法律现代化》,光明日报出版社 1989 年版,第 88 页以下。

清末修律，废除了凌迟、枭首、戮尸三项酷刑，死刑则依然保留下来。对此，我国学者指出：随着社会的发展，特别是17世纪以后，世界上许多国家从黑暗的中世纪逐步走向资本主义社会，其刑法的惩罚手段日趋于轻。而仍然继续沉溺于中华帝国古老"文明"的明、清"盛世"，其刑法则愈来愈野蛮。刑罚名目之繁多，方式之酷烈，令人闻之丧胆，成为中国传统文化积淀中最污秽的渣滓。[①] 显然，刑罚的这种残酷性是与中国古代的专制政体有关的，虚弱的政权需要用暴力才能维持。在这种情况下，对于建立在肉体折磨之上的刑罚威吓效应的追求，也就是自然而然的了。这种残酷的刑罚，虽然能收一时之效，但长久地实施却使人的心灵逐渐麻木，从而抵销刑罚的威慑力。为唤醒麻木的心灵，又需要采用更严厉的刑罚，由此陷入重刑主义的恶性循环。由此可见，刑罚是有限度的，刑罚威吓效果的发生也并不是单纯地取决于严刑峻罚。

随着中国社会的现代化进程的启动，同样伴随着法治现代化的发生。在法治现代化过程中，刑罚威吓同样面临着从肉体威吓到心理强制。由于我国当前处在社会转型当中，各种社会控制手段有所松弛。在这种情况下，刑罚对于维持社会秩序、维护社会稳定发挥着重要作用，因而刑罚威吓一直为社会所倚重。然而，一味的重刑，尤其是过度地追求刑罚的警戒效应并非长久之计。我认为，在刑事法治的社会背景下，一般预防的威吓效应应当通过下述途径"合法地"获得：

其一，刑法严密。以心理强制为特征的一般预防主义，是要通过规范实现刑罚威吓，这就意味着应当在罪刑法定原则的指导下，建立严密的刑法规范体系。美国学者在论及自治刑法的特征时指出，自治刑法是以规则为中心的。规则是使权力合法化的一种有效方法。他们准确地确定官方权威的范围和界限，因而就提供了表面上看来是清晰的检验责任的标准。同时，一项规则狭窄的程度足以限制法律批评和划定司法所涉及的范围。准确的规则虽然加强了控制，将它们也使注意力聚集于形式和细节，从而使公共政策的本质和更广泛的模式保持完整。[②] 在罪刑法定原则下的刑罚威吓，只能是一种以心理强制为内容的规范的威吓。因此，一种建立在理性之上的刑法规范体系，是实现这种规范的威吓的前提与基础。规范的威吓要求以规范

---

① 林剑鸣：《法与中国社会》，吉林文史出版社1988年版，第227~228页。

② ［美］诺内特、塞尔兹尼克：《转变中的法律与社会》，张志铭译，中国政法大学出版社1994年版，第68页。

限制威吓,通过规范实现威吓。任何超规范的刑罚威吓都是非法的,是不允许的。

其二,刑罚宽缓。法治社会的刑法,面临着双重任务,正如德国学者拉德布鲁赫指出:刑法不只是反对犯罪人,也保护犯罪人。它的目的不仅在于设立国家刑罚权力,同时也要限制这一权力;它不只是可罚性的缘由,也是它的界限,因此表现出悖论性:刑法不仅要面对犯罪人保护国家,也要面对国家保护犯罪人。不单面对犯罪人,也要面对检察官保护市民,成为市民反对司法专横和错误的大宪章(李斯特语)。① 在这种情况下,刑罚不再是国家单方面镇压犯罪的工具,同时也具有人权保障的机能。因此,刑罚的逐渐宽缓是符合时代发展趋势的。刑罚的宽缓,就是要理性地涉及刑法的实施过程,使轻缓的刑罚最大限度地发挥威吓效果,并逐渐地走出重刑使刑罚威吓效果贬值乃至归于无效的怪圈,向轻刑化过渡。

其三,刑法合理。刑罚威吓效果的获得,并不是简单地依赖残暴的刑罚,而是要在严厉之中蕴含着情理。唯有如此,才能使犯罪人内心接受,使普通公民也获得某种正义感。为此,应当引入刑事政策的思想,使刑罚不再被机械地适用,而是一个有目的的适用过程。刑法合理,在很大程度上取决于刑罚设置上的合理——这是一个立法问题;还取决于刑罚分配上的合理——这是一个司法问题。

对于目前中国刑事法治的实践来看,一般预防主要应当完成从肉体威吓到心理威吓的转变。当然,心理威吓仍然属于消极的一般预防。因此在这个转变中,我们也应当引入积极的一般预防观念。这就是通过理性的刑法制度的建构,使之从社会认同中获得正当性,对公民产生亲和力,使之不再是在刑罚威吓力的作用下恐惧的对象,而是能够从中感受到正义的信赖、乃至于信仰的对象。这是一个刑法融入社会,融入公民心灵的漫长过程,我们不能指望朝发夕至一日抵达。关键在于:刑法需要不断地根据社会文明的发展重新塑造其自身的形象,真正使刑法成为蕴含着人性的刑法:不再是恐怖物,而是公民自由的圣经。

(本文原载《中国法学》2000 年第 5 期,
原题目为《一般预防的观念转变》)

---

① [德]拉德布鲁赫:《法学导论》,米健、朱林译,中国大百科全书出版社 1997 年版,第 96 页。

死刑的当代命运

关于死刑存废，按照日本学者西原春夫的说法，迄今已经成了一个枯竭的问题，所剩的只是关于存续或者废除的法律信念而已。① 的确，死刑存置论与死刑废止论在刑法学界的争论自1764年贝卡里亚首次挑起以来已经长达240年，各自所能想到的理由几乎已经穷尽。对于死刑，现在的问题是：在一个具体的国家，比如中国，如何废止？更进一步的问题是：中国已经走上死刑废止之路了吗？中国如何走完死刑废止之路？这些问题，都是十分现实的，需要结合中国的具体国情进行分析。本文拟在对中国死刑废止问题进行历史的回顾与现状的阐述的基础上，对中国死刑的当代命运进行一个学理上的探讨。

一、死刑历史的考察

世界各国几乎是以相同的方式走上死刑之路，却以不同的方式走向死刑废止之路。中国历来就有“杀人者死”的法律文化传统，因而对最严重的犯罪适用死刑是理所当然的。尤其是春秋时期的法家，主张“以杀去杀，虽杀可也”（商君书·画策），由此赋予死刑某种正当性。在近二千年的封建专制社会，此种死刑观念被历代统治者奉为圭臬。《汉书·刑法志》云：“故圣人因天秩而制五礼，因天讨而作五刑。大刑用甲兵，其次用斧钺；中刑用刀锯，其次用钻凿；薄刑用鞭扑。大者陈诸原野，小者致之市朝，其所繇来者上矣。”②每谈至此，一种刑罚的血腥味扑面而来，使人窒息。不过，透过血腥味，我最感兴趣的还是“其所繇来者上矣”一语。这句古语译为现代汉语，意

---

① ［日］长井圆：“围绕舆论与误判的死刑存废论”，张弘译，载《外国法评译》1999年第2期，第17页。

② 高潮、马建石主编：《中国历代刑法志注译》，吉林人民出版社1994年版，第5页。

思是:“这种做法由来已久”。[①] 这使我联想起荀子的一句话:“杀人者死,伤人者刑,此乃百王之所同,不知其所由来者也。”由此可见,死刑自古皆然。中国古代的旧五刑是“墨、劓、剕、宫、大辟”,隋唐以后形成新五刑:“笞、杖、徒、流、死”。从旧五刑到新五刑,肉刑改为身体刑,唯一不改的是死刑。肉刑的废除,是中国古代刑罚进步的一大标志性成果,它发起于汉,完成于唐,虽历经曲折,但终至废弃。关于废除肉刑的缘起,《汉书·刑法志》同样有所记载,其中少女缇萦自愿赎父刑罪的故事不详表,但我们可以回味一下汉文帝读完缇萦上书后的一段话:“盖闻有虞氏之时,画衣冠异常服以为戮,而民弗犯,何治之至也!今法有肉刑之,而奸不止,其咎安在?非乃朕德之薄,而教不明与!吾甚自愧。故夫训道不纯而愚民陷焉。《诗》曰:‘恺弟君子,民之父母。’今人有过,教未施而刑已加焉,或欲改行为善,而道亡繇至,朕甚怜之。夫刑至断支体,刻肌肤,终身不息,何其刑之痛而不德也!岂称为父母之意哉?其除肉刑,有以易之;及令罪人各以轻重,不亡逃,有年而免。具为令。”[②]这一段话似乎表露了汉文帝的慈悲,但我却从中读出一种虚伪:肉刑虽然残酷,毕竟生命尚在,而死刑则夺命丧生,其残酷更甚于肉刑。何以汉文帝对死刑之残酷视而不见,却对肉刑之痛楚如此感慨。果然,汉文帝以笞刑替代肉刑:当劓者,笞三百;当斩左止者,笞五百;当斩右止,及杀人先自告,及吏坐受赇枉法,守县官财物而即盗之,已论命复有笞罪者,皆弃市。其结果是:“外有轻刑之名,内实杀人。斩右止者又当死,斩左止者笞五百,当劓者笞三百,率多死。”[③]及至汉景帝时期颁布《箠令》,对笞刑的行刑加以限制,笞者的生命方得以保全。汉文帝主观上改重为轻,客观上却改轻为重,这当然有意外因素,但废肉刑存死刑,这确实是令人难以理解的。况且,肉刑虽然废除,死刑的执行方法以制造痛苦为能事,因而死刑实际上涵括着肉刑。

中国古代的死刑罪名是十分惊人的,对此,沈家本有以下简要的统计:“中国刑法,周时大辟二百,至汉武帝时多至四百九条,当时颇有禁纲渐密之议。元魏时大辟二百三十条。隋开皇中除死刑八十一条。唐贞观中又减大辟九十三条,比古死刑殆除其半,刑法号为得中。”[④]当然,这一死罪数目未必

---

① 高潮、马建石主编:《中国历代刑法志注译》,吉林人民出版社 1994 年版,第 7 页。

② 高潮、马建石主编:《中国历代刑法志注译》,吉林人民出版社 1994 年版,第 28 页。

③ 高潮、马建石主编:《中国历代刑法志注译》,吉林人民出版社 1994 年版,第 29 页。

④ (清)沈家本:《历代刑法考》(四),中华书局 1985 年版,第 2028 页。

完全准确。例如,虽有周朝大辟之属二百的记载,但西周《周礼·秋官·司刑》又有"杀罪五百"之说。及至汉孝武帝时期,据《汉书·刑法志》记载:大辟虽四百九条,但死罪决事比万三千四百七十二事。[①] 由于汉代广泛实行比附,因而死罪名虽只有409个,经过比附实则多达一万多种可判死刑的情形。在中国历史上,唯一出现的对死刑限制的历史发生在唐贞观年间,令人诧异的是,这次是以恢复肉刑以削减死刑的形式出现的。《旧唐书·刑法志》记载:"及太宗即位,又命长孙无忌、房玄龄与学士法官,更加厘改。戴胄、魏征又言旧律令重,于是议绞刑之属五十条,免死罪,断其右趾。"[②]在唐太宗与其侍臣的对话中,我们第一次发现古人对于死刑与肉刑轻重之比较:太宗谓侍臣曰:"前代不行肉刑久矣,今忽断人右趾,意甚不忍。"谏议大夫王珪对曰:"古行肉刑,以为轻罪。今陛下矜死刑之多,设断趾之法,格本合死,今而获生,刑者幸得全命,岂惮去其一足?且人之见者,甚足惩诫。"上曰:"本以为宽,故行之。然每闻恻怆,不能忘怀。"又谓萧瑀、陈叔达等曰:"朕以死者不可再生,思有矜愍,故简死罪五十条,从断右趾。朕复念其受痛,极所不忍。"叔达等咸曰:"古之肉刑,乃在死刑之外。陛下于死刑之内,改从断趾,便是以生易死,足为宽法。"这里的肉刑(断右趾)与死刑,孰轻孰重,确是一个值得思考的问题。从生命的观点来看,当然是死刑重而肉刑轻;但从痛苦的角度来看,死刑未免不是一种痛苦的解脱,因而似乎又是死刑轻而肉刑重了。当然,以死刑执行的残酷方法论,死刑的残酷程度又何尝输于肉刑。这里涉及一个残忍观念的问题。我国学者张宁专门对死刑与残酷观念之关系进行了考证,其中论及中国古代第三次恢复肉刑的争议中,曹操认为用肉刑代替死刑是一种仁恩,而反对者认为,肉刑残忍,"非悦民之道"。[③] 中国古代刑法肉刑终未恢复,尽管恢复肉刑的呼声几度高涨,而死刑则大行其道。其基本规律似乎与中国封建社会的改朝换代的节律相合拍:在开国之际,统治者甫夺天下,处于强盛之际,具有治天下的自信心,因而刑罚轻缓,主要表现为死刑减少,几个死刑最少的时期都是治世:文景之治、贞观之治等。其中,唐太宗时期的贞观四年,"天下断死罪二十九人"。[④] 唐玄宗时期的开元二十五

---

① 高潮、马建石主编:《中国历代刑法志注译》,吉林人民出版社1994年版,第32页。

② 高潮、马建石主编:《中国历代刑法志注译》,吉林人民出版社1994年版,第245页。

③ 张宁:"解构死刑与德里达的死刑解构",载赵汀阳主编:《论证》(3),广西师范大学出版社2003年版,第71~72页。

④ 高潮、马建石主编:《中国历代刑法志注译》,吉林人民出版社1994年版,第317页。

年,“其年刑部断狱,天下死罪惟有五十八人”。[①] 由此而创中国古代少杀之最。而当处于末世,天下大乱,社会动荡,复用重刑,尤其倚重死刑,死罪遂之剧增。及至清一代,据沈家本统计,清律死罪条目,顺治时律例内真正死罪,凡二百三十九条,又杂犯斩绞三十六条。迨后杂犯渐改为真犯,他项又随时增加,计现行律例内,死罪凡八百四十余条,较之顺治年间增十之七八,不惟为外人所骇闻,即中国数千年来,亦未有若斯之繁且重者也。[②] 清代死刑罪名之多乃中国数千年来之最,并非妄言,美国学者曾根据沈家本的统计,将自唐至清历代法律所规定的可以处死刑之罪加以统计,列表如下:[③]

法　典	分项数字	合　计
《唐律》(653年)	绞刑罪144 斩刑罪89	233
《宋律》(963年)	绞刑罪144 斩刑罪89 (后来增加死刑罪60项)	293
《元律》	死刑罪135 (包括凌迟刑罪9项)	135
明律(1397年)	凌迟刑罪13 斩立决刑罪38 绞立决刑罪13 斩监候刑罪98 绞监候刑罪87 另有 《问刑条例》死刑罪20 “杂犯”死刑罪13	282
《大清会典》	绞监候刑罪272 斩监候刑罪218 绞立决刑罪71 斩立决刑罪222 凌迟刑罪30	813

在中国清代,欧洲国家已经完成资产阶级革命。对封建专制刑法进行了彻底改革,其中死刑大幅度减少。其实,在欧洲中世纪,刑罚之酷烈、死刑

① 高潮、马建石主编:《中国历代刑法志注译》,吉林人民出版社1994年版,第283~284页。

② (清)沈家本:《历代刑法考》(四),中华书局1985年版,第2028页。

③ [美]D.布迪、C.莫里斯:《中华帝国的法律》,朱勇译,江苏人民出版社1993年版,第96页。表中《大清会典》一项系根据该书第98页内容增补。

之繁复较之中国封建社会有过之无不及。根据英国著名法学家布莱克斯通在18世纪60年代保守的估计,当时英国仅规定死刑的成文法便达160多部,而每部成文法中又规定了数种乃至数十种死罪,更不用说普通法上的死罪数量了。对于英国刑法的残酷性,恩格斯指出:“谁都知道,英国的刑法典在欧洲是最森严的。就野蛮来说,早在1810年它就已经毫不亚于加洛林纳法典了:焚烧,轮辗,砍四块,从活人身上挖出内脏等等曾是惯用的几种刑罚。不错,从那时起最令人愤慨的酷刑固然已经废止,但刑法中仍然原封不动地保留了大量野蛮的和卑劣的酷刑,处死刑的有七种罪(杀人、叛国、强奸、兽奸鸡奸、破门入盗、暴力行劫、纵火杀人);而以前应用范围广泛得多的死刑,也只是在1837年才限制在这几个方面。”[①]由此可见,在1837年前后,英国死罪从以往的数百种减至8种。而法国以法国大革命为界限,在此以前的刑罚也是十分残酷的。法国著名学者米歇尔·福科曾经指出:迄法国大革命为止,刑罚的基本形式是由1670年法令规定的。该法令规定了下列刑罚等级:死刑、拷问、苦役、鞭刑、公开认罪、放逐。肉体惩罚占的比重极大。习俗、犯罪性质、犯人的身份也都在考虑之中。福柯引用苏拉日的叙述,极刑包括很多种类:对有些犯人可直接处以绞刑,对有些犯人则先断手或割舌,再送上绞架;对重罪犯人有些可用刑轮裂肢折磨至死,然后再肢解躯干,有些则在死前肢解躯干,有些可先绞死再车裂,有些可烧死,有些则先绞死再焚尸,有些可用四马分尸,有些可斩首,有些可击碎其头。[②] 只是在法国大革命以后,随着人道主义思想的传播,刑罚才逐渐轻缓,死刑也得以限制。在这种情况下,中国清律刑罚之重、死刑之多才与欧洲各国刑罚之轻、死刑之少形成鲜明的对比。正是在这样一种历史背景之下,沈家本领导了清末刑法改革。

清末刑法改革的一个重要动因是收回治外法权,而治外法权的出现又与中西刑法重轻悬殊有关。对此,沈家本在《奏议册除律例内重法摺》中指出:“臣等以中国法律与各国参互考证,各国法律之数意固不能出中律之范围,第刑制不尽相同,罪名之等差亦异,综而论之,中重而西轻者为多。盖西国从前刑法,较中国尤为惨酷,近百数十年来,经律学家几经讨论,逐渐改而从轻,政治日臻美善。故中国之重法,西人每訾为不仁,其旅居中国者,皆藉口于此,不受中国之约束。夫西国首重法权,随一国之疆域为界限,甲国之

---

① 《马克思恩格斯全集》(第1卷),第701页。

② [法]米歇尔·福柯:《规训与惩罚》,刘北成、杨远婴译,三联书店1999年版,第35页。

人侨寓乙国,即受乙国之裁制,乃独于中国不受裁制,转予我以不仁之名,此亟当幡然变计者也。方今改订商约,英、美、日、葡四国均允中国修订法律,首先收回治外法权,实变法自强之枢纽。臣等奉命考订法律,恭绎谕旨,原以墨守旧章,授外人以口实,不如酌加甄采,可默收长驾远驭之效。现在各国法律既已得其大凡,即应分类编纂,以期赴日成书,而该馆员等佥谓宗旨不定,则编纂无从措手。臣等窃维治国之道,以仁政为先,自来议刑法者,亦莫不谓裁之以义而推之以仁,然则刑法之当改重为轻,固今日仁政之要务,而即修订之宗旨也。"[①]由此可见,沈家本确立的清末刑法改革的宗旨是改重为轻。死刑是重中之重,因则改重为轻必然包含对死刑的改轻。死刑的改轻分为以下两项:一是减轻死刑的残酷性。中国古代死刑的残酷,在很大程度上体现在死刑执行方式上。在清末刑律中,尚有凌迟、枭首、戮尸之刑。这些刑罚之酷烈,一言难尽。因此,沈家本在《奏议册除律例内重法摺》中提出:"现在改订法律,嗣后凡死罪,至斩决而止,凌迟及枭首、戮尸三项,著即永远删除。所有现行律例内,凌迟、斩枭各条俱改为斩决,其斩决各条俱改为绞决,绞决各条俱改为绞监候,入于秋审情实,斩监候各条俱改为绞监候,与绞候人犯仍入于秋审,分别实、缓办理。"[②]废除凌迟、枭首、戮尸三项重法以后,死刑执行方法仅剩斩绞两项。此后,沈家本又进一步提出"死刑唯一"的观点。在"死刑唯一说"一文,沈家本指出:"废止死刑之说,今喧腾于欧美各洲矣,而终未能一律实行者,政教之关系也。惟死刑止用一项,则东西各国所同。"因此,沈家本主张死刑不应再分轻重。"将来修纂新律仍应逐条酌定去留,一律改为绞决。"[③]沈家本的死刑唯一说之提出并付诸实施,大大地减轻了死刑的残酷性,使中国死刑执行方式与世界各国保持一致。二是减少死刑罪名。应当指出,在修改死刑执行方法中就包含了将死罪改为非死罪的内容,例如,绞刑改为绞监候、斩监候改为绞监候,入于秋审,分实、缓办理,都是改重为轻。此外,沈家本还提出将虚拟死罪改为流徒。这里所谓虚拟死罪,是指虽有死罪之名而无死罪之实者。在《虚拟死罪改为流徒摺》中,沈家本指出:臣等查现行律例内,其虚拟死罪而秋审例缓者,莫如戏杀、误杀、擅杀三项。戏杀初无害人之意,死出意外,情节最轻。误杀虽有害心,而死非互斗之人,亦初意之所不及。擅杀情节轻重不等,而死者究系有罪之

---

① (清)沈家本:《历代刑法考》(四),中华书局 1985 年版,第 2024 页。
② (清)沈家本:《历代刑法考》(四),中华书局 1985 年版,第 2027 页。
③ (清)沈家本:《历代刑法考》(四),中华书局 1985 年版,第 2099、2114 页。

人。故此数项罪犯,在各国仅处惩役禁锢之刑。考之《唐律》戏杀、误杀各按其当场情形,分别徒、流,并无死罪。擅杀分而论及徒、流、绞四等,亦不概问死罪。中国现行律例,不分戏、误、擅杀,皆照斗杀拟绞监候,秋审缓决一次,即准减流。其重者,缓决三次减流。盖虽名为绞罪,实与流罪无殊,不过虚拟死罪之名,多费秋审一番文牍而已。现当综核名实并省繁重之际,与其空拟以绞,徒事虚文,何如径改为流,俾归简易。[①] 经过清末刑法改革,死刑罪名大为减少。1910 年颁布的《大清新刑律》将《大清刑律》中的 840 项死罪减为 20 余项,死刑罪名只有侵犯皇室、内乱、外患、妨害国交、妨害社会秩序、妨害交通、强盗、杀人、杀死尊亲属、奸非等二十余种。[②] 二十余个死刑罪名,是中国历史上死刑罪名的一个新低,与当时各国刑法比较,亦属较少。从这个意义上说,经过清末刑法改革,中国死刑制度实现了近代化。

二、死刑消长的演变

自 1910 年颁布《大清新刑律》,至今将近 100 年,在这一百年间,中国社会发生了翻天覆地的变化。但就死刑而言,变化并不大,甚至死刑罪名大为增加。现仅就我国 1979 年刑法到 1997 年刑法,死刑增加的情形加以叙述。

1979 年刑法是在“十年动乱”结束以后,人心思治的社会背景下出台的,也是自 1949 年建国以后制定的第一部刑法。该刑法第 1 条明确规定了惩办与宽大相结合的刑事政策,并以此作为刑法制定的根据。在死刑问题上,1979 年刑法坚持“少杀”政策。关于“少杀”政策的根据,当时我国学者一般都引用毛泽东关于“可杀可不杀的,不杀”的语录。例如,我国著名刑法学家高铭暄教授在论及 1979 年刑法关于死刑的规定时指出:我们是无产阶级专政的社会主义国家,不靠杀人来统治。我们党和国家历来对死刑的适用采取非常严肃而又谨慎的态度。毛泽东同志多次指出,“杀人要少,但是绝不废除死刑”;“必须坚持少杀,严禁乱杀”。在保留死刑的前提下尽量少处死刑,不仅可以获得社会同情,有利于分化瓦解犯人,有利于争取教育罪犯的家属、子女,而且可以保存一批劳动力为社会创造财富,还可以保留一批活证据,有利于逐步彻底肃清反革命。总之,这样做,对人民事业、对国际影响都有好处。[③] 在这样一种死刑政策思想的指导下,1979 年刑法中的死刑规定

---

① (清)沈家本:《历代刑法考》(四),中华书局 1985 年版,第 2029 页。

② 胡云腾:《死刑通论》,中国政法大学出版社 1995 年版,第 46 页。

③ 高铭暄:《中华人民共和国刑法的孕育和诞生》,法律出版社 1981 年版,第 73、74 页。

相对来说是较为合理的,主要表现在:一是刑法总则对死刑适用作出了某些限制性的规定,例如,对死刑对象的限制,死刑只适用于罪大恶极的犯罪分子,犯罪的时候不满十八周岁的人和审判的时候怀孕的妇女,不适用死刑。1979年刑法还规定了死缓制度,尽管这一制度被认为是我国刑事政策上的一个重大创造,但实际上与封建刑法中的"监候"相似。我国明清时,对于判处死刑的罪犯分为两种:一是立决,即决不待时,不必等待秋审,朝审即可按照规定手续执行死刑。二是监候,即暂时监禁等候,不立即执行,待至秋审、朝审时,按具体情况分别处理。监候有斩监候(判处斩刑的罪犯暂时监禁等候)与绞监候(判处绞刑的罪犯暂时监禁等候)之别。例如,《清律·斗殴》规定:"嫡孙、众孙殴伤庶祖母者,照殴伤庶母例减一等科断,至死者拟绞监候,谋故杀者,拟斩监候,秋审时酌量情节办理。"凡秋审案件,情实者,一般十月以前即被处决,可矜者,一般减为流刑、徒刑,在本年内分别执行。此后,监候逐渐演变成沈家本所说的虚拟死刑,虽判死刑一般均改判为徒流。在这种情况下,死缓与监候具有一定的类似性。当然,死缓制度将死刑与缓刑结合起来,已经不再是监候制度中一种刑事程序上的安排,而是根据死缓期间的表现以确定死缓期满后刑罚变更的一种制度。从这个意义上说,死缓制度吸收了缓刑的成分,具有现代行刑制度的优点,因而又与封建刑法的监候制度有所区分。无论如何,在1979年刑法中首次将原先在司法实践中已经开始适用的死缓制度,第一次以立法的形式加以确认,这是具有重要意义的。死缓制度运用得当,可以成为坚持少杀政策的一种法律措施。二是刑法分则对死刑罪名作了限制。1979年刑法规定了28个死刑罪名。其中,反革命罪15个,危害公共安全罪8个,侵犯公民人身权利、民主权利罪3个,侵犯财产罪2个。在这28个死刑罪名中,反革命罪死刑罪名占到了50%以上,但这15个死刑罪名属于备而不用,在普通刑事犯罪中,死刑适用较多的是杀人、放火、强奸、抢劫等。从1979年刑法关于死刑罪名的分布情况来看,政治色彩较浓,这是一个鲜明的特点。

从1978年开始,因实行改革开放政策,我国进入一个社会剧烈变动的转型时期。随着对社会和公民的严格控制松懈以后,犯罪率大幅度增长。根据历年统计资料,1979年改革开放以前三十年间,我国刑事犯罪案件每年立案数一般都在50万起以下(大案5万起以下)。改革开放后,1979年突破60

万起,以后连续上升,1981 年达到 89 万起。[1] 在这种严峻的犯罪形势面前,我国开始了“严打”运动。死刑,正是随着“严打”而膨胀。

首先是 1982 年全国人大常委会《关于严惩严重破坏经济的罪犯的决定》(以下简称 1982 年《决定》),对走私罪、投机倒把罪、盗窃罪、惯窃罪、盗运珍贵文物出口罪、贩毒罪和受贿罪增设了死刑,开展经济领域的“严打”。尤其是盗窃罪增设死刑,这是十分罕见的。在唐律中,一般盗窃罪亦称凡盗,并无死罪。《唐律·贼盗律》规定:“窃盗,不得财,笞五十;得财,一尺杖六十,一匹加一等;五匹徒一年,五匹加一等,五十匹加役流。”而监临官犯窃盗则重于凡盗,赃满三十匹,就处绞刑。[2] 在清律中,一般盗窃罪同样也非死罪。《清刑律·贼盗》规定:“凡窃盗,已行而不得财,笞五十,免刺;但得财,以一主为重,併赃论罪,为从者,各减一等。初犯,并于右小臂膊上刺‘窃盗’二字。再犯,刺左小臂膊。三犯者,绞。”由此可见,只有三犯窃盗者才处以绞刑,并且是绞监候。而且,也并非三犯者一律处以绞刑,条例规定:“窃盗三犯,除赃至五十两以上照律拟绞外,其五十两以下至三十两,应发遣黑龙江当差者,照名例分别改遣之例问发;三十五两以下至十两以上者,发边卫充军。如银不及十两,钱不及十千者,俱杖一百,流三千里。”[3]但根据 1982 年《决定》,犯盗窃罪情节特别严重的,即可判处死刑。对于这里的情节特别严重,1984 年 11 月 2 日最高人民法院、最高人民检察院《关于当前办理盗窃案件中具体应用法律的若干问题的解答》第 6 条第 1 项规定:“是指盗窃财物数额特别巨大,同时,又有其他特别严重的情节。后者,例如,重大盗窃集团的首要分子;盗窃银行金库、国家珍贵文物、救灾救济款物的;盗窃急需的生产资料,严重妨害生产建设或者造成其他严重损失的;盗窃生活、医疗急需款物,造成严重后果的;盗窃外国人、华侨、港澳同胞财物,引起外事交涉或者造成恶劣政治影响的;等等。”按照这一规定,盗窃罪的情节特别严重,要求盗窃财物数额特别巨大的同时,还必须具有其他特别严重的情节。但上述司法解释第 6 条第 2 项却规定:“盗窃财物数额特别巨大,情节特别严重,判处无期徒刑或者死刑的,按照‘有关规定’,个人盗窃公私财物数额在 3 万元以上的,应依法判处死刑。个人盗窃公私财物数额在 1 万以上不满 3 万

---

① 俞雷主编:《中国现阶段犯罪问题研究》(总卷),中国人民公安大学出版社 1993 年版,第 6 页。

② 钱大群、夏锦文:《唐律与中国现行刑法比较论》,江苏人民出版社 1991 年版,第 345 页。

③ 《大清律例》,法律出版社 1999 年版,第 392 ~ 393 页。

元,情节特别严重的;盗窃集团的首要分子,情节恶劣、后果严重或者屡教不改的,应依法判处无期徒刑或者死刑。在当前审判工作中,以上规定,供内部掌握试行。"按照上述规定理解,盗窃 1 万元为数额特别巨大,但如果盗窃数额为 3 万元,根据有关规定,就属于情节特别严重,可直接判处死刑。我注意到司法解释的表述是"按照有关规定",并对"有关规定"的内容加上引号。显然,这里的"有关规定"并非两高自身的规定,而是某种内部规定。通过这一司法解释,确立了盗窃 3 万元可判处死刑的量刑标准,导致盗窃罪死刑适用率的激增,在相当长的一个时期,盗窃罪在死刑适用中的比例居高不下。这一司法解释尤其是其所引用的"有关规定",反映了在盗窃罪死刑适用上的唯数额论的倾向。这种倾向到 1992 年才有所扭转。1992 年 12 月 11 日最高人民法院、最高人民检察院《关于办理盗窃案件具体应用法律的若干问题的解释》第 6 条第 2 项规定:"盗窃公私财物数额特别巨大的,或者盗窃数额接近特别巨大并具有其他特别严重情节的,依法判处十年以上有期徒刑,或者无期徒刑,可以并处没收财产。盗窃公私财物数额特别巨大,同时具有其他特别严重情节的,依法判处无期徒刑或者死刑,可以并处没收财产。"根据这一司法解释,判处死刑必须是数额特别巨大与其他特别严重情节同时具备,这对于仅凭盗窃财物数额而判处死刑的做法是一种修正。但由于司法惯性的影响,在相当长时间里,各地司法机关仍然仅凭盗窃数额特别巨大而判处死刑。在 1982 年《决定》中,除盗窃罪以外,新增的毒品犯罪死刑,也在某些毒品泛滥地区广泛得以适用。尤其是部分省、市、自治区在毒品犯罪案件的死刑复核权下放以后,在这些地区的毒品犯罪适用死刑案件在整个死刑案件中所占比重甚高。总之,1982 年《决定》开启了经济犯罪广泛适用死刑之门。

其次是 1983 年全国人大常委会《关于严惩严重危害社会治安的犯罪分子的决定》(以下简称 1983 年《决定》)。对流氓罪,故意伤害罪,拐卖人口罪,非法制造、买卖、运输枪支、弹药、爆炸物罪,盗窃、抢夺枪支、弹药、爆炸物罪,组织、利用反动会道门进行反革命活动罪,利用封建迷信进行反革命活动罪,强迫妇女卖淫罪,引诱、容留妇女卖淫罪,传授犯罪方法罪规定了死刑。其中,对故意伤害罪规定死刑,也前所未有。1979 年刑法第 134 条规定:故意伤害罪的法定刑最高刑是 7 年有期徒刑。但 1983 年《决定》第 1 条第 2 款规定:故意伤害他人身体,致人重伤或者死亡,情节恶劣的,或者对检举揭发、拘捕犯罪分子和制止犯罪行为的国家工作人员和公民行凶伤害的,可以在刑法规定的最高刑以上处刑,直至判处死刑。这样,故意伤害罪的法定最高刑就从有期徒刑7年提高到死刑。故意伤害而适用死刑,这在中国古代封建刑法中也是未曾有过的重刑。汉初,刘邦入关约法三章,杀人者死,伤人及盗抵罪。也就是说,杀人与伤人是严格区分的。只有杀人才处死刑,伤人与盗窃均只适用死刑以外的其他刑罚。在中国古代唐律中,一般伤害有轻伤与重伤及伤害致死之分。轻伤又分为二,刑重者亦只是徒二年而已。重伤亦分为二:其一,“诸斗殴,折跌人支体,及瞎其一目者,徒三年”。其二,“即损二事以上,及因旧患令至笃疾,若断舌,及毁败人阴阳者,流三千里”。至于伤害致死,根据伤害工具规定一定的保辜期限,“限内死者,各依杀人论;其在限外,及虽在限内,以他故死者,各依本殴伤法”。因此,一般伤害是没有死刑的,只有殴伤各级官吏致死者,斩;殴伤皇帝和官吏的亲属致死者,斩。[①] 大清刑律对故意伤害罪的规定,与唐律基本相同。一般重伤,如折人肋,眇人两目,堕人胎,及刃伤人者,杖八十、徒二年。折跌人肢及瞎人一目者,杖一百、徒三年。瞎人两目,折人两肢,损人二事以上,及因旧患令至笃疾,若断人舌,及毁败人阴阳者,并杖一百、流三千里。如此而已。但根据我国1983年《决定》,故意重伤,情节恶劣的就可判处死刑。这里的情节恶劣,在司法实践中一般理解为:动机恶劣,手段残酷,实施重伤行为,造成严重伤残结果的;重伤多人的;重大伤害的累犯;重大伤害共同犯罪的主犯;等等。[②]由于这些情节具有较大的弹性,因而使司法机关在故意伤害(重伤)适用死刑上具有较大的裁量权。至于故意伤害致人死亡,认定标准虽然确定,但在死刑适用条件上也同样使司法机关具有较大的裁量权。中国社会通行杀人者死的规则,而一般百姓对于杀人致死与伤害致死并不做严格区分,一般民众心理是一命抵一命,因而在刑法对伤害致死有死刑规定的情况下,司法机关往往受到来自死者家属的强大压力。为平息民愤,司法机关往往对伤害致死适用死刑,因而形成伤害致死与杀人同罪的情形,严重地背离了罪刑均衡的刑法基本原则。

除上述1982年《决定》与1983年《决定》大量增加死刑罪名以外,从1988年到1995年,又有数个人大常委会的决定或者补充规定增加了死刑罪名。至此,1979年刑法及有关单行刑法中的死刑罪名已经达到74个之多。可以说,从1982年到1995年,是我国刑法中死刑罪名急剧膨胀的时期。

可以看出来,我国死刑罪名的增加,主要是表现在经济犯罪与普通刑事

① 乔伟:《唐律研究》,山东人民出版社1985年版,第204页以下。

② 林准主编:《中国刑法教程》(修订本),人民法院出版社1994年版,第376页。

犯罪这两个方面,这与我国社会的改革开放是密切相关的。经济犯罪是与经济改革相联系的,在计划经济体制下,由于对经济活动实行严格的国家管制,除投机倒把罪以外,严重的经济犯罪是不存在的。而随着经济体制从计划经济向市场经济的转轨,各种市场经济法律制度的出现,与之相关的经济犯罪也大幅度地增长。在我国缺乏市场经济管制经验的情况下,对严重经济犯罪适用死刑就成为不得已的选择。从走私犯罪、毒品犯罪的死刑,到伪劣商品犯罪、金融犯罪和增值税专用发票犯罪的死刑,经济犯罪死刑罪名大量增加。而普通刑事犯罪是与社会开放相联系的,随着经济体制的转轨,我国社会也进入一个转型期。尤其是随着城市化进程的启动,人口流动势不可挡,它给社会带来活力与生机的同时,也给社会治安管理带来难题。外来人口犯罪正在消蚀着城市的安全感,在犯罪中所占比重大幅度攀升。随着社会开放,各种早已在我国绝迹的丑恶现象又死灰复燃,并引发了拐卖人口犯罪、卖淫嫖娼犯罪、绑架勒索犯罪等。为遏止这些犯罪,对普通刑事犯罪也大量增加了死刑罪名。随着死刑罪名的增加,我国先后发动了三场"严打"运动:第一场是1983"严打",这是我国第一次"严打",这是一场以党和国家名义制定、部署,并在全国范围实施的严厉打击严重刑事犯罪活动的斗争,始于1983年9月,结束于1987年1月。这次"严打",使1984年全国立案数从1981年的89万起,回落到51万起。1985年至1987年略有回升,但从1988年开始,案件又大幅度上升,1988年达82.7万起,1989年达197.1万起,1990年达221.6万起,1991年达236.5万起。① 尽管这一发案数成倍增加的原因是多方面的,例如,公安机关大力纠正立案不实等,但基本上反映了案件猛增的客观现实。这一发案率大幅度增加的现实,也宣告了1983年严打未能奏效。当时提出的严打目标是经过三五年的严打,使社会治安根本好转。但从发案数来看,1983年严打只是使1984年发案数回落,此后发案数急剧回升,并未达到使社会治安根本好转的预期目的。距第一次"严打"之后的9年,我国于1996年4月开展了第二次"严打",打击重点被称为六害:杀人、抢劫、强奸等严重暴力犯罪、流氓犯罪、涉枪犯罪、毒品犯罪、流氓恶势力犯罪以及黑社会性质的犯罪等严重刑事犯罪。这场"严打"持续了不到1年时间,其声势已经远不如1983年"严打"。从这次"严打"的实际效果来看,同样是不能令人满意的。1996年立案数为166万起,至1997年微

---

① 俞雷主编:《中国现阶段犯罪问题研究》(总卷),中国人民公安大学出版社1993年版,第6页。

降为161.3万起。但在第二次“严打”结束以后,发案率又陡增为198万起,1999年突破200万起大关,达到224.9万起。[①] 第三次“严打”从2001年4月开始,为期两年,将带黑社会性质的团伙犯罪和流氓恶势力犯罪、爆炸、杀人、抢劫、绑架等严重暴力犯罪、盗窃等严重影响群众安全的多发性犯罪作为重点打击对象,并且采取了“严打”与整治相结合的做法。[②] 尽管如此,“严打”声势日减,从全国性的活动逐渐成为以公安机关为主体的对犯罪的整肃运动。从客观效果上讲,“严打”虽能收一时之效,却非长治久安之道。死刑的广泛适用,正是“严打”的必然产物。伴随着每一次“严打”运动,全国都会掀起一个死刑适用高潮,尤其以1983年“严打”为盛。在这种情况下,死刑难免有被滥用之虞。正如我国学者指出:“在1983年“严打”期间,有的地方一度出现了将适用死刑的条件定得过低的情况,如将仅抢劫一两次,但并没有造成严重后果的犯罪分子适用了死刑。像这种做法,已经不是重用死刑的问题,而是滥用死刑了。”[③]这种情形,是应当绝对避免的,否则,就会成为历史的罪人。

1997年刑法修订,就是在第二次“严打”的背景下进行的,因此也就错过了一次对死刑从立法上加以削减的机会。在1997年刑法修订前,我国刑法学界对于死刑问题已经基本上达成共识,就是要对死刑进行缩减与限制。例如,高铭暄教授指出:目前刑法中可判死刑之罪,约占全部现行刑法典(含特别刑法)罪种总数的29%,这是一个令人震惊的数字,不仅建国以来的刑法史上是空前的,而且在当代世界保留死刑的各国刑法中也是名列前茅的。死刑多,不是一件值得骄傲的事情。人民民主专政需要有死刑,我们绝不废除死刑;但人民民主专政也需要“少杀”政策,我们绝不能靠杀人来统治。高铭暄教授认为:死刑主要适用于危害国家安全、危害国防、危害公共安全、使用暴力严重侵犯人身权利和财产权利的某些故意犯罪,以及重大的毒品犯罪和贪利型渎职犯罪。对于非暴力性的财产犯罪和经济犯罪,原则上不挂死刑。只有这样,才能在罪种上把死刑大大压缩下来,而且这样做与国际通例也是吻合的。[④] 尽管高铭暄教授对应当削减多少个死刑罪名未给出明确的数目,但其大力缩减死刑罪名的殷切之情灼然可见。然而,我国刑法学界要求严格限制死刑的这些意见并未被立法机关所采纳。1997年刑法经修订

---

① 汪明亮:《“严打”的理性评价》,北京大学出版社2004年版,第117页。

② 张穹主编:《“严打”政策的理论与实务》,中国检察出版社2002年版,第22页。

③ 胡云腾:《死刑通论》,中国政法大学出版社1995年版,第179页。

④ 高铭暄主编:《刑法修订建议文集》,中国人民大学出版社1997年版,第8、10页。

以后，基本上保留了原有的死刑罪名，只是略有缩减，共计68个。对此，王汉斌副委员长于1997年3月6日在第八届全国人民代表大会第5次会议上所作的《关于中华人民共和国刑法（修订草案）的说明》中指出："关于死刑问题，有些同志认为现行法律规定的死刑多了，主张减少。考虑到目前社会治安的严峻形势，经济犯罪的情况严重，还不具备减少死刑的条件，这次修订，对现行法律规定的死刑，原则上不减也不增加。"①1997年刑法修订时之所以未对死刑加以较大幅度的削减，除前述严打背景以外，还与死刑的公众认同有关。在我国社会，公众对于死刑有着重大的认同。在这种情况下，立法机关在顺从民意的名义下未对死刑加以缩减，也是在情理之中。

一百年是一个轮回。如果说，在一百年前，中国封建社会刑罚，尤其是死刑之残酷与西方各国刑罚之轻缓形成鲜明对照。经过沈家本领导的清末刑法改革，基本上消除了中国刑法与各国刑法之间的这种差距，从而实现了中国刑法的近代化。那么，在一百年后，西方各国的刑罚进一步轻缓化，尤其是废除死刑、限制死刑已经成为国际潮流。在这种情况下，我国刑法中的死刑却极度膨胀，因而我国目前刑罚的严厉性程度与西方各国相比，其对比度较之清末有过之而无不及。在这种历史背景下，就提出了中国死刑何去何从的当代命运问题。

三、死刑废除的条件

中国走向死刑废止是一个逐渐的过程，这一点已经成为我国学者的共识。除个别学者主张死刑的速废论以外，绝大多数学者都主张死刑的渐废论，渐废论其实就是死刑限制论。即使在个别场合曾经激烈地主张中国应当立即废除死刑的邱兴隆教授在有关论文中也平实地指出："在今天，国际人权法在死刑问题上呈现出要么限制要么废除的双轨态势，相应地，中国采取无论限制还是废除死刑的政策都不失为与国际人权法上的死刑态度接轨的选择。然而，无论是从普通民众的情绪还是从决策者的心态来看，换言之，从中国的具体国情来看，中国在短期内不具有废除死刑的可行性。与此不同，中国在现阶段采取限制死刑的政策，则是一种完全可行的选择。"②我认为，这是一种较为客观的态度。应当指出：死刑限制论，就其主张逐渐废

---

① 高铭暄、赵秉志编：《新中国刑法立法文献资料总览》（中），中国人民公安大学出版社1998年版，第1837页。

② 邱兴隆主编：《比较刑法第一卷·死刑专号》，中国检察出版社2001年版，第97页。

除死刑而言，应当属于死刑废止论；就其认为不可能立即废除死刑而言，又是死刑存置论。但是，这种死刑限制论只不过是就客观状况而言，它与主观上赞同保留死刑的死刑存置论是存在立场上的重大差别的，两者不应混为一谈。

中国如何逐步地废除死刑？提出这个问题，就使我想起胡云腾博士提出的中国废除死刑的百年梦想。胡云腾博士在1995年就提出了百年废除死刑的想法，认为废除死刑的进程要分三个阶段：第一阶段，从现在起到公元2010年左右，为大量废除死刑的阶段，届时争取达到的目标是：(1)将我国现行刑法中的死刑罪名限制在15个左右（军职罪死刑除外）；(2)全部死刑案件的复核权收回最高人民法院；(3)死刑实际适用的数量降为现在的十分之一左右。第二阶段，从2010年到2050年左右，这是基本废除死刑的阶段，届时争取达到的目标是：死刑罪名只保留故意杀人、叛乱、恐怖活动等几种，每年实际适用死刑的数量，再降为2010年的十分之一左右。第三阶段，从2050年到2100年，这是全面废除死刑的阶段，届时争取达到法律上没有死刑，实践中不适用死刑的目标。在实现这一目标的过程中，可以再分一些步骤，如先废除死刑立即执行，将罪大恶极的犯罪分子全部判处死缓，而后再将死缓废除，逐步过渡到全面废除死刑。① 我记得当年听到胡云腾废除死刑的百年梦想的时候，大有一种不以为然之感。难道死刑废除如此之难，需要等上一百年？现在看来，百年废除死刑还真是梦想。按照胡云腾博士的设计，到2010年左右，应将死刑限制在15个左右（军职罪死刑除外）。自胡云腾博士提出这一设想到现在（2005年）已经十年过去了，距离2010年也不过只有五年时间了，而我国刑法中的死刑罪名一个未减。因此，第一阶段的设想就有可能落空，只有死刑复核权收归最高人民法院行使这一点已实现。由此可见，废除死刑在我国确实是一个艰难的过程。我想探讨的是：中国目前为什么还有这么多的死刑罪名以及废除死刑的条件到底是什么？我们往往说，中国目前还不具备废除死刑的条件。那么，我们就需要回答废除死刑的条件是什么。只有明确了废除死刑的条件才能逐渐地为创造这些条件而努力。我认为，我们是在讨论中国这样一个具有数千年封建传统的国家，而且是一个具有13亿人口的大国，在社会转型这样一个大的历史背景下死刑的存废问题，因此中国的国情是首先需要考虑的一个因素。唯有如此，我们才不至于将中国死刑存废问题简单化。

---

① 胡云腾：《死刑通论》，中国政法大学出版社1995年版，第302页以下。

关于死刑废除的条件，在刑法理论上始终是一个存在争议的问题。我国学者曾经从各个方面论证了死刑废除的条件，例如，有的学者认为，死刑废除需要具备以下四个条件：(1)从物质条件上讲，这个社会绝大多数人的物质生活能够得到较为充分和比较均衡的保障。(2)从观念上看，必须是这个社会中生命及其价值能够得到社会上绝大多数人的真正的尊重。(3)刑罚不再是预防犯罪的最主要措施。(4)社会真正认识到个人犯罪并不完全是个人的选择，社会也负有责任。如果一个国家或地区要废除死刑，以上四个条件必须同时具备，缺一不可。[①] 应该说，这一关于死刑废除的条件的论述还是具有可取之处的。我在《刑法哲学》(1992 年初版)一书就曾经提出分析死刑存废的一个基本框架，这就是物质文明程度与精神文明程度。同样，物质文明程度与精神文明程度达到一定水平，也是死刑废除的必要条件。我认为，在一定的国家，死刑存废取决于以下两个因素：第一，社会存在的因素，这是死刑废除的物质基础。第二，社会意识的因素，这是死刑废除的精神基础。[②]这个观点，我至今还是坚持的。对于死刑废除的条件，也可表述为物质条件与精神条件两个方面。当然，这一论述有过于泛泛之弊，因而往往遇到喜好较真的学者的指摘。例如，物质文明程度是否可以成为不废除死刑的条件，有的学者认为答案可以是否定的。因为美国和日本物质文明程度都不比欧洲低，为什么后者废除了死刑，而前者没有？平安朝的日本停止死刑三百五十年，难道物质条件比今日日本更高？中国古代有时也通过大赦解决刑罚成本的问题，难道是因为经济更为发达？[③] 其实，这样的说法是没有意义的。我们讨论的是中国目前难以立即废除死刑，是否与物质文明程度较低有关，如果回答是肯定的，那么，物质文明程度与死刑存废之间就是具有相关性的。或者像我国学者指出的那样，至少可以成立这样一个命题：贫困所导致的低教育水平、低效社会管制和高犯罪率，会对废除死刑形成较大阻力。[④] 事实证明也是如此。例如，我国学者曾经对世界上 145 个国家和地区的死刑存废与这些国家的经济发展水平、国民教育素质及人类发展指数等变量进行了实证分析，得出结论：死刑的存废与一个国家的经济发展水平和国民教育素质及人类发展指数是显著相关的，即死刑或存或

---

① 陈世伟："论死刑废除的条件——基于现实的立场"，载赵秉志、邱兴隆主编：《死刑正当程序之探讨——死刑的正当程序学术研究会文集》，中国人民公安大学出版社 2004 年版，第 566 页以下。

② 参见拙著：《刑法哲学》，中国政法大学出版社 2004 年修订 3 版，第 391 页。

③ 张宁："死刑：历史与理论之间"，载《读书》2004 年第 2 期，第 115 页。

④ 陈灵海："死刑存废问题：民主还是哲学"，载《法学》2005 年第 3 期，第 65 页。

废既不是偶然的选择，也不是少数人所能决定的，而是取决于一个国家的物质文明和精神文明的发展阶段和水平。[①] 当然，也并不能由此得出结论：在物质条件和精神条件已经具备的国家，就一定废除死刑。因为客观上能不能废除是一个问题，而主观上想不想废除又是另一个问题。既有客观上能而主观上不想的，也有主观上想而客观上不能的。当然，还有另外一种情形：客观上不能而主观上不想的。只有当客观上能而主观上想的情况下，死刑才能水到渠成地废除。我们现在首先需要讨论的是客观上能不能的问题，其次才讨论主观上想不想的问题。更何况，客观条件与主观条件又不是一一对应的，这恰恰反映出事物的复杂性。同样，死刑存废也是一个极为复杂的问题。不能认为，别的国家已经废除我国一定能够废除。正如在社会经济文化发展上，我们应当承认这种发展的不平衡性。在我看来，在死刑存废问题上任何简单化的态度都是无济于事的，也是应当尽量避免的。否则，天真的愿望往往在严酷的现实面前碰得头破血流。

为使对死刑废除条件的讨论更加深入与具体，我将从以下四个方面论述在中国废除死刑的条件。

（一）民意的影响

在讨论死刑存废时，民意是一个不可或缺的话题。但是，民意与死刑存废之间的相关性究竟如何，却是一个十分迷惘的问题。在一定意义上说，民意成了一张可以随意出的牌，关键在于是否想出这张牌。我这么说，似乎是对民意的亵渎。但民意本身就是一种虚幻的存在，尤其是对于死刑之民意，从来没有一个实证的数据显现。

民意的两面性以及对于死刑存废的可有可无性，是我们面对民意的时候首先获得的一种感觉。例如，在保留死刑的国家，民意往往成为一种重要的支持因素。例如，英国学者胡德在论及民意与废除政策时指出："在对是否废除、保留或恢复死刑进行决策时，民意非常频繁地被引为主要因素之一。例如，日本、一些前苏联国家、中国、泰国及其他一些地区的政府官员都宣称，支持死刑的民意的力量使得对死刑的废除无法进行。"[②]在这种情况下，民意成为拒绝废除死刑的"挡箭牌"，似乎在民意不赞同废除死刑的情况

---

① 孙运梁："死刑存废实证分析报告"，载陈兴良主编：《刑事法评论》（第 14 卷），中国政法大学出版社 2004 年版，第 257 页以下。

② ［英］罗吉尔·胡德：《死刑的全球考察》，刘仁文、周振杰译，中国人民公安大学出版社 2005 年版，第 475～476 页。

下,废除死刑是违反民意的,由此证明死刑废除是不可行的。因此,民意赞同废除死刑就成为死刑废除的一个条件。只有当这一条件具备时,死刑才有可能废除。但我们同样看到相反的情形,即有相当一些废除死刑的国家,在废除死刑的时候是没有民意支持的。例如,法国是在1981年废除死刑的,但当年法国支持死刑的民意始终占上风。力主废除死刑的前法国司法部部长罗贝尔·巴丹戴尔在论及法国死刑废除的艰难历程时提到了当时民意的情况:1981年年初,有一家周刊在头版用大号字宣布:"法国人赞成死刑。"(63%)社论的撰写人写道:"没有任何一项民意调查显示有如此多的大多数人赞成死刑"。① 因此,密特朗总统当时是在违背民意的情况下毅然废除死刑的。更不用说那些为满足加入欧盟的条件而采取休克疗法断然废除死刑的前东欧国家,更是根本没有考虑民意的因素。即使是废除死刑的国家,当犯罪率上升时,支持恢复死刑的民意也总是甚嚣尘上。例如,英国是在1973年对普通犯罪废除死刑,1998年对所有犯罪废除死刑的。但在2000年的一项民意调查中发现,对某些严重犯罪有相当比例的人赞成适用死刑,其中对谋杀儿童的犯罪有58%的被调查者首选适用死刑。这与1995年的死刑支持率相比已有所下降,1995年当恢复死刑的问题被讨论并最终被议会否决之时,英国76%的被调查者是支持死刑的。② 由此可见,在废除死刑的国家也面临着要求恢复死刑的民意的巨大压力。但是,这些国家的立法机关并未为之所动,仍然维持了死刑的废除。由此就产生了一个疑问:民意对于死刑存废的影响究竟何在?

这里涉及对民意的界定。民意,顾名思义是指民众的意愿。但民意从来没有一种正式的表达形式,一般是以民意调查反映的。但由于民意调查具体操作上的因素所决定,其结论并非十分可靠。中国没有对死刑存废作过官方的、十分严格的民意调查。中国社会科学院法学研究所曾在1995年作过一次中国公民的死刑意识调查,调查主题是对死刑的态度,发放问卷5006份,收到有效答卷4983份,这被认为是国内第一份关于死刑的较大范围的问卷调查。全体被调查对象对死刑的态度是:(1)太多3.04%;(2)不多42.2%;(3)合适31.48%;(4)太少22.47%;(5)对任何犯罪都可处死刑

---

① [法]罗贝尔·巴丹戴尔:《为废除死刑而战》,罗结珍、赵海峰译,法律出版社2003年版,第168页。

② 祁胜辉:"支持死刑民意的内在驱动力分析——死刑存废的命运",载陈兴良主编:《刑事法评论》(第15卷),中国政法大学出版社2004年版,第9~10页。

0.78%。[①] 从以上调查结果来看,第(2)、(3)、(4)、(5)项结论都是认同我国目前刑法中的死刑的,以上四项加起来占95%以上,只有第(1)项不认同我国目前的死刑。这一调查并非十分专业,尤其是对死刑态度这样一种主题设计十分空泛,并且不是对死刑存废的一种民意调查,因而其局限性是显而易见的。但它也较为正确地反映了我国民众95%以上认同死刑这一基本民意。由此可见,我国目前支持死刑的民意占据绝对多数,废除死刑之违背民意是显而易见的。2003年网易曾经就死刑存废对16612名网民进行过网上调查,其中赞同"废除死刑"的为2504人,占15.1%,而主张保留死刑的为13837人,占83.3%,另有271人选择"不好说",占1.6%。[②] 这一数据来自网上,不同于直接的发卷调查,但同样具有一定的可信度。它所反映的网民对死刑存废的民意更为直接,表明绝大部分公众支持保留死刑。我认为,民意多与少之间的差距达到一定程度就会产生性质上的差别。50%当然是一条中线,区分民意对死刑存废态度的分界。但60%甚至70%对死刑存置论的支持度与90%的支持度又是完全不同的。如果说前者还有一种选择或裁量的余地的话,后者几乎没有任何选择或裁量的可能性。对于中国死刑的民意,不可不加以重视。

当然,对死刑的民意并非一成不变,民意是随着社会发展,尤其是治安环境的转变而变化的。关键问题在于:民意是可以引导的。剩下的问题只是:我们究竟想将民意向支持死刑的方向引导还是向废除死刑的方向引导。我认为,在为废除死刑创造条件时,引导死刑的民意具有重要意义。引导民意,官方当然有着不可推卸的职责。尤其是在个案上,司法机关在适用死刑时应当减少对民意(这里主要是指民愤)的依存度。这里我尤其想提出一个问题,就是媒体在死刑民意引导中的重要作用。在我国,媒体越来越成为一种独立的社会力量,尤其是网络媒体以传统媒体所无法想象的技术优势,成为民意表达的重要渠道,甚至形成所谓的网络民意。网终民意不同于传统意义上的民意,但它毕竟是民意的一个重要组成部分,对社会具有重大的影响力。以往我国传统媒体对死刑的报道基本上是重复官方的态度,以打击犯罪等政治话语为中心而展开。因此对民众的影响都是对死刑持正面的肯定态度,这在很大程度上引导着死刑民意。近来,随着媒体独立性的增加,

① 胡云腾:《存与废——死刑基本理论研究》,中国检察出版社1999年版,第335页以下。

② 参见:"您对中国废除死刑制度有何看法?"载:http://talkshow.163.com/vote/vote-results.php? voteID=5088。

尤其是网络技术所提供的网络表达平台,媒体对死刑的报道也逐渐地摆脱传统教条的束缚,显示出一种前所未有的生机活力。例如,2002 年夏天,我国主流媒体对董伟故意杀人案的报道,这是死刑第一次以一种被质疑的对象进入公众视野。人们似乎第一次对董伟这名故意杀人的死刑犯产生了同情,要求枪下留人。特别值得一提的是,2005 年媒体先后报道了三起死刑冤案,分别是河北的聂树斌案、湖北的佘祥林案、湖南的滕兴善案。聂树斌案与滕兴善案由于当事人早在十多年前已经被判处并执行死刑,因而复查结果至今未披露。而佘祥林案由于当事人未被判处死刑,因而很快就被平反昭雪。这三个案件主要与证据有关,均可称为死刑冤案。它们的披露第一次使社会公众意识到错杀的客观存在,因而对于死刑的正当性的信念产生了重大冲击。我相信,随着死刑的司法适用中存在问题的逐渐暴露,对死刑的民意是会发生逆转的。当然,这一过程是缓慢的。我们既要有足够的耐心,又不能消极地等待。

(二)政治家的抉择

民意是影响死刑存废的一个重要因素,但又不是唯一的决定性因素。面对民意向背,政治家存在一个对死刑存废的抉择问题。

死刑存废,从根本上来说是一个刑事政策问题,而刑事政策又是由政治家根据一定的犯罪现实作出的某种决策。在某种意义上说,刑事政策解析为刑事政治。既然如此,政治家在刑事政策形成中的作用是不容忽视的。当然,这里的政治家是广义的,主要是指立法者,当然也指那些决策权的实际掌握者。

在一个民主国家,立法机关是通过民意产生的,因此法律是人民意志的体现。但是,民意代表是否一定要遵从民意,这却是政治学上的一个复杂问题。英国学者胡德指出:"政府在多大程度上将普通大众表达的意见作为其刑事政策的基础,当然要取决于其政治理念及其所深信的法律权威的源泉。例如,几乎所有中东国家与北非国家都坚信,保留死刑是明确的伊斯兰圣训。与此相反,在西方自由代议制民主国家,法律的基础是经选举产生的代表的授权,立法者没有遵循民意的义务。尽管大多数的民众持反对态度,法国、德国、英国及加拿大仍然废除了死刑。自其时始,这些国家一直坚定地坚持——尽管很难达成一致意见——公众情绪本身并不能决定刑事政策、就该事项作出自己的决定是经选举产生的代表的责任这一观点。”[1]尽管民选代表可以独立地作出某项决定，但民意自然是不能不顾及的。这就需要政治家的胆识。在保留死刑的汹涌民意面前，毅然决定废除死刑，甚至独立地表达废除死刑的观点，是需要勇气的。梁根林教授提出了“死刑的政治抉择——什么是政治领袖应有的贡献”这样一个命题，对于政治领袖在死刑存废中的关键作用予以了充分的肯定并且充满期待，指出：“对于死刑制度的存与废、限制还是重用这样一个本质上属于政治选择的刑事政策问题，政治领袖如何运用其政治智慧、展示其政治见解、承担其政治责任，如何对待和引导民意，对于死刑制度的存置与废止、限制还是重用，事实上起着决定性的作用。”[2]对此，我亦深以为然。当然，我所反对的是另一种倾向——过分地寄希望于救世主式的政治人物，这也是不现实的。对此，邱兴隆教授在关于死刑的论坛中，曾经提到一个小插曲，在半醉半醒之间谈到死刑问题，邱兴隆曾经套用古希腊阿基米德的名言：给我一个支点，我将撬动地球，说了这么一句关于政治家与死刑存废的名言：“给我一个开明的政治家，我一天之内就能废除死刑。”[3]其实，这里的后一个“我”应该替换成政治家。能够一天废除死刑的不可能是如邱兴隆及我辈学者，而是政治家。不过，这样的政治家是否存在还是一个问题。是追求长治久安还是求稳怕乱，这在一定程度上已经不是一个法律问题。

我认为，在死刑问题上，涉及一个更为根本的问题是政治自信问题。我注意到在梁根林教授的“公众认同、政治抉择与死刑控制”一文中，反复出现的是这样一些政治关键词：政治领袖、政治抉择、政治智慧、政治远见和政治责任。我恰恰没有读到政治自信一词，这是令人感到有所缺憾的。政治自信来自于统治的正当性与合法性，具有政治自信的政治家才能具有政治胆识，在死刑存废问题上也是如此。在我国学者以往关于死刑存废的讨论中，虽然没有直接使用政治自信这个概念，但在内容上已经有所涉及。例如，高铭暄教授在论及死刑缩减时有这么一句话：“我们绝不能靠杀人来统治。”[4]这里的“不靠杀人统治”就是对政治自信的最好诠释。换言之，一个需要靠杀人统治的政权必然缺乏政治自信。政治自信的反义词就是政治虚弱，而

---

① ［英］罗吉尔·胡德：《死刑的全球考察》，刘仁文、周振杰译，中国人民公安大学出版社2005年版，第477～478页。

② 梁根林：“公众认同、政治抉择与死刑控制”，载《法学研究》2004年第4期。

③ 陈兴良主编：《法治的使命》，法律出版社2003年版，第231页。

④ 高铭暄主编：《刑法修改建议文集》，中国人民大学出版社1997年版，第8页。

这种政治虚弱恰恰需要靠死刑加以掩饰。我国是一个人民民主国家，是建立在人民拥护的政治基础之上的。就此而言，应当是具有政治自信的。当然，将这种政治自信转化为废除死刑的实际行动，似乎还有赖于政治家的开明，或者是所谓的政治智慧。

（三）犯罪的控制

死刑作为一种刑事措施，当然是与犯罪有关的。中国古代就有所谓刑罚世轻世重之说，因而引申出“治平世用轻典，治乱世用重典”的经典命题。死刑当然是重典，其适用于乱世也就是理所当然的了。当然，对这里的乱世要从社会发展史上重新进行界定，它既指末世——例如，中国封建社会的改朝换代之时，同时，它还指社会转型之世。就此而言，乱世并非是一个纯粹的贬义词。

社会转型时期犯罪控制具有其特殊性，这就是如何处理国家权力在社会控制中的作用。随着社会转型，国家权力将逐渐地从某些社会领域中退让出来，通过赋予公民更大的权利，以推动社会的进步与发展。就此而言，在社会转型时期，国家权力应当限缩。但与此同时，在社会转型时期，由于社会失范，各种社会问题，包括犯罪现象就会突显。为保证社会的稳定性与有秩序性，国家权力又需要强化，使之在犯罪控制中发挥应有的作用。这样，就出现了一个二律背反的悖论：我们能不能使国家权力在对社会整合发挥正面功效的同时防止其滥用？对于死刑来说，同样存在这样一个悖论，美国学者约翰逊因此提出该问题：我们能不能建构这样一种死刑制度，就是在确保对十恶不赦的人实行死刑的同时，又不伤害那些真正无辜的人？① 进而言之，谁能保证适用死刑的人一定是十恶不赦的人？这确实是一个难题，也是一个几乎不可能完成的任务。为此，我国学者提出了弱化国家对公民的强权关系的命题，认为弱化国家对公民的强权关系包括减轻刑罚的厉度。减轻刑罚的厉度可以减弱国家对个人的强权关系，同时促进公民权利的实际获得。由于死刑是刑罚的一极，且是厉的一极，对整个刑罚体系的厉度有着直接的影响。死刑的增加，无论是立法上的增加，还是司法上的增加，会使整个刑罚适用趋烈；死刑的削减，特别是立法上的减少，会使整个刑罚趋缓。死刑削减与公民权利的实际获得有如下关系：死刑削减，国家对公民的

---

① ［美］大卫·特德·约翰逊：“美国与日本的死刑悖论”，载陈兴良主编：《刑事法评论》（第15卷），中国政法大学出版社2004年版，第57页。

强权可能将弱化，公民权利可能有实际的增长；死刑增加，或者保持不变，国家对公民的强权关系没有根本变化，公民权利只能处于弱势。基于弱化国家对公民的强权关系需要，中国必须控制死刑。这是转型的需要。① 应当说，这个结论是正确的。但是，刑罚，尤其是死刑的削减是否会降低国家对社会的控制能力，这个问题取决于社会在多大程度上依赖刑罚，包括死刑，以实现对社会的控制。我认为，一个社会的管理能力与对刑罚的依赖程度是成反比的。换言之，一个社会的管理能力越强，那么对刑罚的依赖度越低，反之亦然。在某种意义上说，刑罚，尤其是死刑，是对社会管理不善的一种不得已的补救。因此，如何降低社会管理和犯罪控制中对死刑的依赖程度，就成为废除死刑的一个必不可少的前提条件。应当说，我们的社会存在着对死刑的迷信心理，期望通过死刑可以有效地控制犯罪。但是，死刑的威慑力是有限的，对此我们必须有足够的认识。尽管死刑迷信是一种社会心理，但这种社会心理又具有一定的事实基础，这就是我国社会对犯罪的控制还在很大程度上依赖刑罚，尤其依赖死刑。

（四）刑罚结构的调整

死刑毕竟是一种刑罚制度，因而刑罚结构的合理化是死刑废除的重要条件之一。这里涉及刑罚结构的概念。一个国家的刑法中，存在着各种刑罚方法，这些刑罚方法不是孤立地发挥作用，而是形成一个刑罚体系共同发挥作用的。我国学者曾经对刑罚结构作过以下界定：刑罚结构就是组成刑罚系统的刑罚要素相互联系的稳定形式和相互作用的基本方式。② 刑罚结构存在合理与不合理之分：合理的刑罚结构是轻重刑罚相互搭配，轻者自轻，重者自重，轻轻而重重，刑罚能够发挥其遏制犯罪、实现正义的社会功能。而不合理的刑罚结构则轻重刑罚搭配失当，各种刑罚功能互相抵消，难以发挥刑罚的整体功效。死刑是刑罚结构中的重刑，在保留死刑的情况下，通过刑罚结构的调整可以降低对死刑的依赖，从而为废除死刑创造条件。

在我国目前的刑罚体系中，我认为存在着结构性缺陷，这主要表现为生刑与死刑之间差距过于悬殊：生刑过轻而死刑过重。这里的生刑包括死缓、无期徒刑及有期徒刑等刑罚方法。在我国司法实践中，死缓在二年考验期满以后，除故意犯罪应处死刑以外，一般都要减刑，没有故意犯罪的，减为无

---

① 翟中东：《犯罪控制——动态平衡论的见解》，中国政法大学出版社 2004 年版，第 245 页。

② 梁根林：《刑罚结构论》，北京大学出版社 1998 年版，第 11 页。

期徒刑。确有重大立功表现的，减为15年以上20年以下有期徒刑。在这种情况下，无期徒刑在执行二年以后，为与死缓平衡，势必进行减刑，一般减为20年有期徒刑；确有重大立功表现的，减为15年有期徒刑。因此，死缓实际执行期限最长为24年（审判前羁押的期限除外），无期徒刑实际执行期限最长为22年（审判前羁押的期限除外）。由此可见，生刑的最高刑是24年，死刑则被处死，一生一死，刑之轻重若此。为此，我认为，应当大幅度加重生刑，具体设想是：死缓期满以后改为无期徒刑的，原则上终身监禁。无期徒刑的，应当在关押10年以上才考虑减刑，实际执行期限不得少于20年（现行刑法规定不得少于10年）。同时，提高有期徒刑上限，从15年提高到20年，数罪并罚最高期限从现在的不超过20年提高到25年甚至30年。在提高生刑的同时，才有可能减少死刑，并为最终废除死刑创造条件。

通过设立长期监禁刑以减少死刑的适用这一设想，我在《刑法哲学》（1992年）一书中已经有所阐述，[①]并且现在越来越成为我国刑法学界的共识。例如，司法部副部长张军在“当代刑法与人权保障”的论坛上，主张设立20年、30年的长期刑，以此逐渐减少死刑的适用。张军认为：在实践层面上全面废止死刑在我国现阶段是很难的，因为我国刑法要考虑到打击犯罪和保障人权的统一。更为可行的办法是改革我国的刑罚制度，增设20年、30年的长期刑。设立了长期刑以后，审判机关自然就会减少适用死刑。今后修改刑法时，立法机关也会考虑逐步减少死刑罪名。[②] 我认为，这是减少死刑适用的切实可行之道。当然，增设长期监禁刑会加大监禁成本，这里存在一个社会能否承受的问题。而且，减少死刑适用以后被害人是否接受，也是一个值得关注的问题。我认为，这些问题都应当逐步得到解决。例如，如何减少监狱人口，应当实行重重而轻轻的两极化的刑事政策：重者更重，轻者更轻。所谓重者更重，是指增设长期监禁刑，使那些不足以判处死刑的严重犯罪分子受到较为严厉的刑罚惩治。而轻者更轻，是指对轻微犯罪实行非监禁化，大力推行社区矫正。重者更重势必增加监狱人口，而轻者更轻则有助于减少监狱人口，两相抵消，并不会使我国的监狱人口骤然增加。至于减少死刑适用如何使被害人接受，应当在对犯罪人判处长期监禁刑的同时，尽量使被害人获得物质上的赔偿。在犯罪人无力赔偿的情况下，应当建立国

---

① 参见拙著：《刑法哲学》，中国政法大学出版社2004年修订3版，第421～422页。

② 廖卫华：“司法部建议增设20年或30年长期刑，逐渐减少死刑”，载《新京报》2005年1月17日。

家刑事补偿制度。

以上废除死刑的四个条件,在其背后仍然是以物质文明程度与精神文明程度为支撑的。以上四个条件是逐渐具备的。其具备程度决定着死刑废止的进程。

四、死刑废除的构想

死刑的废止毕竟只有通过立法活动与司法活动才能得以完成。因此,对中国死刑当代命运的考察,死刑的立法与司法应当是最终的归宿。

(一)死刑的立法设置

我国关于死刑的立法,可以分为总则与分则两部分。从总体上看,刑法总则除把死刑立即执行与死刑缓期执行的条件设置为"不是必须立即执行的",过于概然以外,基本上体现了对死刑的限制精神。问题主要在于刑法分则规定的死刑罪名过多过滥。因此,对死刑的立法限制,首先要从削减死刑罪名着手。在此,存在以下三个问题需要研究:

1. 备而不用的死刑罪名之存废

在我国刑法中,有相当一部分死刑罪名是备而不用的。这主要是指危害国家安全犯罪的死刑、危害国防利益犯罪的死刑和军人违反职责犯罪的死刑。在这些死刑罪名中,危害国家安全罪共有7个死刑罪名,分别是:(1)背叛国家罪;(2)分裂国家罪;(3)武装叛乱、暴乱罪;(4)投敌叛变罪;(5)间谍罪;(6)为境外窃取、刺探、收买、非法提供国家秘密、情报罪;(7)资敌罪。上述罪名,自1979年刑法实施以来,似乎并无一例适用死刑,即使是四人帮,也只是适用死缓而已。危害国防利益犯罪共有两个死刑罪名:(1)破坏武器装备、军事设施、军事通信罪;(2)故意提供不合格的武器装备、军事设施罪。这两个罪名,自1997年刑法实施以来,也未有过适用死刑的案例。军人违反职责犯罪共有12个死刑罪名:(1)战时违抗命令罪;(2)隐瞒、谎报军情罪;(3)拒传、假传军令罪;(4)投降罪;(5)战时临阵脱逃罪;(6)阻碍执行军事职务罪;(7)军人叛逃罪;(8)为境外窃取、刺探、收买、非法提供军事秘密罪;(9)战时造谣惑众罪;(10)盗窃、抢夺武器装备、军用物资罪;(11)非法出卖、转让军队武器装备罪;(12)战时残害无辜居民、掠夺无辜居民财物罪。在这些犯罪中,四个是战时所犯之罪,其余则为平时、战时均可犯之罪。从司法实践情况看,上述死刑罪名只有个别适用的案例。因此,军人违反职责犯罪的死刑,也可归入备而不用之列。上述三类死刑罪名共计

20个,占我国刑法所有死刑罪名的三分之一略低。

如何对待这些备而不用的死刑罪名,这是在死刑立法中需要首先解决的。从各国废止死刑的实践来看,军事犯罪的死刑与普通犯罪的死刑一般都是分而论之的,往往是先废除普通犯罪的死刑,最后才废除军事犯罪的死刑。至于政治犯罪的死刑一般只有内乱罪与外患罪属于死刑罪名,也在最后才考虑废除。鉴于这种情形,我国上述三种备而不用的死刑罪名也不可能因其不用而废除。换言之,不用并非其废除的理由。但我认为不用可以成为削减的理由。也就是说,对这些死刑罪名应当大幅度地限缩。具体而言,危害国家安全犯罪,按照各国刑法通例,只需保留背叛国家罪和分裂国家罪的死刑,余皆可废止。背叛国家罪相当于外患罪,分裂国家罪相当于内乱罪。危害国防利益犯罪的两个死刑罪名,我认为没有必要设立。军人违反职责犯罪的死刑罪名可以适当削减,保留战时违抗命令罪,战时临阵脱逃罪,为境外窃取、刺探、收买、非法提供军事秘密罪的死刑,其余死刑可废止。

2. 经济犯罪的死刑之存废

经济犯罪适用死刑,这在世界各国都是极为罕见的,因此,最应废除的就是经济犯罪的死刑罪名。早在1990年我所主编的《经济刑法学(总论)》一书,我们就提出了我国刑法对经济犯罪应当废除死刑的观点。[①] 现在,这一观点也逐渐成为我国刑法学界的主流观点。例如,在2004年召开的中国刑法学年会上,关于死刑的议题中,约有8篇论文是以经济犯罪死刑废除为中心内容的。[②] 可以说,经济犯罪适用死刑,与报应观念都是相悖的,其不合理性显而易见。我国刑法中的经济犯罪,包括以下三类:一是破坏社会主义市场经济秩序犯罪(以下简称经济秩序犯罪),二是侵犯财产犯罪(以下简称财产犯罪),三是贪污贿赂犯罪。下面对这些罪名的死刑存废分而论之:

(1)经济秩序犯罪的死刑存废

根据我国刑法分则第3章的规定,经济秩序犯罪共有16个死刑罪名,名列各章死刑罪名之冠。这些罪名分别是:①生产、销售假药罪;②生产、销售有毒、有害食品罪;③走私武器、弹药罪;④走私核材料罪;⑤走私假币罪;⑥走私文物罪;⑦走私贵重金属罪;⑧走私珍贵动物、珍贵动物制品罪;⑨走私普通货物、物品罪;⑩伪造货币罪;⑪集资诈骗罪;⑫金融票据诈骗罪;

---

① 陈兴良主编:《经济刑法学(总论)》,中国社会科学出版社1990年版,第140页以下。

② 这8篇论文收入陈兴良、胡云腾主编:《死刑问题研究》一书,中国人民公安大学出版社2004年版。

⑬金融凭证诈骗罪；⑭信用证诈骗罪；⑮虚开增值税专用发票、用于骗取出口退税、抵扣税款发票罪；⑯伪造、出售伪造的增值税专用发票罪。关于上述死刑罪名，我国学者分别对走私假币，走私贵重金属罪，走私普通货物、物品罪，伪造货币罪，集资诈骗罪，票据诈骗罪，信用证诈骗罪，虚开增值税专用发票罪的死刑废止问题专门作过研讨。[①] 应该说，对这些罪设置死刑完全是不合理的。至于生产、销售有毒、有害食品罪，涉及致人死亡或者对人体健康造成特别严重危害的，应当根据其主观罪过与客观后果，分别以故意（间接故意）杀人罪、过失致人死亡罪论处。

（2）财产犯罪的死刑存废

根据我国刑法分则第5章的规定，财产犯罪共有抢劫罪和盗窃罪两个死刑罪名，其中抢劫罪是常用的死刑罪名。根据最高人民法院2001年5月《关于抢劫过程中故意杀人案件如何定罪问题的批复》的规定：行为人为劫取财物而预谋故意杀人或者在劫取财物过程中，为制服被害人反抗而故意杀人的，以抢劫罪定罪处罚。因此，我国刑法中的抢劫罪与故意杀人罪之间，存在着整体法与部分法之间的法条竞合关系，即抢劫罪的构成要件中包含了故意杀人罪的内容。就此而言，抢劫罪的死刑设置似乎具有合理性。但如果将这种采用故意杀人手段进行抢劫的行为设置为转化犯，规定以故意杀人罪论处，则可以适用故意杀人罪的死刑。在这种情况下，抢劫罪就应当废除死刑。若此，则入户抢劫、在公共交通工具上抢劫、抢劫银行或者其他金融机构、多次抢劫或者抢劫数额巨大、抢劫过失致人重伤、死亡、冒充军警人员抢劫、持枪抢劫等情形，就不能适用死刑，其法定最高刑为无期徒刑。至于盗窃罪，1997年刑法修订中将盗窃罪的死刑仅限于两种情形：一是盗窃金融机构，数额特别巨大的；二是盗窃珍贵文物，情节严重的。我认为，这两种盗窃行为也没有必要设置死刑。

（3）贪污贿赂犯罪的死刑存废

根据我国刑法分则第8章的规定，贪污贿赂犯罪共有贪污罪和受贿罪两个死刑罪名。贪污贿赂犯罪属于职务型经济犯罪，由于我国当前腐败现象较为严重，因而在贪污贿赂犯罪中设置死刑对反腐倡廉具有一定的作用。但是，腐败现象的根源在于权力的集中垄断，这是一种制度性的缺陷，只能通过制度创新加以解决。死刑并非反腐败的灵丹妙药，对此我们应当有足

---

①　这些论文收入赵秉志主编：《中国废止死刑之路探索——以现阶段非暴力犯罪废止死刑为视角》一书，中国人民公安大学出版社2004年版。

够的认识。当然,考虑到民众的心理,尤其是我国目前腐败现象还十分严重,贪污罪和受贿罪的死刑在短时间内难以废除,但应当通过司法解释严格限制上述两罪的死刑适用条件。待条件成熟时,再将贪污罪和受贿罪的死刑予以废除。

3. 普通刑事犯罪的死刑之存废

除前述死刑罪名以外,我国刑法中普通刑事犯罪也保留了较多的死刑罪名,这些罪名更为常用。对这些死刑罪名的存废如何认识也是一个重要问题。这里的普通刑事犯罪主要包括以下三类:一是危害公共安全罪(以下简称公共安全犯罪);二是侵犯人身权利罪(以下简称人身权利犯罪);三是妨害社会管理秩序罪(以下简称社会秩序犯罪)。下面对这些罪名的死刑存废分而论之:

(1)公共安全犯罪的死刑存废

根据我国刑法分则第2章的规定,公共安全犯罪共有14个死刑罪名,仅次于经济秩序犯罪。这些死刑罪名是:①放火罪;②决水罪;③爆炸罪;④投放危险物质罪;⑤以危险方法危害公共安全罪;⑥破坏交通工具罪;⑦破坏交通设施罪;⑧破坏电力设备罪;⑨破坏易燃易爆设备罪;⑩劫持航空器罪;⑪非法制造、买卖、运输、邮寄、储存枪支、弹药、爆炸物罪;⑫非法买卖、运输核材料罪;⑬盗窃、抢夺枪支、弹药、爆炸物罪;⑭抢劫枪支、弹药、爆炸物罪。在上述犯罪中,放火、决水、爆炸、投放危险物质、以危险方法危害公共安全、破坏交通工具、破坏交通设施、破坏电力设备、破坏易燃易爆设备等犯罪,都是根据犯罪手段及危害客体设立的罪名,并且均包含故意杀人的内容。因此,其死刑之设置似乎具有合理性。但以造成严重后果为适用死刑条件,将非故意杀人而是过失致人死亡或者造成财产重大损失的也均适用死刑,显然会不适当地扩大死刑适用范围。因此,我认为应当将这些犯罪的法定最高刑设置为无期徒刑,并且规定:犯本罪故意造成他人死亡的,以故意杀人罪论处。至于劫持航空器罪,刑法第121条规定:犯本罪致人重伤、死亡或者使航空器遭受严重破坏的,处死刑。这是死刑的绝对法定刑规定,似不合理。劫持航空器而故意造成他人死亡的,应以故意杀人罪论处,因此本罪的法定最高刑亦应为无期徒刑。除上述罪以外的其他公共安全犯罪,均不涉及对人身的重大损害,尤其是涉枪犯罪,属于危险物品的管理问题,不应设置死刑。

(2)人身犯罪的死刑存废

根据我国刑法分则第4章的规定,人身犯罪共有5个死刑罪名:①故意杀人罪；②故意伤害罪；③强奸罪；④绑架罪；⑤拐卖妇女、儿童罪。在这5个罪名中，故意杀人罪可以说是“死刑保留论的最后堡垒”，[①]因而必将是最后废除的死刑罪名。当然，我国刑法在死刑罪状的设计上殊不合理，采用简单罪状，未能区分各种情节的杀人，因而在我国目前司法实践中只要故意杀人而没有法定或酌定的从轻减轻处罚事由的，一般均判处死刑，而不考虑故意杀人本身情节是否严重。董伟故意杀人案就是一个典型的例子，在该案二审裁定中，有这样的表述：“其（指董伟——作者注）行为已经构成了故意杀人罪，又无法定或酌定从轻处罚之情节，故应当依法严惩。”[②]这里的“依法严惩”当然是指判处死刑，并且还是立即执行。由此可见，即使在故意杀人罪保留死刑的情况下，加以司法限制也是十分必要的。强奸罪应当分为普通强奸与加重强奸（即因强奸而故意造成妇女死亡），普通强奸不应保留死刑，加重强奸可以保留死刑。绑架罪，根据我国刑法第239条的规定，“致使被绑架人死亡或者杀害被绑架人的，处死刑，并处没收财产。”杀害被绑架人是故意杀人的行为，可按照故意杀人罪判处死刑。致使被绑架人死亡，主观上是过失的，属于绑架罪的结果加重犯，不应设置死刑。故意伤害不应与故意杀人同罪，其死刑应当废除。拐卖妇女儿童罪，侵犯的是妇女、儿童的人身自由权，并未侵害其生命权，故不应保留死刑。

（3）社会秩序犯罪的死刑存废

根据我国刑法分则第6章的规定，社会秩序犯罪共有8个死刑罪名：①传授犯罪方法罪；②暴动越狱罪；③聚众持械劫狱罪；④盗掘古文化遗址、古墓葬罪；⑤盗窃古人类化石、古脊椎动物化石罪；⑥走私、贩卖、运输、制造毒品罪；⑦组织卖淫罪；⑧强迫卖淫罪。我认为，上述8个罪名均应废除死刑。在我国目前所有死刑罪名中，传授犯罪方法罪是最莫名其妙的一个。正如我国学者指出：“无论从侵害法益的重要程度，还是从对被传授者实施犯罪造成的重大法益被侵害的后果所起的作用，抑或是从传授者的主观恶性和人身危险性方面考虑，传授犯罪方法罪的罪行严重程度均没有达到该适用死刑的程度，因而对该罪保留死刑直接违背了《刑法》第48条规定的死刑适用条件及第5条规定的罪责刑相适应原则，使对传授犯罪方法罪适用的

---

① 付立庆：“死刑保留论的最后堡垒——由一个广受关注的死刑个案展开”，载陈兴良、胡云腾主编：《死刑问题研究》，中国人民公安大学出版社2004年版，第809页。

② 对此的评论，参见付立庆：“地狱的通途和天堂的方向——‘枪下留人案’的文本追问”，载陈兴良主编：《中国死刑检讨——以“枪下留人案”为视角》，中国检察出版社2003年版，第77～78页。

刑罚超出了合理报应的限度,并与社会的公平正义相悖。”[①]在我看来,传授犯罪方法罪之罪名设立都缺乏正当理由,更遑论死刑。事实上,自该罪设立以来,我亦未见一例传授犯罪方法罪适用死刑的,甚至认定为该罪的案件都极为少见。因此,传授犯罪方法罪的死刑既不合理又无必要。暴动越狱罪和聚众持械劫狱罪,如果故意杀人的,应以故意杀人罪论处,没有必要设置死刑。盗掘古文化遗址、古墓葬罪和盗窃古人类化石、古脊椎动物化石罪,尽管盗窃的客体具有重要文化历史意义,但其价值毕竟不能大于人的生命,其废除死刑理所当然。至于毒品犯罪,稍微复杂一些。在一些毒品犯罪泛滥地区,毒品犯罪成为适用死刑的大户。由于毒品犯罪的严重危害性,在短时间内尚难以废除死刑,我认为宜从司法适用上加以严格限制,待将来毒品犯罪得到有效遏止,条件成熟时再考虑毒品犯罪的死刑废除问题。组织卖淫罪和强迫卖淫罪,只是对社会管理秩序的破坏,不涉及对生命法益的侵犯,因而应废除死刑。

(二)死刑的司法限制

在不能完全废除死刑的情况下,对死刑的司法限制十分重要。有些国家的刑法中死刑罪名虽多,但司法中适用却极少,从而达到死刑虽存犹废的效果。例如,韩国现行刑法上可宣告死刑的罪名有:8 项关于国家法益的罪名,2 项关于社会法益的罪名,9 项关于个人法益的罪名,共 19 项。且在特别刑法上有死刑的规定有:14 项关于特定犯罪加重处罚的法律,1 项关于暴力行为等处罚的法律,3 项关于保健犯罪打击的特别措施法,12 项国家保安法,54 项军事刑法。如上所述,其刑事法体系中有 100 余种可判处死刑的犯罪之规定,甚至比我国刑法中的死刑罪名还要多。但从 1987 年至 1997 年间,在韩国共有 101 人被执行了死刑,其死刑适用的罪名均为杀人,包括普通杀人、抢劫杀人、亲属杀人和诱拐杀人。[②] 韩国刑法上死刑罪名之多与司法中死刑适用之少形成了鲜明对比,可以说韩国司法机关在实际限制死刑中发挥了重大作用。如此可见,在立法保留死刑的情况下,司法机关对于限制死刑并非无所作为。反观我国,不仅刑法上死刑罪名多,而且司法中死刑适用多。刑法上的死刑罪名可以统计,但我国司法机关每年到底适用了多少死

---

① 刘志伟、梁剑:“关于对传授犯罪方法罪废除死刑的思考”,载赵秉志主编:《中国废止死刑之路探索——以现阶段非暴力犯罪废止死刑为视角》,中国人民公安大学出版社 2004 年版,第 105 页。

② 金仁善:“关于韩国执行死刑的现况与死刑制度的改善方向的再思考”,首届中韩刑法学术研讨会(2004 年 1 月 6 ~ 8 日)论文。

刑却无从知晓,使研究死刑的学者一筹莫展。

那么,对死刑适用如何从司法上加以限制呢？我认为应从以下三个方面考虑：

1. 死刑裁量规则之制定

死刑的司法限制主要是严格限制死刑适用条件。我国刑法总则规定,死刑只适用于罪行极其严重的犯罪分子。至于究竟达到何种程度属于罪行极其严重,刑法未作具体规定。在刑法分则中,往往有对个罪适用死刑条件的规定,例如,情节特别严重,对国家和社会危害特别严重等。这些死刑适用条件过于概括,使得司法在死刑适用上具有较大的自由裁量权。我认为,应当通过司法解释,对各种犯罪适用死刑的条件加以具体化,提供统一的死刑裁量规则。

2. 死缓适用范围之扩大

死缓制度设立的立法初衷是为了限制死刑的适用。例如,高铭暄教授指出:“死刑缓期执行制度是我国刑事政策上的一个重大创造,是贯彻‘不杀’政策的重要方法。死缓制度有力地说明,我们国家对那些犯有死罪,但还不是非杀不可的犯罪分子,没有放弃对他们进行改造的最后一线希望,这就可以把死刑的适用实际上缩小到最小的范围。”①但在刑法上,对适用死缓的条件界定为“不是必须立即执行”,这是一种若有似无的模糊规定。如何掌握,就在于刑事政策的指导。在严格适用刑法的情况下,可杀可不杀的犯罪分子不杀,将之适用死缓,确实起到了限制死刑的作用。但当严打高潮来临之际,可杀可不杀的犯罪分子亦杀,则有可能将本该判处无期徒刑的犯罪分子判处死缓,这就是死缓的降格适用。为避免这种情况,应当通过立法或者司法解释,将死缓适用条件具体化。在此前提下,可以扩大死缓的适用范围。使死刑制度在限制死刑中真正发挥作用,以实现其立法初衷。

3. 死刑复核权之收回

死刑复核程序是我国刑法专为死刑设置的一个特别程序,意在防止错杀。但从一开始最高人民法院就没有真正行使过死刑复核权。在1979年刑法实施(1980年1月1日)仅43天,全国人大常委会就于1980年2月12日作出决定,将杀人、强奸、抢劫、放火等犯有严重罪行应当判处死刑的案件的核准权授权省、自治区、直辖市高级人民法院行使。死刑复核权的下放,使之与二审合一,实际上是取消了死刑复核权。从目前暴露出的死刑冤案来

① 高铭暄:《中华人民共和国刑法的孕育和诞生》,法律出版社1981年版,第75页。

看，均是高级人民法院核准的死刑，没有一起是经最高人民法院核准的死刑冤案。尤其是最高人民法院在死刑适用条件的掌握上较之高级人民法院更为严格。[①] 因此，我认为最高人民法院应当收回死刑复核权。[②]

（本文原载《中外法学》2005 年第 5 期）

---

① 参见拙著："受雇佣为他人运输毒品犯罪的死刑裁量研究"，载《北大法律评论》（第 6 卷第 2 辑），法律出版社 2005 年版，第 371 页以下。

② 根据 2006 年 12 月 28 日最高人民法院《关于复核死刑案件若干问题的规定》（自 2007 年 2 月 28 日起施行），自 2007 年 1 月 1 日起，死刑除由最高人民法院判决的以外，各高级人民法院和解放军军事法院依法判处和裁定的，应当报请最高人民法院核准。——2008 年 1 月 18 日补注

宽严相济刑事政策研究

一、宽严相济刑事政策:反思与调整

刑事政策是一定社会对犯罪的反应的集中体现。因此,对刑事政策的正确解读,一是离不开犯罪,它是刑事政策得以确立的客观前提;二是离不开社会,尤其是作为公共权力行使者的国家,它是刑事政策的制定者与实施者。从这个意义上说,刑事政策并非只是单纯的刑法问题,还是一个社会公共政策的问题。对刑事政策的研究,也不能局限在法规范的视域内,而是应当进行超法规的考察。在对宽严相济的刑事政策进行分析的时候,我们应当首先将它置于我国刑事政策的体系之中,使其获得正确的定位。

长期以来,我国的基本刑事政策是"惩办与宽大相结合",我国 1979 年刑法第 1 条将惩办与宽大相结合刑事政策确认为刑法的制定根据。我国著名刑法学家高铭暄教授指出:惩办与宽大相结合是我们党和国家同犯罪作斗争的基本政策。这项政策从无产阶级改造世界、改造人类的使命出发,根据反革命分子和其他刑事犯罪分子中存在的不同情况而制定的。它对于争取改造多数,孤立打击少数,分化瓦解敌人,有着重大的作用。[①] 尽管高铭暄教授对惩办与宽大相结合的刑事政策内容的阐述,受到了当时流行的政治话语的影响,但其强调对犯罪分子区别对待,既包括惩办的一面,同时又兼顾宽大的一面,从而取得与犯罪作斗争的积极效果,这完全符合立法精神。因此,宽严相济是惩办与宽大相结合刑事政策的题中之义。当然,我国对惩办与宽大相结合刑事政策在认识上经过了一个复杂的转变过程。因为从 20 世纪 80 年代初期开始,我国进入了一个社会转型时期,犯罪浪潮汹涌而来。在这种情况下,我国进入了一个严打时期。我国学者曾经将严打的内涵界定为:党和国家在社会治安形势严峻时为打击某几类严重刑事犯罪而制定

① 汪明亮:《"严打"的理性评价》,北京大学出版社 2004 年版,第 33 页。

的,由司法机关为主要执行主体的,以从重从快为基本要求的一种具体刑事政策,其以运动、战役的形式存在。[①] 从1983年到2001年将近20年的时间里,我国先后发动了三次全国性的严打战役。在这种严打的背景下,如何看待它与惩办与宽大相结合刑事政策之间的关系,就成为一个无法回避的问题。对此,我国传统观点认为依法从重从快这一具体政策同惩办与宽大相结合基本刑事政策的精神是完全一致的,不是对立相悖的。那种认为我国基本刑事政策已经改变的观点,是没有根据的错误认识。[②] 这种观点将惩办与宽大相结合理解为基本刑事政策,而严打是具体刑事政策。因此,在一个时期强调依法从重从快,并不会导致对惩办与宽大相结合的基本刑事政策的根本否定。以基本刑事政策与具体刑事政策来阐明惩办与宽大相结合刑事政策与严打刑事政策之间的关系,其逻辑当然是可以成立的。按照一般理解,基本刑事政策是全局性的、根本性的和长期性的刑事政策;而具体刑事政策是局部性的、个别性的和阶段性的刑事政策。在一个国家的刑事法律领域,存在着各种各样的刑事政策,并且这些刑事政策是随着犯罪态势的变化而不断地进行调整的,绝不能认为刑事政策是一成不变的教条。刑事政策的变动性与刑事法律的稳定性之间形成一种互动关系,恰恰是刑事政策发挥作用的一个基本前提。当然,在一个国家的刑事政策体系中,各种刑事政策的地位并不等同。在这种情况下,基本刑事政策与具体刑事政策之分具有其合理性。但是,基本刑事政策与具体刑事政策之间具有内在性质上的符合性:具体刑事政策应当而且必须体现基本刑事政策,基本刑事政策在相当程度上制约着具体刑事政策。基于这种对基本刑事政策与具体刑事政策关系的界定,我认为惩办与宽大相结合刑事政策与严打刑事政策之间已经很难纳入基本刑事政策与具体刑事政策的分析框架。尽管惩办与宽大相结合刑事政策包括了惩办与宽大两个方面,但它并不是惩办政策与宽大政策的简单相加,而是惩办政策与宽大政策的有机结合,这种结合才是它的本质之所在。但严打虽然可以从逻辑上包含在惩办的范畴之内,但它过分强调了从重从快,将惩办政策的一面张扬到了一个极端,这势必会影响到宽大政策的落实。正如我国学者所言:严打政策体现的只是惩办与宽大相结合政策中惩办的一面,或称为"重重"的一面,而远非犯罪控制策略的全部内容。对严重犯罪的严惩必须与对轻微犯罪的轻处辩证结合。唯有"轻轻",

---

① 汪明亮:《"严打"的理性评价》,北京大学出版社2004年版,第33页。

② 杨春洗主编:《刑事政策论》,北京大学出版社1994年版,第245、251页。

方能“重重”，方能真正有效地实现对犯罪的控制。[①] 因此，严打刑事政策在其内容上与惩办与宽大相结合刑事政策是存在抵触的，采用严打刑事政策意味着在一定时期内惩办与宽大相结合刑事政策的搁置。事实上也是如此，可捕可不捕的不捕，可杀可不杀的不杀这些体现惩办与宽大相结合刑事政策的具体政策，在严打当中都不再适用。根据以上论述，我认为，以基本刑事政策和具体刑事政策的关系难以解释惩办与宽大相结合刑事政策与严打刑事政策之间的关系。

随着1997年刑法删除了第1条中关于惩办与宽大相结合刑事政策的规定，我国刑法学界对于惩办与宽大相结合刑事政策到底还是不是我国奉行的基本刑事政策产生了质疑。关于在1997年刑法中删除惩办与宽大相结合刑事政策规定的立法理由，立法者作出了如下的解释：惩办与宽大相结合是我们党和国家同犯罪作斗争的基本刑事政策。这项政策对于争取改造多数，孤立打击少数，有着重要的作用。由于刑法已经根据犯罪的不同情况作了一系列区别对待的规定，如对累犯、教唆未成年人犯罪规定了从重处罚，对从犯、胁从犯、未遂犯、中止犯和自首立功的犯罪分子规定可以从轻、减轻或者免除处罚，根据罪犯在执行刑罚中的表现还规定了减刑和假释，等等，这都是惩办与宽大相结合政策的具体体现。因为这一政策已体现在具体规定之中，因此，刑法中不再单独专门规定惩办与宽大相结合的政策。[②] 这一解释维护了惩办与宽大相结合的基本刑事政策的这样一种说法，但1997年刑法修改的原则是“可改可不改的，不改”。刑法总则改动的只是个别不能不改的内容，而惩办与宽大相结合作为基本刑事政策既然是立法根据，那么这种删除就是没有实质必要性的。对此，我国学者作了以下解读：我国刑法不再规定惩办与宽大相结合刑事政策，并不意味着刑法对于这一刑事政策的否定——没有充分的理由否定。但是，我们也不应当忽视立法者在刑法当中删除这一规定的意义。在我看来，1997年刑法删除这一规定并非毫无意义，不能简单地将这一变化理解为实质上“无变化”。因为“变化”是客观存在的，所以，立法者的政策性选择，即“删除”本身应当是有意义的。[③] 我赞同这一观点，在1997年刑法修订中之所以删除关于惩办与宽大相结合刑事政策的规定，主要还是为了给严打刑事政策让路。对于惩办与宽大相结合

① 侯宏林：《刑事政策的价值分析》，中国政法大学出版社2005年版，第325页。
② 胡康生、李福成主编：《中华人民共和国刑法释义》，法律出版社1997年版，第2页。
③ 曲新久：《刑事政策的权力分析》，中国政法大学出版社2002年版，第234页。

刑事政策而言，这是一种不是变化的变化。由此出发，我更为认同采用应然的刑事政策与实然的刑事政策之分析框架，以此解释惩办与宽大相结合刑事政策与严打刑事政策的关系。应然的刑事政策与实然的刑事政策的命题，是我国学者梁根林提出来的。根据梁根林教授的界定，应然的刑事政策是应当如此的刑事政策，是人类根据对犯罪现象客观规律的认识和把握而提出的合目的和合理的预防和控制犯罪的准则、方略或措施。而实然的刑事政策是实际如此、现实应用的刑事政策，即国家与社会针对犯罪问题实际所采用的刑事政策，包括以刑事司法为手段与刑事司法以外的其他措施相结合，为达致控制犯罪的目的所进行的国家活动。[①] 梁根林教授虽然没有将惩办与宽大相结合理解为是应然的刑事政策，但明确地把严打解释为是实然的刑事政策。对于自 1983 年以来，我国刑事政策实际上是以严打为中心的这样一种判断，当然是有事实根据的。在我看来，惩办与宽大相结合虽然没有被从法理上否定，但已经逐渐地演变成为应然的刑事政策。在严打的氛围之下，惩办与宽大相结合刑事政策对于刑事立法与刑事司法的影响与作用有所减弱，这是一个不争的事实。对于刑事政策的研究，以往我国学者又是泛泛而论地讨论惩办与宽大相结合刑事政策，而没有讨论或者回避严打刑事政策的实施使其虚置这样一个现实。对于刑事政策研究，我们不能满足于应当以何者为刑事政策，更应当关注实际上以何者为刑事政策，进一步考察这种应然刑事政策与实然刑事政策分离的原因，由此得出正确的结论。

应该说，从 1983 年以来我国实行严打刑事政策不是偶然的，它是我国对社会转型时期出现的大规模犯罪浪潮的一种反应。我国学者曾经对社会转型时期的社会控制问题进行了研究，认为在一定意义上，社会转型就是社会秩序的转型，而这一转型也就意味着社会控制机制的转型。[②] 在改革开放以前，由于实行计划经济，我国不仅在经济领域实行严格的行政控制，而且社会生活领域，都置于国家权力无所不在的控制之下。由这种国家权力的严格控制所形成的社会秩序，具有绝对性与压制性。在这种强有力的国家控制下，犯罪丧失了其生存的社会土壤。因此，当时我国犯罪率之低是举世闻名的。当然，这种低犯罪率与高安全感的获得，在一定程度上是以牺牲个人的权利与自由，牺牲经济的繁荣与社会的进步为代价的。在改革开放以后，

---

① 梁根林：《刑事政策：立场与范畴》，法律出版社 2005 年版，第 23、42 页。

② 宫志刚：《社会转型与秩序重建》，中国人民公安大学出版社 2004 年版，第 364 页。

我国开始了从计划经济向市场经济的转轨,同时也进入了一个社会转型时期。在社会转型初期阶段,出现了社会的失范现象,社会控制力大为减弱。尤其是以往赖以依存的社会控制资源的减少,在一定程度上出现了社会失控状态。转型时期的犯罪问题就是这种社会失范与社会失控的产物,由此产生了巨大的犯罪压力。在这个时期,犯罪问题也就成为一个最为严重的社会问题。犯罪问题的根本解决,当然有赖于社会秩序的重建和社会控制模式的转换。这是一项需要较长时期才能达致的改革目标,难以立即奏效。但又必须对高发的犯罪作出及时应对,以保证经济体制改革的顺利进行和社会生活的正常开展。而严打就是这种应对方式,通过严打在短时间内有效地压制犯罪,为改革争取时间。从这个意义上来说,在20世纪80年代开始的严打,是在当时历史条件下的一种无奈的选择,也是一种必然的选择。从实际情况来看,严打也确实起到了压制犯罪发展态势的作用。当然,我们也必须看到严打作为一种国家对犯罪的控制方式有其局限性。这种局限性可以从手段与效果两个方面来加以说明。

从手段上来说,严打虽然强调的是依法从重从快,但在其暴风骤雨式的运作方式下,法治的底线可能会被突破,这里存在一个手段的合法化问题。因而,如何处理严打与法治之间的紧张关系始终是我们在反思严打刑事政策时不得不面对的一个问题。我国学者指出了严打刑事政策本身存在的法治化程度不足的问题。① 我国学者还揭示了严打与法治之间的紧张关系,指出:刑事政策主要以国家权力为中心展开,因而刑事政策与政治之间必然存在着极为密切的联系,必定受到政治的深刻影响。严打政策与政治挂钩并密切联系,意味着这一政策首先是政治的工具,这就必然产生刑事政策与法律的冲突问题,如何处理好严打政策与法律的关系就自然成为一个问题,而且始终是严打活动中的一个突出问题。在某种意义上,我国的民主与法制的发展是政治决策的结果,法治也是政治进步的表现。所以,在我国目前的权力框架下,在执行严打政策的同时,如果法治不能获得同等地推进,就会自然而然地导致国家刑罚权与法治的紧张关系,在刑罚权与法治原本就存在紧张关系的情况下,问题就会更加突出。② 由此可见,严打与法治的关系应当引起我们重视。现在与1983年发动严打时相比,社会的法治化程度大有提高,除依法治国、保障人权入宪这样具有标志性的法治进步以外,在刑

---

① 汪明亮:《"严打"的理性评价》,北京大学出版社2004年版,第44~45页。

② 曲新久:《刑事政策的权力分析》,中国政法大学出版社2002年版,第268~269页。

事法领域，法治也取得了重大的进展，这主要表现为 1996 年刑事诉讼法确立了无罪推定原则和 1997 年刑法确立了罪刑法定原则。无罪推定与罪刑法定都是刑事法治的题中之义，它们在我国刑事法中的确认，都表明了法治的实质进展。在这样一个法治背景下，严打的手段合法化就是一个有待解决的问题。

从目的上来说，严打的有效性也是一个值得关注的问题。严打具有短时间内压制犯罪的效应，这是不容否认的。但严打的效果不能持久地维持，这也是一个客观事实，否则，一次严打足以管很长一个时期。但我国严打一个战役接一个战役，犯罪态势并没有从根本上得到扼制。严打的目标从争取社会治安根本好转到明显进步一再调整，也表明严打缺乏长效机制。我国学者对严打成效问题作了科学分析，指出：统计数据表明，严打这一治理犯罪顽症的“猛药”，在 1984 年至 1987 年间，确实在一定程度上遏制了犯罪的恶性增长态势。但是，严打只是暂时刹住了犯罪分子的嚣张气焰，暂时遏制了严重犯罪不断增长的恶性趋势，没有也不可能实现当初提出的三五年内使社会治安恢复到 20 世纪 50 年代水平的目标，没有也不可能解决在改革开放条件下从根本上决定犯罪浪潮出现的社会结构性矛盾，因而严打的短期效应在 1987 年以后立即消失殆尽。自 1988 年以后，尽管严打斗争仍然在如火如荼地进行，严重犯罪反而以前所未有的速度持续增长，严打斗争与严重犯罪形成了旷日持久的拉锯战，特别是影响社会治安的重大恶性刑事案件在 1988 年以后几乎成几何级数疯狂增长，与此同时监狱的改造效能却急速下滑，累犯再犯率持续攀高，许多刑满释放人员或者脱逃出来的人员，怀着对社会的疯狂报复心理，肆无忌惮地实施令人发指、惨绝人寰的恶性暴力犯罪。有些地方的犯罪势力甚至勾结在一起，形成了许多带有黑社会性质的犯罪黑恶势力，与合法政权进行公然的对抗。因而迫使中央最高决策部门于 1996 年春季在全国范围内再次发动一场新的严打斗争。但是，这次严打斗争实施的效果更不理想，甚至连“扬汤止沸”的短期效应都未能达成，杀人、抢劫、绑架、爆炸、黑社会性质的组织犯罪等重大恶性暴力犯罪仍然层出不穷，甚至愈演愈烈，最终迫使国家最高决策层又于 2001 年 4 月召开最高级别的“全国治安工作会议”，部署在全国范围内进行新的声势更为浩大的“严打整治”斗争。① 应该说，上述对严打效果的评价是客观的。在短时间内，严打可收一时之效，尤其是第一次严打，即时效果还是明显的，把犯罪气焰给

---

① 梁根林：《刑事政策：立场与范畴》，法律出版社 2005 年版，第 44～45 页。

压下去了。但随着时间的推移,犯罪又卷土重来,而且气焰更加嚣张。为此,不得不发动第二次严打。而第三次严打即使是即时效果也呈递减趋势。由此可见,依靠严打无法实现长治久安。因为犯罪是社会深层次原因和转型时期的特殊矛盾造成的,严打只是治标之策而不是治本之道。

基于以上对严打刑事政策的反思,我认为应当在总结经验教训的基础上,在一定程度上回归惩办与宽大相结合的刑事政策。当然,惩办与宽大相结合的表述因其约定俗成而定型化,但这一命题蕴含着意识形态的成分。在传统话语中,一般认为惩办与宽大相结合刑事政策的内容是:首恶必办,胁从不问;坦白从宽,抗拒从严;立功折罪,立大功受奖。① 但这些内容有些已经过时,例如,抗拒从严,因其与无罪推定原则存在一定抵触,因而已经受到质疑。② 其他也不能完全反映惩办与宽大相结合刑事政策的基本精神。为此,我赞同以宽严相济取代惩办与宽大相结合。

二、宽严相济刑事政策:界定与阐述

宽严相济刑事政策是我国刑事政策中具有策略性的惩治政策。由于刑事政策是对犯罪采取的各种刑事措施和对策的总和,因此刑事政策的内涵十分丰富。而宽严相济刑事政策只是刑事政策中的一种,它主要体现的是对犯罪的惩治政策。

根据犯罪态势确定正确的应对措施,这是各国之通例。例如,我国学者在介绍西方国家的刑事政策趋向时,一般都认为是"轻轻重重"。这里的"轻轻"就是对轻微犯罪,包括偶犯、初犯、过失犯等主观恶性不重的犯罪,处罚更轻;"重重"就是对严重的犯罪,处罚较以往更重。③ 由此可见,"轻轻"是指轻者更轻,而"重重"是指重者更重。因此,"轻轻重重"也被称为是两极化的刑事政策。这种"轻轻重重"的刑事政策,对轻者与重者加以区分,然后对轻者与重者采取不同的刑事措施,既符合预防犯罪的功利要求,又合乎罪刑均衡的刑法原则。在我国古代刑法中,也存在着"刑期于无刑"这样包含着丰富的刑事政策意蕴的思想,但在专制主义思想的支配下,引申出重刑主义的结论。例如,商鞅就反对"轻轻重重",认为:"重重而轻轻,刑至事生,国

---

① 马克昌主编:《中国刑事政策学》,武汉大学出版社 1992 年版,第 98 页以下。

② 侯宏林:《刑事政策的价值分析》,中国政法大学出版社 2005 年版,第 276 页以下。

③ 杨春洗主编:《刑事政策论》,北京大学出版社 1994 年版,第 397 页。

削。”[①]商鞅还进一步指出:“行刑,重其重者,轻其轻者,轻者不止,则重者无从止矣。”[②]在商鞅看来,轻罪轻刑,重罪重刑,则轻重难以遏制,既然轻罪不止,重罪同样也无从遏止。因此,商鞅主张“行刑,重其轻者,轻者不至,重者不来,此谓以刑去刑,刑去事成。”[③]韩非也进一步地阐述了“重其轻者”的理由:“夫以重止者,未必以轻止也;以轻止者,必以重止矣。”[④]这种“重其轻者”的思想,就是一种典型的重刑主义。虽然在法家的观念中,“以刑去刑”的目的是正当的,但采用“重其轻者”的手段则是不正当的,其陷入重刑主义恰恰是“只要目的正当,可以不择手段”的逻辑演绎的必然结果。在现代法治社会,人权保障成为一种终极价值,打击犯罪也要受到人权保障的限制。因此,重刑主义是应当绝对禁止的。在西方国家普遍实行的“轻轻重重”的刑事政策有其合理性。根据“轻轻重重”的刑事政策,在不同犯罪态势下,轻轻与重重又具有不同的侧重。例如,在社会发展较为平稳的时期,更为强调的是“轻轻”刑事政策,即“轻轻重重,以轻为主”。进入20世纪特别是第二次世界大战以后,在西方国家刑罚轻缓化成为一种普遍的理想。因此,“轻轻”的刑事政策不再是只包含“轻罪轻刑”这样一种简单的内容,而是包括非犯罪化、非刑罚化、非司法化。一般来说,刑事诉讼程序存在费时费力的弊端。监禁,特别是短期监禁更存在着明显的弊端。所以,从简易、经济效率出发,符合现实的要求,将轻微的危害行为,如先前的违警罪,排除其刑事犯罪的性质,不诉诸刑事诉讼程序,只处行政罚款。美国的“转处”,加拿大的“非司法化”,则使“非犯罪化”、“非刑罚化”更向前迈进一步。通过某些非官方机构和团体的帮助和调停,避免使违法或轻微的犯罪行为诉诸司法程序,进行社会化处理。[⑤] 这种“轻轻”刑事政策的实行,表明了刑罚人道主义精神,同时也体现了刑事政策从国家本位向社会本位演变的某种征兆。当然,近20年来随着犯罪的大幅度增长,尤其是出于反恐的需要,西方的刑事政策也有所调整,开始从“轻轻重重,以轻为主”向“轻轻重重,以重为主”转向。例如,我国学者曾经对美国加州三次打击法进行了介绍,认为这是具有

---

① 《商君书·去强》。

② 《商君书·靳令》。

③ 《商君书·靳令》。

④ 《韩非子》。

⑤ 杨春洗主编:《刑事政策论》,北京大学出版社1994年版,第398页。

美国特色的严打法。[①] 加州三次打击法,以橄榄球的"三振出局"为喻,提出了"三次打击然后出局"的口号,即三次实施暴力重罪的重罪犯应处以终生监禁且没有假释,以体现对重新犯重罪者的严厉惩治。在三次打击法下被判决的被告人,将在监狱中度过大幅度累加的刑期,他们所服的刑期将远远超过其他的犯罪行为人。因此,三次打击法具有明显的"重其重者"的倾向。当然,由于西方国家大多数已经废除死刑,保留死刑的国家对死刑适用也是有严格限制的。因此,所谓"重重",也是相对的,人权保障的法治底线是绝对不能突破的。

我国传统的惩办与宽大相结合刑事政策,本身也包含"轻"与"重"这两个方面的内容。因此,我国学者认为"轻轻重重"是惩办与宽大相结合政策的基本精神,指出:惩办与宽大相结合政策的基本精神(或称精神实质)就是对严重的罪犯施以更严重的处罚,对轻微的罪犯给予更轻微的处罚,即轻其轻者,重其重者。换言之,也即"轻轻重重"。[②] 其实,在惩办与宽大相结合政策的原始含义中,并无"轻轻重重"的内容,而是强调轻重的区别对待,即轻者该轻,重者该重。当然,以"轻轻重重"解读惩办与宽大相结合政策的基本精神,不失为一种创新。

为正确理解我国刑法中宽严相济的刑事政策,我们需要对宽严相济刑事政策中的三个关键字:"宽"、"严"和"济"加以科学界定。

宽严相济之"宽",当然来自惩办与宽大相结合的"宽大",其确切含义应当是轻缓。刑罚的轻缓,可以分为两种情形:一是该轻而轻,二是该重而轻。该轻而轻,是罪刑均衡的应有之义,也合乎刑法公正的要求。对于那些较为轻微的犯罪,就应当处以较轻之刑。至于轻罪及其轻刑如何界定,则应根据犯罪的具体情况加以判断。该重而轻,是指所犯罪行较重,但行为人具有坦白、自首或者立功等法定或者酌定情节的,法律上予以宽囿,在本应判处较重之刑的情况下判处较轻之刑。该重而轻,体现了刑法对于犯罪人的感化,对于鼓励犯罪分子悔过自新具有重要意义。在刑法中,轻缓的表现方式也是多种多样的,包括司法上的非犯罪化与非刑罚化以及法律上各种从宽处理措施。

宽严相济之"严",是指严格或者严厉,它与惩办与宽大相结合中的"惩

---

① 王亚凯、付立庆:"美国特色的严打法——加州三次打击法初论",载陈兴良主编:《中国刑事政策检讨——以"严打"刑事政策为视角》,中国检察出版社2004年版,第351页。

② 侯宏林主编:《刑事政策的价值分析》,中国政法大学出版社2005年版,第270页。

办”一词相比，词义更为确切。我国学者储槐植教授曾经提出“严而不厉”的命题，将“严”与“厉”分而论之，指出：“严”与“厉”二字含义有相同的一面，常常一起连用；它们也有不同的一面，“严”为严肃、严格、严密之意；“厉”为厉害、猛烈、苛厉之意。储槐植教授之所谓“严而不厉”是在不同含义上使用这两个字的，严指刑事法网严密，刑事责任严格；厉主要指刑罚苛厉，刑罚过重。[①] 宽严相济中的“严”，当然包括严格之意，即该作为犯罪处理的一定要作为犯罪处理，该受到刑罚处罚的一定要受到刑罚处理，这也就是司法上的犯罪化与刑罚化。与此同时，宽严相济之“严”还含有严厉之意。这里的严厉主要是指判处较重刑罚，当然是指该重而重，而不是指不该重而重，当然也不是指刑罚过重。

在宽严相济刑事政策中，该宽则宽，该严则严，对于“宽”与“严”加以区分，这是基本前提。因此宽严相济是以区别对待或者差别待遇为根本内容的。区别对待是任何政策的基础，没有区别就没有政策。刑事政策也是如此，它是建立在对犯罪严重性程度的区别基础之上的。当然，区别宽严本身不是目的，区别的目的在于对严重性程度不同的犯罪予以严厉性程度不等的刑罚处罚，由此使刑罚产生预防犯罪的作用。刑事古典学派的经典作家们已经深刻地揭示了罪刑之间保持适当比例能够防止更大犯罪发生这一重要的刑法原理。例如，孟德斯鸠指出：“在我们国家里，如果对一个在大道上行劫的人和一个行劫而又杀人的人，判处同样的刑罚的话，那便是很大的错误。为着公共安全起见，刑罚一定要有一些区别，这是显而易见的。在中国，抢劫又杀人的处凌迟，对其他抢劫就不这样。因为有这个区别，所以在中国抢劫的人不常杀人。在俄罗斯，抢劫和杀人的刑罚是一样的，所以抢劫者经常杀人。他们说，‘死人是什么也不说的’。”[②]在此，孟德斯鸠阐述了对犯罪是应该有区别的，没有区别就会导致犯罪人犯较重之罪，有区别则能够引导犯罪人犯较轻之罪。对此，贝卡里亚也作了论述，指出：“如果对两种不同程度地侵犯社会的犯罪处以同等的刑罚，那么人们就找不到更有力的手段去制止实施能带来较大好处的较大犯罪了。”[③]由此可见，这些经典作家所倡导的罪刑均衡原则本身蕴含着刑事政策的精神。

宽严相济，最为重要的还是在于“济”。这里的“济”，是指救济、协调与

---

① 储槐植：《刑事一体化与关系刑法论》，北京大学出版社 1997 年版，第 305～306 页。

② [法]孟德斯鸠：《论法的精神》（上册），张雁深译，商务印书馆 1961 年版，第 92 页。

③ [意]贝卡里亚：《论犯罪与刑罚》，黄风译，中国大百科全书出版社 1993 年版，第 65 页。

结合之意。因此,宽严相济刑事政策不仅是指对于犯罪应当有宽有严,而且在宽与严之间还应当具有一定的平衡,互相衔接,形成良性互动,以避免宽严皆误结果的发生。换言之,在宽严相济刑事政策的语境中,既不能宽大无边,也不能严厉过苛,也不能时宽时严,宽严失当。在此,如何正确地把握宽和严的度以及如何使宽严形成互补,从而发挥刑罚最佳的预防犯罪的效果,确实是一门刑罚的艺术。

宽严相济刑事政策首先意味着应当形成一种合理的刑罚结构,这是实现宽严相济刑事政策的基础。关于刑罚结构,我国学者储槐植作了专门研究,认为刑罚结构是刑罚方法的组合(配置)形式。所谓组合(配置)形式,是指排列顺序和比例份额。排列次序是比重关系的表现,比重是量的关系,但量变会引起质变,比重不同,即结构不同,则性质不同。刑罚结构决定刑罚运行的内部环境,构成刑罚整体功能的基础。① 刑罚结构概念的提出,表明我们对刑罚发生作用机制在理解上的深化。事实已经表明,刑罚是作为一个体系而存在的,正是刑罚的这种体系性构成特征,使各种刑罚方法形成一个具有内在逻辑结构的整体而发生作用。我国刑罚体系由主刑与附加刑构成,主刑包括管制、拘役、有期徒刑、无期徒刑和死刑;附加刑包括剥夺政治权利、罚金和没收财产。从这些刑罚方法的性质上来划分,资格刑、财产刑、自由刑(包括剥夺自由刑和限制自由刑)均齐全,而且主刑与附加刑之间的关系也较为协调。对于这样一个刑罚体系,我国刑法学界以往一般都持肯定的态度,认为我国刑罚体系是科学合理的,具有宽严相济的特征,指出:构成我国刑罚体系的刑种,无论是主刑还是附加刑,都是有轻有重的,如主刑既有轻刑管制和拘役,也有较重的有期徒刑,亦有重刑无期徒刑,更有最重的死刑。附加刑的各个刑种也是轻重有别。这表明,我国刑罚体系具有宽严相济的特点。② 这一评价从表面上看似乎言之成理,但从实质上分析则言之失当。我认为,从我国刑罚实际运作的状况来看,我国刑罚体系存在着结构性缺陷,这就是死刑过重,生刑过轻:一死一生,轻重悬殊,极大地妨碍了刑罚功能的正常发挥。

所谓死刑过重,是指我国在刑法上规定的死刑罪名过多,在司法上适用死刑过滥,从而使我国刑法成为一部重刑法典。为了说明我国刑法中的死刑过重,有必要对世界各国的死刑立法与司法的现状作一个描述。国际上

---

① 储槐植:《刑事一体化与关系刑法论》,北京大学出版社 1997 年版,第 403 页。

② 高铭暄、马克昌主编:《刑法学》,北京大学出版社、高等教育出版社 2000 年版,第 240 页。

存在着一种限制死刑,乃至于废除死刑的趋势,这已是不争的事实。这主要表现在国际上已经有相当一部分国家完全废除了死刑,还有一部分国家虽然在法律上没有废除死刑,但在事实上废除了死刑。根据英国学者罗吉尔·胡德的统计,截至2001年,在全世界194个国家中,完全废除死刑的国家是75个,占39%;废除普通犯罪死刑的国家是14个,占7%;保留死刑的国家是105个,占54%。在保留死刑的国家中,又有34个国家在过去10年中没有执行过死刑,属于事实上废除死刑的国家。如果将废除普通犯罪死刑的国家和事实上废除死刑的国家都归入废除死刑的国家,那么,废除死刑的国家就有123个,保留死刑的国家只有71个,即废除死刑的国家占国家总数的64%,而保留死刑的国家只占国家总数的36%。① 在保留死刑的国家中,死刑的适用也受到严格限制。例如,日本从1979年至1994年共执行死刑28人,平均每年是2.5人左右。② 而韩国1987年至1997年共执行死刑101人,平均每年12.6人。③ 而我国在刑法中保留了68个死刑罪名,尤其是大量非暴力犯罪保留死刑。不仅如此,我国在司法中适用死刑的数量十分惊人。我国死刑执行人数的信息并不公开,而且是国家机密。美国学者大卫·特德·约翰逊在有关死刑论文中指出,他所得到的关于中国死刑执行数量的数字有3个版本。第一个版本的数据来自于大赦国际,大赦国际认为中国每年死刑执行的数量是1500-2500人。大赦国际是通过阅读中国的报纸得到这个数字的,它认为实际执行死刑的数量可能会是这个数字的2~4倍。第二个版本来自于一本书,根据这本书的推测,在1998年到2001年里,中国每年执行死刑的数量估计有15000人。第三个版本从他与中国一位检察官的交谈得出:最近几年中国每年执行死刑的数量大概为1万人。④ 在上述三个版本的数字中,最低为8000人,中间为1万人,最高为1.5万人。实际数量也许就是这三个数量的平均数,当然这只是一种推测。根据大赦国际的"死刑日志"(Death Penalty Log)(收集全中国报纸对判处死刑和执行死

---

① [英]罗吉尔·胡德:《死刑的全球考察》,刘仁文、周振杰译,中国人民公安大学出版社2005年版,第11页。

② [日]团藤重光:《死刑废止论》,林辰彦译,台北商鼎文化出版社1997年版,第267页。

③ [韩]金仁善:"关于韩国执行死刑的现状与死刑制度的改善方向的再思考",载赵秉志主编:《中韩刑法基本问题研讨——"首届中韩刑法学术研讨会"学术文集》,中国人民公安大学出版社2005年版,第168页。

④ [美]大卫·特德·约翰逊:"美国与日本的死刑悖论",载陈兴良主编:《刑事法评论》(第15卷),中国政法大学出版社2004年版,第43页。

刑的报道),2001 年中国执行死刑至少有 2468 例,占大赦国际所知道被执行死刑人数(3048)的 81%。而且大赦国际指出:中国 2001 年执行死刑的人数比其他国家在过去 3 年里执行死刑人数的总和还要多。[①] 因此,尽管我国死刑执行人数的信息保密,但执行死刑人数为全世界之最这是人所共知的事实。死刑过重,由此可见一斑。

所谓生刑过轻,是指我国刑罚体系中除死刑立即执行以外的刑罚方法过于轻缓。根据我的分析,我国的死缓相当于有期徒刑 24 年(不包括判决前羁押)。死缓是指死刑缓期执行,本来是我国死刑的一种执行方法,但在司法实践中它往往被作为一种独立的刑种使用,而且被判处死缓的犯罪分子,除极个别在死缓考验期间故意犯罪的以外,基本上不再执行死刑。因此,死缓可以归入生刑的范畴。我国死缓制度设置的初衷是为限制死刑,例如,高铭暄教授指出:死刑缓期执行制度是我国刑事政策上的一个重大创造,是贯彻"少杀"政策的重要方法。死缓制度有力地说明,我们国家对那些犯有死罪,但还不是非杀不可的犯罪分子,没有放弃对他们进行改造的一线希望,这就可以把死刑的适用实际上缩小到最小的范围。[②] 但是,随着严打的开展,通过死缓限制死刑适用的立法初衷并未实现。而且,死缓相对于死刑而言,显得过轻。根据我国刑法第 50 条规定:"判处死刑缓期执行的,在死刑缓期执行期间,如果没有故意犯罪,二年期满以后,减为无期徒刑;如果确有重大立功表现的,二年期满以后,减为十五年以上二十年以下有期徒刑。"因此,死缓的上限是"2 年 + 无期徒刑",死缓的下限是"2 年 + 15 年 = 17 年"。那么,无期徒刑又相当于多少年有期徒刑呢?在我国刑法中,无期徒刑相当于有期徒刑 22 年。根据 1997 年最高人民法院《关于办理减刑、假释案件具体应用法律若干问题的规定》第 16 条规定:"无期徒刑罪犯在执行期间,如果确有悔改表现的,或者有立功表现的,服刑二年以后,可以减刑。减刑幅度为:对确有悔改表现的,或者有立功表现的,一般可以减为十八年以上二十年以下有期徒刑;对有重大立功表现的,可以减为十三年以上十八年以下有期徒刑。"因此,无期徒刑的上限是"2 年 +20 年 =22 年";无期徒刑的下限是"2 年 +13 年 =15 年"。由于无期徒刑的上限为 22 年,因此,死缓的上限为 24 年。我国的有期徒刑上限为 15 年,数罪并罚最高为 20 年。从

---

① [英]罗吉尔·胡德:《死刑的全球考察》,刘仁文、周振杰译,中国人民公安大学出版社 2005 年版,第 161 页。

② 高铭暄:《中华人民共和国刑法的孕育和诞生》,法律出版社 1981 年版,第 75 页。

实际情况观察，在我国司法实践中，被判处死缓的，一般服刑18年左右可以重获自由。被判处无期徒刑的，一般服刑15年左右可以重获自由；被判处有期徒刑15年的，一般服刑12年左右可重获自由。以犯罪时犯罪人的年龄为平均30岁计算，一个人即使被判处死缓，在50岁以前即可出狱。相比之下，外国刑法中的重刑比我国要重得多。由于外国刑法中没有死缓，死缓也就无从比较。以无期徒刑而论，其严厉性程度因各国刑罚现状的不同而有所差异。一般来说，各国的无期徒刑均不再是实际的关押终身，而是经过一段时间的监禁以后最终都能复归社会。因为无期徒刑存在着剥夺罪犯的犯罪能力和复归改造罪犯这两个刑罚目标的互相冲突，[①]除个别国家存在不可假释的终身监禁以外，大多数国家被判处无期徒刑的犯罪分子关押10年以上即可获得假释。例如美国，被判处终身监禁的犯罪人，如果服刑中表现良好，一般执行10年（或15年）后可以获得假释。[②] 就此而言，外国的无期徒刑与我国的无期徒刑在严厉性上似乎差别并不大，但考虑到外国刑法中的刑罚轻缓程度，其刑罚之间的轻重是协调的。但在我国刑法中，大量犯罪分子被判处死刑立即执行，而死缓与无期徒刑实际上平均只被关押15年左右，确有过轻之嫌。因此，各国之间刑罚轻重的横向比较是必要的，但更应当将其置于本国的刑罚体系之中，考察刑罚之间的衔接与协调。至于有期徒刑的上限，既有为15年的（日本、德国等），也有24年的（意大利），更有30年的（法国），如此等等。在英美国家，当一个人犯有数罪时，因为在数罪并罚上经常采用并科原则，有时刑期长达数十年，甚至数百年，实际上相当于无期徒刑。相比较之下，我国有期徒刑上限为15年，数罪并罚不超过20年，是较为轻缓的。

如上所述，我国刑罚体系存在着死刑过重生刑过轻的结构性缺陷，其不合理性显而易见。如果将我国刑罚的威慑力用100分来衡量，在现在的刑罚体系中，80分是依靠大量适用死刑获得的，生刑只获得20分。在这种情况下，在保持刑罚威慑力不变的情况下，应当进行刑罚的结构性调整，大量限制死刑适用，减少对死刑的依赖，使死刑获得的刑罚威慑力从现在的80分下降为20分。相应地，加重生刑的严厉性，使生刑获得的刑罚威慑力从现在的20分上升为80分。我国学者曾经形象地指出“抓大放小”的刑事政策，指出：对待严重的有组织犯罪、暴力犯罪、国家工作人员的职务犯罪等严重危

---

① 李贵方：《自由刑比较研究》，吉林人民出版社1992年版，第95页。

② 储槐植：《美国刑法》，北京大学出版社1987年版，第311页。

及社会生存与发展、民众安宁与秩序的犯罪,即不能矫治或矫治有困难的犯罪/犯罪人实行严格的刑事政策,即“抓大”。对于情节较轻的刑事犯罪、偶发犯罪、无被害人犯罪、与被害人“和解”的犯罪等,也就是不需矫治或者矫治有可能的犯罪/犯罪人实行宽松的刑事政策,即“放小”。“抓大放小”的本真含义是:“严”其应当严的、必须严的;“宽”其可以宽的、应当宽的。易言之,在刑事政策层面上,应当实行两极化的刑事政策。[①] 我认为,这一观点是具有科学根据的。基于两极化的刑事政策,我们应当在严格限制死刑适用的前提下,按照重者更重,轻者更轻的思路对刑罚结构进行合理调整。

严格限制死刑,是当前调整我国刑罚结构的当务之急。在立法上死刑罪名未减的情况下,如何通过司法减少死刑适用是势所必然的限制死刑之路。对于死刑的限制与废除,我们过去存在着一种过分依赖立法的心理,在很大程度上忽视了司法对死刑的限制甚至于实际上废除的作用。从世界各国死刑废除历程来看,除个别国家出于某种特定的目的,例如,加入欧盟以废除死刑为前提,为实现加入欧盟的目的而无条件地从法律上废除死刑。大多数国家都是先从事实上废除,在条件成熟的情况下再从法律上废除。因此,事实上废除死刑是死刑废止的第一步。事实上废除死刑又不是一天之内实现的,有一个从死刑被大量适用到减少适用,最后过渡到不适用这样一个依次渐进的废止过程。因此,司法机关作为死刑的适用者,在实际废除死刑方面是大有可为的。我国应当在司法中逐渐减少死刑适用,尤其是非暴力犯罪的死刑更是在首先严格限制乃至于废止之列。对于暴力犯罪,尤其是杀人罪,应当制定一些死刑适用规则。例如,我国刑法第48条规定:“死刑只适用于罪行极其严重的犯罪分子”,这是对死刑适用条件的严格限制。但刑法第232条关于故意杀人罪法定刑的规定与其他刑法条文均有所不同:不是由轻至重排列,而是由重至轻排列,表述为:“故意杀人的,处死刑、无期徒刑或者十年以上有期徒刑。”因此,在我国司法实践中,犯故意杀人罪,只要没有法定从轻处罚事由的,一般均处死刑,而且是死刑立即执行。例如,陕西的董伟案,陕西高院在本案的裁定书中指出:“……其行为,已构成故意杀人罪,又无法定或酌定从轻处罚之情节,故应依法严惩。”[②]这里的

---

① 蔡道通:“中国刑事政策的理性定位”,载陈兴良主编:《刑事法评论》(第11卷),中国政法大学出版社2002年版,第51页。

② 陈兴良主编:《中国死刑检讨——以“枪下留人案”为视角》,中国检察出版社2003年版,第329页。

严惩,就是判处死刑立即执行。根据这种对刑法第 232 条的理解,只要犯故意杀人罪而无法定或酌定从轻处罚的情节,就属于刑法第 48 条规定的“罪行极其严重的犯罪分子”,由此导致故意杀人罪成为死刑适用最多之罪。在这种情况下,应当对故意杀人罪适用死刑立即执行的条件加以明确。其实,最高人民法院 1999 年在《全国法院维护农村稳定刑事审判工作座谈会纪要》对于故意杀人犯罪适用死刑的标准曾经作过规定:“对故意杀人犯罪是否判处死刑,不仅要看是否造成了被害人死亡结果,还要综合考虑案件的全部情况。”这一规定表明,犯故意杀人罪并非只要没有法定或酌定从轻处罚的情节就应当判处死刑立即执行。但由于这一规定并非严格意义上的司法解释而只是一种会议纪要,其法律效力稍弱,而且它是对农村故意杀人犯罪所作的规定,具有适用范围上的局限性,因而并没有成为故意杀人罪适用死刑的一般规则。我认为,在死刑复核权收归最高人民法院行使以后,最高人民法院应当对故意杀人罪等死刑适用量占前五位的罪名进行调查研究,制定死刑适用的细则。目前杀一人而判处数人死刑的案件在司法实践中时有发生,甚至杀一人而判处四人死刑的案例也见诸媒体。例如,河南省原副省长吕德彬伙同新乡市副市长尚玉和雇凶杀人,一审法院除对吕德彬和尚玉和判处死刑以外,两名杀手张松雷、徐小桐亦被判处死刑。之所以出现这种情况,主要是因为互相之间难以区分主犯与从犯。在主犯与从犯可以区分的情况下,一般对主犯判处死刑,对从犯至多判处死缓或者无期徒刑。在共同杀人,尤其是雇凶杀人而主犯与从犯无法区分的情况下,通行的做法是各被告人均判处死刑。为此,我认为应当确立一个规则,在共同杀人案件中,杀一人的只能判处一人死刑,不能判处二人以上死刑。至于谁应当判处死刑,属于法院裁量的问题。像这种雇凶杀人的案件,原则上雇凶者是主犯应处死刑。像吕德彬案中,有两个雇凶者的,应以利益相关者为主犯,其他协助者为从犯。通过制定这样一些规则,为严格限制死刑适用提供法律根据。经过严格限制,争取将死刑适用数降低到目前的十分之一,即便如此其绝对数与世界各国死刑适用数相比仍是一个天文数字。

在严格限制死刑适用的前提下,首先应当做到重者更重。这里所谓重者更重,是指那些严重犯罪,包括暴力犯罪与非暴力犯罪,由过去判处死刑立即执行改为判处死缓和无期徒刑以后,应当加重死缓和无期徒刑的处罚力度。被判处死缓的,原则上关押终身,个别减刑或者假释的,最低应关押 30 年以上;被判处无期徒刑的,多数应关押终身,少数减刑或者假释的,最低应关押 20 年以上。有期徒刑的上限提高到 25 年,数罪并罚不超过 30 年。

通过加重生刑，从而为死刑的减少适用创造条件。现在社会公众之所以要求对严重的犯罪分子判处死刑，是因为生刑过轻。而加重生刑以后，虽未被执行死刑，但被判处了死缓，将会关押30年以上，甚至关押终身。这就会降低社会公众对死刑的依赖，认识到生刑的严厉性，从而在情感上能够接受死刑的大幅度减少，也使刑罚结构变得更为合理。随着生刑的加重，我国监禁成本将会大幅度增加。过去大量适用死刑，对犯罪分子一杀了之，就经济成本而言是最为节省的。现在改为死缓或者无期徒刑以后，每个犯罪分子增加的监禁期限在30年以上。而以往被判处死缓和无期徒刑的犯罪分子，执行18年或者15年后获得自由，现在监禁的期间延长为30年以上，每个犯罪分子增加的监禁期限在12年以上。我国社会能否承受随着生刑加重而增加的监禁成本？这是一个我们不能不正视的问题。① 因为我国毕竟是一个经济并不富裕的国家，监禁成本会不会成为社会不能承受的经济包袱？对这个问题，也只能通过刑罚结构调整加以解决，这就涉及刑罚结构调整的另一措施：轻者更轻。

在严格限制死刑适用的前提下，在重者更重的同时，还应做到轻者更轻。所谓轻者更轻，是指对较轻的犯罪，即通常应处5年以下有期徒刑的犯罪，尽量减少关押，实行非监禁化。这就是要对轻罪从广泛适用监禁刑转变为尽量适用非监禁刑。以往，我国司法机关较为重视与强调监禁刑的适用。在传统思想与严打政策的影响下，忽视了非监禁刑的适用。这里所谓传统思想的影响，是指中国人将刑罚与监狱相联系，将被判处刑罚诠释为牢狱之灾。因此，非监禁刑往往被排斥在刑罚的概念之外。此外，在严打的重压之下，非监禁刑存在放纵之虞，因而往往适用率极低。当然，我国对非监禁刑缺乏行之有效的管理措施，也使得司法机关对非监禁刑的适用心有顾悸。在当前社区矫正试点取得初步成果并全面推广以后，将会使非监禁刑的管理走上正轨，从而为非监禁刑的扩大适用创造了条件。通过适用非监禁刑，可以节省大量的监禁成本。虽然每个犯罪分子的关押期限只减少3年左右，但在全部刑事犯罪案件中，轻罪的绝对量是更大的，其节省的监禁成本也是

---

① 我国学者指出：按照财政部与司法部联合下达的监狱经费支出标准测算，全国监狱系统实际需要高达210亿元经费才能正常运转。若仅以纯国家财政拨款127.3亿元日常经费和30亿元基本建设经费与154万罪犯来计算，关押改造一个罪犯的年费用也已超过万元。这可能已经高于一个大学生一年的开销。这157亿多元的经费还不包括从军费渠道支出的武装警察看押的经费。参见郭建安："社区矫正制度：改革与完善"，载陈兴良主编：《刑事法评论》（第14卷），中国政法大学出版社2004年版，第320页。由此可见，监禁成本是一个天文数字。

可观的，将这些监禁成本转移支付给重罪，以弥补随着生刑加重而带来的监禁成本的缺口，我认为将不会使整个监禁成本大幅度增加。

刑罚的结构性调整，正如同经济结构调整一样，是一个系统工程，不能顾此失彼，而应有全盘打算和统筹规划。事实上，随着犯罪态势的变化而不断地调整刑罚结构，以取得最佳的刑罚效果，这已经成为各国之通例。例如，中英量刑制度比较研究课题组通过对英国的量刑制度考察，得出如下结论：受刑罚理论的影响，英国刑罚近 20 年来的发展，有两个显著特点：一是监禁刑的立法和适用有"重刑化"的倾向；二是非监禁刑的大量采用。这里的非监禁措施，包括罚款、缓刑、保护观察令、社区服务等。[①] 英国以及其他国家的经验是值得我国借鉴的。当然，在刑罚结构经过调整实现合理化以后，还应当进一步使我国刑罚趋于轻缓化。刑罚结构调整，为宽严相济刑事政策的实现提供了法律制度上的保障。

三、宽严相济刑事政策：理念与实现

宽严相济的思想在我国可谓源远流长，包含宽严相济思想的惩办与宽大相结合的刑事政策也曾经在我国长期实行。那么，在新的历史背景下，如何重新阐述宽严相济刑事政策的理论基础，这是一个需要深入研究的问题。

刑罚是一种社会治理方式。因此，刑罚并不仅是一个法律问题，刑罚轻重之选择，与一个社会的政治理念具有密切关系。从政治理念上来说，宽严相济刑事政策之提倡是从专政的政治理念到治理的政治理念转变的结果。在专政的政治理念主导之下，法律，尤其是刑法往往沦为专政工具，这样的社会是采用压制型法律控制的压制型社会。压制型法律，是美国学者诺内特、塞尔兹尼克在《转变中的法律与社会》一书中提出来的一个概念，与之相对应的是自治型法律和回应型法律。诺内特、塞尔兹尼克将法律区分为三种类型：(1)压制型的法律：作为压制性权力的工具的法律；(2)自治型的法律：作为能够控制压制并维护自己的完整性的一种特别制度的法律；(3)回应型的法律：作为回应各种社会需要和愿望的一种便利工具的法律。[②] 实际上，一定的法律形态总是与一定的社会形态以及一定的政治形态相联系的。

---

① 中国政法大学刑事法律研究中心、英国大使馆文化教育处主编：《中英量刑问题比较研究》，中国政法大学出版社 2001 年版，第 259 页。

② ［美］诺内特、塞尔兹尼克：《转变中的法律与社会》，张志铭译，中国政法大学出版社 1994 年版，第 16 页。

诺内特、塞尔兹尼克也是从法律与社会的相关性上进行考察的。因此,压制型的法律、自治型的法律和回应型的法律总是与压制型的社会、自治型的社会和回应型的社会相对应的。这三种法律形态以及与之相对应的三种社会形态,处于一种层递关系,这也正是诺内特、塞尔兹尼克以“迈向回应型法”作为该书副标题的原因之一。我国社会目前也正处在一个转变之中,这种社会转型的一个重要标志就是逐渐减少压制性,从而增加自治性与回应性。在压制型社会,占据主导地位的是专政的政治理念。专政是以存在一个单一统治者为特征的一种统治模式。[①] 因此,专政往往是与暴力相联系的,合法的暴力或者非法的暴力。专政对社会实行的是统治,以统治者与被统治者的隶属关系为政治基础,为了维护这种专政的统治秩序,往往需要对社会进行单方面的压制。这种社会是一个刚性的社会,各种社会矛盾都被暴力所掩盖和遮蔽,一旦社会矛盾暴发,社会就会处于一种崩溃状态。而摆脱了压制的社会,是一个自治型的或者回应型的社会,这种社会的最大特点是社会控制手段由单纯的暴力压制转变为协调和治理。尤其是治理的政治理念的提出具有重要意义。治理是与统治相对立的概念,它表明不再存在一种超越社会的至高无上的权力,不再存在建立在不平等之上的统治与被统治的政治关系。社会的治理应当由社会本身来完成,在这种治理的政治理念下,追求社会的协调发展,才能真正成为善治之道。在这种情况下,法律的功能也发生了重大的变化。法律,尤其是刑法,不再是单纯的暴力强制,尽管刑法仍然具有强制性,但这种强制是具有节制性的,不能超过一定的界限。从这个意义上说,自治型社会或者回应型社会相对于压制型社会而言,就是一个和谐社会。当前,建设和谐社会已经成为某种政治目标。和谐社会要求通过各种方法,包括法律手段,化解各种社会矛盾,疏通各种社会怨愤,由此而获得社会的长治久安。目的决定手段,当我们确立了以和谐社会为建设目标以后,法律不再是专政的工具,而是各种社会关系的调节器,各种社会矛盾的化解器。在这种情况下,刑法的轻缓化就是势所必然。而宽严相济刑事政策虽然强调轻轻与重重相结合,但就其根本而言,更应当关注的是刑法的轻缓化。

刑罚轻重不仅受到政治理念的影响,同时还受到刑法理念的制约。因此,我们还必须从刑法理念上揭示宽严相济刑事政策的理论根据。从刑法

---

① [英]戴维·米勒、韦农·波格丹诺:《布莱克维尔政治学百科全书》,邓正来等译,中国政法大学出版社 1992 年版,第 201 页。

理念上来说,宽严相济刑事政策虽然具有一定的策略内容,但其刑法的理念基础应当是刑法谦抑。刑法谦抑是与刑法滥用相对立的,刑法的演进经历了一个从野蛮到人道的发展过程。我国学者储槐植在探讨西方刑法发展规律时曾经揭示了刑罚趋轻规律,认为这是一个不可抗拒的客观规律。储槐植教授认为刑罚趋轻规律的根据主要是以下三点:(1)刑罚目的认识进化,报应成分减少,教育成分增加。(2)犯罪原因认识深化;控制犯罪对惩罚犯罪的信息反馈。(3)刑罚在国家管理系统中的作用结构的变化。① 我认为,在上述三个根据中,第三个根据是决定性的,只有将刑罚纳入社会治理系统考察,才能深刻地揭示刑罚演变规律。法国学者涂尔干认为,刑罚演化存在两个规律:量变规律和质变规律。量变的规律可以阐述如下:"当社会属于更落后的类型(untye moins élevé)时,当集权具有更绝对的特点时,惩罚的强度就越大"。质变的规律可以阐述如下:"惩罚就是剥夺自由(仅仅是自由),其时间的长短要根据罪行的轻重而定,这种惩罚逐渐变成了正常的压制类型。"②在这两个刑罚演化规律中,所谓量变规律是指刑罚轻重与社会类型具有相关性,所谓质变规律是指刑罚具体种类演变的规律。因此,从整体上认识刑罚演变规律,更应关注的是涂尔干所谓的量变规律。根据涂尔干的量变规律,刑罚轻重的决定性因素是社会类型的性质,但同时又与政府机构的性质相关,这里的政府机构的性质,主要是指专制的特征。由此可见,刑罚轻重并非是一个单纯的法律问题,而是一个社会政治问题。刑罚的效益之高低既取决于刑罚运行机制,也取决于社会控制能力。在一个发展程度较高的社会,政府权力受到限制,并且又能有效地对社会进行治理,就会降低对刑罚的依赖,尤其是降低对重刑的依赖,其刑罚轻缓也就是必然趋势。

刑罚轻缓是刑罚谦抑的题中之义。一般认为,非犯罪化与非刑罚化是实现刑罚谦抑的两个基本途径。非犯罪化(decriminalization)是指将迄今为止作为犯罪加以处罚的行为不再作为犯罪,停止对其处罚,包括变更从来都是作为犯罪科处刑罚的现状,而代之以罚款等行政措施加以处罚的情况。③非犯罪化是相对于犯罪化而言的,是对过度犯罪化的反动。我曾经认为,中国不宜提倡非犯罪化,因为中国不存在过度犯罪化,恰恰相反,中国的主要

---

① 储槐植:《刑事一体化与关系刑法论》,北京大学出版社 1997 年版,第 219 页以下。

② [法]涂尔干:《乱伦禁忌及其起源》,汲喆等译,上海人民出版社 2003 年版,第 425、437 页。

③ [日]大谷实:《刑事政策学》,黎宏译,法律出版社 2000 年版,第 88 页。

问题是犯罪化。[①] 这个观点,从立法论上说是正确的,我现在仍然坚持。但从司法论上说则仍然存在一个非犯罪化的问题,因此需要加以补充说明。实际上,非犯罪化可以分为立法上的非犯罪化与司法上的非犯罪化。立法上的非犯罪化,是指通过变更或废止法律而使过去被作为犯罪的情况不再是犯罪。而司法上的非犯罪化,就狭义而言,是指审判上的非犯罪化,即指通过刑事审判而进行的非犯罪化,它以通过变更判例,变更刑罚法规的解释和适用,将从来均被处罚的行为今后不再处罚为内容。至于广义的司法上的非犯罪化,还应当包括侦查上的非犯罪化与起诉上的非犯罪化,日本学者将其称为取缔上的非犯罪化,即指刑罚法规虽然存在,但因调查以及取缔机关不适用该刑罚法规,事实上几乎不作为犯罪处理的情况,又称为事实上的非犯罪化。[②] 就立法上的非犯罪化而言,由于我国刑法中的犯罪化程度不足,根本不存在过度犯罪化问题,因此不应提倡非犯罪化。从近年来刑事立法发展来看,均是以增补新罪为内容的。但就司法上的非犯罪化而言,现在看来确有提倡的必要。对于那些虽然符合刑法规定,但情节轻微、没有较为严重社会危害性的行为,能不作犯罪处理的,就不应作为犯罪处罚。在侦查期间,能作为治安处罚的就不作为犯罪追究。在起诉阶段,能不起诉的就不起诉。在审判阶段,能不定罪的就不定罪。只有这样,才能在司法活动中切实地贯彻刑法谦抑原则,体现对轻微犯罪人的宽大处理。至于非刑罚化,其内涵在学理上是存在争议的。日本学者认为:所谓非刑罚化(depenalization),是指用刑罚以外的比较轻的制裁替代刑罚,或减轻、缓和刑罚,以处罚犯罪。[③] 按照这一定义,非刑罚化的含义过于宽泛,包括了刑罚轻缓化,甚至包括了非犯罪化。非犯罪化的后果当然是非刑罚化,但非刑罚化却是以犯罪化为前提的。就此而言,我赞同德国学者耶赛克的界定,非刑罚化是指采取将被宣判有罪的人置于附有监视的自由状态之中进行考验的方法。[④] 由此可见,非刑罚化的本质是非监禁化,即对于已经构成犯罪的人,尽量地采用非监禁刑或者适用缓刑。在论及非刑罚化时,我曾经提出中国当前不宜实行以非监禁化为主要特征的非刑罚化的观点,认为中国当前尚不具备实行非刑罚化的条件,包括社会条件、法律条件和思想条件。[⑤] 现在看来,这

---

① 陈兴良:《刑法的价值构造》,中国人民大学出版社 1998 年版,第 405 页。

② [日]大谷实:《刑事政策学》,黎宏译,法律出版社 2000 年版,第 93 页。

③ [日]大谷实:《刑事政策学》,黎宏译,法律出版社 2000 年版,第 107 页。

④ [德]耶赛克:"世界性刑法改革运动",载《法学译丛》1981 年第 1 期。

⑤ 陈兴良:《刑法的价值构造》,中国人民大学出版社 1998 年版,第 422 页以下。

一观点过于现实与保守，有必要加以修正。也就是说，非监禁化应当是我国刑罚改革的一个方向。在我国目前死刑过多、刑罚过重的情况下，减少死刑，刑罚逐渐轻缓是十分重要的。按照宽严相济的刑事政策，非监禁化也是应当实行的。因为对于那些犯罪较轻的人而言，判处短期自由刑，改造效果并不理想，甚至还会促使其形成犯罪人格。短期自由刑久为人所病诟，因此减少短期自由刑的适用就势所必然。减少短期自由刑适用的方式之一就是扩大缓刑和非监禁刑的适用，有些国家甚至实行自由刑易科罚金的换刑处分，将短期自由刑视为不得已而用之的最后手段。因此，所谓非监禁化，主要是针对犯罪较轻的人而言的。通过非监禁化，可以节省监禁成本，又体现对犯罪人的宽囿。当然，非监禁化并不等于放任不管，而是采取非监禁性的矫正措施。用耶赛克的话来说，就是使犯罪人置于附有监视的自由状态。

在我国较为浓厚的重刑社会氛围下引入刑罚谦抑理念，并将其作为宽严相济刑事政策的理论基础，并不是那么容易获得社会认同的。事实证明，某种社会氛围一旦形成，改变起来将十分困难。当然，随着社会文明程度的提高，刑法谦抑的理念必然会被社会所接受。作为官方的刑事政策，应当理性地引导民众。

在对宽严相济刑事政策进行理论论证的基础上，我们面临在刑事立法与刑事司法中如何贯彻宽严相济刑事政策这样一个十分现实并且也是十分重大的问题。我认为，宽严相济刑事政策不仅是一个刑法问题，而且也是一个刑事诉讼法问题。它涉及整个刑事法，是刑事法治建设的重要指导思想，对于刑事立法与刑事司法都具有重大意义。我认为，宽严相济刑事政策的立法与司法的贯彻，涉及以下问题，现按照刑事诉讼程序逐一加以论述：

（一）刑事和解

刑事和解是指采用调解方式对刑事案件进行结案。相对于采用判刑的方式结案，刑事和解是一种处理轻微犯罪案件的较好的结案方式。在2005年诉讼法学年会上，我国学者提出应当倡导刑事和解，认为这一制度的核心内容是促进犯罪人与被害人之间进行和解，犯罪人的和解努力和对损害的赔偿可以作为法院减轻其刑的情节，若为轻罪，甚至可以免予刑罚。① 应该说，刑事和解是司法上的非犯罪化的一种有效措施，它所体现的是恢复性司

① 晏向华："刑事和解：体现和谐社会理念"，载《检察日报》2005年10月21日第3版。

法的理念。恢复性司法是西方新兴的一种刑事处理方式，它不是把犯罪人简单地视为异类，而是在司法工作者的主持下，在犯罪人与被害人之间进行沟通和交流，求得被害人的谅解，从而确定犯罪发生后的解决方案。根据我国学者的介绍，恢复性司法具有以下三种形式：一是调解程序（Mediation），二是和解会商（Conference），三是愈合小组（Peacemaking Circle）。其中，和解程序是世界上最早出现的恢复性司法程序，它的原型是：将被害人和犯罪人聚在一起，由一名调解人主持和推动双方会谈的进行，在会谈中被害人讲述他们的受害体验和犯罪对自己的生活造成的影响，犯罪人解释他们究竟做了什么、为什么这样做，回答被害人提出的问题，当双方讲述完毕后，调解人会帮助他们共同确定使事情有好转的措施。[①] 由此可见，调解是恢复性司法中的一种重要方式。恢复性司法将调解引入刑事司法活动之中，在一定程度上改变了刑事司法模式。过去的刑事司法，表现为国家惩治犯罪的模式，反映的是国家与犯罪人之间惩罚与被惩罚的关系。在这一刑事司法关系中，被害人被忽略了。被害人的缺位，表明这种惩罚模式本身的异化。而恢复性司法则将犯罪人与被害人视为中心，国家只是一种调解人的角色，在犯罪人获得被害人谅解，被害人获得犯罪人的精神上的补偿与经济上的赔偿的条件下，双方达成和解，从而化解矛盾。当然，恢复性司法本身也是存在局限性的，并且只能对那些较为轻微的犯罪才能适用。对此，应当有所认识。在这个意义上说，恢复性司法只能作为正式司法模式的补充。

我国在民事诉讼中历来强调调解，调解被认为是解决社会纠纷的一种重要方式。但在刑事诉讼中，如何更好地发挥调解的作用却是一个值得研究的问题。根据我国刑事诉讼法的规定，在刑事自诉案件中，法院可以对被告人与被害人进行调解，只有在调解不成的情况下方可判决。这种对刑事自诉案件的调解，是我国目前刑事调解的重要形式。除此以外，在公安机关对轻微刑事案件的处理中，也应当引入调解方式，凡是通过调解而双方能够和解的，都尽量不要进入司法程序。这样的做法，既可化解矛盾又能节省司法资源。应当指出，我国目前在公安机关的日常管理中还通行简单化的数字化管理，即以抓人多少（拘留数、逮捕数）作为考核指标，因而有些公安机关盲目地追求多拘多捕，个别还下达办案指标。为完成办案指标，个别公安

---

① 张庆方："恢复性司法——一种全新的刑事法治模式"，载陈兴良主编：《刑事法评论》（第12卷），中国政法大学出版社2003年版，第442页。

民警甚至导演"抢劫案"。[①] 为此,必须改变执法观念。在社会治安基本稳定的情况下,对公安机关的工作评价来说,应当是抓人越少越好,而不是抓人越多越好。在这种情况下,对较轻的刑事案件处理才能积极采用刑事和解方式,而不是将犯罪人一抓了之。由此可见,宽严相济刑事政策的贯彻必然会带来执法思路的重大转换。

(二)起诉便宜

起诉是提起审判的一个重要程序,进入审判以后,法院就会依法对被告人的行为是否构成犯罪作出判决。关于起诉,存在起诉法定主义与起诉便宜主义之分。起诉法定主义强调的是有罪必诉,与有罪必罚的报应主义观念具有密切联系。而起诉便宜主义则授予检察官一定的起诉裁量权。在检察官认为虽然存在犯罪事实,具备起诉条件,但斟酌各种情形,认为不需要起诉时,可以裁量决定不起诉。目前世界各国,既没有采取绝对的起诉法定主义也没有采取绝对的起诉便宜主义,而是同时受到起诉法定主义和起诉便宜主义的共同调整。只不过英美法系国家,基于当事人主义的诉讼理念,检察官对案件享有广泛的不起诉裁量权,并殊少受到限制;而在大陆法系国家,检察官对案件享有的不起诉裁量权受到较多限制。[②] 根据我国刑事诉讼法规定,检察机关在行使起诉权的同时,也享有不起诉权。根据刑事诉讼法第 141 条的规定:"人民检察院认为犯罪嫌疑人的犯罪事实已经查清,证据确实、充分,依法应当追究刑事责任的,应当作出起诉决定,按照审判管辖的规定,向人民法院提起公诉。"这一规定体现了起诉法定主义精神,强调检察机关追诉犯罪的职责。同时我国刑事诉讼法第 142 条第 2 款又规定:"对于犯罪情节轻微,依照刑法规定不需要判处刑罚或者免除刑罚的,人民检察院可以作出不起诉决定。"这就是裁量不起诉,体现了起诉便宜主义精神。在西方国家,无论是大陆法系还是英美法系,其犯罪概念没有数量因素的限制,因而犯罪范围较为宽泛,如果都进入审判程序,势必增加司法负担。为此,西方国家广泛地实行起诉便宜主义,只是在不同国家存在不同做法而已。例如,日本实行起诉犹豫制度,指检察机关及其检察官,对于触犯刑法的犯罪嫌疑人,根据其犯罪性质、年龄、处境、犯罪危害程度及犯罪情节、犯罪后的表现等情况,依法认为没有立即追究其刑事责任的必要而作出的暂

---

① 褚朝新:"为完成办案指标,荆州一民警导演'抢劫案'",载《深圳特区报》2004 年 2 月 13 日。

② 宋英辉、吴宏耀:《刑事审判前程序研究》,中国政法大学出版社 2002 年版,第 50 页。

时不予提起公诉的制度。美国则广泛采用辩诉交易(Plea Bargaining),指检察官与被告人或其辩护律师经过谈判和讨价还价来达成由被告人认罪换取较轻的定罪或量刑的协议。辩诉交易也被认为是美国检察官在刑事审判中行使公诉职能的一种方式,或者说是处理刑事案件的一种特殊途径。① 正是通过各种起诉便宜措施,限制了犯罪范围。我国刑法中的犯罪概念是有数量界限的,凡是犯罪情节显著轻微、危害不大的,不认为是犯罪。因此,在实体法上就对犯罪范围作出了某种限制。在程序法上,同样也可以加以限制,并且这种限制更有充足的刑法根据。但在实际运行中,检察机关的裁量不起诉权是受到严格制约的,尤其是在追求起诉率的严打态势下,裁量不起诉制度未能发挥其应有的作用。在宽严相济刑事政策下,裁量不起诉正是体现对轻微犯罪宽大处理的有效途径,应当实行"可诉可不诉的,不诉"的原则。因此,检察机关不应片面地追求起诉率,而是应当对裁量不起诉的质量加以监控,避免其滥用。至于我国有些学者提出引入辩诉交易制度、起诉犹豫制度等,关键要看这些制度在中国是否存在生存基础。尤其是在中国现有的裁量不起诉制度尚且虚置的情况下,引入外国制度是缺乏现实根据的。因此,充分发挥我国现行的裁量不起诉制度的功能才是当务之急。

(三)裁量减轻

1979 年刑法第 59 条第 2 款规定:"犯罪分子虽然不具有本法规定的减轻处罚情节,如果根据案件的具体情况,判处法定刑的最低刑还是过重的,经人民法院审判委员会决定,也可以在法定刑以下判处刑罚。"这一规定授予人民法院审判委员会对于那些判处法定最低刑仍然过重的案件可以决定在法定刑以下判刑,这就是我国刑法中的裁量减轻,它是相对于法定减轻而言的。裁量减轻对于缓解法与情的紧张关系、协调一般公正与个别公正具有一定意义。但在 1997 年刑法修订中,将上述规定作了重大修改。1997 年刑法第 63 条第 2 款规定:"犯罪分子虽然不具有本法规定的减轻处罚情节,但是根据案件的特殊情况,经最高人民法院核准,也可以在法定刑以下判处刑罚。"这一规定将裁量减轻的权力从基层法院行使上收至最高人民法院行使,与本来由最高人民法院行使的死刑复核权下放至高级人民法院行使形成了鲜明的对照,实际上都是取消了这两种制度,至少是名存实亡。问题不仅在于此,还在于两相对比本身表现出来的荒唐性:本来关涉人之生死的死

---

① 杨诚、单民主编:《中外刑事公诉制度》,法律出版社 2000 年版,第 116、222 页。

刑复核权最高法院不行使，却决定法定刑以下判刑这样一个较为微小的个案问题。其结果是：最高法院不审理重大的死刑案件，而却审理判处轻刑的案件。此非本末倒置乎？这种规定既不公正，也浪费了司法资源。这绝不是一个立法技术问题，而是一个立法指导思想问题。最高法院将死刑复核权下放，是为了严打，这是十分明显的。至于将裁量减轻的权力收至最高法院行使，其理由主要有二：一是一些法院滥用裁量减轻权，二是裁量减轻与罪刑法定原则相冲突。[①] 裁量减轻权是否滥用，这是一个实践的问题，应当通过严格执法来解决。裁量减轻是否与罪刑法定相冲突，则是一个理论问题，应当从学理上加以探讨。罪刑法定包括罪之法定与刑之法定，但罪刑法定原则的基本含义是法无明文规定不为罪，法无明文规定不处罚。申言之，罪刑法定原则所具有的限制机能，是对法外入罪与法外加刑的限制，但罪刑法定原则从来不对出罪和减刑加以限制。论者将 1979 年刑法中的类推与裁量减轻并论，认为 1979 年刑法与罪刑法定原则相违背的内容有二：一是刑法第 79 条规定的类推制度，二是刑法第 59 条第 2 款关于裁量减轻的规定。相比之下，后者与罪刑法定原则冲突的程度更甚，从实践中适用案件的数量看，后者对罪刑法定原则的破坏也更大。因此，如果废除了类推制度，却保留了在司法中裁量减轻刑罚的规定，这不但在理论上站不住脚，而且在立法选择上也是没有充足理由的。[②] 这种观念之存在，表明我们对罪刑法定原则在认识上还存在误区。类推与罪刑法定之间存在逻辑上的矛盾，罪刑法定原则在我国刑法中确立以后必然导致类推制度的取消，这是不言而喻的。因为我国 1979 年刑法中规定的入罪的类推，是一种不利于被告的类推，但罪刑法定原则是容许有利于被告的类推的。而就裁量减轻判刑而言，虽然突破了法定刑的限制，一方面是立法上授权；另一方面又是一种有利于被告的规定，这完全符合罪刑法定原则。裁量减轻权上收到最高法院以后，在司法实践中出现的一些问题难以解决，较为突出的是刑法第 263 条关于抢劫罪的八种加重处罚事由的规定，以单一的情节决定在 10 年以上处刑，带来量刑过重问题。例如，冒充军警人员抢劫的应处 10 年以上有期徒刑、无期徒刑或者死刑，并处罚金或者没收财产。因此，在现实生活中有人冒充派出所民警，以威胁方法劫得 200 元人民币，因为符合上述规定至少要判处 10 年有期徒刑，其过重是显而易见的。像这样的案件都要层报最高法院以决定在法定

---

① 敬大力主编：《刑法修订要论》，法律出版社 1997 年版，第 113 ~ 114 页。

② 敬大力主编：《刑法修订要论》，法律出版社 1997 年版，第 114 页。

刑以下判处也不现实。因此,我认为除对刑法分则中量刑幅度的规定进行合理调整以外,还应当对刑法总则的裁量减轻权重新设置,至于滥用裁量减轻权的问题,可以通过抗诉等诉讼手段加以解决。只有这样,才能真正为实现宽严相济刑事政策提供法律根据。

(四)社区矫正

宽严相济的刑事政策要求对那些犯罪较轻的犯罪人尽可能地采用非监禁化措施。这里的非监禁化措施主要有三:一是非监禁刑。非监禁刑,顾名思义就是不在监狱中执行的刑罚。这意味着,执行这类刑罚,不采取监禁的方式。尽管在执行非监禁刑的过程中,可能对犯罪人的人身进行一定的限制,但是,这种限制的时间是很短的,人身限制的严重性远远低于传统的监禁刑;同时,限制犯罪人人身的场所也不是在通常所说的监狱之中。这是非监禁刑与传统的、以剥夺犯罪人自由为主的监禁刑或自由刑的主要区别之一。[①] 这一对非监禁刑的理解大体上是正确的,我国刑法中的非监禁刑包括管制、罚金、剥夺政治权利、没收财产和驱逐出境。管制是一种限制自由刑,不放在监狱里执行而是放在社会中进行改造,因而具有非监禁性。至于罚金等附加刑,也都具有非监禁性,而且我国刑法中的附加刑,是可以独立适用的,因而其作为非监禁刑的特征更为明显。二是缓刑与假释。缓刑与假释都是自由刑的执行变更措施,缓刑是附条件地不执行原判刑罚,而假释是附条件地提前释放,因而都具有非监禁性。正是通过缓刑与假释,使剥夺自由刑的监禁性在一定程度上得以消解。三是非刑处置。我国刑法中有定罪免刑的特殊判决方式,但虽然免刑,仍然应予一定的非刑处置。我国刑法第37条规定:"对于犯罪情节轻微不需要判处刑罚的,可以免予刑事处罚,但是可以根据案件的不同情况,予以训诫或者责令具结悔过、赔礼道歉、赔偿损失,或者由主管部门予以行政处罚或者行政处分。"这些非刑处置措施成为我国刑法中刑事责任的承担方式,同样是对于犯罪的非监禁化措施。在上述三种非监禁化措施中,有些是即时性的处置,例如罚金,只要收缴即无其他法律后果。但有五种措施存在非监禁刑的执行问题或者非监禁化处遇的考察问题,这就是管制、剥夺政治权利、缓刑、假释,此外还有保外就医。以往,非监禁刑的执行和非监禁处遇的考察都流于形式,因而极大制约了刑罚的非监禁化。以管制为例,它是我国刑法中唯一的限制自由刑。但在1997

① 吴宗宪等:《非监禁刑研究》,中国人民公安大学出版社2003年版,第24页。

年刑法修订中对于管制刑却出现了存废之争，主废的理由是管制刑难以执行。因为管制的执行离不开广大群众的支持、配合。在改革开放的新形势下，公民的生产、生活和人员流动等都发生了很大的变化。特别是在范围广大的农村地区，基层组织在群众生产、生活中所起的作用，与过去相比较，被极大地削弱了。在这种情况下，如果不谋求管制行刑方式的变革，最终不可避免地会导致“不管不制”的现象。① 在这种情况下，如何解决非监禁刑的执行和非监禁化措施的考察问题，就成为实现非监禁化的一个重要前提。我国从 2003 年开始试行的社区矫正试点，就是解决上述问题的有益探索。2003 年 7 月 10 日最高人民法院、最高人民检察院、公安部、司法部发出《关于开展社区矫正试点工作的通知》（以下简称《通知》），该《通知》明确规定：“社区矫正是与监禁矫正相对的行刑方式，是指将符合社区矫正条件的罪犯置于社区内，由专门的国家机关在相关社会团体和民间组织以及社会志愿者的协助下，在判决、裁定或决定确定的期限内，矫正其犯罪心理和行为恶习，并促进其顺利回归社会的非监禁刑罚执行活动。”根据这一规定，社区矫正具有以下特征：(1)社区矫正的对象是以下五种罪犯：①被判处管制的；②被宣告缓刑的；③被暂予监外执行的；④被裁定假释的；⑤被剥夺政治权利，并在社会上服刑的。这五种人都因犯罪而受到刑罚处罚，但或者被适用非监禁刑，或者适用非监禁化处遇。将其纳入社区矫正的对象范围，有利于对这些犯罪人进行矫正。(2)社区矫正的主体是国家专门的社区矫正机构以及相关社会团体和民间组织以及社会志愿者。根据 2004 年 5 月 9 日颁发的《司法行政机关社区矫正工作暂行办法》（以下简称《暂行办法》）第 9 条的规定，乡镇、街道司法所具体负责实施社区矫正，并履行相应的职责。除此以外，社区矫正还充分利用社会力量，包括社会团体、民间组织和社区矫正工作志愿者，对社区服刑人员开展各种形式的教育，帮助其解决遇到的困难和问题。(3)社区矫正的性质是非监禁刑的执行以及非监禁处遇的考察。就目前我国的社区矫正而言，主要是在社区实施非监禁刑的执行活动。但缓刑和假释则是非监禁处遇的考察，它与刑罚执行还是有所不同的。通过社区矫正，可以矫正服刑人员的犯罪心理和行为恶习，促进其顺利回归社会。社区矫正是我国在借鉴外国经验基础上形成的具有中国特色的非监禁化措施。

刑罚执行模式是刑罚变革的必然结果，因为刑罚本体与行刑活动具有

---

① 周道鸾等主编：《刑法的修改与适用》，人民法院出版社 1997 年版，第 136 页。

密切相关性。一般认为,刑罚史上的刑罚执行模式经历了从野蛮到文明的三个发展阶段:第一阶段是以死刑、肉刑等身体刑为主,几乎没有监禁刑。第二阶段是以监禁刑为主。第三阶段是以非监禁刑为主。个别学者甚至认为:目前世界的刑罚执行模式已经进入第四个阶段,即恢复性司法阶段。①社区矫正对于我国来说,还是新生事物,同时也是一种刑罚观念的更新。在宽严相济刑事政策中,社区矫正主要体现的是刑罚轻缓的一面,它有利于对罪行较轻的犯罪人的教育矫正,在试点取得成功的基础上,应当在全国推广。当然,社区矫正作为一种非监禁化制度在我国的确立,涉及对刑法与刑事诉讼法的修改,甚至涉及对行刑权的重新配置。凡此种种,都需要在当前的司法改革中加以全盘考虑。

(本文原载《法学杂志》2006 年第 1、2 期)

---

① 刘强:“社区矫正:借鉴与创新”,载陈兴良主编:《刑事法评论》(第 14 卷),中国政法大学出版社 2004 年版,第 328 ~ 329 页。

图书在版编目(CIP)数据

走向规范的刑法学/陈兴良著.—北京:法律出版社,2008.3

ISBN 978-7-5036-8148-6

Ⅰ.走… Ⅱ.陈…… Ⅲ.刑法—法的理论—文集 Ⅳ.D914.01-53

中国版本图书馆 CIP 数据核字(2008)第 005290 号

走向规范的刑法学

陈兴良 著

责任编辑 孙东育
装帧设计 乔智炜

开本 787×960 毫米 1/16
印张 24 **字数** 394 千
版本 2008 年 3 月第 1 版
印次 2008 年 3 月第 1 次印刷
出版 法律出版社
编辑 法学学术出版分社
总发行 中国法律图书有限公司
经销 新华书店
印刷 北京北苑印刷有限责任公司
责任印制 陶 松

法律出版社/北京市丰台区莲花池西里 7 号(100073)
电子邮件/info@lawpress.com.cn
销售热线/010-63939792/9779
网址/www.lawpress.com.cn
咨询电话/010-63939796

中国法律图书有限公司/北京市丰台区莲花池西里 7 号(100073)
全国各地中法图分、子公司电话:
第一法律书店/010-63939781/9782
西安分公司/029-85388843
重庆公司/023-65382816/2908
上海公司/021-62071010/1636
北京分公司/010-62534456
深圳公司/0755-83072995
苏州公司/0512-65193110

书号:ISBN 978-7-5036-8148-6
定价:46.00 元

(如有缺页或倒装,中国法律图书有限公司负责退换)